思想学事始め

戦後社会科学形成史の一断面

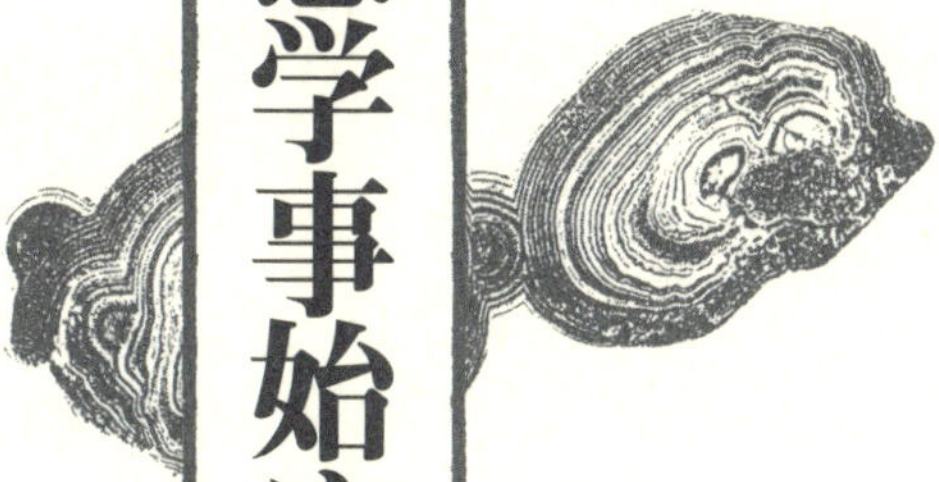

田中　浩

未來社

思想学事始め——戦後社会科学形成史への一断面

目次

第二部　近代政治思想研究の歩み――ホッブズ・シュミット・如是閑

三、カール・シュミット研究　221

装幀――岸顕樹郎

思想学事始め

――戦後社会科学形成史への一断面

「我が生涯、我が著作と背馳せず」（ホッブズ『自伝』）

はじめに――「世界の歴史」と「自分の歴史」(如是閑)

私は、三年まえ(二〇〇三年一〇月二三日)に喜寿(満七七歳)を迎え、かつての勤務校である、いまはその校名は消滅してしまった東京教育大学(文学部)、その後、身を寄せた静岡大学(人文学部)、一橋大学(社会学部)、大東文化大学(法学部)、立命館大学(産業社会学部)・聖学院大学(総合研究所大学院)客員教授、また外部講師ではあったが三〇年近く講義とゼミを担当していた中央大学(法学部)・早稲田大学(法学部)、約二〇年間通った東京女子大学(文理学部)の卒業生や約三百名近いゼミ生たちから、さまざまな「お祝いの会」をしていただいた。

こうした楽しいパーティーでの語らいを通じて、これまでは、あまり考えたことはなかったのだが、ここいらで、そろそろ自分の「来《こ》し方《かた》」[これだけは、私しか書けない――多少の自己賛美は許されよ。もっとも「自己について語る者は、損失なしではすまされない。自己断罪はつねに人から信じられ、自己称賛はなかなか人に信じてもらえないが」(モンテーニュ『随想録』(下)松浪信三郎訳、世界の大思想5、河出書房、昭和四二年)――から]について、まとめておきたい、と思うようになった。そこで、二〇〇四年の七月から八月にかけて、『思想学事始《ことはじ》め』と題する自伝風の学問形成史を一気に書きあげた。

ところで、われわれ世代は、二〇世紀三〇年代から二一世紀初頭にかけての約八〇年間、政治的には「疾風怒濤《シュトルム・ウント・ドランク》の時代」(日中戦争・太平洋戦争・第二次世界大戦・朝鮮戦争・ベトナム戦争・冷戦対立時代・湾岸戦争・イラク戦争など)、思想的には「波乱万丈の時代」(国家主義・軍国主義・全体主義・ファシズム・自由主義・共産主義・民主主義・社会主義・民族主義など)を生き続けてきた世代である。とすれば、われわれは、福沢諭吉のいう「一身にして二生を経た世代」(徳川幕藩体制から明治近代国家体制へ)どころか、「一身にして二生も三生も生きた世代」(戦前昭和ファシズム期、戦後敗戦と東西冷戦期、「冷戦終結」から二一世紀へ)の人間である。したがって、われわれ世代の「個人の歴史」は、とくに、「世界(日本もふくむ)の歴史」との関連で考えるべきであって、そうでなければ、いくら「個人の歴史」(自伝)を活写してみせても、それは、ほとんど無意味であろう。

そして、以上のような観点で、自己実現の営為を客観視して書いた「自伝風」の論稿の典型としては、明治・大正・昭和の三代=百年間を生き抜いた、近代日本最高の思想家・ジャーナリスト長谷川如是閑(一八七五〜一九六九)のものがある(「世界の歴史と自分の歴史——西洋文化と私の歩んだ道」、「世界の歴史と自分の歴史——思想言論機関の近代的変革」『玄想』、一九四七年九月・一〇月)。

したがって、如是閑と同じか、あるいはそれ以上にダイナミックな時代に生まれたわれわれ世代が、もしも「自伝的なもの」を書こうとすれば、「世界の歴史(日本の歴史をふくむ)」と「自分の歴史」とのかかわり方はなんだったのか、という問題意識をもってアプローチする姿勢をもたなければ、日本の人びとはもとよりのこと、世界の人びととも、この百年間近く共有してきた「歴史と思想」の意味するところを画きだすことはできないであろう。

では、このさい、どういう書き方があるのだろうか。これにも、いろいろな方法がある。たとえば、幼年時代から晩年に至るまでの家族・友人・職場関係、自己の政治的・社会的活動、その思想形成や研究活動などを軸に、「自叙伝風」に組み立てて叙述するのが、もっともふつうの方法であろう。アウグスティヌス、マルクス・アウレリウス、フランクリン、ルソー、ミル、ダーウィン、オーウェンなどの『自伝』、日本でいえば、中江兆民、片山潜、河上肇などの『自（叙）伝』、長谷川如是閑の『ある心の自叙伝』などが、そうした例である。

しかし、いきなり、そのような広汎多岐な内容にわたる大部の量の自伝を書くことはむずかしいし、また叙述が複雑になってかえってわかりにくくなるので、私は、ホッブズ（一五八八〜一六七九）『自伝』のひそみにならって、まずは、「自分の研究遍歴」を中心に――そのさい、アプローチの方法としては、前述した如是閑に学んで、「自分の歴史」と「世界（日本もふくむ）の歴史」との相関関係を画くこと――叙述することにした。

ちなみに、ホッブズの『自伝』は、散文詩の形式をとった、わずか二〇ページか三〇ページほどの小冊子にすぎない。「いつ歴史や自然科学や政治思想に関心をもったか」などを淡々と年代記風に綴った、いかにも論理的思考で身を固めたホッブズらしく、その叙述スタイルは、実にそっけない、というほかない。ほんらいならば、ホッブズほどの「世界の大思想家」であれば、数百ページ、数千ページにわたる大部の「自叙伝」を書いてもなお十分とはいえないであろうに。おそらく、「自分を知りたければ、自分の著作自体を読め」ということであろうが、あまりにも自伝の内容が短いために、のちの世のホッブズ研究者たちは、ホッブズ思想の解釈をめぐって、あれこれと悩まされることになったのである。

そして、これは、私の推測だが、ほんとうは、ホッブズは、自分の問題意識や研究遍歴を思い切り書きたかったにちがいない。たしかに、かれの『法の原理』（一六四〇年）や『市民論』（一六四二年）や『リヴァイアサン』（一六五一年）などの政治的著作を読めば、「ピューリタン革命」（一六四〇〜六〇年）を目前にした、ホッブズがイングランド国民になにを提示しようとしていたかは、それなりに理解はできる。しかし、これらの著作では、革命という「例外状態」のなかでの発言はきわめて危険――いつ「敵」と指定されるかわからない――をともなうので、ホッブズは、抽象的な形でしか、その政治原理を提示しえなかったのであろう。そのため、こんにちにおいてもいまだにさまざまなホッブズをめぐる誤解があるように、当時においては、とくにひどい非難・中傷がホッブズの発言に投げつけられたはずである。だから、ほんらいならば、ホッブズ自身は、大部にわたる、かれの思想形成の遍歴や思想的立場を綴り、かれにたいするさまざまな非難・中傷・誤解を正したかったにちがいない。しかし、ホッブズが、いかなる党派にも与せず、自己の組み立てた思想原理から現実社会を客観的に分析するという立場を貫徹した――そのなかから人びとは、ホッブズの現状批判的立場や思考をさまざまに読みとったのだが――ため、かれは、あらゆる政治党派（国王派・議会派）や宗教党派（カトリック・ピューリタン諸派）から攻撃を受けたが、かれは、『自伝』においては、自己の理論活動についてなんら弁明することなく「我が生涯、我が著作と背馳《はいち》せず」と、簡潔な言葉をもって総括するにとどめているのである。もっとも、ホッブズは、『自伝』執筆数年まえの（一六六六年頃、かれ七八歳頃に、『ビヒモス――一六四〇年から六〇年のイングランドの内乱』と『哲学者と法学徒との対話――イングランドのコモン・ローをめぐる』という著書を書き、かれの「歴史認識」や「政治・社会観」を当時の政治状況と密接に重ね合わせてかなり具体的に展開している。とすれば、この二冊も、ホッブズのいわば「自伝的」著作として読むことも可能ではないか、と思う。事実、この二冊を読むと、これまで絶対主義者とか好戦主義者とか種々いわれてきたのとは異なり、ホッブズの政治社会思想は、国民代表によって制定される「法の支配」を主張しようとしたものであり、それ故ホッブズは、結論的にいえば、「ピューリタン革命」後の王政復古期にあって、将来の政治の方向は、「議会制民主主義」でいくべきことを認めていたことがわかる。しかし、この二冊は、残念ながら、こんにちでもホッブズ研究者たちによってほとんど読まれていないので、(『対話』については、日本ではようやく二〇〇二年三月に田中浩、重森臣広、新井明共訳で岩波文庫の一冊として発行された) いまだにホッブズについては、「絶対主義の擁護者」という誤った解釈が思想界や学界において横行しているのが実状である。したがって、もし、ホッブズが、かれの思いの丈《たけ》を込めた「自伝」を書いていたとしたら、まちがいなく、近代民主主義の元祖というホッブズ解釈が確証され定着したであろう。とはいえ、当時の世俗的・宗教的諸党派が相乱れて格闘する政治状況のなかで、ホッブズの真意を同時代人に理解させることは、これまた至難の業であったろうから、ホッブズは、その最々晩年 (八四歳頃) に二冊の超短篇『自伝』を書いたが、それによってホッブズ解釈が正しくなされることは、ほとんど期待できなかったのではないか、と思う。

ともあれ、ホッブズの生きた時代が、封建的な王権や教会権力を批判するだけでも、ただちに身に危険がおよぶような激動の時代であったことを想起すべきである。その点、ピューリタン革命から王政復古期を経て、名誉革命の成功したのちに活躍したロックは、議会制民主主義の旗を堂々と高くかかげることができた。ホッブズとロックの四〇年間の差異は決定的である。それだけに、さまざまな限界状況のもとで、ロックにつながる、まったく新しい政治原理を、身を挺して発言したホッブズの勇気と偉大さをわれわれは改めて思い知るべきであろう。

こんにち、われわれは、戦前日本における先人たちの血と汗と涙をともなう闘いと犠牲のおかげによって、幸いにも戦後の民主主義時代に住むことができるようになり、かなり自由に——それでも、敗戦後一五年くらいは、たとえば「平和を守れ」というしごく当然な発言についても、「アカ」(共産主義者、ソ連・中国的社会主義陣営の別名)の別働隊といったような思想的差別のレッテルがはられたが——発言できるようになったことに感謝すべきである。とすれば、われわれがなすべきことは、過去の「民主主義的な思想的遺産」について、だれでもがわかるような形でそれを解明し提示すること、また、それを踏まえて、「現代」の思想や歴史を分析し、将来への展望を明らかにすることであろう。そして、『自叙伝』とは、そうした各個人の営為を綴る作業ではないだろうか。

敗戦後、焦土と化した悲惨な日本の姿を目にしたとき、私は、なによりも、過去・現在・未来にわたる日本や世界の歴史や構造を、どのようにしたら原理的・統一的に捉えることができるか、それを一刻も早く知りたい、と切に願った。これから述べる私の話は、そうした思いを明らかにしようと「奮闘努力した」一人の人間の物語である。

第一部　敗戦から「哲学」専攻を目ざすまで

——「玉音放送」・「東亜連盟」・「旧制高校時代」

一、敗戦の日から帰郷まで

玉音放送

私は、一九四五（昭和二〇）年八月一五日正午、日本敗戦の日を、福島県会津若松市近郊の本郷国民学校で迎えた。当時、私は、陸軍経理学校十期予科に在校中で、昨日《さくじつ》、午後四時二〇分に、東京国分寺にある本校（現在の多摩湖線「一橋学園前」駅に近接する約四〇万坪ほどの敷地内にあった）から疎開してきた（十期生三六〇名の約半数、全部で六区隊（区隊とは、クラスのこと、六〇名編成）であったが、残りの半分は、まだ本校に待機していた）ばかりであった。

疎開してきたとはいえ、この若き「将校生徒」たち（かれらは、「士官候補生」と呼ばれ、「帝国陸海軍」のエリートたちであった。ちなみに、戦前日本には、「陸軍士官学校」、「陸軍経理学校」、「海軍兵学校」、「海軍機関学校」「海軍経理学校」があった。敗戦後は、これらの陸海軍の学校の卒業生は「職業軍人」と呼ばれた）には、「本土決戦」（この頃、帝国陸軍は、愚かにも、日南海岸、九十九里海岸、湘南海岸など、全国を八つの地域に分けて、それぞれの地域を死守する作戦を立てていた）に備える烈々たる覚悟（この時期においても、国民の大半は、われわれ士官候補生をもふくめて、「太平洋戦争」の戦局が極度に悪化している事実を知らされていなかったから、「神国日本」の最終的勝利を堅く信じていた）のほどがみられ、意気軒昂たるものがあった。

その日、正午一五分くらい前に、われわれは、天皇陛下の「玉音放送」〔われわれ世代は、一九四一年（昭和一六）一二月八日の「宣戦詔勅」以外に天皇陛下の肉声を聞いたことがなかった〕があるというので礼装して（陸軍系の学校では、祝祭日その他重大な日には、礼装服に白手袋をはめ、拍車のついた長靴をはくことになっていた）、校庭に整列していた。校庭正面には、朝礼台のほかにもう一つ、緑色のビロードの毛氈《もうせん》でおおった小さな机が並べておかれ、そのうえには、頭部が抛物線型をしたやや縦長の古ぼけたラジオが一つ、チョコンと乗せられていた。

われわれの隣には、どこから現われたのか、しかとはわからないが、二〇〇名ほどの召集兵からなる一箇中隊が整列していた。全員緊張した面持ちで立ち、咳《しわぶき》ひとつ聞かれず、シーンと静まり返っていた。その日は、雲ひとつない、天高く突き抜けたような真っ青な上空から、強烈な太陽の光がギラギラと照り付け、校庭の土は、目もくらむほどに真白に光り、時折、甲高いミンミンぜみの鳴き声が耳をつんざいた。前面二階建ての古ぼけた校舎の後方には、磐梯（会津富士）の山脈《やまなみ》が薄ぼんやりとかすんで見えていた。

午前十時、作法室にて

この日、午前十時少しまえに、われわれ将校生徒たち約一八〇名は、週番生徒（週代りの世話係）の伝達により、礼装して作法室に正座していた。なにが起こるのか、皆目《かいもく》、見当がつかなかった。

十時かっきり、中隊長西田秀男主計少佐（数えで二五、六歳頃）と一、二、五区隊の三人の区隊長（大尉から中尉、数えで二二、二三歳くらい）が、腰につるした長剣をガチャガチャさせながら、作法室前方の入口から入ってきた。

正座すると、すぐさま、中隊長が口を開いた。「貴様（当時、軍の学校では、名前を呼び合うか、貴様という用語を用いた）たちも知っての通り、今月八日、ソ連が突如、『日ソ中立条約』（一九四一年四月締結）を破棄（四五年八月八日）して、参戦し、満州国領内に侵入するといった重大事態が発生した。このときにあたり、本日正午、かしこくも天皇陛下が御言葉をたまわれる」。「天皇陛下」という中隊長の言葉に、われわれ将校生徒たちは、本能的に一斉に背筋をピーンと伸ばした。一呼吸おいてから、中隊長は言葉を続けた。

「陛下の御言葉の内容はわからない〔あとで聞いたが、実は、中隊長も区隊長たちも、われわれが会津若松に疎開するときには、すでに、敗戦（「ポツダム宣言」受諾）という事態は知っていたのである〕。ソ連が参戦したから、日本臣民にたいして、より一層奮励努力せよ、との御言葉であるかも知れない」。ここで中隊長は、ほんの一瞬だけ息を止めた。

「しかし、そのようなことは決して無いと思うが、ひょっとしたら、米英と停戦する、という御言葉かも知れない。もし、万々一そうであったら、貴様たちはどうするか。停戦は、一部『君側《くんそく》の奸《かん》たち』の策謀である。ここは、会津若松『白虎隊』の地である。この地にとどまって、断固、米・英と決戦するか、われわれ四人はその覚悟であるが、貴様たちは、われわれについてくるか、それとも、故郷に帰って、捲土重来《けんどちょうらい》を期するか。よくよく考えるように」。ここまで言って、中隊長殿は、「解散」と叫びながら、スウーと立ちあがって、足早に、作法室をあとにした。

残されたわれわれは、不安と複雑な面持ちで、無言のまま、それぞれの教室にもどり、十二時の「玉音放送」まで待機した。

大方の者は、「神国日本」が敵に降伏などするはずはない、と思っていたようである。

事実、疎開する数日前に、阿南惟幾《あなんこれちか》（一八八七〜一九四五、大分県出身、陸軍大将、終戦の夜、割腹自決す）陸軍大臣も、全陸軍に「本土決戦」を指令した（五〇〇万人の無傷の陸軍軍人と五〇〇の軍用機が健在である――実はあとで聞いた話ではこの飛行機は布張りの練習機であったらしいが）ではないか。しかし、都会出身の者は、すでに一ヵ月ほどまえから「和平交渉」と「停戦」の気配があったのを知っていたらしい。疎開する十日ほどまえだったか、東京出身で情報通の阿部光俊君（旧制学習院高校、東京大学医学部卒、東京大学助教授、帝京大学教授、海老名更生病院長、二〇〇三年一二月八日没。整形の名医で、私の家族はもとより、二区隊全員の者が世話になった）が、食堂からの帰り道、「日本は降伏するかも知れないよ」とポツンといった。なんたる大胆不敵なことをいうのかと驚いて、流言蜚語《りゅうげんひご》の類《たぐい》にすぎないと聞き流したが、本日の中隊長の訓辞を聞いて、なぜか阿部君の言葉が思いだされた。十二時の「玉音放送」まで待とう。それしか手段はなかった。

異質の人間の発見

天皇陛下の「玉音放送」が始まった。ガーガー、ザーザー雑音が入って、聞きとりにくかったが、それでも、天皇陛下のやや甲高い、独特の節回しのお言葉から、日本が降伏したことはわかった。士官候補生たちの隊列からは、最初は静かに、嗚咽の声が漏れ、それから、その波はやがて全体に広がっていった。なかには、悔し涙で、オンオン泣きだす者もいた。

と、そのときである。隣に並んでいた召集兵たち――大半は、二〇歳代から三〇歳代後半であったかと思われる――が、空中に銃を放り投げ――われわれの観念では、おそれ多くも銃は、陛下の御下《おか》賜品《しひん》のなかでも最重要なものである——やがて狂気乱舞する者たちまで現われた。

咄嗟に私は、朝礼台に向かって駆け出し、壇上に立っていた。なにをしゃべったかは覚えていない。おそらく、このようなときに喜んでいいのか。貴様たちは、それでも忠勇なる日本軍人か、というようなことをしゃべったのではないか、と思う。壇の下から中隊長殿や区隊長殿が、「田中やめろ」と制止する声は聞こえた。騒ぎはピタッと静まった。陸軍経理学校と召集兵の部隊は、無言のままそそくさと、それぞれの控えの教室に帰りはじめた。召集兵の部隊は、近所の別の小学校に宿泊していたようである。

子供の頃から、父に、「この子は、ときに突拍子もない、無鉄砲な行動をするところがある」と笑われたこと——内容は大したことではないが、たとえば、小学校一年の春休みに元山《げんざん》（北朝鮮の現ウォンサン、作家の村上元三《げんぞう》は、少年時代元山で育ったことがあるからそのペンネームを元三〔げんざん〕としたとのことである）から幼稚園時代に住んでいた京城（現ソウル）に母親と一緒に遊びに行ったとき、ホテルから二キロほど離れた知人の家を一人で尋ねていったことなど、ときどき親を驚かせたようである——があるが、終戦の日の話を最近（二〇〇四年）経理学校の友人たちとしていたら、親友の小島晋治（旧制浦和中学、旧制水戸高、東京大学文学部東洋史学科卒、東大名誉教授、中国近・現代史、「太平天国の乱」研究の権威）が、そのとき、「俺もいっしょに飛びだした」といったので驚いた。かれは、漱石の「坊ちゃん」的なところがあり——その点で気が合うのだが——、おそらく突然走りだした私をみて、心配して本能的に走りだしたようだ。このことは、小島にいわれるまでは、まったく記憶になかった。それほど興奮して、理性を失っていたのであろうか。

ともかく、このとき、生まれてはじめて、人間には違った種類の人間あるいは異質の考え方をもった奴がいる、ということに気づいた。子供の頃から、ホンワカと育てられ――よって人をみる眼がない、よく人にだまされる甘チャン――、「一億総火の玉」の精神で教育されてきた少年には、終戦(そのときにはまだ「無条件降伏」・「敗戦」ということばは知らなかった)にさいして、それを喜び、万歳するような人間が、「世界に冠たる」帝国陸軍のなかに一兵卒たりとも存在するとは考えられなかったからショックを受け、それだけに「許せん」と思ったのではないだろうか。

私が、のちに「人間の研究」に興味をもち、「哲学」や「政治思想」を勉強しようと思うようになった原点は、ひょっとしたら、このときにはじまったのではないかと思うが、この時点では、まだ、「世の中には異質の人間がいる」という認識のままにとどまった。おそらく、私がこのような素朴な認識しかもちえなかったのは、私が、世界の歴史や思想・政治学・経済学・社会学などの社会科学についてまったく無知であったためであろう。そのため親・妻・子供たちをかかえたまま「赤紙」一枚で召集された人たちの気持ちがわからなかったのである。しかし、ひとこと弁明させてもらえば、召集兵たちの歓喜の行動をみて、一瞬カッとして「たしなめ」はしたが、そのあとは不思議にかれらを憎悪したり、軽蔑したりする気持ちはまったくなかった。そのときは、戦争に負けて、目茶苦茶悔しくて、無鉄砲な行動にでたものと思う。ともかく、戦争は負けた。これが冷厳なる事実であった。次は、どうするかである。

残るべきか帰るべきか

昼食をとったのち、一時半に、各区隊は、今後の行動を相談すべく、控室である教室ごとに集められた。柴田純爾二区隊長(主計中尉)は、陸軍経理学校六期生の先輩(陸士出身の区隊長のなかには、

「経理さんか」とわれわれを馬鹿にする区隊長もいたが、柴田さんに代わって区隊の雰囲気が明るくなった）で、広島市近郊の大地主のボンボンらしく、まことに大らかで、心優しく、私自身は兄貴のように思え、気が合ったためかずいぶんと可愛がってもらった。

区隊長の話はこうであった。「今回の陛下の御決断は、君側の奸にそそのかされたものであり、陛下の御真意ではない」。そういえば、終戦当日の朝、東北軍管区司令官大迫通貞《おおさこみちさだ》中将〔大迫中将は鹿児島県出身で、私の保証人。私の母方の兄つまり伯父の鷲崎研太《けんた》の友人で、私の最初の保証人である牛島辰熊《たつくま》七段――伯父の柔道界の弟分で、戦後、力道山と試合して破れた柔道界最強の木村政彦七段の師匠。その日本人離れしたバタ臭い風貌をみて、天覧試合のさい、昭和天皇が、「牛島はインド人か」とたずねられたという――が、昭和一九年一一月の「東条暗殺未遂事件」の首謀者（東条が宮中に参内《さんだい》するとき、牛島さんが乗用車の正面に手をひろげて立って車をとめ、辻政信少佐がピストルをぶち込む手はずになっていた。このとき辻少佐はこのままでは、逆賊、犬死になりかねないと思い、同期の三笠宮（寛仁）にだけひそかに打ち明けた。ところが、三笠宮が驚いてこれを皇后に知らせたためことが露見したらしい。この話は伯父に戦後聞いたが、二〇〇四年一〇月一〇日、太極拳の楊名時《ようめいじ》先生（二〇〇五年没）の傘寿（八〇歳）のパーティに招待され、三笠宮さんと隣り合わせになったときにことの真相をうかがったら、その通りだとまことに大らかに宮さんは話された）として逮捕されたのち、二番目に私の保証人となった。もともとは伯父が勝手にきめてくれたことで、私自身は、当時は、お二人とも面識はなかった。牛島さんとは、戦後、私が一時期「東亜連盟」運動に参加するなかで、石原莞爾《かんじ》歓迎の「阿蘇」合宿のときに、初めてお目にかかり、一緒に温泉につかった〕の名前の入った、「徹底抗戦」を呼びかけるビラが、布張りの軍用機からバラまかれたが、そこにも、「君側の奸」という言葉があった。

ここから、区隊長の言葉に、一段と力がこもった。「われわれ区隊長六名（一区隊〜六区隊）は、中隊長とともに会津若松の地にとどまって——東京在住の区隊長は、駆けつける手はずになっている——徹底抗戦することで一致している。貴様たちはどうするか。われわれについてくるもよし、あるいは郷里に帰って、それぞれの道を歩むもよし、よくよく考えたうえで、本夕《ほんせき》、六時から、一人一人その存念を聞くことにする。ただし、これから六時までの約五時間ほど、必ず、自分一人で考え、だれとも相談してはならない。この点、必ず遵守するように」。ここまで一気にしゃべったのち、やや蒼白な顔をした区隊長殿は、教室を足早に去った。

空白の五時間については、私はほとんど記憶がない。小島やもう一人の親友である浅野栄一（一橋大学卒、杉本栄一、都留重人教授の愛弟子、中央大学名誉教授、ケインズ研究の第一人者）とも、区隊長との約束通り、いっさい相談していない。厠《かわや》（軍隊用語で便所のこと）にいくときたまたま廊下ですれ違った区隊一番の物識りで、いつも文学論を展開していた、名門大阪北野中学出身の金沢龍雄（旧制一高、東京大学独文卒、朝日放送重役）は、「俺は大阪に帰って、勉強し直し、「文化国家」を作るよ」と、こともなげにいったのには驚いたし、感心もした。こんなときに、徹底抗戦を叫ばずに、郷里に帰るというのは、なかなか勇気のいる発言だ。僕にはとてもいえない。そもそも「文化国家」とはなんだ。田舎者の僕には、はじめて聞いた言葉で、聞き返すのも恥ずかしいので、そのままにしたが、金沢の見識には敬意を払うべきだと思った。教室のなかには、仲の良い者同士が三々五々集まって、ひそひそ話をしていたが、内容はもちろんわからない。

これも最近聞いた話だが、隣の教室では、京都一中出身で、二区隊のトップ合格（二番が金沢）であった、およそ軍国少年とは無縁のように思われた、これまた金沢同様に文学青年然とした小島達雄（旧制三高、京都大学文学部仏文卒、伊吹武彦教授門下、関西学院大学名誉教授で演出家、僕はどういうわけか、金沢・小島という二人の「タッチン」とはウマが合った、学界で京都に行ったとき、小島に四条大橋の側の松葉屋ではじめて「ニシンそば」をごちそうになった。大阪では新婚早々の金沢のマンションに泊めてもらった。新妻は超美人であった）が、故郷に帰るべきことを主張して、宮下鉄巳《てつみ》（鹿児島一中出身、団十郎張りの色白・長身の美青年。薩摩隼人《はやと》の典型的な正義感の強い人情味の厚い男。旧制七高、東京大学法学部を経て大蔵省に入り、証券局審議官、東京国税局長、関西国際空港専務理事、ダイエー・ファイナンス会長、二〇〇二年没）たち数人からなぐられた、という騒動があったようだ。なにが起こっても、ちっともおかしくないような緊迫した例外状態・非常事態であったことは、まちがいない。であるから、そのような行動については、だれを責められようか。

時刻は、刻一刻と迫ってきた。私の決心は、とっくに定《き》まっていた。「区隊長について行こう」という単純明快なものであった。区隊長を見捨てては帰れない。それが「男の美学だ」。不思議なことに、神国日本を護るとか、天皇陛下を護持するとか、そんな発想は、まったく浮かんでこなかった。仲の良い小島や浅野や宮下や、それに色の浅黒い無口――といっても決して暗くはない――村夫子《そんぷうし》然とした好青年別府栄典《ひでのり》（鹿児島一中出身、旧制七高、東京大学文学部社会学科・東洋史学科中退、公認会計士。かれが、大学を中退して、姿を消す――その理由はいまだに聞いていない――前日に私の中野の下宿に尋ねてきて、二人で新宿武蔵野館で映画をみた。そのアトラクションとして前座をつとめ歌った、フランス帰りの新進シャンソン歌手として紹介されたのが、のちにシャンソン界の大御所になる若き日の石井好子さんであった。別府は、二〇年後に忽然と姿を現わし、連絡してきたので、上野駅で、小島・浅野と待ち合わせ、四人で根岸の金沢の家へ行った）たちはどう考えているのだろうか。聞いてみたいが、なんだかこわくて聞けない。まるで、落城寸前の赤穂の浅野家の家臣たちも、さもありなんという光景であった。

六時かっきり、背の高い順に一人ずつ（番号順、海軍は入学成績順に番号がついていたらしいから、陸軍のほうがすっと民主的であったようだ）、各区隊長の待つ教室へと入っていった。そして教室をでた者は、別の通路から別の教室に移動し、残留者とは相談できない「しくみ」になっていた。それにしても、区隊長たちはなにを恐れていたのか。大半の生徒たちは区隊長についていくはずだ、と思われたが、ともかく死刑囚が、一人一人刑場にひかれ、二度と帰ってこないような緊張した気分であった。小島と浅野と私は、背が小さいほうなので、どんどん取り残されていった。かれらは、どう答えるのだろうか。どんなに親しくても、心のなかまではわからない。小島の二、三人あとに、ついに私の名前が呼ばれた。二階を降りて、一階の小さな部屋の引き戸をあけた。窓をうしろに、小さな机をまえにして、区隊長が腰掛けていた。区隊長の顔をみたとき、村祭りの縁日で迷子になった子供が、ひょっこりと兄貴にであったときのように、なぜかホッとした安らぎのようなものを感じた。

私は、椅子に座ると勢いよく、「田中生徒、残ります」と胸のつかえを一気に吐きだした。「決死隊」に残るのは、結構こわかったので、引き返せないように、自分を自分で追い込んだのであろう。「貴様は一人息子だが、それでも良いのか。御両親のことは大丈夫か」。「大丈夫であります」。「本当に良いのか」、区隊長が念を押した。「ハイ」、区隊長の顔がややほころんだ。「田中生徒、帰ります」。「よし」。わずか二、三分のやりとりであった。

同級生の待つ教室に帰ったが、全員、本心を明かさず、たわいのない話をしていた。結局、一・二・

五区隊、三区隊全体の報告が終わったのは、夜の一〇時半くらいだったのではなかっただろうか。各区隊の週番生徒が、午後一一時に、二階の大教室に集合するように触れ回っていた。一一時、大教室に、一八〇名の将校生徒たちが区隊ごとに並んで座っていた。中隊長と区隊長が、きびしい顔をして入ってきた。一区隊の週番生徒の「起立」の声に、全員が正座し、「休め」の声で膝をくずした。

七人の侍

柴田区隊長が、区隊長を代表して、「唯今から、現地残留者の氏名を発表する」とゆっくりと述べた。そのとき、なぜ一区隊の山本高区隊長（主計中尉柴田区隊長夫人房子さんは、山本区隊長の妹、私は若い頃の貧乏学生時代、柴田夫人にはずいぶん世話になった）ではなく柴田区隊長なのかという疑問が一瞬頭をよぎったが、その謎はすぐに解けるであろう。教室全体が静まり返り、全員息を呑んだ。

「第二区隊生徒、宮下鉄巳、別府栄典、永迫譲二（鹿児島市立中学、指宿《いぶすき》教育長二〇〇五年三月死去）」の鹿児島三人男、同じ九州出身で仲の良い宮下と別府が入っていたのでホッとした。「小島晋治、田中浩、浅野栄一」、なんと、信じてはいたが、小島と浅野が入っているではないか。ここまでは覚えているが、実はもう一人いたように思う。興奮していて、まったく失念し、いまだに確証はない。小島や浅野に聞いても記憶にないという。これも最近、小島達雄が上京したときに、それは、同じ京都一中出身の熱血漢寸田佐喜男《すんださきお》（同志社大卒、三井物産）でまちがいない、といっていたから（寸田は宮下たちと、小島達雄をぶんなぐった一人であったらしい）、あの一本気の寸田ならおそらくそうかも知れない。しかし、阿部が亡くなってからは、いまでは二区隊の月二回の「囲碁の会」

をとりまとめてくれている牧治（東京医科歯科大学卒、眼科専門、かれは、寝室——三寝（第三寝室のこと）・四寝とあった——が同じ三寝で、ベッドも近く温厚なインテリであったのでよく話し合った）が、それは自分だと最近いっていたので、こちらのほうが正しいのかも知れない。

それはそれとして、三区隊一八〇名のうち、なんで七名なのか。それも二区隊だけ。区隊長たちは、まったく予想がはずれたらしい。すっかり憔悴し切った顔から、それはみてとれる。それはそうだろう。われわれは、帝国陸軍最強のエリート将校の卵を自負していなかったか。私はどんなに悪くとも、全体で半分くらい、最悪でも八〇名程度は残留すると思っていたのだから。そしてこれは、あとで気づいたことだが、区隊長たちの作戦は失敗だったと思う。区隊長たちは、生徒たちに自由に意見交換させれば、全員が雪崩《なだれ》を打って「帰郷派」になる、と恐れていたのではないか。しかし、敗戦という「異常事態」、軍のエリート集団としての誇り、という点を考えて集団討議をさせれば、「神国日本」の精鋭であるかれらのあいだでは、「国体護持」という過激な意見が優位を占めて、かなりの数のものが残留したかも知れない。しかし、いまとなっては、どう転んだかは知りようがない。

このとき私は、「人間は同じではない」という「玉音放送」のときに感じたこととは比較にならないほどの強い衝撃を受けた。なぜなら、士官候補生たる将校生徒こそは、まさに、一心同体の存在だと信じ込んでいたのだから。

しかし、だからといって、同期生たちに不信感をもったわけではない。その証拠に、私は、これはまたきわめて不思議なことだが、こんにちまで、例の「七人の侍」（これは、浅野と並んで区隊一の真面目人間、近年、二区隊会の世話役である青木訓治——愛知一中、旧制八高、東京大学工学部——のネーミングだが）のだれとも、あのときのことを本気で話し合ったことがないのだ。その理由は、郷里に帰って、「文化国家」のために出直す勇気のほうが正しかったのではないかと、私自身——ほかの六人も——気づいていたからではないか、と思われる。とくに、戦後澎湃《ほうはい》と押し寄せてきた民主主義という名の激流に呑み込まれたからには、ただちに「生命の尊重」にまさる価値はない、ということは私でさえ理解したからである（「人間の生命尊重」を、すべての価値のうえにおいたのは、一七世紀イギリスの哲学者トマス・ホッブズであった。のちに、私が、ホッブズから研究をはじめたのはたんなる偶然ではなかったように思える）。

それは、ともかくとして、八月一五日の深夜は、盃をくみかわし——まだ未成年なのに——、小学校の校長・教頭さんも加わって、「会津磐梯山」を絶叫しながら、夜が白むまで踊り狂った。不思議なことに、明日以後の不安などは、まったくなかった。

翌々日は、区隊全員で近所の清流に水泳に行った。そして一九日、陸軍経理学校予科生徒一八〇名は、帰京のために、校庭に整列した。われわれ残留組は、丸腰のまま——武器・弾薬は、昨夜、校舎の床下に隠した——、朝礼台のそばに横一列に並んで、同期生たちが、午後四時に進軍ラッパとともに行進しはじめるのを待機して見守っていた。

そのときだ。校門のほうから、黄色い佐官旗をはためかせた「ダットサン」が、フル・スピードで飛び込んできた。デブッチョの生徒隊長角田《かくた》進一郎主計大佐がせかせかと降り立った。生徒隊長は、直立不動している中隊長・区隊長に向かって、「不穏の動きありと聞いた。直ちに生徒たちを返せ」と大音声《だいおんじょう》で命令した。このとき、「助かった」、と小島は思ったそうだ（ついでながらいえば、故郷古河の実家に帰って玄関に入ったとき、かれはオンオン泣いたと、小島のオフクロさんから聞いた。いかにもやんちゃ坊主小島らしいではないか。浅野は、帰るや否や「日本刀を買ってくれ」と両親にせがんだそうだ。これもオフクロさんから聞いたが、かれはなにをしようとしていたのか。真正直のかれは、本気で、アメリカ進駐軍と闘おうとしていたのであろうか。ところで、次男坊の小島は、肝っ玉風のさっぱり系のオフクロさんから「シンチャン」、「シンチャン」と呼ばれていた。長男の浅野は、田中絹代似のオフクロさんから実に優しい声で「エイチャン」、「エイチャン」と呼ばれ、ずいぶんと頼りにされていた。ちなみに私は、小学校までは「浩坊」、中学に入ると「浩チャン」、「浩」と呼ばれた)。

われわれ七人は、大急ぎで、帯剣し(陸軍のばあいは、「ゴボウ剣」と呼ばれるゴボウに似た平べったい不細工な短剣。これにくらべて、海軍生徒の剣は、白鞘のスマートな短剣で軍国乙女の憧れの的であった)、隊列の後尾についた。私物の荷物は、あとで送ってくれるはずだった(しかし、背嚢《はいのう》——布製の長方形のカバン——に入れていた貴重品はすべて盗まれていた。入校のときに父が買ってくれたスイス製のウォルサムの時計も盗まれた。敗戦の一ヵ月後の九月二〇日に、父は中国の上海で病死するので、この時計が唯一の遺品であっただけに悔やまれてならない)。

先の見えない不安な日々

戦争に負けたときの軍隊は、どこの国でもアナーキーの状態になったであろうが、東京国分寺のわが陸軍経理学校は、一糸乱れず整然と行動していた。

朝五時起床、営庭(校舎のまえのグランド)で点呼、八時朝食、昼食まで自由時間、昼食後も自由時間。五時夕食、就寝九時までは自習室で自由時間。要するに信じられないかも知れないが、食事時間以外は、まったく自由であった。そのとき、どう過ごしたかは思いだせない。思う存分、区隊の仲間とダベッて(話をする)いたのではないか。

しかし、不安がなかったわけではない。いったい、いつ郷里に帰れるのか、まったくわからなかったからである。ラジオも新聞もなく、ましてや手紙での交信など不可能であった。佐賀にいる母、中国上海にいる父は、いま頃どうしているのだろうか。人間、情報を絶たれたときほど不安なことはない。

われわれが、もっとも恐れたのは、戦勝国アメリカ軍が、どのような形で上陸してくるかであった。われわれは、民主主義というものをまったく知らないのだから、敵の出方など想像もつかなかった。虜囚の辱《はずかし》めをうけるのか、それとも殺されるのか。

事実、区隊長の命により、われわれは、身許のわかるもの、つまり氏名を明記しているものは、墨で消し、氏名を記した辞書・書籍の表紙などは破って焼却した。また、情報通の者によると、ドイツでは、職業軍人〔この言葉は、戦後、軍のエリートつまり卒業と同時に少尉に任官する士官を養成する軍の学校の出身者を指し、これらの職業軍人は、憲法上民主国日本では、大臣になれないとされた。しかし、田中角栄内閣のときに、陸軍士官学校出身者二人（三塚博、仮谷氏）が大臣に任命された。このさい、内閣法制局は、いちじるしく軍国主義的思想をもたない者は、「文民」であり、職業軍人ではないと規定し、大臣への道を開いた。いつもながらの「政治的理由」のためには平気で「法解釈」を曲げる好例〕の卵である士官候補生が地中海上で全員殺害されたという情報が流され、そのような危険性は、日本の士官候補生でも例外ではないと思われたから、帰郷して身を隠すまでは、不安がまったく拭い去られたわけではなかった。

ともかく、アメリカ軍が上陸するまえに、われわれ士官候補生の集団は、「可及的速やかに」（軍隊用語で、可能なかぎり迅速にという意味）、散開される必要があった。八月下旬、われわれは、自習室に集められ、旧制高校、大学予科（たとえば北大・東京医科歯科大・東京商大）、国立の専門学校（高等工業、医専、高専など、戦後、全部、大学に昇格した）のうち、希望する学校名を三校書いて提出せよ、（どこでも入れてやる、ということだったが、当たりまえのことだが、実際は、なんの保証もなかった）ということであった。私は、勉強ができればどこでもよいと思いたわむれに、「一高・三高・五高」と書いて提出した。他の仲間がどう書いたかはわからないが、おそらく、自分の故郷に近い全国の旧制高校や東京商大予科（一橋大学）、北大予科などと書いたであろうことはまちがいない。

戦争末期の昭和一九年頃は、全国有名中学（現在の高校）のトップ・クラスは、陸海軍の学校を受けた。なかでも、陸・海軍の経理学校は、採用人員も少なかったこともあって、うそかまことか知らないが、当時の陸軍経理学校は一高よりむずかしい超難関校、といわれていたらしい。そういえば、回りを見渡すと、経理学校の同期生たちは皆、全国有名中学のトップ・クラスであったようだ。

私は、できれば、京都の「紅《くれない》萌ゆる丘の花、狭緑匂ふ岸の色、都の春に嘯けば、月こそ懸れ吉田山」の逍遥歌で有名な第三高等学校の理甲（将来は工学部系に進学するクラス）に行って、せっかく命長らえたのだから、学生生活を満喫したいと思った。上海から父が帰国さえすれば、それくらいのことは問題ない、と気楽に考えていた。しかし、世の中、必ずしもそのようにうまくはいかないのである。そして、思いがけない事態の変転によって、私は、人生の進路を一八〇度転換させることになる［そういえば、中学三年生のとき母が姓名判断占い（四柱推命）をしてきて、そのなかで私は二〇歳（かぞえ）のときに大きく職業を変えると書いてあったのを思いだした］。

二、「東亜連盟」運動から「旧制佐高」（文科乙類）入学まで

真夜中の焼跡

私は、九月二日午前十時に、東京を発って九月三日の深夜二時頃、郷里九州の佐賀駅に一人降り立った。東京からの臨時列車だったから、人っ子一人いなくて、構内はガランとしていたが、懐かしい郷土の匂いがした。

丸腰で肩から掛けたズックの下げ袋のなかには、小さな六角形の「角砂糖」（当時は砂糖はダイヤモンドのように貴重であった）一箱、カンパン二袋、それから上衣《じょうい》（軍隊用語の上着のこと）の内ポケットには、金六〇〇円（現在の六〇万円くらいか）の退職金が入っていた。よれよれの戦闘帽に、将校生徒をあらわすきらびやかな肩章、襟章もはぎとった、うすよごれた褐色の軍隊服、完全な敗残兵スタイルであった。

古ぼけた駅舎は昔のままで、駅前から市中心部に向かって真直ぐに伸びている県庁通りのたたずまいにはなんの変哲もなかった。シーンと静まりかえった真夜中の道を、私は、七月下旬に転居を知らせてくれていた母の手紙（これが敗戦前の最後の手紙であった）を頼りに、市の最東南にある水ヶ江《みずがえ》町鷹匠小路《たかしょうこうじ》七七の真島家――空襲が激しくなったので、母は市の西部にある南正丹小路《みなみしょうたんこうじ》の家を引

き払って真島邸に移ったらしい――を目ざしてほとんど駆け足状態で飛んで行った。

真島邸に近づいたとき、周辺一帯が焼野原になっているのに驚いた。佐賀市も八月に入って空襲にあったというのは人づてに聞いていたが、それは当然に市の中心部のことと思い、市の一番はずれにある真島家が空襲にあっていたとは知らなかった。あとで聞いたところでは、有明海の潮の干満の時間差を誤って、米機が数秒の何分の一ほど早く爆弾を投下したため、市の最東南の水ヶ江町が火の海になったらしい。

真島邸〔東亜同文書院時代の恩師であった真島教授が上海で若くして亡くなったのち、私の父が、発起人となって募金し、遺族に家屋を寄贈したようである。ちなみに美人で賢婦人のほまれ高いイマ夫人は、母親の実家のあった佐賀郡早津江《はやつえ》村寺井の小学校時代の母の担任で、随分可愛がってもらったらしく、したがって、昭和一五年に、母親が私の教育のために佐賀に帰ってきて（後述）からは（そのとき父は、中国武漢三鎮〔武昌・漢口・漢陽、揚子江中流部最大の商工業都市〕にいたが）、真島家とは親子関係のような付き合いかたで、父の意を受けて、母がなにくれと真島家の面倒をみていた〕は、完全に焼け落ちていた。

真っ暗闇の焼跡に茫然と立ちつくしていると、人の気配を感じたのか、防空壕のなかから澄江姉さん（私より八歳上）が姿を現わした。続いて、おばさん（イマ夫人）と実枝子《みえこ》チャン（四歳上、私の知的喧嘩相手、姉妹ともに佐賀高女で評判の才媛であった）が顔をだした。

「浩ちゃん、お峯（母は戸籍上は、ミ子《ね》と表記されていた。田舎の役場の人がミネをミ子としたらしい。しかし、母は、手紙などでは、峯子という近代的な表現法を用いていた）おばさんは、本庄の鷺崎さん（母の兄）宅に身を寄せていますよ」といって澄江姉さんが泣きだした。真夜中なので、話もそこそこに、真島家とはちょうど市の真反対の東西の方向にある伯父宅に急行した。佐賀城を取り巻く外堀の道程が、こんなに長く感じられたことはなかった。当然のことながら、人っ子一人すれ違う者はなく、食用蛙の奇妙な鳴き声を聞きながら、三〇分ほどかけて、伯父の家にたどりついた。「浩です。帰ってきました」。あかりがついて、従兄弟の卓《たかし》（長男、二歳下）が玄関を開けた。次男の靖《やすし》、三男の修、長女の晃子《てるこ》（一歳上）、次女の久子、伯父の研太、叔母の淑子《よしこ》、そして二階から母がトントンと足早やに音を立てて降りてきた。

こうして私は、名実ともに一介の素浪人になった。今後どうするかは、まったく思いつかなかった。東京を発って約一六時間、貨蓋車《かがいしゃ》（屋根付き貨車）にゆられて一睡もできなかったので、ともかく横になりたい一心だけであった。

昼頃起きだして、なにごともなく動き回っている伯父一家をみて驚いた。敗戦とは、かくも静かなものなのか。そのときには、敗戦により、世の中すべてが、政治も経済も社会も、教育も思想も価値観も一八〇度転換するであろう状況については、まだまったく想像できなかった。

父の教え　元山にて

私は決して権威主義者でも、人を抑圧し殺りくすることを好む残忍な人間でもない。むしろ、人一倍涙もろく「強きを挫き」（といっても腕力が弱いから格闘技で敵を倒すことはできないが、目に余る権力主義者や権力主義的状況にはつねに抵抗してきた）とまではいかないが、「弱きを助く」気風（これでしばしば「負け組み」に加担して人からは損をしたといわれるが、私自身は別に後悔したことはない）の人間である。小学校六年間——幼稚園は京城南山《なんざん》の中腹に住み、そこの「愛国婦人会幼稚園」

に通った。入園早々「三越」裏の遊郭の坊やと仲良くなり、そのまま遊びについていき、家では「人さらい」（拉致）にあったと大騒ぎになったことがある――は、近年「万景峰号《まんぼんぎょう》」の寄港地で一躍有名になった北朝鮮咸鏡南道（九州くらいの大きさがある）随一の人口のある元山で過ごした。父が北鮮電力株式会社（南鮮電力とともに朝鮮半島の電力を一手に配給していた。またこの会社は、現朝鮮民主主義人民共和国（北朝鮮）の水力発電の原動力となっている赴戦《ふせん》高原――咸鏡南道赴戦郡――に、琵琶湖の貯水面積の四倍もある人造湖――赴戦湖――を作った）の副社長をしていた関係で元山に居を構えたらしい。元山は、夏は、「東洋のニース」といわれるほどに美しい白砂青松《はくしゃせいしょう》の海岸線が果てしなく続く、朝鮮半島随一の避暑地・海水浴場（現在では、北朝鮮随一の保養地であり、拉致家族の蓮池さんや横田めぐみさん家族もこの地で海水浴を楽しんでいた写真がテレビで流された。また南鮮に接するところに北朝鮮随一の景勝地金剛山《クムガンさん》があり、南鮮からの観光団が多数押し寄せている）があり、夏休みの一ヵ月間ほどは、わが家に、常時二〇名近い客が逗留し賑わった。冬は冬で、元山は、スキー、スケートのメッカ――というわけで、私はスキー、スケートはお手のものであった――となり、家の広縁《ひろえん》からみえる裏山では、オール朝鮮のジャンプ大会が開かれた。

そういえば、父には、いろいろのことを教わった。しかし、それは決して、説教調あるいは押し付け風ではなく、なにげない会話のなかで――父は、月のうち三分の二以上は、接待客と夕食をともにし、滅多に家にはいなかった。また父はいわゆる重役出勤であったから、私が登校するときは、いつも寝ていた。だから、夕食が一緒にできると知ったときには無性《むしょう》に嬉しかった――のことであった。

私は父に叱られた記憶がない。ましてやなぐられた経験もない。父の友人の話によると、父が、なにかの会に出席すると、急に席が明るく、パッとはなやいだそうだ（そういえば父のニックネームは菊池寛《かん》（作家、京大英文科卒。芥川龍之介、久米正雄らと第三次・第四次「新思潮」を発刊。「文藝春秋」を創刊）であった」。母から、「世話吉《せわきち》さん」と呼ばれ、酒の席で、隣り合わせになった、まったくの見ず知らずの他人をいきなり連れてきて泊めたことを覚えている。

父は、子供を誉めることが上手であった。理科の蝶々の図や、蛙の解剖図などを書いたノートを見せると、「おまえには、理科の才能がある」――実は、私は理系の才能はまったくなかったのだが、父のこの言葉を信じて、後述するように、旧制高校の受験に失敗することになる――、「赤門の工学部に行け」――もっとも、赤門とは、どういうところか、どこの大学のことかわからなかったが――と、おだてたりした。

またいまでも、よく覚えていることは、「人に金を貸すときは、差し上げる、と思え。そうでないときは、お断りせよ。でないと友情関係に『ひび』が入るから」。そういえば、父はよく人に金を貸していたが、私は、この父の「借金哲学」を守って、貸すときには、いつも気持ちよく貸すことにしてきた。もちろん返ってきた例《ためし》はなかった。

そのほか、父の言葉でいまでも役立っていることは、「一番になるな――どうせなれるはずはないが――、二番手で行け。そのほうが楽だぞ」、といったかと思うと、「一流を目ざせ、そうすれば二流か三流にはなれるだろう」。けだし、至言である。おかげで、こんにちまで「一流を目ざす」という楽しみを享受《エンジョイ》している。

また「物を買うときには、値段の高いほうを買え。安物買いの銭失《ぜにうしな》い、というだろう」、といつも言っていた。もっとも、この言葉を実践するには、金をもっていることが前提だが、敗戦直後（九月二〇日）、父が上海で死んで一時期、どん底生活を味わったときにも、「貧すれば鈍す（品性がさもしくなる)」という卑屈な態度にならなかったのは、父のこの言葉のおかげであった。

「人と待ち合わせるときは、あるいは、汽車、電車に乗るときは、三〇分まえに、その場所の近辺まで行って時間を調整せよ」とか、あるいは、「三〇分まえにはプラットホームに立っておけ」と言われたが、これは、前者は「時間をきちんと守って人を待たせるな」ということ、後者は「人生なにが起こるかわからないからつねに余裕をみておけ」ということであろうが、その根底にある精神は、つねに、「人より一歩先を歩むよう心掛けよ」、ということであろう。世界の大哲学者カントが時間を正確に守ったことは有名な話だが、かの偉大な革命家レーニンも、会議の席にいつも一五分まえには着いていたという。

さらに父は、「分をわきまえる」ことの重要性を教えてくれた。父は、汽車はいつも一等車(白線)か二等車(青線)で、私も幼稚園まではそれに乗せてもらっていた。しかし、私が小学生になったとたんに、私は三等車(赤線)に格下げされ、一緒のときは、父も三等車に乗った。「分を知れ」というこの教訓は、易しいようで意外と守れないだけに、父に感謝している。

なかでもとくに、いまでも強烈に身に沁み、実践していることがある。六年生のときのある冬の日、私は風邪で欠席した。親友の沢木昭二君(父君は、東京大学国文科卒で、当時元山女学校校長。兄上は、旧制四高から東京大学国文科に進んだ、歌人で有名な故沢木欣一東京芸術大学名誉教授。兄弟二人とも故人)が、下校後、見舞いにきてくれて、その日一日の起こったことを話してくれた。夜六時頃であったろうか、夕食をしていたときに玄関が開いた。出てみると一人の女の子が立っていた。話したことはないが、父の電気会社の集金人の中西さんの娘さんであった。当時は、「男女七歳にして席を同じくせず」という時代であったから、もう恥ずかしくて、身が固まった。私は男子ばかりの白組で、その娘《こ》は、たしか女子ばかりの赤組であったように思う。彼女は、しっかり顔をあげて、私に今朝、朝礼時に三島本生《ほんせい》校長先生（人格者、東北岩手県の出身で、づうづう弁。「ツンオモウニ」と始まる「教育勅語」冒頭の発音は、子供たちのあいだで有名で、よく真似をしていた。父は後援会長もしていたので、三島校長とは懇意にしていた。お嬢さんの和代《かずよ》さんは、一年上で才色兼備、われわれの憧れの的であった）が全校生徒に話されたこと――内容は忘れたが、重要なことであった――を伝えてくれた。私は恥ずかしさが先立って、「ああ、知ってる、知ってる」と、あわてて話をさえぎった。ホッとして、その娘は、それ以上、話を続けることができなくなり、黙って礼をして帰っていった。ホッとして、食堂に引き返すと、たまたま、珍しく早く帰ってきていて晩酌をしていた父に、どうも、彼女と私のやりとりが聞こえたらしい。「浩、せっかく、お嬢さんが親切に教えにきてくれたのだから、たとえ、おまえが知っていても、なぜ静かに最後まで聞いて、『有難う』というお礼をひとこといえなかったのか」。これには、こたえた。先にも後にも、父に叱られたというよりたしなめられたのは、このときだけだった。この父の教えは、いまだに拳拳服膺《けんけんふくよう》（『中庸』）している。

父は、本当に優しかった。春・夏・冬の長期の休みには、「旅は学問である」といって必ず母と私を旅行にだしてくれた。「歴史と地理を大切にせよ」、これが父の口癖であった。私がのちに「思想史」に興味をもち研究するようになったのは、このせいかも知れない。

内地、佐賀中学へ、劣等生経験

「中西嬢事件」後、三ヵ月ほど経って、私は父の教育哲学――「可愛い子には旅させよ」――で、父母の故郷である、内地（本州のこと。朝鮮・満州・台湾・中国在住の者、また北海道の住民も、自分たちのところを外地と呼んでいた）九州佐賀の父の母校県立佐賀中学に入れられる。母はだいぶ抵抗したらしいが、父の意見は絶対であったようだ。

さて、翌年、父は、一九四〇年（昭和一五）春に、中国漢口《はんかお》にある新聞社「武漢報」の副社長として移動し、母は、私の面倒をみるために――実は、私の成績が悪かったので、心配した父は、私が中学を卒業するまでということで、（そのとき日本が戦争に敗れるなど、だれが考えていたであろうか）、母を日本に帰したのだ――佐賀に帰ってきた。

たしかに、中学一年のときの私の成績は惨憺たるものであった。それまでは、甲（いまの優とか5）以外取ったことはなかったし、咸鏡南道の一斉テストでも一番だったから、この成績には、さすがにショックであった。一学期の通知表には甲が一つ（修身）、これは行いがいいというのではなく、黒チン〔佐中3チンの一人、ほかの二人は、梅チンこと梅崎先生（教練）、宇賀チンこと宇賀地先生（化学）〕こと、寺の住職の黒岩先生のテストでは、「まとめ」を暗記しておけば一〇〇点をくれるというし、当時暗記力だけは自信があったので、甲をいただいたのであろう。あとはほとんど乙、つまり「アヒルの行列」で、丙も二、三個あった。しかし、これには歴然たる理由があった。勉強しなかったからだ。親許を離れて、母の監視の眼がなくなり――母は、教育熱心で、宿題をすまさないと決して遊びにだしてくれなかった。そのときは嫌だったが、いまになってみると、「学生の本分」つまり勉強をきちんきちんとするように習慣づけてくれたことには感謝している。よって、わたくしは、小学校まではどこの母親も「教育ママ」であるべきだと確信している。しかし、この母も、中学校に入ったとたんに、私の自主性を尊重して、いっさいなにも言わなくなった。人間は自覚しなければ、押しつけだけではだめだ、ということを母は知っていたにちがいない。

それはともかく、下宿先の親戚の家（父の一番末の妹の家で、男の子二人、女の子三人の大家族であった。このときたったわずか一年間だけだったが三姉妹と兄弟同然に育ったことが、のちに、私が帰郷しても、まるで弟や兄のようによくしてくれる機縁となった）で伸び伸びと過ごし、はじめての日本のすべてが珍しく（とくに春祭り。佐中は、近郊農村の小学校の一、二番が多数きていたので、毎晩のように友人たちの村の祭りにでかけた。小遣いもたっぷりもらっていたし——六円——、五十銭ももっていれば、友人におごっても十分であった）、それやこれやで勉強しなかった当然の報いであったが、いささか参った。

それに、佐中入試のとき、算術一〇問中（名門佐賀中学では、天下の難関、陸軍幼年学校（中学一、二年で受験できる帝国陸軍のエリート養成校）入試レベルの試験問題をだしていたようだ）、四問ほどは、朝鮮の小学校では、まったく見たこともなく習ったこともないような問題であった。体格検査を待つ廊下で、日本の小学校の者たちが、仲間同士で「できた、できた」と話をしているのを聞いて、すっかり自信を喪失した。そもそも受験まえに、父の友人の高木瀬《たかきせ》小学校の先生から「朝鮮からいきなり佐賀中学を受けても受かるもんか」と言われてビビっていたし、実際、受験してみて、教育内容にかなりレベルのちがいがあるなと感じたこと、また内地の奴は、できるなと思ったこと（どうせかなわない）も、勉強意欲（闘争心）を喪失した一つの原因であった。

この年、朝鮮から二人佐中に合格した。一人は、北鮮元山からの私、もう一人は、南鮮光州からの内川芳美君（父君は小学校の校長先生だったらしい。旧制佐高、東京大学法学部卒、東京大学名誉教授、新聞研究所所長、NHK経営委員会委員長、二〇〇四年没）で、二人とも十月生まれであったので、一年三組（全部で五組、二五〇人）であった。

内川君は、おだやかな性格の紅顔の美少年であったから、あまりイジメに合わなかったようだが〔かれは、四角四面の軍国主義的佐中の雰囲気が大嫌いで、一刻も早く抜けだしたかったので、四年修了で佐高文科甲類（英語中心のクラス）に合格してホッとした、と戦後、私に告白したことがあった〕、私は、負けず嫌い（これは内川君の評）で、またいわゆる「標準語」であったので目立ったせいか、若干の冷やかし気分もあってか、たちまち「元山」というアダナをつけられ、なにかにつけて「ゲンザン」、「ゲンザン」といわれた。かといって、とくにイジメにあったわけではなく、「よそ者」が珍しかったのであろう。もちろん佐中の仲間は、みんないい奴だったと思う。この「元山」という言葉が、二〇〇三年ににわかに表面化した「拉致問題」と「万景峰《まんぽんぎょう》」号の本拠港ということで一躍有名になろうとは、そのときだれが想像しえたであろうか。

それはともかく、一学期は不安のままに、あっという間《ま》に過ぎた。夏休みは、同級生たちは、休みの半分は「勤労動員」で、校庭のトラック整備をすることになっていた。内川君と私の二人の「朝鮮組」は、クラス担任の魚住先生〔数学の先生、物理学校（現理科大学）卒。丸顔で色が黒いのでチムニー（煙突）という愛称で生徒に慕われていた〕の特別の計らいで、二週間だけ、朝鮮に帰ることを許可された。

「帰心矢のごとし」だが、通知表だけは気がかりであった。生まれてはじめての長途の一人旅だった。まだ一二歳だったので不安だったが、両親に会える喜びがそれに勝《まさ》った。私は船酔する性質《たち》なので、叔母に「ゆで卵」を二〇個ほど作ってもらい、腰にぶらさげて、佐賀駅から門司へ、門司港から下関へ（「関門連絡線」、関門海峡の夜景は美しかった。関門トンネルは昭和一八年に開通）渡った。桟橋を渡って、少し歩き、今度は、関釜《かんぷ》（下関から釜山）連絡線に乗り込んだ。六〇〇〇トン級の大型客船「金剛丸」(同型に興安丸)に乗り込んだ。

玄海灘の波は荒く、一晩中、左に右に翻弄(ピッチング・アンド・ローリング)された。朝方七時、約六時間半かけて釜山港に着いた。私にとっては、故郷は朝鮮であると思っていたから、朝鮮の土を踏んだときにはホッとした。港から今度は、京釜線《けいふ》(釜山から京城まで)の東洋一の超特急「暁」(当時、アジア随一の一〇〇メートルのスプリンター、吉岡選手のことを「暁の超特急」と呼んだのはこのため)に乗り込んだ。レールは広軌であったので、車内はゆったりとしていた(日本の在来線は狭軌)。四時間半くらいの行程であった。

京城は、幼稚園時代に住んでいたので、地下から発車する煉瓦作りの独特の京城駅――その景観は、こんにちでもそのまま――は懐かしかった。正午、元山行きの急行「京元線《けいげん》」に乗り換えた。この線で、近所に住んでいた、元山中学切っての秀才と評判の高かった平尾さん(九州大学工学部卒、北九州工業大学名誉教授)に出会った。歳も違うし、話をしたこともなかったが、緊張の糸が切れたのか、どちらからともなく声を掛け合った。(平尾さんの第一声は、佐中ですか、というものだった。当時佐中のブリキ製の「中」という校章は全国一大きく、ピカピカ光ったので有名だったらしい)。平尾さんは、「明治専門学校」(戦前、浜松高等工業学校(現静岡大学工学部)、横浜高等工業学校(現横浜国立大学工学部)と並んで高等工業学校の御三家の一つ。戦後、北九州工業大学と改称)に入学したばかりで、この点では、私と同じくピカピカの新入生で、いわば「同期の桜」であった。元山までの六時間の行程は長かったが、このハンサムな先輩の話に引き込まれて、あっという間に終点元山駅に着いた。

駅には両親が迎えにきていた。平尾さんの家族の方々もみえていて、「挨拶」をすませて、ハイヤーに乗り込んだ。当時は「流しのタクシー」はなく、すべて電話でハイヤーを呼んだ。我が家に着くと、愛犬のマル（チン）が一瞬、戸惑った表情をしていたが、私とわかると気狂《きちが》いのように飛びついてきた。

さあ、いよいよ儀式である。私は、「寅さん」の映画にでてくるような皮の四角い中型のトランクのなかから通知表を取りだして、父親に差しだした。父親は、しばらくジーッと見ていたが、なにも言わずに返してくれた。あまりのひどさに、ショックを受けていた様子がみてとれた。このとき私は、決心した。父の期待に必ず応えよう。二週間の夏休みは、あっという間《ま》に終わった。今度もまた来た時と同じルートで門司に着いた。内川君がいた。汽車は満席で座れなかったから（戦時中はいつもこうだった）二人でデッキに立って、アイスクリームをなめながら、ひたすらしゃべった。佐賀まで鈍行（各駅停車）で二時間くらいかかった。二学期からはどうなるのか。不安があったが、敗者復活を目ざして、心中期するところがあった。

敗者復活戦と劣等生のメリット

ともかく、二学期からは、私は「猛勉強」した。しかし、人間一度、ドン底（二五〇人中二〇〇番くらいか）に落ちたら、這い上がるのは大変なことだった。自分では、中間（定期）試験の英語の試験で、九〇点はまちがいないと思っていたが、答案用紙がかえってくると七五点くらいであった。どうも腑に落ちなかったが、事実だからどうしようもない。このとき私は、ふつうの人間は努力＝勉強しなければ確実に転落すること、いったん落ちれば、現状回復のために二倍も三倍もの努力が必要であること、さらにもっと怖いことは、水準を理解する能力を失うということ、を自覚した。こんな経験は、しないに越したことがよいであろうが、この劣等生経験は、実は、私のその後の人生にとって、きわめて貴重な体験となった。

ともあれ、劣等生生活もマイナスだけではなかった。「類は類を呼ぶ」（これは本当だ）というか、友達はみな劣等生だった。警察署長の息子の山田君、鼻が大きいので「ダイアナ」とアダナされた、マラソン得意の淫買屋（女郎屋、顔から首まで白粉を塗ったお姉さんたちは、みな気が良かった、昔の吉原みたいな花街の店）の息子の佐藤君（中学四年のとき死亡）、当時、超人気俳優の長谷川一夫に似た、角力・剣道・将棋が滅法強かった質屋の息子の西村啓一さん（かれの家は、下宿先に近かったのでほとんど毎日のように遊びに行き、妙に気が合った。よそ者扱いされていた一年生のときには、「護民官」のような役割をしてくれた啓一さんは、私のことを決して「ゲンザン」などとは呼ばなかった）、みんな、みんな好人物だった。私が、のちに時々墓参のために佐賀に帰ると熱烈歓迎してくれるのは、いまや県や市のトップ・リーダー（県医師会長、商工会議所会頭、中・高の校長、有名商店の旦那衆など）になっているかれらである。「田中君はどうして佐賀に帰ると、そんなに友達が集まるのか」と内川君に昔、聞かれたことがあるが、なにを隠そう、私には、誇るべき「劣等生生活」があったからだ。もっとも、「天下の佐賀中学」であった〔当時、九州では、八つの名門中学があった。鹿児島一中（鶴丸）、二中（甲南）、熊本済々高《せいせいこう》、熊本中学、修猷館《しゅうゆうかん》、福岡中学、小倉中学、それに佐賀中学〕から、いくら劣等生といっても、郷里に残れば当然のことながらエリートになったのであろう。

三人の親友

さて、それはともかく、二年生になると、クラス替えがあり、ここで、終生付き合うことになる三人の親友に出会うことになる。副島保治《やすはる》君（のち丸紅会長で、グラマン裁判で有名になった森家の養子となる。海軍経理学校、佐高文甲、東京大学法学部卒、富士銀行重役）、城島保《たもつ》君（父上は、航空母艦艦長で海軍中将。阿川弘之の『雲流れる果てに』に登場する、終戦直後、特攻隊の出撃を命じた大西中将に反対した副司令官。佐高理乙、九州大学医学部、福岡で大きな整形病院を経営。九州に帰ると、必ず寄宿し、チャーミングな夫人の運転で平戸、由布院、阿蘇などで遊んでいる）、阿部八郎君（女形型の美男子。女学生あこがれの的。愛称「アベの八ッチャン」、佐高文乙、京都大学経済学部、兼松江商、故人）の三人である。

副島君（私は、かれを「やっ」さんと呼び、かれは私を「ヒロシ」さんと呼んだ）は、二年二組の副級長で、級長は城島君の従兄弟のノッポの黒田亨《とおる》君（四年から佐高理甲に入ったが、戦後すぐに結核で死亡）であった。城島君は、保さんと同じ、佐賀市城内にある名門小学校「赤松小学校」（佐賀市にはそのほか、佐賀師範付属、勧興《かんこう》、循誘《じんゆう》、日新《にっしん》、神野《こうの》があった）出身で、かれの母上と私の母は父兄会で仲良くなり、私も城島君とは毎日のように往来した。私は、かれのことを保《たもつ》さん、かれは私のことを田中君と呼んでいたように思う。なにしろ小さな城下町（人口六万人）なので、自転車に乗れば、ものの二〇分もかからずに保《やっ》さん、保《たもつ》さん宅を次々に訪問でき、勉強のこと、将来のことなどをよく話し合ったものだ。

ともかく、われわれは若かったし、太平洋戦争までは、前途は洋々たるものだったし、なにをしても楽しい世代であった。東京だけが都会と思うかも知れないが、「住めば都」、地方城下町の小都市には、優秀な友達と絶えず触れ合い、切磋琢磨できるメリットがあるのだ。

保《やっ》さんの家は、市の西方の水ヶ江町の龍谷中学門前にあり、自転車業を営んでいた。つるっぱげのオヤジさんは小学校もろくすっぽでてないとのことだったが、小さん師匠似で、ちょっと話しただけでも目茶苦茶頭が良いことが感じられた。オフクロさんは、上方演芸の大御所浪花千栄子《なにわちえこ》似の細面で、会えばお互い、よく冗談を言い合った。保さんには姉一人、弟三人がいたが、この五つか六つ年上の姉さんは、小柄な当時の人気女優市川春代《いちかわはるよ》似の色白の美人で、ダンナが戦死したため小さな一人娘をかかえて実家に帰ってきていた。われわれ腕白小僧の『ヰタ・セクスアリス』（森鷗外）の指導教授で、われわれは眼を輝かせて、次々に質問を浴びせかけたものだ。要するに、保さんの家には、東京でいえば、下町風情があり、まったく笑いの絶えない、楽しい家であった。最近、保さんが告白したが、将来は浩さんの家のような庭のある大きな家に住みたいといつも思っていた、とのことだった。のんきな私は、そんなことなど露知らず、母の表現によればまるで小犬のように保さんとじゃれ合っていたらしい。それほど気が合い仲が良かったのだ。

一方、城島君宅は、まったく雰囲気がちがっていた。黒田君の母上の兄貴である城島君の父上とは、敗戦後お会いするまでお目にかかったことはなかったが、城島君からよく話は聞いていた。

それによると、父君は、海兵をビリから二番で卒業した落ちこぼれで、航空母艦に回され（海兵の秀才は戦艦か、巡洋艦に配置され、劣等生は空母か潜水艦に回されたそうだ。戦艦三笠の司令塔に立って望遠鏡で敵艦隊を発見し、連合艦隊の指揮をとる東郷平八郎元帥の雄姿が海軍軍人の憧れの的であったのは、むべなるかなである）、太平洋戦争が始まるまでは、海軍中佐くらいでウロウロしていたが、真珠湾攻撃以来航空母艦の時代がきた（にもかかわらず、帝国海軍は「日本海海戦」の劇的なドラマが忘れられず、大和、武蔵などの戦艦巨砲主義が支配的で航空機重視の戦術に切り替えることにおくれをとった。そして、これが日本敗北の一因であった）ので、一年ごとに昇進し、敗戦直前には中将にまでなっていた。城島君は、「少将以上になると戦死すれば勅使がくる」といっていたが、父上は、実は文学青年で、一人息子には「絶対に軍人になるな」と、かねがねいっていたようである。

私の出た佐賀中学は、天下にその名の轟いた軍人中学で「佐賀《さが》んもの」（佐賀人）は、政治性がなく、軍人や裁判官が多いのはそのためである。ちなみに左翼系歴史学者といわれた江口朴郎《ぼくろう》（西洋史）、家永三郎（日本史）、遠山茂樹（日本史）先生たちの父上は、すべて佐賀県出身の陸軍軍人であったが、佐官程度で退役されている。軍人でも、東条英機たちのような政治性が必要だったのではないであろうか」、当時、古賀峯一《みねいち》元帥（山本五十六のあとを継いだ連合艦隊司令長官）、吉田善吾海軍大将（支那方面艦隊司令長官）、百武《ひゃくたけ》三郎海軍大将（侍従長）、百武源吾海軍大将、「二・二六事件」に関与した真崎甚三郎陸軍大将・柳川平助中将など、陸海軍の大将・中将はおろか、少将の数まで入れると、掃いて捨てるほど多かったから、「軍の学校には行くな」という城島家のばあいは特異のケースではなかったか。もっとも、姉三人、妹二人に囲まれた心優しい――私は、かれが怒った顔をみたことがない――城島君には、軍人はとうてい無理であったろう。

城島邸は、敷地五、六百坪もある大きな平屋で、家には、父君が巡洋航海にでるたびに、娘たちのために海外から運んできたグランド・ピアノ――当時は、ピアノのある家はほとんどなかった――が、二、三台、座敷の別々の部屋に置かれていた。城島君の勉強部屋は、芝生のある大きな庭に面した日当たりの一番いい離れにあり、かれは、いつ行っても机に向かっていた。そういえば、副島君が机に向かっていた姿はみたことがなかった。かれは、いつ勉強していたのだろうか。城島君の母上が、私の母に、「うちの子は、あんなに勉強しているのに、なぜ一番になれないのでしょうかね」といわれたそうだ。かといって、城島君がガリ勉であったとは思わない。その頃、城島君は全体で一二、三番くらいではなかったか、と思われる。ともかく佐賀中学には優秀な奴が多く、私といえば、二年の終わりには、ようやく二〇番くらい――それにしても、一年生のときを考えればわれながらよく頑張ったものだ――の位置をウロウロしていたのではないか、と思われる。それでも中学生活は楽しかった。

ところで、佐賀中学では、戦時中（昭和一六年四月）になると、上衣《うわぎ》の左胸に、クラスと番号と名前を記した白布の名札を張ることを強制された。したがって、一組の一番であれば、「一ノ一」、三組の二五番であれば「三ノ二五」となっていたから、各人の全体の席次は一目瞭然たちまち確認できるようになっていた。いまなら、さしずめ「人権問題」として騒がれようが、女学生に見られるのが恥ずかしく、すれ違うときは、右手を左胸にあてるような仕草をしたり、体を左に一寸ねじるように苦心したものだ。

城島君の部屋にいると、夏休みや冬休みなどには、東京の女子大学（お一人は日本女子大、お一人は東京女子大）から帰ってこられていた姉上たちが、お茶菓子などを運んでこられ、「お勉強はいかがですか」などと話しかけられると、体が硬直したものだ。なにしろ、当時、東京の女子大に通っている人は、ほとんどいなかったのだから。「東京の風っていいなあ」、「早く東京にでたい」。この気持ちは、地方の田舎者《いなかもん》にしかわからないであろう。

さて阿部八郎君だ。彼の家は印刷屋さんだった。彼は、市の東部にある循誘小学校出身の秀才で、かれにいわせると、俺は本当は一番だったのだが、「メカケ」の子だというので二番にされた、ということだった。なんという大胆な発言か。だから、学年の全員が、そのことを知っていたのではないだろうか。そういえば、「阿部の八っチャン」（かれの父親は八百八《やおはち》といったが、通り一つ違うところに大きな本宅があった）のお母さんは、いつも小粋《こいき》な和服姿で父兄会にきていたが、いかにも、もと売れっ子芸者さんという風情があった。私の母親は、阿部のお母さんとも仲良くしていた。のちに、城島・阿部・私の母親が、塾（当時でも塾はあった。もっともこの塾は、のちには希望者が殺到して優等生でなければ入れてもらえなかった）の先生に呼びだされる事件が起こるのだが、それはもう少しあとで述べる。もう一つ言えば、阿部君は、女形型の「ほほえみの貴公子」で、全女学生の憧れの的であった。あの戦時体制が一段と強まる中学四年生のとき一〇年に一度でるかでないかといわれた絶世の美女「真島邦子《ましまくにこ》」さん——彼女は、マッカーサーによって追放され地下にもぐっていた共産党国会議員の春日庄二郎さんをかくまって、久留米のブリジストンを首になり、のち立命館大学の有名教授となった旧制佐高始まって以来の秀才といわれたわれわれの先輩の〇〇氏の夫人となる——との大恋愛が発覚し、本人は随分とつらい思いをしたと思うが、私は、終始、先生や上級生たちから阿部を守った、と思っている。

エリート籾井塾

二年に進級（二年二組）して、クラス替えがあり、ここで保さん、城島君と一緒になったことはすでに述べたが、そのとき私の席の後ろに、英語の目茶苦茶できる奴がいた。それが阿部君だった。かれは、全体でやはり一四、一五番くらいだったと思うが、英語のテストは、いつも九八点か一〇〇点だった。あるとき、「君はどうしてそんなに英語ができるのか」と聞いたら、「俺は材木町《ざいもくちょう》にある籾井塾という英語塾に通っているからだ」、「先生は、お寺の住職で、日大英文科の出身。佐中の同学年は、五組の田代君（田代陸軍中将の末っ子。兄貴二人は東京大学出身の秀才、姉さんたちも佐高女卒の才媛だが、田代君は、いつも学年でドン尻で、籾井先生から、皆のまえで、君の「脳みそ」は全部、兄貴や姉さんに吸いとられたから仕方ない、といわれていた。かれは、「末っ子に悪人なし」で、まことに好人物。のち、東京高等農林学校（現「東京農工大学」）に入った」のほか、池田信一郎君（歯医者の息子、家業を継ぐが若くして死亡）、松永俊二君（満州国「建国大学」へ入学）と私の四人だ」。田代君は別として皆、材木町の仲間たちであった。

阿部君に紹介されて、私と両方の母親の四人で籾井先生宅におうかがいし、入塾を許可された。私は、市の西方の武家屋敷町に住んでいたので、自転車で、松永君、池田君、最後に阿部君――この三人の家は、同じ「通り」にあった――を順番に誘って塾に通った。二学期に入った頃、城島君が「僕も行きたい」というので、今度は、城島・田中親子四人が面接を受け、即日入塾を許可された。

城島、阿部と私の三人がメンバーに入ったので、籾井塾のエリート塾としての形ができたと思う。これは、中学卒業後、四〇年くらい経ってから木原君（五組、陸軍士官学校卒、のちテーラー店経営、東京の佐中会の幹事をしてくれていたが、五〇歳くらいで亡くなった）から、「田中君が籾井塾に入った、という噂は聞いていた」といわれたのには驚いた。五年間、一度も同じクラスになったことのない木原君の言葉だっただけに、田舎町の情報ネットワークの伝播力はすごいな、と思った。

当時は、高額な月謝を払う塾への通学は、羨望の的であったようで、親に感謝すべきであろう。私もようやく英語の成績が九〇点代になり、学年末までには、二〇番以内くらいには入り、大講堂での全校生徒の終業式で、一年間で五〇番以上成績が上がった優秀者として、全校生徒のまえで、名前が呼ばれ起立させられたときには恥ずかしかった。

二、三、四年は、クラス替えもなく、担任も久保田高嶺《たかね》先生（国学院大学卒、国語・漢文）のままであった。先生は魚住先生同様、まことに心優しい先生で、あだ名は「ポンさん」(手にもった棒で、教壇をポン・ポンと叩くことからきたらしいが、一説には鼻をつまらせてクンクンと鳴らすところからきた、との説もある、授業の始まるまえに、いつも黙想《もくそう》と言って黙想させられたので、東京在住の昭和一九年卒のわれわれの佐中同窓会は久保田先生にちなんで「木草会《もくそう》」と命名された)、戦後、私自身は、後述するようにたいへんお世話になった。

それから三年生になると籾井先生が、佐中の英語非常勤講師となり、しかも、私のクラスを担当することになった。こうして籾井塾の評判も高まり、旧制高校志望者のほかに、陸士、海兵の志望者も入ってきて、塾生も二五名くらいになり、名実ともに「エリート塾」と目されるようになった。

佐中生の集会場

二年生の秋頃から、私の家は佐中のエリートたちの集会場のようになった。一年生の時の成績があまりにも悪かったので――といっても、学年末にはなんとか一〇一番くらいまでには回復していたが――、父は、朝鮮から中国に移るまえに、母を私のために佐賀へ帰したことは、すでに述べた。住居は、佐賀市の西方、西田代町南正丹小路(そのほか東・西正丹小路があった)にあった、司法卿、文部卿枢密院議長大木喬任《たかとう》の生家(そのときは、ある退役陸軍大佐の所有であった)で、親子二人、犬一匹(マル)には広すぎた。

南正丹小路には、佐賀裁判所所長官舎(所長は、佐中同級生の池田脩《おさむ》君の父君。池田君は佐高理乙から城島君と同じ九大医学部に進み、大宰府で整形外科病院を開業している。理科なのに、政治・経済についての学識が深い。兄上の池田浩一さんは、五高から東京大学法学部、法政大学名誉教授、現東京女子体育大学学長）、私の家のまえには、「チャタレイ裁判」のさいの最高裁判事で一躍有名になった江里口清雄さんの実家、うしろは歴代検事の官舎、並びには旧制佐賀高等学校岸教授（数学）宅などがあった。そして、わが家の両隣は、左隣は原口玲子さん（赤松小学校）宅、右隣は一年下の吉《きち》川《かわ》清子さん（日新小学校）宅であった。

私は、朝鮮元山から来たよそ者なので、お二人の女学生とは、まったく接点がなかったが、佐賀の小学校出身者のあいだでは、評判の美人であった。つまり、わが家のロケーションは、悪童どもの垂《すい》涎《ぜん》の的であったのだ。

私の勉強部屋は二階にあり、窓から屋根にでると、両家の庭は丸見えであった。佐中の腕白たちは、屋根にでて、おしゃべりしながら辛抱強くマドンナたちが庭にでてくるのを待ったが、ときに幸運に恵まれることがあった。というわけで、私自身は、二人の美女たちのおかげでたくさんの友人たちをもつチャンスをえたが、同時に、多大の勉強時間を奪われたことも事実である。近所の口さがないおばさんに、「からすの鳴かない日はあっても、坊ちゃんのお友達のこない日はない」と笑われたが、私は、いまでも友人ほど大切なものはない、と思っている。

我が家が集会所と化したもうひとつの理由は、母親の歓待にあったらしい。当時は、太平洋戦争一年ほどまえの「非常時」であったから、そろそろ、「たべもの」とくに「甘味もの」が払底しはじめていた。その頃、母の話によれば、父の一ヵ月分の給料は、日本のサラリーマンの年収分くらいあったらしく、友達がくれば、だれであれ——とくに、佐賀市の西方の郊外の町村へ帰る友達は、よく私の家へ道草して寄っていった。嘉《か》瀬《せ》村《むら》三兄弟といわれた岸野鶴次君（陸軍士官学校、九州大学農学部卒、誠実な人）、西村亨君〔通称サル。宇部高等工業学校（現山口大学工学部）、無類の好人物〕、永淵君〔通称チビ、佐高理甲、九州大学工学部）とは、下校友達であったが、どういうわけか、この嘉瀬村出身者たちは、全員早死であった——快くおやつや夕飯まで振る舞った。

月に一回は、座敷の大広間で「ぜんざい（おしるこ）パーティー」を開いた。当時は砂糖が「配給制」となり、超貴重品であった。食べ盛りの少年たちにとっては、砂糖は絶好のエネルギー源であった。父は、中支那《なかしな》軍の高級将校たちと親交があったらしく、時々、軍用機で「砂糖袋」を空輸してくれた。本当は決して良いことだとは思わなかったが、なぜならこうした特権的生活は無意識のうちに人を傷つけることになるからである。それにかんしては朝鮮時代に苦い経験がある。小学校三、四年の頃、裏庭の木戸を開けて赤田川《あかたがわ》の川べりにでたとき、向こう岸で、四、五人の朝鮮のお姉さんたちが、「キヌタ」（大きな「しゃもじ」のようなもの）で衣服を叩いて洗濯をしていた。「坊っちゃん、可愛い」とか、からかわれたので、「やーい、やーい、泥棒」と叫んだら、「なにいってるのよ。日本は、私たちの国を盗んだじゃないの」と怒鳴り返された。当時朝鮮では、泥棒が多くて、物を外においておくと（燃料のまきや洗濯物など）なんでも盗まれた〔その論理は、国を奪った大泥棒（日本）の財産を奪ってなにが悪いか、といったようなものであったらしい〕。そうしたことが頭にあって、朝鮮人＝泥棒と叫んだのではないか。しかし、「日本人は私たちの国を盗んだ」、という言葉は、理由はよくわからなかったが、その後、ずっと私の胸に突き刺さっていた。そして、敗戦後、日本人が卑屈な「植民地根性」——アメリカ進駐軍兵士にチョコレートやガムを無心する——をもつようになったとき、抑圧と従属こそが「植民地根性」の所産だと思い知った。ちなみに、私のこの世における最初の記憶は、数え年の四歳、鉄原《てつげん》という町の風景である。この鉄原は、戦後の「朝鮮戦争」のときに、南・北両軍が攻防をくりかえした大激戦地で、京城と元山の中間くらいにあった。「冬のソナタ」で一躍有名になった春川《しゅんせん》から二時間くらい北にあがったところにあった。このとき父は、ここの発電所の所長であった。家の門をでたところには、きれいな小川が流れ、小さな木の橋を渡ったところに小さなわらぶき屋根の朝鮮人の家があった。「赤い坊っチャン」（赤いチマチョゴリを着ていたので私はそう呼んでいた）は、その家の子で、二人でよく、私の家の前庭の砂場にあるブランコに乗って遊んだ。したがって、この世における私の最初の友達は、この「赤い坊っチャン」であった。一年くらいで父が京城支店長に転出したのでそれきりになったが、もし生きていれば「赤い坊っチャン」も八〇歳くらいのおじいさんであろう。「泥棒事件」といい「赤い坊っチャン」といい、懐かしくもホロにがい思い出である。

さて、砂糖が着くと、保さん、城島君、阿部君はもとより、その頃、親しくなった中原昭吉《しようきち》君（保さん、城島君と同じ赤松小学校出身、陸軍士官学校、佐高文甲、東京大学経済学部卒、千代田火災研究所長、故人。昭吉さんは、旧制佐高の日本史教授三好不二雄先生のお嬢さん（長女）と結婚した。昭吉さんのノートは正確無比の几帳面な字で書かれ、何種類もあったから、定期試験の直前になると、生物その他のノートをいつももらった。超真面目、超正直）、西村啓一さん（私の劣等生仲間、私の護民官、他の劣等生仲間は、私が級長・副級長クラスと付き合いだすと、いくら誘ってもこなくなったのは残念であったが、優等生とでは息がつまり、付き合いにくいと思ったのであろうか）、それに岸野君たち嘉瀬村の仲間たち十数名を呼んでは、高歌放吟し、「ぜんざい」パーティーは、いやがうえにも盛り上がった。

一九六六年（昭和四一）夏、八月一六日、母が脳卒中で突然倒れたとき、佐中や佐高の在京の連中が多数やってきてくれたが、いちように母によくしてもらった、と惜しんでくれた。母のおかげで、私は、多数の「質の良い友」をえたことを母に感謝しなければなるまい。

伯父一家の帰国

さて、一九四一年（昭和一六）四月、無事、三年生への進級もきまり、ようやく、私自身も、保さんや城島・阿部・中原君たちに追い付く展望がみえはじめ、通常の中学生たちと同じく、いよいよ受験勉強に取り組むことになった。

一九四一年という年は、日本にとっても、私個人にとっても、きわめて重要な年であった。この年、一〇月一八日、東条英機（陸軍中将、首相兼陸軍大臣）内閣が成立したが、これは、二ヵ月後の一二月八日未明にはじまる「太平洋戦争」（真珠湾への奇襲攻撃、米英に宣戦布告）のまえぶれであったことは、一般国民はまだ知らなかったが、それでも「日米開戦」は必至である、という空気は、十分に感じとられた。

この年三月の春休み、母の兄鷲崎研太が、家族六人（伯母淑子、長女晃子、長男卓、次男靖、次女久子、三男修）を連れて、一つは、墓参と法事（祖母の三三回忌）、一つは、長男、次男の転校問題のために、二〇数年ぶりにはじめて郷里佐賀に帰ってきて、二週間の予定で、わが家に逗留することになった。もちろんお互いにはじめての見参《げんざん》であった。

伯父は、父の東亜同文書院での一年後輩であり、時代劇スターの市川右太衛門（北大路欣也の父）のようなふっくらした色白の美男子であった。母が父と結婚したのは、父と伯父が同県人・同じ出身中学の先輩・後輩の縁であったらしい。伯父は、明るくて仲間のだれからも慕われていた父に、美人のほまれ高い妹を託したものと思われる。父の話によると、気が強いが涙もろい母が、見合いのときに下ばかりみていて、畳の「へり」をむしっていた、とのことである。ともかく、二人は終生仲が良かった。

当時、伯父は、石原莞爾（一八八九〜一九四九、ヒトラーと同じ年に生まれている、東条の政敵）中将の側近（一の子分）で、満州国政府高官＝治安部次官であった。大臣はすべて、政策上満州国人であり、事実上の大臣は、次官である日本人であった。治安部というのは、日本では内務省に当たり、つまり伯父は、泣く子も黙る警察部門の最高責任者であった。四十半ば過ぎであったと思うが、田舎の中学生の目には、実に堂々とみえ、オーラがでていた。この伯父との出会いは、その後の私の将来にとって決定的なものとなるが、九州の小さな城下町の家に、日本全体の風が一気に吹き込んできたのを感じた。

伯父と私は、なぜかいっぺんに気が合った。信じられないかも知れないが、伯父は、中学三年生になる直前の幼い私に、まるで、自分の同僚や部下ででもあるかのように、日本の政治や世界の政治について熱っぽく話してくれた。

伯父によると、日本はできるだけ早く中国と和平交渉し、ソ連と不可侵条約を結び、最終敵である米英との戦争に備えるべきだ、ということだった。当時、われわれは、蔣介石が侮《ぶ》日から排日・抗日の行動にでているので、これを庸懲《ようちょう》すべく、満州事変〔一九三一年（昭和六）九月一八日、柳条湖での爆破事件ではじまる、現在、中国では、「九・一八事件」と呼んでいる〕や日支戦争〔一九三七年（昭和一二）七月七日盧橋構銃撃事件」を起こしたと聞いていたし、ロシア＝赤色共産国家（ソ連）は「悪魔の国」（たとえば、山中峯太郎の『敵中横断三百里』などでは、「赤魔バゾロフ」という名のスパイが暗躍していた）だと教えられていた。その中国やソ連と和平交渉し、米英に備えよというのは、まったく耳新しい意見であった。

政治とのかかわり

そもそも私が、政治について最初に興味を抱いたのは、一九三五年（昭和一〇年）一一月二五日、殷汝耕《いんじょこう》が、日本軍指導のもとに、通州で「冀東《きとう》防共自治委員会」を樹立（のち、一九三八年（昭和一三）に、蔣介石の国民政府から離脱して独立）したとき、委員長殷汝耕の親しい友人として、父が『京城日報』に顔写真入りで、「田中礼一氏」談として掲載されたときである。若い頃、上海で、殷汝耕とマージャン仲間であり、内容的にどんな話をしていたかは、わからなかったが、親日政府の委員長が、父と友人であったことは、子供心に晴れがましかった。

もう一つは、一九三六年（昭和一一）の一二月一二日の夜、西安《しいあん》で蔣介石が張学良に監禁された「号外」――当時は、テレビのようなリアル・タイムで世界や日本の事件を放映する手段はなかったから、リン、リン、リンと鈴を鳴らして「号外」、「号外」と叫んで走り回る「号外員」を追っかけて「号外のチラシ」をもらったものだ――を見たときである。当時、蔣介石は、大日本帝国にとっての最大の天敵であった。張学良は、蔣介石に接近したため、一九二八年（昭和三）六月四日、瀋陽《しんよう》（旧奉天）付近で、関東軍に列車を爆破されて――戦後、父の小学校時代の友人の松田伍長から爆破の直接の模様を聞いたことがある――死亡した東北地方（旧満州）軍閥の将軍張作霖の長男であった。蔣も張も、日本に敵対する中国軍人の指導者であったから、張がなぜ蔣を監禁したのか子供心にわからなかったので父に尋ねたが、説明の内容はしかとわからなかった。父もよくわからなかったのではないか、と思う。実際は、張学良が、国民政府に中国共産党との内戦を停止し、日本帝国主義にたいする抗日統一戦線を要請するために西安にきた蒋介石を監禁したこと、このとき中国共産党の指導者周恩来が西安に飛んで、蒋介石の解放に尽力し、以後、第二次国共合作が実現したきわめて重要な政治事件であったようだが、当時は、そのようなことなどは知るよしもなかった。しかし、蒋介石監禁事件は、幼い私の脳裡にはっきりと焼き付いている。

ともかく、私の政治にかんする「思い出」は、この二つしかない。小学五年・六年生の頃は、中国戦線において、帝国陸軍つまり「皇軍」(天皇の軍隊)が破竹の勢いで連戦連勝し、一九三七年(昭和一二)七月末には、北京・天津を、八月には上海、一二月には南京を占領した。翌三八年(昭和一三)五月には徐州が攻略され、火野葦平(北九州出身の作家、性格俳優火野正平の父)作『麦と兵隊』が映画化され、その主題歌冒頭の「徐州徐州と草木もなびく」という軍国歌謡曲がラジオにのって全国に流れ、一〇月には、武漢・漢口・武昌などのいわゆる武漢三鎮が陥落した。そのたびに、われわれは、旗行列や堤燈《ちょうちん》行列に駆りだされ皇軍の武運と勝利を祝った。

いまや、日本の勝利は確定的と思われ、神国日本に生まれた幸せをしみじみとかみしめた。しかし実態は、「共産ゲリラ」と呼ばれた敵(当時、「八路軍」とも呼ばれた)の抵抗は強く、戦局は「長期戦」の様相を呈していたのである。にもかかわらず、軍事優先のため、「ぜいたく品」や「華美な身なり」は制限されたが、それ以外は、昭和一三年時点では、外地朝鮮では、まだ戦争は他人事《ひとごと》のように思われ、平穏無事であった。

こうしたなかで、一九三九年(昭和一四)四月一日に、私は、父の出身校である佐賀中学に入学したのである。そして、五月一一日に、満蒙国境の「ノモンハン」で、満州国軍(伯父は満州国軍中将として満州国軍を指揮した)と外蒙軍を、日本の関東軍とソ連軍がそれぞれ応援し激突したが、わずか二ヵ月足らずで、世界最強を自負していた関東軍が、ソ連大型戦車群のまえに、あっけなく壊滅した事実などは、日本国民は、ほとんど知らなかった。また、この年一二月末に、朝鮮総督府が、朝鮮人に「創氏改名」を強制したことなど、日本人の大半は、気にもとめていなかったであろう。

一九四〇年(昭和一五)については、ほとんどなにも覚えていないが、一年間で背が十センチ伸び、「学校教練」が強化された。全国中学に退役の少佐か中佐の配属将校が配置され、教員のランクとしては、校長の次の教頭とほぼ同じぐらい。かれの指揮・監督のもとで、級担任や数名の退役下士官による軍事訓練がおこなわれた。佐中の配属将校は、小柄でやせて色が黒かったので「塩鰯《しおいわし》」(人柄はよかった。塩鰯で覚えていることは、太平洋戦争勃発の日(真珠湾攻撃)――この日は、一日中騒然として授業はなかった――、ナポレオンのロシア遠征の例をあげて歴史的には「二正面作戦」は成功しないが、ドイツの「ソ連侵攻」と日本の「対米開戦」は必ず勝利する、という話は、いまでも耳に焼きついている)と呼ばれていた。この配属将校のほかに、退役少将が月に二回ほど視察と称して昼頃に現われ、校長以下ペコペコしていた。われわれ悪童たちは、かれのことを「飯食《めしく》い将軍」と呼んで軽蔑していた。七月にはアメリカが、石油や屑鉄の輸出を統制して日本に圧力を加えてきたこと、九月には「日独伊三国同盟」が調印され、英米仏恐るるに足らず、という雰囲気が国民のあいだに広がり、一〇月には「大政翼賛会」が発足し、近衛文麿首相の人気がうなぎ登りにあがったこと、などが漠然と思いだされるが、それが、まさか、のちの「日本敗北」につながる「前奏曲」であったなどとは思いもしなかった。明けて、一九四一年(昭和一六)一月八日に、戦意高揚のために、東条英機――かれのキンキン声の演説は、われわれのあいだで面白がってよく「もの真似」されたものだ――陸軍大臣名で「戦陣訓」がだされたが、それが、一一ヵ月後の一二月八日、「真珠湾攻撃」によってはじまった「太平洋戦争」の精神原理になるであろうことなど、そのとき、だれが予測できたであろうか。

石原莞爾を知る

それはともかく、前述したように、一九四一年（昭和一六）三月、伯父が突然、家族全員を連れて、二〇数年ぶりに帰郷してきた。「国事」に奔走していて日本に帰れなかったといえばその通りであろうが、前述したように、一つは「法事」、もう一つは、私の父のやり方に習って――シビリアンに徹した父は、わしは軍人や政治家は嫌いだといって伯父をからかっていたが、伯父は結構私の父のことが好きであったようだ――、息子たち二人を母と私に預けるための相談を兼ねて急遽帰ってきたものと思う。国際・国内のトップレベルの情報が入っている伯父としては、いよいよ日米開戦がはじまること、このためには、家族を少しずつ日本に避難させておこうと考えていたのかも知れない。事実、卓、靖、晃子の上三人は、昭和一六、一七年に順次、残りの家族は、昭和一八年末までに、日本に帰国させ、伯父は、昭和一九年初めに、単身北支那《きたしな》方面軍の顧問として、北京に赴任している。

伯父との話は、まったく新鮮そのもので、次々にくりだす私の質問に、伯父は満足気な顔をして、熱を込めて話してくれた（二つ違いの「従兄弟」たちは、オヤジが恐くてたまらなかったらしいが、なぜか伯父は、私にはまことに優しく、私の意見はなんでも聞いてくれた）。われわれ日本国民全員が尊敬してやまない東条陸相のことを、伯父は、東条、東条と呼び捨てにして、「東条ではだめだ」と言い放ったのには驚いた。「では、東条さんに代わる人にだれがいるのですか」と問うと、「石原莞爾という偉い人がいる」。「石原莞爾とはだれか」。私は伯父の話を一方では半信半疑ながら、他方では、石原という人物に興味を抱いた。

八八〇年（明治一三）栃木県生まれ。関東軍参謀長、陸軍大将、平沼内閣拓務大臣、朝鮮総督、四四年（昭和一九）七月、東条内閣のあとを継いで小磯内閣（総理大臣）を組閣〕、荒木貞夫閣下〔一八七七（明治一〇）東京生まれ。陸軍大臣、陸軍大将、第一次近衛内閣、平沼内閣文相〕などと書かれ、日本国民ならば、だれでも知っている陸軍の大幹部たちであった。

荒木は、東条ら財閥・政党と組んだ「統制派」に対抗して、「皇道派」の真崎甚三郎〔一八七六（明治九）、佐賀県生まれ。陸軍大将、教育総監〕と組み、急進派青年将校の活動を支持し、それがのちの「五・一五事件」（一九三二年）、「二・二六事件」（一九三六年）を生みだしていくことになる。こう考えれば、石原莞爾の大番頭としての伯父が、「反東条」となり、また佐中出身の三上・古賀たちが、伯父を尋ねてきた理由もわかる。

わが家に逗留中、伯父は家族をそっちのけで、まだ中学三年生になる直前の幼い私に、まるで青年将校や旧制高校生・帝大生にでも話すかのように、世界や日本の政治・経済情勢を熱っぽく語った。そのさい伯父は、石原中将を盟主とする東亜連盟〔一九三九年（昭和一四）一〇月創立。全員一万五千人、機関誌三万部、中国では、王兆銘《おうちょうめい》（王精衛）、繆斌《こうぶ》らが呼応し、王道主義（天皇中心主義）による、日本国・「満州国」・中国の一本化を目ざし、アメリカとの世界最終戦争に備え、日中戦争の収拾をはかろうとし、そのため東条内閣から圧迫された〕が、今後、日本政治の主導権を握らなければならない、と力説したが、私にはまだその意味はよくはわからなかった。

板垣征四郎、山下奉文

そのほか、伯父の話のなかでよくでてきた名前は、板垣征四郎〔一八八五年（明治一八）、岩手県生まれ。一九二九年（昭和四）、関東軍参謀、部下の石原莞爾らと満州事変を起こし、三六年（昭和一一）関東軍参謀総長、三八年～三九年、第一次近衛内閣・平沼内閣の陸軍大臣、東京裁判でA級戦犯として絞首刑の判決を受ける。アメリカ軍にとっては、陸軍内部の「統制派」と「皇道派」のちがいなど関係なかったようである。ちなみに、当時、満州国の首府新京（現長春）在で東亜連盟運動に熱心に協力していた歯科医の小沢周作は、息子に板垣の「征」、石原の「爾」をとって「小沢征爾」と名づけた。小沢征爾が世界的指揮者であることは説明するまでもあるまい」、山下奉文（一八八五年（明治一八）、高知県生まれ。「皇道派」、四一年（昭和一六）関東防衛司令官、日米開戦後、シンガポール作戦で令名をはせ、四三年（昭和一八）陸軍大将、翌年マニラ方面軍司令官、「マニラ虐殺事件」の罪を問われ、四五年（昭和二〇）絞首刑。伯父は年齢的に近かったせいか、板垣とはとくに親しかった」、里見岸雄（一八九七（明治三〇）、宗教家、右翼運動家、右翼運動の指導者、田中智学の三男、日蓮宗と近代思想の折衷をはかり、石原の「世界最終戦論」に大きな影響を与えた」、木村武雄（一九〇二年（明治三五）、山形県生まれ」。木村は中野正剛（一八八六～一九四三、福岡県生まれ。ジャーナリスト、政治家、三宅雪嶺の女婿。第一次護憲運動を支持し、「朝日新聞」記者時代に寺内正毅朝鮮総督の憲兵政治を批判。「二・二六事件」後、全体主義的団体「東方会」を結成。「三国同盟」・「親ソ」を主張。「日米開戦」後、東条内閣を批判。弾圧・逮捕され、釈放後、割腹自殺」の「東方会」に所属。のち「東亜連盟」に所属。戦後は、鳩山一郎の自由党結成に参加。四六年（昭和二一）公職追放、佐藤内閣で行政管理庁長官、田中内閣の建設大臣になった。田中智学（一八六一年（文久一）、東京日本橋生まれ。一九一四年（大正三）に「立正安国会」を「国柱会」と改称。日蓮主義による運動を通じて、国家主義を仏教に取り込もうとした」などであった。

ソ連参戦への誘い

ともかく、毎日、毎晩、私は伯父の話に熱中した。「千夜一夜物語」（アラビアン＝ナイト）とは、こんなものであったろう。伯父が帰佐して一週間ほど経った頃――この間《かん》に伯父は、長男卓の佐賀中学転校を迅速にきめた――、満州国政府から一通の電報が届いた。「至急、帰京サレタシ」というもので、内容は、ドイツがソ連攻撃を計画していて、シベリア側から日本に参戦してほしい、ということのようであった。

伯父は「ノモンハン事件」（一九三九年（昭和一四）五月一一日、満州国軍が外蒙軍を攻撃。八月二〇日、ソ連軍が外蒙軍を支援。日本第二三師団壊滅。九月一五日、モスクワで停戦協定）のとき、満州国軍を指揮して（伯父は、満州国陸軍中将でもあった）、ソ連軍戦車団に蹂躙された恐怖の体験をもっていたから、参戦には反対する、と私に言い残して満州新京の閣議に参加するため急遽、出立した。

当時、松岡洋右《ようすけ》外相（一八八〇年（明治一三）、山口県生まれ。三三年（昭和八）二月、満州国を否認する「リットン報告書」の採択に反対して「国際連盟」総会を退場したのは有名。一九二一年（大正一〇）に、郷土の先輩田中義一（一八六四年、山口県生まれ。一九一八年には原敬内閣の陸相として「シベリア出兵」を遂行。二一年に陸軍大将、二七年四月に首相兼外相）の推薦により、満鉄入社。「満蒙生命線」論を唱えて、幣原《しではら》喜重郎《きじゅうろう》（一八七二〜一九五一、外交官。満州事変の不拡大をはかり、軍部と対立。戦後、幣原内閣を組閣し、「憲法改正」に着取）外交を攻撃、「満蒙問題」の武力解決を推進。このため、外務省内の親英米派の吉田茂（一九四六年五月に首相）や松平恒雄（会津藩。松平容《かた》保《もり》の四男、外交官、一九二四年駐米大使、二八年駐英大使、故秩父宮妃勢津子の父）などと対立」が、「日ソ中立条約」締結（四月一三日、モスクワで調印）をすすめていたことを伯父は知っていたはずであるから、ソ連参戦などは、もってのほかであったのであろう。日本は、約半年まえの一九四〇年（昭和一五）九月二七日には、ベルリンで「日独伊三国同盟」を調印しつつも、他方で「日ソ中立条約」の締結をもくろんでいたのだから、「国家利益」のためならば同盟国をだますことなどへっちゃらだ、ということだ。もっともドイツだって、一九四一年（昭和一六）六月二二日に、「独ソ友好条約」（三九年（昭和一四）六月二八日にモスクワで調印）を突如破棄して、ソ連を攻撃しているのだから、日本のことは責められないであろう。

鷲崎研太とは何者か

なぜ伯父が、日本のソ連戦への不参加というような国家の重大機密を、田舎の中学生風情である私に話したのかは、いまだに謎である。よほど私を信用していた、としか思えない。ともかく、伯父が内地に帰ってきた二週間ほどの出来事は、「ハリケーン」襲来のように私にとっては、「世界観」が一変するほどの大きな衝撃を与えたことだけはまちがいない。

日本国民のだれもが、新聞記事やラジオ放送を通じてよく知っている政治家や陸海軍人の大物たちの名前がポンポンでてくる――特急「つばめ」・「さくら」（二〇〇五年三月に廃止）の展望車でだれだれと会った、というような――のには圧倒された。また全国民が尊敬し、信頼している東条首相やその同調者たちをコテンパンに批判する伯父とは、いったい何者なのか、石原莞爾とはそんなにえらいのか、などわかるはずはなかったが、それでも自分が、なにか天下国家の大事業にかかわっているかのような感動を覚えた。明治維新期の勤王の志士たち、昭和維新を唱える青年将校たちも、おそらくこのような熱い思いに駆り立てられていたのではないだろうか。

伯父が、戦前、満州国において、どのような地位を占めていたかは、よくはわからない。満州国経営において石原莞爾に与し、東条英機や星野直樹（一八九二年（明治二五）、神奈川県生まれ。大蔵官僚、三二年（昭和七）、満州国に派遣され、国務院総務長官として、岸信介（一八九六年生まれ）らと「新官僚」として、満州国経営にあたり、東条・星野・岸は「二キ三スケ」と呼ばれた。四〇年（昭和一五）、東条内閣の書記官長。戦後の四八年（昭和二三）、A級戦犯として終身刑の判決を受け、五五年（昭和三〇）に釈放される）と対立し、四三年（昭和一八）に北支那方面陸軍顧問に転じ、終戦直前の四五年（昭和二〇）春に、おそらく敗戦を見越して日本に帰国し、石原率いる「東亜連盟」運動の日本における地盤固めの準備に取り掛かっていたのではないか、と思われる。

伯父の満州国における活動を知る資料としては、早瀬利之『石原莞爾満州合衆国――国家百年の夢を画いた将軍の真実』（二〇〇三年一一月、光人社）のなかに、わずかにみることができる（二三二ページ、二三八ページ）。それによると、満州国皇帝のもとに、「協和会」と「建国大学」（伯父は、建国大学教授でもあった）があり、この二つの機関が満州国家の財政・教育・治安・政治を司る。それとは別に、皇帝のもとに「国務総理（内閣）」、「宮内府」、「軍政部」があり、「軍政部」は皇帝とは独立した関東軍司令官が、軍政部員は満州国軍を把握する。協和会会長は、本庄繁大将、協和大学（一九三八年（昭和一三）に「建国大学」と改名した）の責任者は、宮崎正義、企画処は山口重次、その下の政治部は鷲崎研太、警察部は和田勁《けい》、教化部は朴錫胤となっている。また国務総理（総理大臣）は、張景恵、総務長官は星野直樹、企画処の下の経済部は岸信介、外交部は蔡となっている。

これをみると、伯父は、昭和一四、一五年頃には岸信介とほぼ同格、星野直樹のやや下あたりに位置し、「東亜連盟」のなかでは、和田勁さん(伯父の話では、優秀な陸軍将校であったが、芸者さんと結婚して軍人をやめざるをえなくなった〔「愛をとるか、軍をとるか」〕とのことであった。私は、陸軍経理学校に入校する前日〔一九四一年九月二七日〕に、六本木にあった「東亜連盟」本部におられた和田さん〔責任者〕とお会いし、銀座で会食した)と同格であったようだ。また伯父の新京の住いは、満州国政府高官を集めた(いまの中国北京の共産党幹部の住む「中南海」のような居住区)場所にあり、大家さんは張総理で、毎月、張夫人が「家賃集め」にくると伯母が笑っていた。

ともかく伯父は、私に強烈な印象を与えて風のように去っていった。帰りぎわに、伯父は、「長男の卓をくれぐれも頼む、次男の靖も一年後にはあずかってくれ」と言い残した。こうして、卓と靖が私の家から佐賀中学に通うようになった。日本は中国戦線で連戦連勝していたから、老楠《ろうなん》薫る美しい九州の小都市県庁所在地佐賀市は、いかにものんびりしていた。

高校受験の失敗

一九四三年(昭和一八)秋に、伯母たちも佐賀に帰ってきて、旧制佐高グランドの東側に大きな家を購入し、卓と靖もそちらに移っていった。私の家には、相変わらず放課後になると毎日のように佐中の同級生が押しかけてきたし、夕飯を食べ終わると、私も自転車を飛ばして、保《やっ》さんや城島君や昭吉さんの家へ行った。なにをしゃべっていたかは思いだせないが、不思議と戦争の話などはほとんどしなかったように思える。私も保さんも、城島君も阿部君も皆、高等学校の理科へ進む準備をしていた。昭吉さんだけは、はじめから陸軍士官学校志望であった。

世の中はそろそろ軍国主義が台頭しつつあり、とくに軍人中学である佐賀中学では、陸士、海兵の志望者が急増していた。籾井塾でも、陸海軍志望者の塾生が幅をきかせはじめ、阿部、城島、私は、軍国主義を称揚するような先生の指導態度に違和感をもち、三人のうち誰いうとなく塾をさぼりはじめ、それが半月くらい続いた。

ついに母親三人が、籾井先生に呼び出され、われわれ三人のサボタージュがばれてしまった。翌日、出頭したわれわれは「軍人志望をあおりたてる風潮はやめてほしい」と主張、無断で塾をさぼったことについては謝り、翌日からわれわれ三人も復塾した。はなはだスケールの小さい話で、思いだすだに恥ずかしい話であるが、海軍中将の一人息子の城島君が「ストライキ三人組」の一人に入っているのは痛快ではないか。

その私が、なぜ、軍の学校である陸軍経理学校に行くことになるのか。それは高等学校の受験に失敗したからである。昭和一九年の佐中の卒業成績は、一番が古川達男君（一組級長、古川君は四年になってからめきめき頭角をあらわし、それまで四年間、不動の一番を独占していた中島義行《よしゆき》さん（陸士、佐賀師範、神奈川県教育委員長、故人）が四修（四年修了）で陸士に合格したのち、トップになった。佐高理乙、九州大学医学部、福岡大学薬学部教授）、二番が副島保治《そえじまやすはる》君（前出）、三番が吉田義春君（佐高理甲、九州大学工学部、横浜税関長、故人）、四番が城島保君（前出）、そして、五番は不肖私であった。もっとも私のばあいは、先ほどの四人とは違い、黒田亨君（前出）や中島さん（前出）など四年修了で、陸士・海兵に一〇人ほどが合格したおかげて、席次が繰り上がったまでのことである。ともかく、この古川、副島、中原、城島、私の五人は仲良しであった。昭吉さんが、まず陸士に合格し、古川、城島君は理科乙類（理乙、医学部系）、保さんと私は理科甲類（理甲、工学部系）を受験し、なんと保さんと私が落第したのである。

当時は、一次試験（学科試験）と二次試験（面接）があった。これは信じられないことだが、保さんが一次試験に落ちたのである。保さんは、私のような数学とくに幾何——私は代数は強かったが、なぜか幾何は大嫌いであった——にウィーク・ポイントのあるのとはちがい、数学は出来たから、本人はもとより、中学校全体が驚いた。実は、あとでわかったことだが、どうも採点簿の付けまちがいがあったらしい。そういわれれば、保さんの一番あとの受験番号の栗原君（仮名、九州大学理学部、クラス五十人中四十番くらい）が合格していて、噂になった。

さて、私であるが、一次試験に合格したので、すっかり安心しきっていた。しかし、まったく不安がなかったわけではない。私は、どういうわけか、無機質の感じのする幾何学が大嫌いで——のちに私の研究の出発点となる哲学者トマス・ホッブズは、若い頃に「幾何学と恋に陥った」といわれるくらいに、幾何学に魅せられ、政治学の不朽の名著『リヴァイアサン』（一六五一年）を構想したのだが——、入試のときも、すっかりあがってしまい、思うように解けなかった。

二次試験（面接、一割程度振り落としたらしい）の合格発表（定員八〇名）に名前がなかった。近所に住んでいて親しくしていた佐高の理科教授岸先生に母が聞きにいった。話はこうであった。幾何以外は、悠々と合格点（しかもトップ・クラス）であったが、いかんせん、幾何が赤点（つまり六〇点以下、潜水艦から魚雷を発射して敵戦艦を撃沈させる計算問題をまちがえたような気がする）で、会議の席上、このような成績では将来理科に入ってもついていけないのではないか、という声があがり、「かばい切れなかった」ということであった。

こうして私は、生まれてはじめて、大いなる挫折——佐中に入学したときも劣等生になったが——

を味わった。すべては自分に責任がある。「嫌いなものこそ補強せよ」、その後、私は、数学に全力を注ぎ、それが三ヵ月のちの天下の難関といわれた陸軍経理学校を突破することにつながったと思う。それはともかく、小さな田舎町では、佐中の優等生が落ちたとあっては「ニュース」で、近所のまだ幼稚園に入るまえの小さな女の子にまで、「ヤーイ、ヤーイ、落第坊主」とはやしたてられた。おそらく親が面白半分に話していたのを聞いていたのであろう。「男はつらいよ」である。

級担任の魚住先生（一年と五年の担任）が心配して、数ヵ月後にある陸、海軍の願書をもってきて下さった。私は、気が進まなかったが、御好意を無にすることができず――それよりも、浪人してブラブラしていると徴用に動員される危険性があったから――受験することにした。そのさい、同級生がすでに入っている海兵と陸士の受験はパスした。その理由は説明するまでもあるまい。私にもプライドと意地があるのだ。同級生に敬礼するのははばかられた。とすると、残りは陸軍経理学校と海軍経理学校、海軍機関学校の三校しかなかった。両経理学校は、当時、超難関校であり、軍人中学で全国的に有名な佐賀中学でも、ここ三、四年合格者がいなかった。つい最近、Cクラスの旧制高校を落第した身としては、とうてい自信がなかったので陸軍経理学校は力試しとして、メインは海軍機関学校に定めた。保さんは海軍経理学校を受ける、ということだった。

緊急避難、東京へ

ともかく、狭い佐賀にいると居心地が悪く、幸い当時、私の家は経済状態が良かったので、心配した父は、中国漢口から手紙を寄こし、東京の予備校に入るのが良かろう（転地療養の一種か）と、親友の三菱銀行本郷支店長の富田寿男《ひさお》さんに下宿の手配を頼んだから、と連絡してきた。

こうして、私は、卒業式が終わった数日後に母にともなわれて、夜逃げするように、東京に出立し、小雨けむる省線お茶の水駅脇の夜の聖橋《ひじりばし》に降り立ったときは、新しい門出をまえにして、胸がつまった。下宿は、東大赤門近くの台町にあった大きな木造の二階建の「鹿鳴館」であった。宿の御主人は、色白、細身で優しい感じの人だったし、大柄な奥さんも親切で、小学校の二人の男の子たちともすぐに仲良しになった。下宿人は東大生ばかりで、中学を出たばかりの田舎学生には、ばかに大人にみえた。土・日になると、戦時中にもかかわらず——当時は、男女二人で歩く（あいびきする）ことははばかられた——、ガールフレンド（当時は、恋人といった）が尋ねてきて、一緒に連れ立って出かける光景はまぶしかった。

東京に着いた翌々日に、東大農学部裏の向ヶ丘にある「進学練成学院」（戦時中は、お巡りさんが時々、下宿人調べにきたが、「進学練成学院」といったら「神学練成学院」とまちがえて、「御苦労様です」と敬礼して帰っていった）という新進の有名予備校に入るための入校試験を受けた。定員二〇〇名で、一〇〇〇人近くが受験していたのには驚いた。昔、先輩たちの話では、東京の名門予備校に入ると、旗を立てて郷里に凱旋したものだ、ということを思いだした。英・数・国漢・地歴などの試験があったが、幸い合格した。この予備校時代は、四月から七月上旬までのわずか三ヵ月間余と短かったが、実に楽しかった。よく「灰色の浪人生活」というが、途中、五月末の陸軍、六月中旬の海軍の試験で佐賀に一週間ずつ帰った以外は、東京で楽しく、良く学び、良く遊んだ。

下宿の部屋は、日当たりのよい、狭い路地の通りに面した一二畳の最高の部屋で、下宿賃は六〇円（当時は最高額であったらしい）であった。主食の米は、佐賀から送ってきた（当時は、米は配給制で、米の現物を下宿にだしていた私は、他の大学のお兄さんたちよりも御飯の盛りが多く、肩身の狭い思いがした）ので、生活には何不自由なく、ドライな人間関係の東京生活はパラダイスであった。日曜日には、下宿の二人の小学生低学年の息子たちを連れて、上野の「不忍池」でボートを漕いだり、浅草で映画を見たりしたのちには、天婦羅屋やうどん屋で天丼や天重に舌つづみをうった。

学校も楽しかった。府立一中出身者や佐渡の両津・相川出身の二人組とも親しくなった。ここに開成――開成は戦後ほど超有名校ではなかったが、麻布、成蹊、成城、武蔵中などと並んで田舎でも名が知られていた――三羽ガラスがいたが、トップの名前はたしか『大菩薩峠』の主人公机龍之介の師匠である島田虎之助と同じ豪快な名前であった。三人とも、陸軍経理学校を受験したはずだが、「練成学院」からは、私一人しか合格しなかったので、おそらく、一高か東京の他の旧制高校に入って東大あたりに進んだのではないか、と思われる。

二週間に一度、模擬テストの成績が張り出されたが、だいたいベストスリーに入っていた。理由は簡単である。苦手の幾何が急にわかるようになったからである。三井章敬《しようけい》という先生がいて、その先生の作ったテキストと教え方が抜群に上手で、講義を聞くのが楽しくて、ビンビン頭に入ってきた。私は、代数・物理・化学は、佐中時代の先生がきわめて優秀であったので、どこの上級学校を受けても困らない自信があった。文科系の暗記物は得意であったから、「アキレスの腱」である「幾何」さえわかれば、「鬼に金棒」であった。このときほど、すぐれた先生に習い、最良のテキストで学習すれば、どれほど成績があがるかを痛感したことはない。いい学校に行くというのは、こういうことだろうし、かかりつけの医者についても同様で佐中の城島君や経理学校の同級生の阿部（前出）や牧（前出）のような名医をもっていることが、いかに幸せであるかを痛感する。ちなみに、この数学のテキストは、戦後、旧制高校を受け直すときに二ヵ月ほど通った学習塾の松田武彦先生（佐中・佐高の先輩で、当時東大工学部の学生・海軍予備学生中尉。敗戦後の大学復帰するまでの数ヵ月間進学塾のアルバイトをしていたらしい。のち東京工業大学学長）が、「いいテキストだね」といっていたので、佐高に合格したときに差しあげた。

模擬テストになると、佐渡の二人が私の両脇に座って、私の答案を書き写していた（つまりカンニング）。授業が終わると、下宿までよく遊びにきて、帰りには下宿のそばのレストランで「エビフライ定食」（一円七〇銭）をおごった。二人のうちの一人の本間君とは、昭和二四年中野の親戚の家の二階の窓の欄に座っていたとき、通りをへだてた向かいの学生下宿の窓の欄に本間君が座っていて偶然眼が合い、再開を喜びあったが、その後、私が一年ばかりで引っ越したので別れ別れになった。中央大学か法政大学の新設の文学部に通っている、といっていたが、相川出身のあの人のよい本間君は「いいおじいさん」しているだろうか。

さて、私は、五月末と六月はじめに、陸軍経理学校と海軍機関学校を受験するために東京と佐賀を往復した。片道一七時間、学割片道一三円であった。当時は、切符を買うのは大変で、徹夜して並んだものだ。しかし、軍の学校を受験する者は、「受験票」をみせれば、別の窓口で買うことができた。上京のさいに、重い荷物をもった「おばあさん」が並んでいたので、私は、母親と称して、「おばあさん」の切符を買ってあげたときには喜ばれた。ここで、当時の陸海軍の試験風景について述べておこう。

陸海軍の試験風景

まず陸経。ここの試験は正直いってはじめから合格する気がしなかった。東京の予備校でも、超難関校という風評であった。全国で三万五〇〇〇人くらい受けて、三五〇人くらいしか合格しないし、一題でも間違えれば通らない、といわれていたから、つい数ヵ月まえに、Cクラスの旧制高校を落第したダメ人間が入れるはずはないと思っていた。佐中の大講堂には佐賀県全体から七五〇人くらいの受験生がつめかけていた。そのだれもが賢そうにみえた。

試験科目は、代数・幾何・物理・化学・生物・国語（古文）・現代文・漢文・日本史・西洋史（東洋史をふくむ）・地理（陸軍の試験では、英語がないのに注意）などで、三日間くらい試験があったのではなかったか、と思う。世の中には、まことに不思議なことがあるものである。ともかく、でてくる問題、でてくる問題がまるで「魔法の杖」を用いてでもいるかのように、すらすらと解けるのである。範囲の限られた定期試験でも、しょっちゅう間違えるのに、どうしたことだ。あの苦手な幾何はもちろんのこと、なんでもござれである。試験本番で実力がでるのは、三ヵ月ほどまえに修得したものだ、と昔だれか先生に聞いたことがあるが、これがそうなのだろうか。

唯一、わからなかったのは、国語の字句解釈ア・イのうちの一つ、アの「かなしき稚児」という語であった。まったくはじめてみた語句で、「親が悲しくなるほど可愛がっている子供」（正解は、かわいい子供）と書いてごまかした。〇点なのか、三分の一くらいはもらえたのかはわからないが、陸経は、一問でも間違えると合格しないと聞いていたから、不安はあったが、「海軍があるさ」と思って、あまり深刻には考えなかった。

それよりも、地理の問題ができたのはおおきかった。陸軍は、「アホ」だから「英語」は敵性語というので試験科目からはずされ、代わりに「地理」が課せられた。私は、メインは「海機」であったから、英語に力を入れ、地理は、ざっと一回、参考書に眼を通しただけで、試験前夜に五問ほど――「シベリア鉄道について」、「オーストラリアの産物について」など――「山を張って」臨んだ。

答案用紙を裏返しにしたとき、問題は一問、「黄河と揚子江の違いについて述べよ」であった。このときほど私は、「天の配剤」に感謝したことはなかった。もともと私は、地歴が大好きで――地歴の嫌いな者は大成しない、というのが父の口癖であった――子供の頃から「本の虫」といわれるほど、本は読んでいた。小学校二年のときには、「天体」研究にはまり、一番になったら「天体望遠鏡」を買ってやるといわれたが、一点違いで二番となり――原因は、臆病者の私は「飛箱」が跳べず、体操の点が悪かった――、夢破れた。もしあのとき、「天体望遠鏡」を手に入れていたら、「天文学者」になっていたかも知れない。少年時代には、自分の将来について結構いろいろなことを考えるものである。四年生になると、今度は、東大の魚博士末広恭雄先生の子供向け『魚の話』という本に熱中し、農学部の水産学科に行って魚博士になろうと思ったこともある。

それはともかく、佐中の地理の先生は、白髪の品の良い優しい年配の先生――非常勤であったらしい――で、話が面白く、ときにはフランス・コント的なピンクの話をさらりとされたので、地理の時間だけは、内職（いまの学生がやっているかどうかは知らないが、当時は、受験にあまり関係ない科目のときには、数学や物理・化学、国・漢などの主要科目の教科書や参考書などを机の下で引きだして読む行為。実際には、大した効果はなかったが、先生の眼を盗んで勉強するという意味でカッコいい行為とされていた）をしないで熱心に聞いた。先生は、「黄河と揚子江」を制する者が、中国を統一できる――そういえば、一九四九年一〇月一日に二つの大河を制し、中華人民共和国の成立を宣言した毛沢東が中国四〇〇〇年の歴史のなかで、はじめて中国を統一するが、当時は、先生の予言には実感がもてなかった――したがって、「黄河と揚子江の違い」はきわめて重要である、と述べ、くり返し、

くり返し、説明された。

そのテーマそれ自体が、そのまま、ドーンと出題されていたではないか。私は自分の眼を疑い、高鳴る心臓を押さえ込むようにして、陸経の最終科目を「完璧」に書きあげた。ともかく人生のなかで、これほど試験ができたことは、後にも先にもない。とくに、「地理」は、トランプで、オールマイティと切札が全部手にきたような「おまけ」ではないか。山がはずれたら、おそらくこんにちの私はなかったであろう、と考えるとそのたびに背筋がぞっとする。ふだんから毎朝仏壇にお参りする（子供の頃から毎日、線香、お茶、御飯のあげさげをするのは私の役目であった）家風に育った先祖の御加護なのか。ひょっとしたら、ひょっとするかも、という気持ちになったが期待しないことにして、次の海軍の試験に備えるべく再度上京した。

陸経に受かるかも知れないな、という予感は、もう一つあった。それは、受験番号「八一」という数字にまつわるものであった（保《やす》さんの話だと、海経の受験番号は二万五〇〇〇番くらい、というから、おそらく、全国通し番号で、海経も三万五〇〇〇人くらい受験したのではないか。陸経のばあいは、各県ごとの受験番号で、ここでも全国で三万五〇〇〇人くらい受験したものと思われる。海経の合格者は、一〇〇〇人くらいで、うち二〇〇人は、軍高官の子弟であった、という噂があった。陸経の合格者は三六〇人くらいで、特別枠はあったかも知れないが、その数はきわめて少なかった、と思われる。どちらも競争率は、八〇倍から一〇〇倍くらいであった、といわれている）。私は、「くじ運」などまったく無縁な人間であったが、「八一」という数字には霊感が走った。「八一」というのは、「姓名判断」「四柱推命」上の数字としては「最高の数字」だと、だれかに聞いた覚えがある。なぜなら、「九九」の掛算で、「上り」は「八一」であり、これ以上の数字はないからである。事実、この「八一」

という私のマジック・ナンバーと「陸経合格」こそが、私のその後の人生を決定的に変えることになるが、それについてはもう少しあとで述べることにしよう。

海機の試験風景

半月後、私は海軍機関学校の試験を受けるためにまた帰郷した。海軍と陸軍の試験には、いくつかの違いがあった。

一つは、海軍のばあいは、数学や物理など点数のとりにくい学科からはじめて、毎日、夕方六時に、受験番号を墨で消した一覧表が掲示板に張りだされ、落第者の受験写真が下に捨てられている、というきわめて屈辱的なものであった。初日に半分くらいが消され、写真が山積みになっていた。筆記試験日の四日目の最終日には、受験者全体の一〇分の一の五〇名くらいしか残っていなかった。

試験責任者は、雪竹海軍機関中佐といい、あとで聞いた話だが、佐中時代魚住先生の教え子であったらしい。必死になって鉛筆を走らせていると、試験官が私の側を通り過ぎるときに、「田中、落ち着いて書けよ」と声をかけられてびっくりした。「なぜ僕の名前を知っているのだろう」と不思議に思ったが、魚住先生から「あわてんぼ」だという私の評価を聞いていたものと思われる。

試験はほとんどできた。英語などは、中学二、三年のレベルで拍子抜けした。最終日の四日目は面接であった。前の晩に、魚住先生から佐賀県でトップで全国的にもベストテンに入っているらしいから落ち着いて面接を受けよ、といわれていた。面接後、全国的に集計し、約五〇〇名程度――当時は、ほとんど消耗品扱いであった――採るとのことだった。

雪竹試験官は、ニコニコして、「君は陸軍を受けたか」と聞いた。「陸経を受けました」。「もし両方受かったら、どちらにするか」と聞かれた。「陸経はおそらく落ちると思いますので、海機に行きます」と答えたが、これは私の正直な気持であった。試験官は、「舞鶴で会おう。帰って良し」と述べ、このとき私は合格を確信した。保《やす》さんは海経だから大変だろうなと思い、友の幸運を祈った。

陸経の面接

陸経の第一次合格者の発表が、七月下旬頃あるというので、私は、いったん上京し、夏期講習まえの七月中旬には佐賀に引きあげてきた。「海機」は大丈夫だとしても、陸経にちょっぴり未練がないわけではなかった。

八月中旬頃、面接のため上京せよ、ついては八月下旬何日・何時に、小倉駅に集合せよ、という電報が届いた。オール九州の第一次合格者、約五、六〇名が貸切車輌で係官に引率されて東京に向かった。佐賀中学からは、一年下の級長をしていた中島君の顔があった。あとは、何県の何中学の生徒であるかは、当然のことながら、まったくわからなかった〔実はここに、二区隊の宮下、別府、昇昌平(奄美大島、目茶苦茶好人物、気が合った)、石井勝(修猷館、旧制福高文甲、東京大学法学部、富士銀行、故人)、田尻俊明(福岡中、旧制佐高理乙、長崎医大、故人)、一区隊の畑弘恭《ひろやす》君(小倉中、東京商大)、五区隊の松尾英明君(鳥栖工、旧制佐高、防衛庁、故人)、六区隊の中山健吾君(唐津中、旧制佐高理甲、九州大学工学部、三菱造船所)などがいたわけだが、中島君以外とは、だれとも話すことはなかった。帰りは自由解散であったので、久しぶりに懐かしい本郷の鹿鳴館に寄った〕。

小平《こだいら》(陸経の所在地)には、約八〇〇名ほどの受験者が呼ばれている、という話であった。このなかで、何人が合格するかは、まったく不明であった。私たちは、待合室の大広間で、受験写真を渡された。裏をみると乱暴な墨の字で「三五」と書いてあり、中島君のは「五一八」と書いてあった。「なんだろうね」と二人で話し合ったが、あとでわかったことでは、どうも学科試験の席次であったらしい（とすると、なんとも大胆というか、間抜けともいえるが、区隊の席次その他を勘案すると、どうも成績順の数字であったと推定せざるをえない。なお陸経と海経と同時合格者は一〇〇名くらいといわれ、その九九％は陸経にきたようだが、私の席次までのところは、一人も抜けていなかったらしい）。

大分待たされたのち、いよいよ面接室に入った。恰幅のよい、色白の中谷というプレートを付けた少佐殿がニコニコして、まず「君は海軍を受けたか」と聞かれた。「海軍機関学校を受けました」、「もし両方入ったら、どちらに行くか」。受験者にとっては、この設問は難問である。第一志望は陸経だが、そう話はうまくいかないだろう。当時のルールでは、合格電報がきてから三日以内に返報しないとキャンセルになる、といううわさであった。だから、陸軍も海軍も、優秀な生徒を確保しようとして、「しゃかりき」（死にものぐるい）になって、いち早く合格電報をだそうとしたらしい。もし、一週間か五日まえに海機の電報がきたら、陸経には自信がないから海機に返報することになろう。こんな思いが、頭のなかを電光のように一瞬よぎった。とっさの機転で「電報が早くきたほうに行きます」と答えた。まことに「一休さん」にも似たトンチ解答ではないか。

そのとき、後ろのドアが開いて、二、三人の人が入ってきた気配がした。中谷少佐はすばやく直立不動の姿勢で立ち上がって、七〇度に腰を曲げて礼をした。「閣下、この生徒はなかなか元気がありま す」「そうか」そういって閣下一行は外にでた。少佐は「いまの方は、学校長である」とのべ、「帰ってよし、若松台〔経理学校は当初、牛込区（現在の新宿区）若松町にあったが、その後、敷地四〇万坪の小平学園前駅（このすぐそばに東京商科大学予科、戦後、一橋大学小平分校〔教養部〕と改名。これもいまは国立《くにたち》の本校の東校舎に移転した）近くに移転。この地に「若松神社」が置かれたため、そこを「若松台」と呼んだようだ。また、経理学校の演習地は、会津若松近郊の磐梯山の麓にあったから、経理学校と若松という名称・地名には緊密な関係があった、といえよう」で会おう」と力強く結んだ。これは、ひょっとすると合格のメッセージではないかと自分に都合よく解釈してみたが、いやそんないい加減なことをいうはずはない、とあわてて打ち消した。

それからの半月間ほどは、不安と期待で落ち着かなかった。毎日、保《やす》さんと会っていたような気がする。そして、八月の下旬ではなかったか。深夜、激しく玄関の戸が叩かれ飛び起きた。待ちに待った「陸経」からの電報であった。（裏の家のお姉さんが徴用で佐賀郵便局の本局に勤めていて、深夜であったが届けてくれたのだ。）「天は我に味方した」。同級生の鳥居頌平《しょうへい》君（旧制山形高校、東京大学理学部地質学科、旺文社重役）作『最後の将校生徒』というパンフレットによると、「サイヨウシャニケッテイ、ニウコウクリアゲ、九ツキ二八ヒ一一ジ、チャクコウスベシ、ダクヒスグヘン、リクケイコウ」というものだったらしい。その三日後に、海機から合格電報が届いた。保《やす》さんも海経に合格し、その日は夜を徹して喜び合った。魚住先生から「海機にくれば、将来の伍長（海軍の学校における特有の名称。一・二・三年生から編成された各分隊における級長。三年生になると任命される）にと思っていたのに残念だ。と雪竹君がいっていたよ」といいながらも、先生は心から喜んでくださった。陸経・海経同時合格は、佐中にとっても、久々の大戦果であったらしい。わずか六ヵ月で、「地獄から天国へ」大逆転したのだから、自分自身はもとより、周囲の人たちも驚いたに違いない。のちに私が、なかなか就職のきまらない弟子の大学院生たちに、「真面目にやっていれば必ず報いられる」とか「天は自ら助くる者を助く」とか「すべての道はローマに通じる」とか自信をもって励ますことができたのは、この経験があったからである。かれら、かの女たちは、皆、いまでは立派な大学で、すぐれた教授になっている。

入校直前の風景

さて、話をもどして、私は、昭和一九年の九月二四日の夕方、佐賀を出発した。当時は見送りのために駅の構内に入ることができなかったが、たまたま短期に中国上海から帰国していた父が——おそらく、私の入校祝と別れを兼ねて二週間ほど帰国してきたのであったろう、このとき、二人で、佐賀近郊の古湯《ふるゆ》温泉、柳川近郊の船古屋《ふなごや》温泉などにでかけたが、父親とはこんなによいものか、とつくづく思った——駅長と小学校時代の同級生とかで、ガランとした構内に一人立って、私を見送ってくれた。これが、この世における父の最期の姿であった。しかし、構内に入るまえの騒動はすごかった。約二〇〇名くらいの友人・後輩・親戚の者たちが、佐賀駅前の広場で、旗やのぼりを立て、カネや太鼓を打ち鳴らして、歌いかつ踊り狂ってストームをかけ、出征兵士激励宜しく盛大に見送ってくれた。いまから考えると馬鹿みたいな話だが、東京出身者や都会の者には、そもそも、このようなことは考えも及ばないであろう。

翌二五日、午前六時頃、東京新橋駅に着いた。当時、私は、新橋で下車して飛鳥山行きの市電に乗り、銀座、神田、万世橋をトコトコと走って、本郷の赤門前で下車して、「鹿鳴館」(戦後の昭和二四年に上京したとき訪ねたが、近所の人の話では昭和二〇年三月一〇日の東京大空襲で焼けて、郷里の新潟に帰られたとのことである。あの優しかった御夫婦や二人の坊やたちはどうしているだろうか)に行く方法をとっていた。その日は一日、下宿で休息し、翌二六日は、これで「娑婆」(もともとは梵語。苦しみが多く忍耐すべき世界の意。転じて自由を束縛されている軍隊・牢獄などにたいして、その外の自由な世界をいう。軍隊に入ってから、われわれは軍隊生活のことを「格子なき牢獄」と自嘲気味にネーミングしていた)ともお別れであるし、これで見納めだと思い、朝一〇時から夜一〇時まで、ぶっ続けで浅草六区(ロック)映画街に居座った。そのなかで覚えているのは、水谷八重子主演の「小太刀を使う女たち」という映画で、会津若松鶴ヶ城が炎上して落城する悲劇物語ではなかったかと思う。そして、一年後に、ところも同じ会津若松近郊で敗戦の憂目に会おうとは思ってもみなかった。

そして、いよいよ入校の前日、二七日の午後、ちょうどタイミングよく上京していた伯父に呼びだされていたので、宿泊先の六本木にある高級旅館の「暁旅館」を尋ねた。あたりは、いまの六本木では想像もつかないほどに、樹木が鬱蒼と生い茂った閑静なたたずまいであった。

伯父の部屋に通されると、窓際の棚に、吉川英治の『宮本武蔵』の全集が、ずらっと並べられていた。しばらくすると、伯父が「待たせたな」と言いながら入ってきて、「いま、石原さんが「汪兆銘(汪精衛、当時、蔣介石に反対して、日本の名古屋に亡命していた。この年一一月一〇日に死去)の部下の「繆斌《こうぶ》と会って和平交渉の話をすすめているところだが、おおかたの話は終わったので、おまえの入校祝をしてやるから外に出よう」ということになり、まず、「暁旅館」近くの「東亜連盟」本部に立ち寄った(いまの六本木交差点のそばの喫茶店「アマンド」あたりではないかと思われる)。ここで私は、伯父からかねがね聞かされていた「伝説の人和田勁さん」とはじめてお会いした。売れっ子芸者と結婚するために、帝国陸軍を蹴飛ばしたというだけあって豪快な人と思っていたが、私の印象ではむしろ物静かな人というものであった。そのとき、和田さんが「満州事変拡大の口実づくりのため、甘粕正彦とはかって、ハルビンの日本領事館に爆弾を投げ込むなどの破壊工作を行った」（「甘粕正彦第七回」佐野眞一、「週刊新潮」二〇〇六年七月二〇日）人物であったなどとはもちろん知る由もなかった。

その後三人は、ハイヤーを飛ばして有楽町の帝国ホテル脇の「東宝演芸会」で「落語」を聞いた。ほんものの落語では、ラジオ放送などでは聞くことのできない「きわどい話」――いまでいうH な話だが、フランス・コントのように洒落ていた――が聴衆を笑わせ、大人の世界とはこういうものかと感心し、かつ驚いた。

演芸会が跳ねたあと、銀座七丁目の「資生堂」で洋食のフルコースを御馳走になった。戦時中でも、あるところにはあるものだ、といたく感心した。食事の席上、伯父は、「浩、お前の陸経の保証人は、柔道の弟分の牛島辰熊に頼んでおいたから」といった。牛島辰熊といえば、柔道七段、日本柔道界のトップの座にいる人――戦後、かの力道山と決闘（昭和の巌流島）して敗れた木村政彦（戦前・戦後にかけて十年間、連続優勝を果たした無敵の柔道家）の恩師――であった。

九月二八日に入校してから一ヵ月ほど経って、保証人が牛島さんから陸軍中将大迫通貞閣下に代わった、という連絡が伯父からあった。変更の理由はわからなかったが、戦後になって伯父から聞いた話だと、一九年一〇月に、牛島さんが「東条暗殺未遂事件」（東条は「サイパン陥落」直後の一九年七月に総辞職したが、その後も和平工作に反対していた）の首謀者として、憲兵隊につかまり、プリズンに入った、ということであった。道理で、私が、一一月最初の外出のさいに、小田急線梅ヶ丘の牛島さん宅に「挨拶」にうかがったとき、奥様が「いま主人は、所用があって長期に留守しております」と言われたのは、そのことであったのかとのちに合点がいった。

そもそも東条は、四四年（昭和一九）七月のサイパン島陥落直後に総辞職しているが、総辞職後も、戦争遂行の強行論を唱え、石原たちの対中国和平論を抑えたので、牛島さんたちが東条暗殺を計画したものと思われる。

陸軍経理学校の友人たち

さて、陸軍経理学校の進学と生活は、その後の私の人生を一変させたように思える。

一つは、日本の辺境九州の小さな県段階の人間が、一気に全国区的人間とかかわることになったことである。もっとも、外地朝鮮から内地日本へ帰ってきたこと、半浪（六ヵ月の半年浪人）時代に月に一、二へん東京と九州を行き来した経験があることなどによって、同級生たちよりはうんと視界が広かったとはいえ、北は樺太から南は沖縄まで、さらには満州・大連（二〇〇四年のプロ野球スト問題で、活躍した現セ・リーグ会長の豊蔵一《とよくらはじめ》君は、大連中、東京大学工学部、建設次官から各種公団総裁を歴任した）・旅順・京城・台北などの外地〔そういえば、戦後活躍した人に外地出身者が多いのは興味深い。山田洋次、小沢征爾、中西礼各氏などは旧満州、五木寛之氏は旧京城、また私の尊敬する先輩故小松茂夫（哲学者、旧制一高、学習院大学教授）氏や私の友人の成田豊電通会長（海兵、佐高文甲、東京大学法学部卒）はいずれも名門京城中学の出身である〕の出身者たちが「若松台」に結集した光景は圧巻であった。

二つは、ただ全国的であるというだけでなく、日本の有名中学のおそらくトップクラスが合格してきていた、ということである。ちなみに二区隊六〇名の出身校の一部を例示すると、能代《のしろ》中（成川覚、中学校長）、遠野中（川上淳、東北大学医学部卒、開業医）、菊地昇（仙台中）、斎藤宏之（福島中、旧制二高、東北大学医学部）、浦和中（小島晋治）、正則中（桑原昭雄、松本高理乙、東京大学農学部卒、専売公社、故人）、東京中（渡辺惇、宮内庁、故人）、都立三中（伊東光晴、一橋大学卒、京都大学名誉教授）、都立十中（上田英一、一橋大学卒、三井銀行副頭取）、高師付属中（村山行信、慶応大医学部卒、開業医）、麻布中（後藤悌二、東京大学工学部卒、升田元行、慶応大経済学部卒、三菱電機重役）、石神井中（牧治）、都立一商（光藤政雄、一橋大学卒、朝日新聞）、都立四商（浅野栄一）、都立江北中（阿部光俊）、湘南中（八木純一）、長野中（大沢登、上田駅長）、富士中（野添祐一、故人）、斐太《ひだ》中（山崎裕、金沢高師卒）、愛知一中（青木訓治、前出）、熱田中（伊香輪恒夫、八高、東京工業大学名誉教授、関東学院大学学長）、豊橋中（鳥居頌平、前出）、京都一中（小島達雄）、北野中学（金沢龍雄、前出）、今宮中（長谷部英雄、京都大学医学部、開業医）、神戸一中（村井兵部、甲南高校、京都大学医・法学部卒、会社社長、故人）、神戸二中（柴田巧、中国電力、山本博三、四高、北海道大学法学部卒）、灘中（阪下広良、神戸商大卒、三和銀行重役）、広島一中（中村邦男、専売公社）、福岡中（田尻俊彦）、修猷館中（石井勝）、鹿児島一中（宮下鉄巳、別府栄典）、鹿児島市立中（永迫譲二）、そのほか、豊原中（石塚栄、北海道大学法学部卒、農水省）、大泊中（岡文昌、北海道大学法学部、公認会計士）、大島中（昇昌平、前出）、チチハル中（横山二郎、故人）、大連中（庭野卯太郎、故人）など、多士済々である。居ながらにして、日本全体が俯瞰できるのだから壮観である。二区隊のほかに、あと五つの区隊があるのだから、一気に蒙が啓《ひら》かれた。やや大げさにいえば、明治維新直前に、横井小楠、坂本竜馬、中岡慎太郎、後藤象二郎、西郷隆盛、大久保利通、品川彌二郎、桂小五郎（木戸孝允）、大村益次郎、高杉晋作、伊藤博文、大隈重信、副島種臣、大木喬任、江藤新平たちが長崎に集まり、日本全国の問題を論議していたというのは、こういうことをいうのかも知れない。敗戦で全国に散らばったが、大半は東京にいるため、現在でも、月に一、二回「囲碁の会」を通じて集まっているが、このような友人関係を六〇年間以上続けることができているのは、もともと同級生（二区隊）たちの人間的資質がきわめて清潔かつ優秀であること、それよりもなによりも、わずか一年間ほどであれ、寝食・生死を共にしたことと無関係ではないであろう。ともかく、陸軍経理学校の生活と友人たちとの長い長い付合いは、その後の私の人生にとって決定的なプラス要因になったことだけはまちがいない。

貧乏生活のはじまり

さて、話を、敗戦から旧制高校入学までの約七ヵ月間の生活と進路決定の事情について述べよう。

郷里佐賀に帰ってすぐに、私と母は、いつまでも伯父の家に厄介になるのも申訳けないというよりも肩身が狭いので、新聞広告をだして、貸間を探した（母が佐賀に帰ってきたとき、正丹小路の家の前後四軒を一万円で買ってくれと大家さんからいわれたが、私が佐賀中学を卒業すれば、母は中国へ行くし、私自身も東京に出て行き佐賀にはいないことはわかっていたし、小学校時代を過ごした元山の豪邸を売れば佐賀の四軒の購入は簡単だったが、私が元山の家《うち》は残しておきたいと強く主張したため買わなかったようだ。これが、致命傷になった。なぜなら、資本主義社会においては、人間は、自分名義の家を所有していないくらい、不安定なことはないのだから）が、佐賀市の東のはずれにある「通り小路」の森さんという方から応答があった。御主人が戦死されて、一人住いで家が広いので、ということであった。森さんは、三五、六歳くらいで、小柄色白で、チャーミングな美人であり、われわれ親子には、大変に親切であった。

「通り小路」に居《きょ》を定めると、ふたたび、保《やす》さん、城島君、昭吉さん、阿部君、岸野君など、昔の遊び仲間が続々と遊びにやってきた。陸経の同期生たち、田尻俊彦君（二区隊、佐高理乙、長崎医大卒、故人）、甲斐秀昭君（四区隊、京城中、佐高理乙、九州大学農学部名誉教授）、柴野一廣君（四区隊、佐高理乙、自治医大卒、開業医、故人）、松尾英明君（五区隊、佐高理甲卒、防衛庁、故人）、中山健吾君（六区隊、佐高理乙、九州大学工学部卒、三菱造船所）たちとも連絡がとれ、交流がはじまったのは心強かった。

とはいえ、まず生きていかなければならない。わが家は、もともと日本に本拠を置く積りはなく、将来的には、中国、朝鮮に移る予定だったので、数十万円の預金（これは当時としては大変な大金であった）しかおいていなかった。しかし、戦後、預金が封鎖され、物価が一気に何十倍いや何百倍と上昇したので、たちまち生活に窮することになる。ちなみに、当時、親子二人で一ヵ月の生活費は、新円で一五〇〇円くらいであったかと思う。米一升一五〇円、家庭教師料一五〇円、本一冊二〇〇円（紙が不足していたので、戦前一円くらいの旺文社の参考書が二〇〇円くらいになった。私は、さして勉強もしないのに、一教科につき十数種類の参考書を買い求め、陸経に合格したとき、後輩に分け与えたほかは、そのまま物置小屋に入れ、それを母が疎開していてくれていたので、戦後の一、二年間は、月一、二冊参考書を古本屋に売って、小遣いにすることができた）、映画は一〇円くらいであった。生活費は、母親が着物の仕立て――一枚、一五〇円くらい、若い頃から、贅沢三昧していたお嬢さん育ちの母が、私のために夜中まで針仕事をしているのをみたとき、「母は強し」という格言をしみじみ、かみしめた――をし、あとは桐の箪笥《たんす》に入っていた母親の着物を毎月一枚（一五〇〇円くらい）ずつ売ってしのいだ。戦時中、「贅沢は敵だ」とさんざん聞かされてきたが、植民地生活で、他の人びとよりは裕福であったことが、親子二人の生命《いのち》をつないだ、といってよい。宮城（道雄）流の免許をもっていた母が――母はよく、宮城道雄作曲の「春の海」をひいていた――大切にしていたお琴――昭和四〇年代になって、ようやく生活がやや安定し、母にお琴を買ってあげようと思っていた矢先に、母が脳溢血で倒れたのは残念であった――や、父の自慢の欅の碁盤・はまぐりの碁石も泣く泣く古道具屋に売った。

私も、佐中時代の担任であった久保田先生のお世話で家庭教師を始めた。これが敗戦から大学卒業後、文部教官になるまでの約七年間ほど続く家庭教師生活の出発点となった。当時は、アルバイト――ちなみに、アルバイトというネーミングは、戦後われわれ高校生の発明語であった。アルバイトとは、ドイツ語の「労働」あるいは、「博士論文作成」を意味した。戦前は、金持ちの子弟しか、旧制高校・帝大には行かず、働きながら大学に通う私大の「夜間学生」は「苦学生」と呼ばれた。しかし、戦後は、「一億総貧乏」になったので、ほとんどの学生が、「苦学生」となった。そこで「小遣い・学費かせぎ」の行為に「アルバイト」という高級感のある外来語を付し、明るい健康なイメージに転換させたのである――といえばその大半は、「家庭教師」で、「家庭教師」がもっとも優良かつ高級な働き口とされていた。私の生まれてはじめての「労働生活」は、戦後、第一回の総選挙で当選した相場師の「成金」上がりの衆議院議員の息子さん――「がめつい」オヤジさんに似ず、奥さんは好人物、息子も気弱そうないい子であった――の家庭教師で、謝礼は「米一升」(一五〇円)の現物給与であった。

ともかく、敗戦で「ルンペン」(「ぼろ」の意、浮浪人、マルクスによれば、「ルンペン・プロレタリアート」とは、資本主義社会の最下層に位置する浮浪的な極貧層であった)となり、無一物になったとき、私は、「貧乏とはなにか」という大問題にはじめて直面させられた。そして、このことが、その後の私の一生を方向づける決定的要因となるのだが、これについては、あとで述べる。

「東亜連盟」への誘い

さて、「通り小路」に引っ越して一週間ほどした頃、伯父がやってきた。「浩、日本は戦争に負けて三等国になった。これからは大学に行ってもつまらんぞ。日本再建のために、俺の東亜連盟の仕事を手伝え」。こうして私は、九月末から、「東亜連盟」運動にかかわることになる。当時、石原莞爾は、自分の思想実現のために、政界進出をはかり、日本全国への遊説を開始していた。

東北地区は、鈴木文平（仙台近郊岩沼在住、東北随一の肥料問屋、酵素肥料を考案した人）、中国・四国地区は、田中隆吉（一八九三（明治二六）～一九七二（昭和四七）、島根県生まれ。陸軍少将。満州国独立計画を側面援助するために、「第一次上海事変」を画策）、東京地区は和田勁、九州地区北部は、伯父鷲崎研太、南部は牛島辰熊などが責任者となった。

伯父の補佐役には、朝鮮からの引揚者、江頭虎雄《えがしらとらお》（朝鮮総督府農政技官、伯父や母のいとこの絶世の美人といわれた敏子伯母さんの夫）、私は、青年行動隊長、実は秘書兼小使。政党活動の方法は、石原の『最終戦論』のパンフレット――旧パスポート、母子手帳くらいの大きさの四、五〇ページの小冊子――をもって、九州一円を講演して回ること、そのさい手ぶらでは、聴衆を集めることができないので、「酵素肥料」を持って、農家の青年男女や家庭の婦人層に、「酵素肥料の使い方」の話をすることであった。さしずめ、「田原坂《たばるざか》」の歌よろしく右手《めて》に『最終戦論』、左手《ゆんで》に「酵素肥料」ということであろうか。

そして、この「酵素肥料」の使い方を実習し、聴衆に説明することが、私の役割であった。伯父たちは、照れくさがって、この仕事を私に押し付けたのである。この講演会――たいていお寺の本堂か、町や村の公民館であったが——には、よく人が集まった。当時は、化学肥料がまったく手に入らず、酵素肥料を「田んぼ」にばらまくと、一反で九俵程度とれるという「ふれ込み」——実際には八俵くらいだったと思う——と、食糧事情が極度に悪いので、「芋の葉っぱ」に酵素を混ぜれば、おいしい草餅ができる——これは、その通りで、ほかにもいろいろ応用できた——というのであれば、皆が押しかけた——多いときは三〇〇名くらい、少ないときでも六、七〇名——のは無理もない。

こんな話を、戦争帰りの一八歳の少年が人前でするのだが、いま思うと、よくもできたものだと、顔から火がでるような気分だ。お寺の門には、鷲崎研太先生、田中浩先生とデカデカ書かれた看板が立て掛けられているのには参った。このようなことができたのは、おそらく、敗戦後、すっかり意気消沈していた日本国民に、石原さんがナショナリズム運動の高揚を示唆し、それに共感したからであろう。

石原莞爾と酵素肥料

十月初旬、石原莞爾が秘書の淵上さんをともなって佐賀に来た。伯父の家に数日間宿泊し、伯父が張作霖爆破事件（一九二八〔昭和三〕）の実行者河本大作（一八八二〜一九五五、爆殺後退職、満鉄理事、満炭理事長、戦後、戦犯として中国に抑留され、太原収容所で病死）大佐にもらったという、深々とした真っ赤な絨毯が敷かれた十二畳の座敷にくつろぎ、母の手造りの佐賀名物の「お茶粥」（茶色の粉茶を袋に入れて作る）をうまそうにすすり、何杯もお代わりしていた。

私は、保《やつ》さん、西川正明《まさあき》君（海兵、九州大学工学部卒、電気研究所、山口大学工学部教授）、岸野鶴次君（陸士、九州大学農学部卒、農林省、故人）たちに手伝ってもらって、会場（妙安寺小路《みょうあんじこうじ》にあるとは事実である。

お寺）の設営や案内のビラまきに奔走した。話をゆっくり聞く余裕がなかったが、「近い将来、日本で必ず反米運動が起こる」という石原の言葉だけが妙に頭に残り、東亜連盟運動に一段と力が入ったこ

二日後に、われわれは、石原と熊本遊説に旅立った。伯父の話によると、来年（一九四六年）四月の戦後最初の総選挙で、東亜連盟は伯父自身もふくめて七〇名以上の当選者をだすことができる、とのことであった。もっとも、翌四六年一月四日に、GHQ（連合国軍総司令部）は、極端な国家主義者・団体および軍国主義者の「公職追放」を発表したから――このとき、石原も伯父たちも追放されるとは思っていなかったようだ――、「東亜連盟」の目論見は、一挙に崩壊するのだが。

それはともかく、私は、十月上旬（この月の一一日に戦後最初の日本映画「そよ風」が並木路子の「リンゴの唄」に乗って上映され、日本国民に戦後復興の勇気を与えた）に、例の「酵素肥料」を九州に移送すべき「密命」を受けて、東北へと出立した。当時は、交通事情は最悪で、佐賀から東京まで約三七時間かかり、五食分の「おにぎり」を腰に下げて行った。車内は、ぎゅうぎゅう詰め、六人掛けで、通路はもとより網棚に至るまで人が寝ていた。もし岡山あたり（佐賀から東京までの中間地点）で席が空き、座れれば幸運ではあるが、座り続けていれば尻が痛くなるので、「立つも地獄、座るも地獄」という状態であった。そして、この旅行には、もう一つの「密命」があった。それは、飯田橋の法政大学近辺の「東京逓信病院」に入院している石原将軍をお見舞いせよ、ということであった。

東京では、大塚駅近くの浅野君宅に泊まった。東京大空襲で二階家が焼失し、バラック建ての家に、浅野君の両親、兄弟五人と私の計九人が、ぎゅうぎゅう詰めの「押しくらまんじゅう」状態であったが、久しぶりの邂逅で、夜を徹して日本の将来について語り合ったのではなかったか、と記憶する。

翌日、一人で見舞いにいくのが嫌だったので——実は、私は、鷹のように鋭い眼をした石原が好きではなかった——浅野に同行を頼んだ。

病室に入ると、小柄の品の良い奥さんがおられ、石原さんは、枕を背中に敷いて半身起き上がっていた。緊張して、なにを話したかはよく覚えていないが、いろいろ質問されたときにもたもたしていると、「もっと勉強しないといけない」といわれた。もう一つは、「昨日、アメリカの新聞記者がきたので、もし自分が東条であったら、こんな惨めな負け方はしなかった、といってやった」という言葉を鮮明に覚えている。このような言葉は、のちに出版された有名な『ニッポン日記』(上・下)の著者、アメリカの新聞記者マーク・ゲインが石原との会見記のなかに書いているが、マーク・ゲインは、昭和二一年五月頃に会っているので、石原は、当時尋ねてきた外国人記者には、軒並みに同様なことをいっていたのかも知れない。

翌日、私は常磐線に乗って東北に向かい、約半日ほどかけて深夜、仙台の南、汽車で二〇分くらいのところに位置する岩沼に着いた。さすが東北随一の肥料問屋で、広大なる屋敷であった。私はここで約二週間、「酵素肥料」の取扱いにかんする講習を受けることになり、私のほかにもう一人、淵上秘書の弟さんも来ていた。講師は、鈴木夫人で、東京浅草の瀬戸物屋の御嬢さんだったそうで三五歳くらい、さすが「ミス浅草」の名の通りに大変な美人であった。当時、小学生のお嬢さんが二人いて、長女はのちに大映の初代「ニューフェイス」になる。当時、電気洗濯機(アメリカ製)が動いていたのには驚いた(もっとも、昭和十年頃、元山の伯父の家には、アメリカ製の「電気冷蔵庫」があり、いとこの納富潤三《のうとみじゅんぞう》と冬でもアイスクリームを作って——戦前には、夏以外はアイスクリームはレストランにもどこにもなかった——喜んだものだ。

午前中は「酵素肥料」の取扱い方を学習し、午後は、「稲刈り」作業を手伝った。夜は自由時間で、本の一杯あった鈴木さんの書斎から東亜連盟関係の本や戦時中、連盟の思想的支柱の一人であると思われていた清水幾太郎——清水が有名な戦後民主主義の旗手になろうとは、そのときはわからなかった——の書いた雑誌を引っ張りだして読んだ。鈴木家で一番嬉しかったのは、戦争直後には、一般国民では、とうてい口にできなかった白米——当時「銀シャリ」と呼ばれていた——の「こぶし大のおにぎり」や御飯を腹一杯食べることができたことだ。

ところで、「酵素肥料」とはなにか。わかりやすくいえば、納豆のようなしろものである。この納豆を長円形の桶に入れ、それに人間様でも滅多に口にできない砂糖少々をまぶすと、「あら不思議」キラキラと輝きエーテルのような芳香を発する。そして砂糖が切れるとすぐ納豆状態になる「ぜいたく」な奴だ。この酵素を少々、小さく刻んだ藁にまぜてかき回し、田んぼにパラパラとまくと、通常の二倍の米ができる、というわけである。また、これを芋の葉っぱなどにまぜて炊くと、柔らかくなり、おいしい「よもぎ餅」ができるのである。旧「天下の陸軍経理学校生徒」・「将校生徒」が「よもぎ餅」の作り方まで習うとは、「お笑い種《ぐさ》」だが、「東亜連盟」の最有力な「物的資源」であるのだから、「熱烈学習」した。

敗戦直後の銀座の風景

この「酵素肥料の素《もと》」を入れた桶の口を布でふたして、それを背中に荷って九州まで帰る——ときどき砂糖をまぶして酵素様のご機嫌をうかがいながら——のだが、その珍妙な姿は、さしずめ次郎長一家の「桶屋の仁吉」といった態《てい》のものであったろう。

帰途、茨城県古河市江戸町にある小島晋治のうちに立ち寄った。かれは、相変わらず元気で、町内会の青年部で新日本建設のために活動しているようだった。小島の家は、印刷屋さんで、おやじさんは自称、歌舞伎役者守田勘彌張りの男前であった。おふくろさんは、喜劇女優飯田蝶子似の明るい「太っ腹」な「おっかさん」であった。色白美男子の兄貴（東京大学理学部、鉱山学科）と妹の佑子さん（東京女子大学）、弟のつとむ君（故人）の愉快な六人家族であった。

翌朝、おふくろさんは、「田中さんを連れて東京に遊びに行ってきなさい」と言って、小島にポーンと二〇円（当時、大金であった）を渡した。われわれは、上野駅から、ほとんど廃墟と化した東京の街を歩いて日本橋にでて、いまはなくなってしまったが当時唯一焼け残っていた「白木屋《しろきや》デパート」八階の映画館で、「桜井潔とハワイアンバンド」の演奏会と映画（題名は忘れた）をみた。入場料一人一円であった。

映画がハネたのち、銀座のほうにぶらぶらと向かっている途中で、「よしず張り」の小屋風の店のまえに「アイスクリーム」と書かれた立看板をみつけた。一箇七円、目の玉が飛び出るほど高かったが、二人とも衝動的に飛び込んだ。戦前食べたあの懐かしい「アイスクリーム」（子供たちは、アイスクリンと呼んだ）の味そのものであった。これで「懐具合」は帰りの汽車賃を除くと、ほとんどスッテンテンになったが、「腹具合」は十分に満足し切っていた。

マッカーサー指令と父の死

佐賀に帰ると、これまで以上に忙しくなり、連日、県内はもとより、北九州全体――たとえば、のちに五木寛之の『青春の門』で有名となった「ボタ山」の炭鉱町田川・飯塚・直方《のうがた》など――に講演・

宣伝旅行に出かけ、「東亜連盟」論を布教して回った。しかし、他方で、「旗本退屈男」（市川右太衛門主演、時代劇）宜しくそろそろ「勉強の虫」がうずきはじめた。そもそも純朴な農村の青年男女にたいして、日本の天皇が世界の諸民族の頂点に立つと、世界は平和になり、世界の人びとは幸せになる、という話をすること自体白々しくて気が進まなかった。

無条件降伏した日本国の天皇が、どうして世界の人びとの頂点に立つのがよいという論理が成り立つのか、その説明には苦しいものがあった。また上級学校（旧制高校や旧制専門学校）に進学した友人たちの語る民主主義論と東亜連盟論がマッチせず、しだいに自分の考えと友人たちとの考えのあいだで、波長が合わなくなっていく（思想格差）のを感じた。このままでよいのか。

そこに二つの事件が起こった。一つは、一九四六年（昭和二一）一月四日に、GHQのマッカーサー司令官が、極端な国家主義者や軍国主義者およびその団体を公職から追放する、という指令を発した。このなかには残念ながら「東亜連盟」もふくまれていた。東条に反対した石原は、まさか自分や自分の団体が追放、解散を命じられるとは考えていなかったようだったし、伯父たちもこの「措置」は、占領軍が撤退するまでの辛抱だ、とみていたが、私自身は方向転換の時期がきた、と直感した。

もう一つは、帰国を待ち望んでいた父の死亡通知をしらせる手紙が、オヤジの部下から母のもとへ届いたことである。その日、「公職追放」問題の今後の処置を相談して夜遅く、伯父の家から帰ってみると、オフクロが泣いていた。

われわれは、オヤジの帰国についてはまったく楽観視していた。なぜなら、敗戦直後の八月三一日に、上海から母宛てに「ワレゲンキ、アンシンセヨ」という電報が届いていた——あの時期によく届いたものだ——からである。オヤジさえ帰ってくれれば、なんとかしてくれる、とわれわれは思っていたし、外地から引き揚げてきた親戚たちも皆「礼一さん——オヤジの名前——は、いつ帰ってくるだろうか」と首を長くして待ち望んでいた。その意味では、オヤジは親戚中の「導きの星」であったのだ。

そういえば二日まえに、母が昨夜、オヤジのオフクロサンつまり私の祖母が夢にでてきて、また位牌が仏壇のなかで、カタカタおどりだした夢をみた、といったのでぞっとした。オフクロの夢見は昔からよく当たっていたので不安であったが、まさかオヤジが亡くなっていたとは。人に霊感があるというのは、真実なのかも知れない。

ともかく、一九四六年の一月四日は、私にとって「最悪・最低の日」であった。「東亜連盟発展の道」は閉ざされ、またオヤジの死が確定したからである。しかし、考えようによっては、それまで「もたもた」していた自分の人生の行き方について真剣に考える局面に立たされたという点では、かえってはっきりして良かったのかも知れない。

父は、一八九七年（明治三〇）五月一八日生まれ（酉歳）であるから、亡くなった——九月二〇日——ときは四八歳であった。母は、一九〇三年（明治三六年）二月一五日生まれ（兎歳）であるから、そのとき四二歳だったということになる。いまでは、四二歳などというと、まだまだ若々しい女性という印象が強いが、そのときの母親は、凛として背筋を伸ばし——さすが立花藩家老の血筋をひく明治の女——、まことに頼もしくみえた。

翌日、私は伯父に、勉強して「出直し」たいと言いに行った。伯父は私の申し出を快く受け入れてくれた。人様や子供たちには極度に恐れられていた——地震・雷・火事・親父の典型——伯父は、なぜか私にはやたらやさしかった。

晃子の思い出

こんなことがあった。従兄弟の晃子――私より一つ年上――が卓の長崎高商（現長崎大学）時代の先輩のM君と恋愛関係になったが、伯父には黙っていた。しかし、急性肉腫（ガン）でいよいよ死期が近づいてきたとき、おふくろに一目M君に会いたい――晃子の一年ばかりの闘病生活を支えたのはおふくろであり、伯父も、唯一人の妹であるおふくろを頼りにしていた――といったが、おふくろも、伯母の淑子も、長男の卓も、怖くて伯父にいいだせなかった。「兄さん、いってくれ」というので、私は伯父に、「何月何日に、こうこうこういうわけでM君を呼ぶが、伯父さんは絶対に怒らないで、別の部屋に行って出ないで下さい」と言った。伯父はなにもいわず、私の申し出を了承してくれた。M君との二人だけの「会見」は、一時間ほどで終わった。それから一週間後に晃子は眠るように安らかに息をひきとった。

晃子との思い出はたくさんあるが、私が高校に入学したのちは、ガードマン――その頃、晃子は、いまでいうストーカーに悩まされていた――として、よく映画や買い物のお供をさせられた。晃子は、伯父が美男子だったし、また伯母も月丘夢路風の東京生まれの田舎《ひな》にはまれな美人であったから、晃子も佐賀ではひときわ目立った美人であった。あるとき、佐賀の目抜き通りを連れ立って歩いていたとき、文甲のN君に出会った。翌日、学校に行くと、「昨日の女性はだれか」と問われたので「いとこだ」と言うと、「紹介してくれ」といわれたが、生返事をして結局紹介しなかった。N君に男としての魅力を感じなかったことがその理由であった。

そして、晃子は、私が高校二年生の夏の盛りに、天国に召された。その夜、一一時半頃、私が勉強していると、卓が息せき切って自転車で飛んできた（二〇分くらいのところ）。「姉さんが危ない」とひとことといって、すっ飛んで帰って行った。戦後すぐのことであるから、電話（伯父の家にはあったが）はなかったから、連絡方法はこれしかなかった。

私は、急いで身支度をし——母は、その頃、ほとんど一ヵ月以上泊り込みで晃子の世話をしていた——、旧制高校生特有の高下駄を突っ掛けて、真っ暗な夜道——歩きで四〇分くらいのところ、自転車はその頃は高価で手に入らなかった——を急いだ。伯父の家の裏口の側を流れる小川にかかった小さな石橋を渡ろうとしたとき、「シュー」という音を立てて、青白い「火の玉」が二階の屋根をまたがって飛び、闇に消えた。家に入ると、たった今、息をひきとった、ということであった。

高校生活の三年間、若い女性と連れ立って歩いた経験は、恥ずかしながらなかった——大学時代から婚約時代以前までもそうであった——から、いとこの晃子の付添いで佐賀の町を歩いたことは、楽しくもまた懐かしい思い出のひとつであった。

さて、また話が横道にそれたが、一九四六年（昭和二一）一月五日に、「出直し宣言」をしたのはよいとして、なにをするかについては、まったく見当がつかなかった。

『自由主義の擁護』との出会い—転向

「一冊の本」がその人の人生を定める、という話をよく聞くが、私のばあいも、「天恵」が下るといった、似たような事件が起こった。私は、自分の長い一生を振り返ってみて、もうこれでだめだというときに、必ず誰かが助けてくれた、という思いがひとかたならずある。そして、それがどうしてなのかはよくわからないが、なぜかだれかが助けてくれるのである。私の生来の「楽天主義」はここから生まれたのかも知れない。今回のばあいもそうであった。

「出直す」ために、私は旧制高校を受験することを定《き》め、翌日いなかの親戚の家へ疎開させていたままであった教科書や参考書を手許に回収したが、そのときはまだ、理科を受けるつもりであった。

二、三日後、佐賀で最大の書店「大坪書店」で本を眺めていたとき、海兵帰りの佐中の同級生の田中義行君（九州電力）が、「田中君、この本いいよ」といって一冊の本を指さした。河合栄治郎著『自由主義の擁護』というタイトルであった。河合栄治郎という著者が「何者」なのかもわからないし、戦時中、さんざん非難・中傷・攻撃された「自由主義」というタイトルにもあまり好意がもてなかった。気乗りはしなかったが、見栄もあって、大枚（大金）をはたいた（二〇〇円）。戦後すぐのことであるから、本は、「かせんし」と呼ばれた、灰色のぶつぶつのあるざらざら紙でできていた。

読みだしたら、止まらなくなった。ほとんど徹夜状態で読んだ（これまで、二、三日徹夜状態で読んだのは、五味川純平の『人間の条件』だけである）。面白い。有益なのだ。

人間にとって、「自由」や「思想」がいかに重要であるか、よくわかった。「自由」や「思想」について勉強してみたい、と思った。このとき、私は、二重の回心をした。一つは、「天皇神聖論」から「自由主義」・「民主主義」への転回、もう一つは、これまで、「理科」・「理科」と当然のように考えていたが、「人間」や「思想」の研究をするなら、「文科」かな、と思うようになったことである。

そう思って周囲を見回してみると、親友たちは、皆、文科系にシフトを変えていた。すでに転入試験で佐高（文甲）に入っていた保《やっ》さんの話を聞くと、文学や哲学や歴史の話は、結構、魅力的で、自分の体質にフィットするような気がした。浅野や小島からの通信——われわれは実によく手紙を出し合っていた——も十分に刺激的であった。これも編入試験で東京商大に入っていた浅野からは、杉本栄一教授のゼミに入って、経済学の研究をするという、喜びが生き生きと伝わってくるような葉書をもらった。杉本栄一という先生が誰なのかは、田舎の「悩める子羊」には、とんとわからなかったが、浅野がいうのだから、きっとすごい先生なのだろうと思った。

この先生のえらさについては、私が上京した一九四九年(昭和二四)の翌年、近代経済学とマルクス主義経済学を総合的に止揚した『近代経済学の解明』(上・下)(一九五〇年、理論社)というベストセラーを発表されたことで実証された。浅野に会うと、いつも杉本先生の話を聞かされ、また先生の御自宅が、私の中野駅近くの下宿先の通り路《みち》にあったので、ゼミのあと毎日曜ごと(ゼミは先生の御自宅でされていた)に浅野が立ち寄り、経済学や社会科学全般の話を聞いた。それが、哲学専攻の私にとって、どれだけ役にたったたか。私がこんにちあるのは、一人は、浅野君のおかげだと思う。

杉本先生については、一九五一年(昭和二六)、大学三年の秋頃か、私は浅野君に連れられて、ゼミのはじまるまえに先生にお会いすることができた。先生のお写真をとることをお願いするためだったが、浅野君によると、写真嫌いの先生がわざわざ着物に着替えて、近所の公園までお出かけ下さった、ということである。私は、ふるえる手で先生と浅野の二人を撮ったのを覚えている。だが、これは失敗であった。緊張のあまりキャップをはめたまま――被写体はみえなかったであろうに――シャッターを押し、それに気づかなかったのだ。現像にだして、そのことがわかり、浅野に平謝りに謝ったが、それを先生に伝えた浅野はどんなに大変なことだったろうか。しかも、それから一年後に、先生が狭心症で突然亡くなられたから、なぜかその原因を作ったのは自分ではなかったか、と悔やまれた。ともあれ、私の経済学の先生は、浅野栄一君である。

それからもう一人。古河在住の小島晋治からは、日本革命論を訴えた葉書が次々に舞い込み――かれは筆まめであった――、そのなかで将来、歴史学とくに中国近・現代史を勉強したい、という決意が述べられていた。このあと、小島君は水戸高（文科乙類）に入るが、そこには安東仁兵衛（政治・社会運動家、評論家）というすごい先輩がいることや、哲学者の梅本克巳《かつみ》（マルクス主義哲学者、主体性論争で有名。先ほどの安東や秀才のほまれ高いいいだももさんなどに影響を与えた）教授のことなどが遂一手紙で知らされ、それは、田舎学生の私にとっては大きな刺激となり、一日も早く東京にでたいという思いにかられた。

小島とは、大学卒業後、本郷菊坂町の私の下宿、京王線笹塚の小島の叔母さん（オヤジさんの妹、藤間紫のように瑞々しく世の中にはこんなに美しい人がいるんだと思った）の家、大塚仲町の私の下宿と計三回、一緒に住んだが、私の歴史学の先生は、小島晋治君であった。

昭和三〇年代に入って間もなく、私が「歴史学研究会」の西洋・近代史部門の全国委員になったのも、当時、東洋・現代史部門の幹事をしていた小島に誘われたことによる。とかく、観念論を振り回す政治哲学研究者である私が、多くの歴史研究者たちと知り合えたのは、まことに幸運かつ有益であった。

当時の歴研の委員の方々を思い出すままに書いてみると、日本史では、石母田正（法政大学名誉教授、故人）、井上清（京都大学名誉教授、故人）、遠山茂樹（横浜市立大学名誉教授）、永原慶二（一橋大学名誉教授、故人）、山口啓二（名古屋大学名誉教授）、網野善彦（神奈川大学教授、故人）、藤田省三（法政大学教授、故人）、下山三郎（東京経済大学名誉教授）、石塚裕道（東京都立大学名誉教授）、東洋史では、西嶋定生（東京大学名誉教授、故人）、上原淳道（東京大学名誉教授）、田中正俊（東京大学名誉教授、故人）、佐伯有一（東京大学名誉教授、故人）、小倉芳彦（学習院大学名誉教授）、小島晋

治、重田徳（大阪市立大学助教授、旧制一高、東京大学東洋史卒の秀才、若くして死去）、西洋史では、江口朴郎（東京大学名誉教授、故人）、井上一《はじめ》（横浜市立大学名誉教授）、柴田三千雄（東京大学名誉教授）、阪東宏（明治大学名誉教授）、岡部広治（津田塾大学名誉教授）、斎藤孝（学習院大名誉教授）、板垣雄三（東京大学名誉教授）、そのほか大塚久雄先生門下の遠藤輝明（横浜国立大学名誉教授、故人）、岡田与好（東京大学名誉教授）などの各氏であった。

なかでも、私はとくに遠山茂樹、永原慶二さん宅にはよく伺い、小倉芳彦さん、岡田与好さん、下山三郎さん、岡部広治さん、板垣雄三さんとは気が合った。また、歴研の研究会活動を通して、私は、藤原彰《あきら》（一橋大学名誉教授、故人）、佐々木潤之介（一橋大学名誉教授、故人）、大隈和雄（東京女子大学名誉教授）などの日本史専門の研究者たちと親しくなり、また、遅塚忠躬《ちづかただみ》（東京大学名誉教授）、直居淳（北海道大学教授、若くして死去）、喜安朗（日本女子大学名誉教授）、山口孝（富山大学名誉教授）などの東京大学西洋史学科大学院の若手四天王の諸君たちとも面識をえた。これらの日本・東洋・西洋の第一級の歴史研究者たちとの交流は、私のその後の研究活動のうえで決定的に重要な意味をもったことは確実である。

佐高文科乙類受験

さて、話がまたまたそれたが、私は、三月上旬に行われる――戦後の混乱期で、受験日が一ヵ月くらい遅れた――旧制高校文科乙類を受験することに定《き》めた。本当は、京都の三高か、熊本の五高を受けたかったたが、オヤジが亡くなったので経済問題があり、結局、地元から通える佐賀高等学校を志願することにした。英語専門の文甲には、優等生タイプが集まりそうなので、ドイツ語専攻の文科乙類

（文乙）に願書を提出した。それに、文乙の上級生には、佐中の同級生がだれもいなかったし、経理学校ではロシア語を学んだので、ドイツ語というまったく新しい語学を勉強するのも楽しいかな、文甲と文乙の選別はただそれだけのことであった。しかし、まったく偶然とはいえ、その後、哲学専攻を定めたときに、ドイツ語専攻が大いに役立った。「偶然のなかに、実は必然がひそんでいる」とは、このことであろう。

一月から二月の二ヵ月間、人生において、これほど勉強したことはなかった。朝六時に起きて夜一二時までぶっ続け勉強した。若かったし、目標があったからヘッチャラであった。受験科目は、英・数（代・幾）・国・漢・地・歴（日・東・西）・物理・化学・生物・作文など十数教科くらいあった。国・漢・地・歴・物理・化学は自信があったから、苦手の数学と英語に集中した。もっとも数学は、経理学校で、微積分を習ったので、この方法で解くとあっという間に解けた。それなら、最初からなぜ中学校で微積分を教えないのだろうか、それだと、佐高受験に失敗しなかったであろうに。しかし、失敗によって陸経に入ったのだから、これが私の運命だったのであろうか。それはともかく、英語の文法は籾井塾でばっちり鍛えられていたのでノープロブレムであったから、もっぱら英作に対応できるように、中学一年から五年までの教科書を暗記した。しかし、結論的にいえば、受験の時の英語は馬鹿みたいに易しかった。英文解釈も、長文ではなく、「その噂はまちがいであることがわかった」、もう一文は、「日本は過去の日本ではない」という定番中の定番が出題された。入学後、聞いた話では、「日本は処女ではなかった」という迷答案があったらしい。海軍の試験のときもそう思ったが、高校受験にさいしても戦争中の日本において、英語が「敵性教科」として、いかに軽視されていたかがわかるような設問であった。ベネディクトの『菊と刀』を生みだしたアメリカ人の態度といかに異なるか。マックス・ヴェーバーの盟友で、ドイツ最高の宗教社会学者エルンスト・トレルチが、「ドイツは思想の戦いに負けた」、と第一次世界大戦直後に喝破したのは、日本のばあいにもいえるであろう。

試験はほぼ出来たと思ったが、発表までは少なからず心配であった。なぜなら軍の学校に通っていた者は、クラスに一割以上いてはならない（一割制限）、ということが、マッカーサーによって指令された、という噂を耳にしたからである。当時のマッカーサーは、天皇以上の権威をもち、その命令は絶対であった。無条件降伏とは、そういうことを意味したのである。とすると、一学科定員四〇名だから四名しか合格できない、ということだ。

そんなときに、佐中で一年後輩の近所に住む西田堯君（京都大学経済学部卒、毎日放送）が訪ねてきて、「先輩は大丈夫ですよ。全体で二番だそうですよ」と報告にきた。この男は、昔から情報通であることは知っていたが、ニュース・ソースは、どうも教務課の石井フミさん（私たちと同学年の佐賀高女トップ卒業。石井さんの家は、貫通道路——戦前には日本で一番大きな道路だといわれていた——をへだてた私の家のある南正丹小路の向かい側の東正丹小路と近く、またフミさんの父上は、オヤジの同文書院の先輩であり、日本に帰ってくるとオヤジはいそいそと先輩である石井家を訪問していたが、それは、フミさんの母上が、水谷八重子似の超々美人であったからではないかと思う。母上とフミさんが連れ立って佐賀の町を歩く姿を、われわれ悪童は指をくわえて遠巻きで眺めていたものである。もちろん、私も、中学五年間、フミさんと話をする機会など恐れ多くて一度もなかった。当時は、夏休みは、町内会ごとに、体育鍛錬のため朝のラジオ体操に参加して、出席印を捺してもらうのだが、フミさん〔下ぶくれの美人で、万葉美人と呼ばれた〕と隣のマドンナ原口さんは、ともに級長で仲良く、二人とも長身であったから、ひときわ目立っていた。しかし、佐高入学後は、級幹事として教務課と連絡する役につき、ようやくフミさんと親しく話をする光栄に浴した。要するに、石井さんは、われわれ佐高生の成績をすべてご存知であったはずだ。ちなみに、このフミさんとは、私が東京教育大学在職中に親しくしていただいた、「家元制度」の日本的権威西山松之助先生の再婚相手――フミさんは「佐賀錦」製作の権威として、しばしば賞を得ておられた――となり、佐高卒業後約二〇年後にまったく突然に再会することになる、なんという偶然であろうか。ともかくフミ子さんと玲子さんという佐高女の二大スーパースターが大学教授夫人となったのも、なにかの奇遇であったようにに思える）から聞きだしたようだ。しかし、こんな重大なことを西田君ごときにフミさんが漏らすとはとうてい考えられないのだが、いまだに謎のままである。

戦争終結直後は、アメリカ進駐軍は、日本の軍国主義・国家主義の復活を極度に恐れ、職業軍人（軍の学校出身者で、少尉以上に任官していた人、戦前には、もちろんこのような次元の低い名称はなかった。なぜなら、われわれは恐れ多くも天皇陛下の忠勇なる臣下である、と考えていたからである。われわれは、経理学校時代に「軍人は職業ではない、なぜか」という論文を書かされたのを覚えている。農民や商人とは異なり、陛下に命を捧げる使命感をもつからである、というようなことを書いたような気がする。われわれ「軍の学校」の生徒は、誇らしげに将校生徒、士官候補生と呼ばれていた）や元士官候補生の手紙は、すべてCIAの印がついて、開封・検閲されていた（一年くらい続いただろうか）。また旧軍人や将校生徒が三人以上集まらないようにと注意され（こんなことを阻止することはほとんど不可能であったろうが、アメリカ軍はよほど旧日本軍人の強さを過信していたのではないか）、その一つとして、この年の入学試験で「一割制限」を科したものと思われる。私の知っている限りでも、私よりずっと成績の良かった海兵・陸士組の同級生多数が落とされ、それによって、進学をあきらめ、その後の人生を大幅に狂わされたのである。

父の葬式

私は、試験（三月六日、七日）の一週間まえに、すべての勉強道具を仕舞い込み、なにもせず、その間《かん》に、日本に帰ってきた父の遺骨を抱いて、高木瀬村の極楽寺で親戚・知人だけの簡単な葬式を済ませた。住職は、父の小学校時代からの友人であった。夏のお盆と祥月命日《しょうつき》（祖父母）の時期には、私の一級上の息子さんが、住職の代理でお経をあげにきてくれた——もっとも、私は母の命令で、盆や彼岸のときには、父方と母方の両方の寺に墓参りに行かされた。当時としては、法外なお布施——多分、五円、普通の家は五〇銭——を包んでいたようで、そのことが、のちに、鎌倉の名刹《めいさつ》瑞泉寺（大下一眞《いっしん》住職）に両親の墓を移すとき、なんのトラブルもなくスムーズにいったのは、おそらく、この六〇年近い、両家の親密な関係があったからであろう。ちなみに瑞泉寺の墓所を取得できたのは、経理学校の同級生、伊香輪恒夫君（前出）のおかげである。もう二〇年くらいまえのことか。鎌倉に行くとよく伊香輪君宅に寄った。瑞泉寺門内横に住んでいたので、たわむれに「瑞泉寺に墓地はないか」というと、「聞いてみよう」といってくれたが、もちろん、手に入るとは思われなかった。ところが、二年ほどして「田中、墓買うか」という電話が入った。一も二もなく「買う」と返答した。なんでも、伊香輪君がコロンビア大学の留学生時代に同期生であった、いまや三井石油化学の重役になっていた友人の奥さんが亡くなり、再婚し、再婚相手の奥さんの墓地に入るので、墓地を手放す、ということだった。私は、できる限り、毎年、九州に墓参りに帰っていたが、家内も子供たちも東京生まれで、九州佐賀には馴染《なじみ》がなかったので、かねがね、東京近郊に墓を移して、一家で墓参りしたいと考え、それが伊香輪君に口利きを頼んだものと思われる。なにごとも「言っておくものだ」とこのとき痛感した。結局、実際に墓を建てたのは、九年ほどまえ――墓を建てるタイミングには結構むずかしいものがある――であったが、行ってみると、右手には「料理の達人」で有名な銀座の日本料理店「六三亭」――ここには、教育大時代の教え子である白川兼悦君（東京大学新聞研究所、翻訳会社の社長、自称田中家の城代家老）に連れられて、まえからよく通っていた――の道場六三郎さんが、左手には、安保闘争のときの論客で、アンナ・ハレントの訳者で有名な志水速雄さんの墓が建てられていた。そのひとつ離れたところには、直木賞作家の立原正秋さんの墓が建ち、さすがにここには、いまでも女性ファンの献花が絶えないようである。

郷里《ふるさと》はよき哉

さて、「笈《きゅう》を背負って郷里《ふるさと》を出て」、東京にきた身としては、郷里との関係をいかにして保つか、ということはきわめて大事である。その方法として、私は、可能な限り、墓参りに帰った。というわけで、私は、郷里の親戚の人たちのあいだでは「孝行息子」としてすこぶる評判が良かったようだ。このさい、九州の各大学の友人たち〔熊本大（岡本宏教授、故人）、北九州大（井田輝敏教授、安部博純教授、など）、九州大学（小山勉教授、石川捷治教授、藪野祐三教授）、福岡大学（柏経学教授、山本隆基教授）〕が、集中講義の形で年二回（一回四日）呼んで下さったのは助かった。このおかげで、一年に最低二回は、墓参りができ、親戚や佐賀、博多在住の友人たちと久闊を叙する幸運に恵まれた。

帰佐すると、「いの一番」に、タクシーを使って、市の北の郊外にある父方の極楽寺に向かい、そのままタクシーを待たせて、墓参りが終わり、幼馴染の住職としばらく話をしたのち、こんどは市西南の郊外にある母方の寺（高徳寺、ここには母方の祖父母、伯父・伯母、晃子たちが眠っている）に車を走らせて、墓参りをし、本堂でお参りしたのち、住職と話をする。これで、一年が終わったような安らかな気持ちになった。墓が田舎にあったことが、東京と佐賀の縁を切らせない絆となった。

「九州（これを北海道、東北、北陸、四国、山陰と読み替えてもいいだろう）に帰る」という語感は、東京生まれの東京育ちで、奥さんも東京生まれの人たちには、おそらく理解不可能であろう。「関門トンネル」をくぐって、北九州の街々を通過するとき、「ああ故郷に帰った」としみじみと思うのである。「ふるさと」というのは、一種の「精神安定剤」である。だから、私は、子供たちには、なるべく東京育ち以外の人が望ましいと思っていたが、幸い娘のパートナーは、岐阜大垣の出身で、そのため少なくとも、正月には、二人の孫たちも父親の実家を訪問しているのは良いことだと思っている。

佐賀に帰ると、佐中時代の友人たちと会うのを楽しみにしている。籾井塾で一緒だった県医師会長を長年務めた吉原正智《まさとも》君、ビーバーこと、商工会議所事務局長を務めた中村唯夫君（故人）、佐中入学と同時に私を守ってくれた西村啓一君、男の子が一橋大、女の子が東京女子大で私に習ったというので、いまや私に頭のあがらない池田善次郎君（電気店経営、故人）――かれは腕力が強く、中学時代は、なぜか悪次郎と呼ばれていたが、小学校時代は城島君より俺のほうが成績が良かったと私にいったことがある――、産婦人科の息子の江口堯《たかし》君（百貨店「窓の梅」重役、阿部君の小学校時代のライバル、故人）、食糧事務所に務めていた山田三次君、愛称又さんこと耳鼻咽喉科病院長の山口又郎《またろう》君、鳥栖工業の校長中村司君、戸上電機勤務の石井信一君などなど、帰佐すると皆心から歓迎してくれた。親戚、友人たちの支えこそ、私の研究のエネルギー源であった。こんな笑い話がある。私が東京教育大学の筑波移転に反対し（田中角栄の新大学構想――大学の管理・運営を強化する――に反対）、一時期、静岡大学に移籍したが、「田中君は、お上《かみ》に反対したので左遷された」と皆心配してくれ、ほどなく一橋大学へ転勤すると心から喜んだ、と聞いたことがある。「ふるさと」があるかないかは、結構、学問に関係があるのかも知れない。「東京人は、ある意味では田舎者であり、孤独である」。なぜなら、われわれ地方出身者は、東京から九州に帰るまでに、静岡、名古屋、京都、大阪、神戸、姫路、尾道、広島、鳥取、松江、萩、四国、博多など、友人の居るところ、どこでも途中下車できたからである。「旅は勉強だ。旅をせよ」というオヤジの言葉を私は実践した。

三、旧制高校から「哲学」専攻を定めるまで

佐高入学始めの風景

三月中旬に、めでたく私は、佐賀高等学校文科乙類の入学を許可された。入ってみると、ほとんどが、私の中学の後輩ばかりで、私自身は、友人の幅が二、三倍くらい拡がったので得したが、後輩諸君は、私をどう扱い、どう呼んだらいいか困ったらしい。

いま、佐賀の名士となっている二級下の香月孝君（海軍機関学校、佐高、阪大法学部卒、「丸房露《まるぼうろ》」という銘菓で全国的に有名な老舗《しにせ》菓子店「北島」の店主。ちなみにかれの父君は、私のオヤジと佐賀中学の同期生。かれの長男は、一橋大学時代に私の講義を聞き、Aをもらったそうだ）が、「先輩を、呼び捨てにすっとは、できんばい」と佐賀弁で真面目な顔をしていうので、「なんば言いよっこ、同級生になったけん、呼び捨てにせんこ」と言ったが、結局、かれらは、田中「氏」とか田中先輩とまでしかいえなかったのは、おかしかった。

さて、入学したものの、日本国中、食糧事情が悪かったので、秋の収穫時期まで自宅待機（食糧休暇と呼ばれた）を命じられ、入学は、事実上一〇月一日となった。この期間中、どうしていたかはよく覚えていないが、可能な限り、「東亜連盟」の伯父の仕事を手伝ったように思う。もっとも、もはや

「東亜連盟思想」を信じることはなかったが、伯父を見捨てることはできなかった、のであろう。

他方、この期間は、暇をみつけては大学や県立の図書館に通い、猛勉強を開始した。将来、なになるか、などは皆目、見当がつかなかったが。しかし、もはや、いわゆる「立身出世の道」を追求する方向は最初から捨てていた。たとえ、任官（少尉）まではしていなかったにせよ、軍人の道を選んだことには、内心、忸怩《じくじ》たるものがあったからである。

だから、秋の入学直後、すぐに始まった「右翼教官追放」には双手をあげて賛成するわけにはいかなかった。もはや、軍国主義者でも国家主義者でもなかったが、「人を追及する身分に非ず」と感じて、高柳信一君（小倉中、海兵、慶応法学部卒、高校教師）・白川照二君（八代《やつちろ》中、陸士、東京大学法学部卒、中学教師）共々、われわれ三人は、追放運動に参加することは断った。高柳と私は、級幹事（級長・副級長）であったので、左翼の指導者たちも――人間的には皆いい人だった――困って、自由主義者とも一緒にやろうよ、と肩を叩かれたが、「それはそれ、これはこれ」といって、断った。高柳君と白川君には、哲学があり、人間的魅力があったから、現在まで、もっとも信頼できる友人として付き合っている。

いつの時代であれ、「異常事態」、「例外状態期」には、左右を問わず、非合理的な熱狂主義が突出する――それが、歴史を動かすエネルギーになることもあろうが――ことはやむをえないが、だからこそ、われわれは、数千年にわたって、人類が築きあげてきた民主主義の歴史や思想を勉強する必要がある、とますます痛感するようになった。これが、私の高校進学の最大テーマであり、私の一生は、このテーマ追求の延長線上にあり続けたといってよいだろう。

「西田哲学」とその周辺

戦後の高校で一番はやっていたのは、いわゆる「西田哲学」（西田幾多郎、一八七〇年（明治三）〜一九四五年（昭和二〇）、京都大学教授の唱えた哲学）で、「西田哲学」を知らざる者は、高校生に非《あら》ずとまでいわれた。なかでも、生存する人間の究極のよりどころがなんであるかを、日本人としては最初に究明したといわれる『善の研究』（一九一一年（明治四四））は、全国旧制高校生の「聖書」のようなものであった。その構成は、第一編「純粋経験」、第二編「実在」、第三編「善」、第四編「宗教」となっており、西田は、「純粋経験」を唯一の実在として（デカルトの「我思う、故に我在り」みたいなものか）、第二編以下のことを説明する、と述べているが、私には、そもそも「純粋経験」から、世界や人間の実体を説明することは不可能だと思えたので、西田哲学には、あまり興味がそそられなかった。

もっとも、この余りにも高名な本は、戦後入手困難であったが、たまたま、いとこの晃子が昭和二〇年冬に上京していて、神田の古本屋で売りにだされるというので、徹夜して並んで、大枚一四〇円（当時の一月分の生活費くらい）をはたいて買って送ってくれたので、もうボロボロになっているが、いまでも晃子の遺品として大切に保存している。

また、西田幾多郎以外の日本の哲学・倫理・宗教思想にかんするものとしては、阿部次郎（一八八三（明治一六）〜一九五九（昭和三四）、東北大学教授）の『三太郎日記』（一九一四（大正三））、倉田百三（一八九一（明治二四）〜一九四三（昭和一八））の『出家とその弟子』（一九一六（大正五））、「愛と認識の出発」（一九二二（大正一一））、田辺元（一八八五（明治一八）〜一九六二（昭和三七）、京都大学教授）の『懺悔道としての哲学』、『政治哲学の急務』（一九四六（昭和二一））、和辻哲郎（一八八九（明治二二）〜一九六〇（昭和三五）、東京大学教授）の『古寺巡礼』（一九一九〔大正八〕）、『人間《じんかん》の学としての倫理学』（一九三四〔昭和九〕）、『風土』（一九三五〔昭和一〇〕）などが先輩たちに推奨された。いずれもすぐれた本とは思ったが、しょせんは、外国の模倣か、あまりにも日本的すぎる気がして、外国の「知の巨人たち」の著作や思想や歴史を学ばなければ、世界観や人生観は構築できないのではないか、と思った。こうしたなかで、三木清（一八九七（明治三〇）～一九四五（昭和二〇））の「パスカルにおける人間の研究」（一九二六〔大正一五〕）や戸坂潤（一九〇〇（明治三三）～一九四五（昭和二〇））の『日本イデオロギー論』（一九三五〔昭和一〇〕）などは印象に残った。

マルクス主義の隆盛

「西田哲学」と並んで、いやそれ以上に、圧倒的な勢いで高校生のあいだで読まれたのは、マルクス・エンゲルスの『共産党宣言』（一九四八）、『ドイツ・イデオロギー』（一九四五～四六）、エンゲルスの『空想より科学へ』（一八八〇）などであった。『ドイツ・イデオロギー』は、社会科学や哲学にはまったく無知な頭には、きわめて難解であったが、『宣言』と『空想より科学へ』は、初心者でもよくわかった。

先ほどの日本の学者の本が、とかく回りくどい思考回路で述べているのに辟易していたので、論文や書物とは、こういう風に、だれにでもよくわかるように明解に書くものだ、ということをマルクスやエンゲルスから学んだ。とくに、戦後、敗戦によりわが家が没落し、「貧乏とはなにか」、「財産とはなにか」を考えざるをえなくなったので、マルクス主義には、大いに興味をもったし、共感もした。

ドイツ哲学

西田哲学、マルクス主義に次いで人気があったのは、ドイツ哲学であった。カント、ヘーゲル哲学の原典、研究書が広く読まれ、そのほかヴィンデルバントなどの新カント哲学、フッサールの現象学、キェルケゴール、ニーチェなどの延長線上にあるヤスパース、ハイデッガーなどの実存哲学が読まれた。一夏《ひとなつ》、山寺に隠《こも》って、カントの『純粋理性批判』を原書で読破したという先輩の話を聞いて圧倒されたのを思いだす。

デカルト、モンテーニュ、ルソー、ヴォルテール、ベルグソンなどのフランスの思想や哲学も一部で読まれていたが、戦後になっても、日本では、依然としてドイツ哲学が主流であった。もっとも外国文学は、フランス、ドイツ、ロシア、イギリス文学などが、分けへだてなく読まれたが、シェイクスピア、ゲーテ、ボードレール、ヴァレリー、トルストイ、ツルゲネーフ、ドストエフスキー、ロマン・ローラン、トマス・マンなどがよく読まれていた。

私自身は、尾高朝雄教授の『法哲学』や『法の窮極にあるもの』などの「法哲学」や「法思想」に興味をもったので、ケルゼンの『民主主義の本質』、ラートブルフの『法哲学入門』、イエーリングの『権利のための闘争』などをドイツ語の原書で読んでいた。これをみてもわかるように、私は、難解で抽象的・観念的な「純哲」（あまりにも哲学的な）には興味がわかなかった。

もっとも、難解なドイツ哲学を学んだことは、将来の論文構築には大いに役立った。それは、マルクス哲学に典型的だが、あらゆる問題を解明するさいに、徹底的に論理構成し体系化して提示する方法は、ドイツ哲学の特徴であるように思えるからだ。大塚久雄先生や丸山眞男先生の論文を読んださいにいつも感じるのだが、どうも大正年代初期から昭和初期生まれのいわゆる「戦中派」世代に共通の特色としては、イギリスやフランス思想を論じても、無意識のうちに、ドイツ的な、トータルな視点から問題を解明し論理構成をするくせがあるように思われる。いまどきの若い人びとの論文には、論理的方法を徹底的に煮詰めないで、思いついた順に、「自由」に論文を書いている傾向がみられるが、これは、若いときにドイツ哲学やマルクス主義哲学を学んでいないためかも知れない。丸山先生がその師の一人にあげている近代日本最高の思想家長谷川如是閑は、大の「ドイツ学嫌い」であるが、その如是閑の著書論文でさえ、やはりドイツ的方法で論理構成しているように思える。欧米で、もっとも美味な料理は、どこの国に行っても結局はフランス料理の変形であるが、それにたとえれば、社会科学の理論や思想の「かくし味」は、ドイツ学ではないかと思っている。「ドイツ学」の研究を通じて「論理力」を高めることをすすめる所以《ゆえん》である。

イギリス学への接近

さて、戦争直後の旧制高校文科生のあいだでは、大塚・丸山両先生、岡義武先生（東京大学教授、一九〇二〜九〇、政治史、『近代欧州政治史』（一九四五）、『近代日本の形成』（一九四七）は、高校生の必読書であった。大学卒業後、私自身は、五年間ほど、岡先生の御指導を受けることになる）、あるいは森有正さん（一九一一〜七六、哲学者、森有礼の孫、五〇年、東京大学助教授のときフランスに留学、そのまま定住）の著書、論文などが話題の中心であった。とくに大塚久雄先生の『近代資本主義の系譜』（一九四七）は、戦前「天皇の歴史」を歴史として学んできたわれわれにとって、その社会経済史や「人間と経済」の関係を捉えた歴史分析の方法は、まさに「目から鱗」が落ちたような気にさせられた。また、この本は、われわれに、マックス・ヴェーバー（一八六四〜一九二〇）の『プロテスタンティズムの倫理と資本主義の精神』（一九〇四）、『職業としての政治』（一九一九）、『職業としての学問』（一九一九）、「正当的支配の三つの純粋型」（一九二二）などの魅力的な学問体系へと眼を向けさせることになった。そして、このような「歴史学への招待」ともいうべき学問的刺激を与えてくださったのは、西《にし》海《み》太郎《たろう》教授（旧制第三高等学校、東京大学西洋史卒、中央大学名誉教授、故人）であった。先生は、石母田正、井上清、江口朴郎、遠山茂樹さんたちと東大時代の仲間であり、先生の授業からいつも「東京の風」が吹き寄せてきた。また、大学入学時上京するさいには、当時「歴史学研究会」の導きの星として若手研究者に敬慕されていた鈴木正四先生（旧制第七高等学校、東京大学西洋史卒、愛知大学名誉教授、故人）——故藤田省三君も熱烈な「鈴木ファン」であった——を紹介していただき、私がホッブズの卒論を書くさいには、丹念に読んでいただいた。その『イギリス革命とミルトン』（一九五〇）という著作を一読すれば、鈴木先生が稀代の名文章家であったことがわかる。西海先生について言えば、あるとき明石の御母堂を訪ねるように言われ、一晩泊めていただいたが、水谷八重子流の凛とした「明治女」の香りを感じた。この点では藤田省三君の母上、佐高同級生の京都出身の雑賀《さいが》長雄君〔京都大学法学部卒、日本ガス、父上は勝鬨橋（一九四〇〔昭和一五〕）の設計者〕の母上にも私の母親と同じ、旧武家出身の娘特有のなにかが感じられた。

さて、話がまた脇道にそれたが、高校時代に、私が最終的に興味・関心を抱いたのは、イギリス思想であった。河合栄治郎の『自由主義の擁護』（一九四一）に触発されたこともあって、J・S・ミルの『自由論』（一八五九）、『功利主義』（一八六三）、ラスキの『近代国家における自由』（一九三〇）、『政治学入門』（一九三一）、『国家』（一九三五）、『ヨーロッパ自由主義の発達』（一九三六）などを原書で読んだ。こうして私は、高校二年から三年にかけてイギリス思想の研究に突っ込んでいくことなる。

なにを為すべきか

高校生活の三年間――厳密には二年半――は、実に楽しかった。なかでも、国家主義や軍国主義の抑圧から解放されて、すべてが自由に考え、行動できることであった。私の「通り小路」(二年の秋、市の西方、川原小路《かわはらこうじ》「辻の堂《つじんどう》」にあった島田家へ移転。「通り小路」では、裏の小林家に親戚以上に世話になった。母と小林のおばさんとは、姉妹といわれるほど姿、形が似ていて仲が良かった。上は女学校一年から下は四歳の四人姉妹(比佐子(故人)、繁子、節子、末娘の勝《か》っ子チャンは、いつも私のお化けの話の恐怖のターゲットとなった)は、私の遊び友達となり、その付合いはこんにちまで続いている。しかし、森のおばさんが再婚するということで、父の先輩の島田さん宅の二階を借りることになった)の家には、寮生活で腹を空かした連中が押しかけ、気前の良い母親は着物と交換してやっと手に入れた貴重な米や「さつまいも」を、「すいとん」や「芋入りお茶がゆ」にして振る舞った。一九六六年(昭和四一)八月一六日に母が亡くなったとき、中学や高校時代の友人たちが葬式に多数参列してくれたが、元高校生たちは異口同音に、「あの腹の空いた時代に田中のおふくろさんには世話になった」と述べていた。金はなかったが(当時われわれは、この状態を、ドイツ語の金銭=ゲルトと貧乏の貧を合成して、「ゲルピン」と呼称した。大学時代、東京の親戚長堀家の子供たち――圭子、邦子、隆子、知子の四姉妹――は、私が「ゲルピンでね」といつもいうので、私のことを「ゲルピン先生」と呼んでからかった)、精神的には、きわめて豊かな高校生活を謳歌していた。しかし、高校入学後一年くらい経った二年生の春頃になると、なにか満たされない、鬱々たる気分が心のなかに広がっていくのを感じた。

一番大きな問題は、生涯かけて「なにを為すべきか」が定《き》まっていないことであった。水戸高にいた小島は、日本革命をみすえて、大学では中国近・現代史（かれは「太平天国の乱」の権威）を研究する、という目標を定めているようだった。東京商大（現・一橋大学）の浅野は、杉本先生のもとで経済学の研究者（かれは、ケインズやハロッドの権威）たらんとする姿がみえた。佐高の同級生たちは、とみると、マルクス主義的学生は別として、多くの者は、漫然と、帝大の法学部や経済学部に進み、中央官庁か一流企業に入るくらいのことしか考えておらず、世界や日本の政治・社会・思想について深く探求しようという姿勢があまりみられなかった。

「資本主義の歯車だけにはなりたくない」という思い——どうして、こういう考えをもつに至ったかは思いだせないが、おそらく、「敗戦認識」と「家の破産（貧乏）」が関係しているのではないか——が、どんどん胸のうちにふくらんでいった。しかし、なにを、どうすればよいか、という確信はなかった。

河合著作集を読む

こうして、私は、二年の夏休みに入ると、戦前日本におけるイギリス自由主義の最高の研究者河合栄治郎さんの著作集を読みはじめた。もともと私が、天皇制思想から脱皮した決定的な本——如是閑や丸山さん、大内兵衛さんや美濃部亮吉さんたちは、河合さんが、反共主義者であったということで、戦後においても、河合さんに厳しかったが、その河合さんでさえ、「一五年戦争」期に入ると、日本軍部から容共主義者として断罪・攻撃され、またファシズム批判をされていたのだから、河合評価は、再検討されるべきではないか、と思っている——が、河合さんの『自由主義の擁護』であったのだから、将来の方向をさだめる「指標」として、河合さんの本に解答を求めようとしたのは、まことに当然のなりゆきであったろう。

私は『社会思想家評伝』(一九三五)を読んで、ベンサムやミルやラッサール(ドイツ労働運動の指導者)やトマス・ヒル・グリーンたちが、社会改良・社会改革のために、どのような理論を構築しつつ、思想的に実践的に政治や社会と格闘していったかを学び、自分もなにか、そのような営為に参加できれば、と思うようになった。

当時、政治論・社会論にかんしては、「マルキシスト派」と「リベラル派」の二大潮流があったように思われた。しかし、戦後日本では、マルキシストたちは、自由と平等の重要性を高唱はしていたが、自由主義はしょせんブルジョア思想だとして、とかく軽視している傾向があった。他方、リベラリストの側も、「リベラル」という名のもとに、反共思想の片棒をかつぐ傾向があった。このため、自由主義と社会主義(マルクス主義)は、あたかも敵対する思想であるかのようにとられていた。このことは、戦前日本の政治・思想状況のもとで、自由主義や民主主義が、その理論的・歴史的な発展において正しく研究されてこなかったという不幸な事情にもとづくものであった、といえよう。つまり、イギリスにおけるように、社会主義や共産主義も自由主義・民主主義の思想原理の延長線上において発展してきたものだ、ということが認識されていなかったのではないか、と私には思われた。

トマス・ヒル・グリーンとの出会い

こうして、私は、自由主義・民主主義・社会主義・共産主義の形成・発展・相関・共生関係を明らかにしてみたい、と思うようになった。しかし、そのことを、どのようにしておこなったらよいか、という方法論はわからなかった。

そして、こうした問題解明に一条の光明を与えてくれたのは、またもや、河合さんの『トマス・ヒル・グリーンの思想体系』（一九三〇、日本評論社）という大著であった。戦後は、この本は、なかなか手に入らず、古本屋で七〇〇円という大金がつけられていた。私自身は「ゲル貧《ぴん》」で買えなかったが、私の影響で「カワイヤン」になっていた一年後輩の鎌井敏和君（佐高文科乙類、東京文理科大学哲学卒、ケンブリジ・プラトニストの研究者、大妻女子大学名誉教授、故人）が購入し、貸してくれた。大学ノートに、約三ヵ月ほど掛けて、重要部分を筆写した。

基本図書はすべて、和洋書を問わず、何十年間と繰り返し読むことになるので、昔から私は、大学ノートや大学卒業後はカード（丸善のカードで、みやすくするために、ぜいたくだが、表にだけ記入している）に筆写することにし、その方式は、現在でも踏襲されている。時間はかかるが、筆写する（あるいは洋書は翻訳兼筆写する）ことによって内容が頭にインプットされ、またのちに読むときには、赤い二重丸や星印がつけられているので、その全体像を一気に把握でき、きわめて便利である。近年は、「コピー」という「文明の利器」があるが、筆写しながら「考える」（デンケンする）プロセスがないので、はたして、それで内容が頭に残るのかどうか疑問に思えるが、どうであろうか。「コピー」ができて、人間が馬鹿になった側面も忘れてはなるまい。

思想と政治・社会の関係

それは、ともかく、この本から私は、なにを学んだか。河合さん一流の万人をうならせる名調子に、ぐいぐい引き込まれて、昼夜を問わず、筆写に次ぐ筆写に邁進した。そのなかで、グリーンの「座右の銘」として、河合さんが翻訳した次の言葉「自由ならんとし、事物を理解せんとし、人生を味わい楽しむこと、これが近代精神の父である」、に釘付けになった。

河合さんによると、「自由ならんとし」というのは「社会改革の情熱」、「事物を理解せんとし」というのは、「社会改革」に必要な「科学的に事物を究明する態度」、「人生を味わい楽しむこと」とは「芸術愛好の精神」つまり「人間を敬愛し、尊重する精神」ということだった。これこそ、近代以降の自由・平等・平和実現の方向を示したものではないか。とくに、「社会改革の情熱」というフレーズは、私の眠りかけていた精神をふるい立たせた。よし、東京に出て、なにか社会に役立つ道を見つけよう。では、なにから、どこから勉強したらよいのか。これについても、この本が一つのヒントを与えてくれた。

弱者救済と自由党の矛盾

グリーンは、一九世紀末のイギリスにおける、近代社会から現代社会へと移行しつつある、世界史的にみてもきわめて重要な転換期に遭遇して、来たるべき二〇世紀世界の進むべき正確な道筋と方策を追求・解明した。当時イギリスでは、資本主義の矛盾によって生じた深刻な社会・労働問題（当時の私の未熟なマルクス経済学の知識にもとづいて説明すれば、資本主義では、利潤が最高目的であるから、生産過剰となり、その結果、物が売れなくなって不景気となり、恐慌が発生する。そして、そこに、失業、貧困や資本家階級と労働者階級とのあいだに階級対立という社会的・経済的・政治的不安定な状態が起こることになる）が顕在化していた。

このため、イギリスでは、弱者救済のための社会政策や社会保障の問題が提起される。しかし、それには、財源が必要となる。結局、この財源は、まずは税金のなかから調達されなければならない。そして、当時、税金を払っていたのは、富裕な上層のごく一部の市民階級や地主階級であり、救済されるべき階層の大半の人びとは、税金を払っていない。税金を払っていない人びとやその子弟を、なぜ富裕な階層の人びとが、かれらの税金によって救済しなければならないのか。このような不満を解消するためには、なによりも「思想の変革」が必要であり、それゆえに「新しい哲学」が構築されなければならない。

当時、まだ、選挙権を十分に有していなかった（イギリスでは、一八六七年になって、ようやく二〇〇万人の労働者階級に新しく選挙権が与えられた）労働者階級の利益を代弁しているのは「自由党」である、と考えられていた。ところで、自由党の党是である自由主義においては、「私有財産の不可侵」つまり「財産権の保障」が最重要原理であった。もし、「税金」のなかから、「税金」を払っていない労働者階級の救済に、社会政策や社会保障関係の財源を供出するとなると、それは「私有財産の不可侵」＝「財産権の保障」を至上原理とする「自由主義」の原理に反することにならないか、という疑問が、自由党議員のなかで起こった。このため、自由党内に「私有財産の不可侵」を守らんか、それとも、自由主義の原理に一部、抵触しようとも「弱者（労働者階級）救済のため」、「公共の福祉のため」に政策を修正する方向に踏みだすか、という「二律背反」的理論状況が起こり、自由党は窮地に陥った。

「人格の成長」が目的

この自由党の窮状を救ったのが、かのオクスフォード大学ベィリオル・コレッジの道徳哲学教授トマス・ヒル・グリーン（一八三六〜八二）であった。

かつて、ジョン・ステュアート・ミル（一八〇六〜七三）は、師ベンサム（一七四八〜一八三二）の主唱する「最大多数の最大幸福原理」は、新興の市民階級に選挙権を拡大する理論としては有効であったが、やがてこの市民階級が権力を握り、下層の労働者階級の進出を抑制するとなると、「最大幸福原理」は「多数者専制思想」に堕することにならないか、と悩んだ。

そのさい、ミルは、ドイツの哲学者カント（一七二四〜一八〇四）の理想主義哲学＝「人格主義」――人間を道具として扱ってはならない――を用いて、とかく「数の多数」つまり「量」を重視する――これ自体、重要ではあるが――「民主主義」や「民主政治」のなかに、「質の問題」を導入する必要――「太ったブタよりもやせたソクラテス」――を提唱し、個人の自立を尊重する古典的自由主義のなかに、「団結の自由」という新しい「集団（労働者階級）の自由」の概念〔この考え方は、すでにミルの『自由論』（一八五九）のなかで、新しい人権思想「団結の自由」として述べられていることに注意せよ〕を導入して、「弱者救済」、「労働者の権利」の重要性を主張し、「自由党の窮地」を思想的に救うことに成功した。

この理論をグリーンは用いた。すなわちグリーンは、人間にとっての最高の価値は、「人格の成長」つまりイギリス風にいえば、「人間が人間らしく生きること」（ホッブズによれば、自己保存、すなわち生命の尊重）であり、この「人格の成長」が人間が生きていくうえでの「目的」であり、「自由」は、その目的を実現・達成する「手段」だというわけである。そして、「目的」は「手段」に優先するから、

「手段」は「目的」に奉仕し、従属する関係にある。「自由党」の問題は、「自由」や「自由主義」を「目的」としたから、身動きがとれなくなったのである。いわれてみれば、「コロンブスの卵」（生卵では立たないが、ゆで卵の底を割って立てて人びとを驚かせたという話。ちなみに小学校二年のときにこの話を聞いたのち私は生卵で実験してみたら立ったので「コロンブスの卵」もあやしいと思った）宜しく「なーんだ」。そんなことにも気づかないのということになるが、「手段」に「目的」を優先させたところに、グリーンの素晴らしさがあった。

「消極的自由」と「積極的自由」

ここから、グリーンは、「消極的自由」と「積極的自由」という二つの「自由の概念」を用いて、「公共の福祉」のためには、「自由の制限」もありうるという画期的な「自由論」＝「新自由主義」を構築し、結果的には、こんにちの「福祉国家論」の理論的根拠を提供することになった。

グリーンは、「自由」とは、一つには「障害がないこと」であり、この自由は、ホッブズ・ロック以来の伝統的な「言論・思想・信教の自由」、「人身（身体）の自由」などを意味し、これらの自由のうちのどれひとつであれ、権力や他人によって抑圧・妨害されたりすれば、人間は、人間らしく安全に適正に生存・生活することはできない、とグリーンは言い、この自由を「消極的自由」とネーミングしている。こんにちの各国憲法の「基本的人権」条項の最初の部分に、先ほど述べた諸権利の保障が「自由権の保障」としてかかげられているのはこのためである。グリーンのいう「消極的自由」とは、実は、こんにちの「自由権」のことなのである。したがって、一九世紀前半くらいまでの初期資本主義の時代には、国家や政府は、なるべく個人の経済活動には干渉せず、自由に行動させ〔アダム・スミス（一七二三〜一七九〇）のいう「レッセ・フェール」（「自由放任主義」）、それを周辺から見守る、という「夜警国家（小さな国家）観」がよしとされた。先進諸国における資本主義は、そうした政策のもとで発展した。

しかし、一九世紀中葉以降、資本主義の発達によって、社会・経済構造が大きく変化すると、それにつれて国家・政府観や自由の思想も再編成せざるをえなくなった。グリーンが、かかわったのは、まさにこの点であり、かれが当時、イギリス思想界の二大スーパースターであったミルやスペンサーを目《もく》して「いまや、ミル（一八〇六〜七三）・スペンサー（一八二〇〜一九〇九）は時代遅れとなった」と喝破し、二〇世紀に向けての新しい政治思想と格闘したのは、このためであった。グリーンはいう。「自由」には、「消極的自由」のほかに、もう一つの「積極的自由」というのがある。これは、個人の「人格の成長」を増進するためには、国家や政府が「個人自由を制限する」のもよしとする「強制的自由」である。たとえば、「弱者救済」のためには、国家や政府は、富裕者からより多くの税金をとって、労働者の子弟が「人間らしく生きていける」ための教育を施す学校施設を整備したり、貧困者のための社会政策や社会保障制度を確立することが必要である。こうした国家観は、のちに社会国家、福祉国家、行政国家の思想や、国家・政府が弱者救済に乗りだすことを保障する思想を生みだした。そして、このような人権思想を、こんにちの憲法では、「社会権（生存権）」と呼んでいるのである。

そしてこのような「積極的自由」の思想は、一九一九年のドイツの「ヴァイマル憲法」で事実上はじめて具体的に採択されたが、イギリスではグリーンの弟子のアスキス（一八五二〜一九二八、自由党、首相）が「議会（国会）法」（一九一一）を制定して、社会保障実現への道を切り開いている。以上が、河合さんやグリーンから学んだ大要であるが、これによって、自分の進路がおぼろげながら見えてきたように思えた。

哲学研究を目ざす

さて、進路がみえたといっても、別に確たる職業が定《き》まった、というわけではなかった。ましてや、グリーンや河合さんのような大学教授になろうなどという大それた考えは毛頭なかった。経理学校をやめる前日の西田中隊長（少佐）の訓辞のなかで、「これからの日本再興にとってもっとも重要なことは、新しく生まれてくる子供たちに正しい教育をすることだ」という言葉が強く印象に残っていた。したがって、学校の先生になろうという方向は、私の選択肢のひとつにあった。しかし、それよりもなによりも、世界の歴史や日本の歴史、政治や経済や社会の仕組みをどうしたら正しく捉えることができるか。いまのところ、まったく無知である。それがわからなければ、小・中・高生を教えられないではないか。こうした思いがつのり、大げさにいえば、私ははじめて、「人生の壁」に突き当たった。これを突破するにはどうしたらよいか。こうした難問を解決するうえで、『トマス・ヒル・グリーンの思想体系』の研究は、なにからはじめたらよいか、というヒントを与えてくれているように思えた。

イギリスのすぐれた政治・社会思想家たち――たとえば、ホッブズ、ロック、スミス、ベンサム、ミル、グリーンたちは、自分の社会観・国家観を構築するためには、まずは「人間の分析」（人間とはなにか）からはじめ、そのさいに、人間の「理性」や「感性」とはなにか、という「認識論」哲学から出発している。そして、そのことを究明したうえで、今度は「人と人との結びつき」である人間関係や社会関係を考察する基礎としての「道徳哲学」を研究している。

それが終わったのち、かれらは現実社会を考察するために「社会哲学」へと進み、そのうえに、国家や政府の行為を考察する原理としての「政治哲学」を構築している。これを、河合さんは、一個の思想体系と呼んでいる。そして、こうした「人間論」から「政治哲学」へと積み重ねていく方法は、ギリシア思想にもとづくものであり、近代思想においてそれを継承したのはイギリスの哲学・思想のみであった。

こうして、私が社会や国家に向かって発言し、政策を提案するためにも、まずは「哲学」から勉強しなければならない、という思いに到達したのは、三年生の夏休みまえ頃のことであった。いまにして思えば、政治学、経済学、社会学、法学、歴史学の分野に進んでも、その根底には哲学や思想が必須であるから、体系化を目ざす方向にアクセスできたはずだが、なにせ、九州の片田舎の高校生には、「哲学」しかない、と思われたのである。私には、オクスフォードの哲学者トマス・ヒル・グリーンのインパクトが余りにも強すぎたのかも知れない。

東京文理大哲学科へ

では、どこに行くか。戦前ならば、京大の哲学が、哲学青年たちのメッカであり、三木清や戸坂潤たちは、一高からわざわざ京都の哲学へ進んだというのは、旧制高校生たちの語り草になっていた。旧制の高校生たちは指導を受けるべき先生のいる大学、学部、学科（たとえば雪の研究であれば北海道大学の中谷宇吉郎先生のところ、素粒子論の研究であれば東京文理科大学の朝永振一郎先生のところへと）を選択したものである。しかし、京大哲学科の田辺元、高坂正堯《こうさかまさたか》、高山《こうやま》岩男、西谷啓治といった教授陣は、戦時期に、戦争協力に走ったから、ここへの進学はパスした。東大は、出隆先生がギリシア哲学と唯物論研究で有名で、もう一人の金子武蔵先生は、ヘーゲル哲学の権威であったが、私は、ドイツ哲学よりも、イギリス哲学に興味をもっていたので迷っていた。

そこに、自称哲学青年の御厨《みくりや》良一君（東京文理大、哲学、都立高校長を歴任）が、東京に文理科大学というところがあって、西田哲学系ではあるが、戦時中、細々ながら「自由の灯火《ともしび》」を守り、軍部に協力しなかった務台理作、下村寅太郎という日本最高の先生がいる、と知らせてくれた。また、御厨君の話だと、ここは、オクスフォードやケンブリッジと同じく、哲学科といっても、政治・経済・社会・法学なども同時に学ぶことができる、というので、ここを受験することに即決した。

当時は、文科の学生は、法学部か経済学部に進学するのがふつうで、文学部に進む者は、よほど語学・文学・歴史学などが好きな者かあるいは「変わり者」――丸山先生も私と同じ文乙（ドイツ語専攻）で、最初は、独文（ドイツ文学科）へ進もうと思っていたのを父親の丸山幹治さんに止められたそうだ――とみられていた。ましてや哲学科などは、就職口はなく、中学か新制高校の先生の口があれば「御《おん》の字」（最上のもの、ありがたいもの、しめたこと）と思われていた。しかし、私自身は、もともと「立身出世思考」――こうした上昇思考自体、すべてがすべて悪いとは思わないが――を放棄していた私にとっては、はたして、哲学などやる頭や能力があるのかどうかのほうが心配であった。

当時、帝大系および二、三の官立大学の試験の倍率は、ほとんどゼロに近く――その代わり、旧制高校の入試が一七、八倍あった旧制高校に入れば、官立大学入試は楽勝であった――、東大医学部が四倍と大激戦区で、文学部・理学部は、ほとんど無試験と聞いていたので、文理大もそんなものであろう、とノホホンと構えていたら、倍率が一七倍（定員一五名）あると聞いて腰を抜かした。

いまでは、想像もつかないと思われようが、戦後すぐの混乱期には、ものごとを原理的に考えようとする青年がふえて、哲学が人気学科——この傾向は、戦後、一五年くらい続いたが、高度成長期に入ると、哲学の凋落は目を覆わんばかりのものになった——の一つであった（そのほか、英文・仏文学科は当然として、とくに、経済学・社会学・歴史学科全般が人気があった。不思議なことに法学部は人気がなく、高度成長安定期に入って、ようやく人気を回復したのは、面白い現象といえよう。戦後すぐには、法律は保守政治の学問としてファシズムや国家主義を嫌う若者たちに敬遠されたのかも知れない）。

田舎高校で、周辺に哲学を専攻しようというような変わった人間はほとんどいなかったので、哲学が、都会でそんなに大人気であるとは思いもしなかった。で、最初から、戦意喪失した。ドイツ語はなんとかできたが、論文の「中《ちゅう》について述べよ」では、「中はありえない」という論旨で書いた。試験後、周辺の受験生が、この問題は「中」の専門研究者である倫理学の川田熊太郎教授（のち、東京大学教養学部教授）の出題だという話をしているのを聞いて「落第」を確信した。二日後、発表を見に行ったら合格していた。

四、ホッブズ研究を目ざして

東京文理大の哲学科の風景

入学後、川田教授の最初の「倫理学概論」の講義冒頭で先生は、「中について」という題をだしたら、「中はない」と書いた受験生がいたので驚いたと話され、「中について」の持論を展開されはじめられたのには赤面した。先生の意見とは異なっても、論旨がしっかりしていればＯＫだよ、というメッセージを受講生いや私？に伝えられようとしたのかもしれない。

当時、旧制高校から文理大（ここは、教育界のローマ法王庁《ヴァチカン》であった）に行く学生は、ほとんど皆無（理学部の物理学科は、朝永振一郎先生がおられたので、一高その他有名高校から集まったらしい）であったので、どうも私は、受験のときから注目されていたらしい。

入学すると、川田先生はもとより、務台先生、下村先生、岡田謙先生（社会学）、坂崎旦《たん》先生（美学、旧制佐高時代に可愛がっていただいた島地威雄《たけお》校長先生（島地杢雷《もくらい》のご子息）の親友）、河盛好蔵先生（フランス文学）には、とくに目を掛けていただいた。

しかし、哲学科に入ってみると、私が考えていたこととは、いささか様子が異なる、ということに気づいた。まず、戦後すでに四年経っていたが、日本の哲学研究の主流は依然として圧倒的にドイツ哲学であったということである。カント、ヘーゲルを筆頭に、ニーチェ、ショーペンハウアー、ヴィンデルバントなどの新カント学派、フッサールなどの現象学、ハイデッガー、ヤスパースなどの実存哲学が好まれていた。

そもそも、イギリス哲学は、戦前からは、早・慶・同志社大などのイギリス系私学でわずかに研究がなされ、それは思想的にはいわば傍流視され、戦後もまだ「哲学の世界」では、市民権をえていなかった。これでは、私が目ざす社会哲学や政治哲学は研究できるのか、という不安がよぎった。

幸い、務台先生は、ドイツ哲学（ヘーゲル）ではあったが（戦前、若き丸山眞男先生は、務台先生の哲学に好意的であった）、戦後、「第三ヒューマニズム論」（個人主義的ヒューマニズムと社会主義的ヒューマニズムの接合をはかる）などをひっさげて論壇で活躍されていたから、われわれの研究テーマにも寛容であられた。マルクシストを自称する悪童たちは、さっそく、フランス共産党の機関誌『ユマニテ』を模して、ガリ版ずりの同名の薄っぺらな小冊子《パンフレット》を発行し、私も乞われて、「第三ヒューマニズム論を排す」などといった威勢のよい論文を書いたが、務台先生は「ホホウー、ホホウー」といわれて笑っておられた。ゼミが終わると、われわれとともに、夜の新宿（ハーモニカ横町）や四谷三光町の花街のど真ん中にある当時ラジオの「二十の扉」で有名な柴田早苗さんの養母《おかあ》さんのお宅にお連れ（私が非常勤講師をしていた京王高校の裁縫の老先生に遊びに行ってくれと頼まれていたので先生や友人たちを連れていった）し、哲学談義や政治談義に花を咲かせた。また荻窪の先生のご自宅にうかがうと、二〇畳以上はあろうかと思われる広い書斎には、天井に届くまでの本棚に原書が埋め込まれていた。「これは、第一次世界大戦直後に留学し、当時ドイツは超インフレ時代だったので、古本屋の本を全部買い占めたんだよ」と笑いながら話されたのを覚えている。先生は、われわれが二年生になったときに、学長になられ（演習はされていた）、二年間の任期終了後、われわれが卒業する年に、慶応大学の教授に転じられ、そこの大学院で先生の指導を受けた私の友人に、いつも私のことを話しておられたと聞き、身に余る光栄に感じた。

下村先生は、葉山にお住いで、お訪ねしたとき、広い応接間の天井の片隅に穴が空いていて、そこに木製の梯子が立て掛けてあった。背のすらりとした品の良い美人の奥様によると、先生は、研究のときには、二階の書斎に引き籠もり、上から梯子を引き上げてしまうとのことであった。先生は、戦時中、他の京都学派の先生方とは異なり、自由主義の本質を主張され、また、日本における「数理哲学」研究の第一人者（『アッシジのフランシス』の著者としても有名）であり、全国旧制高校の哲学青年たちは、先生を慕って文理大に参集したとのことだが、その一人に、当時、助手をされていた古田光《ひかる》さん（旧制三高、文理大哲学科卒、下村寅太郎門下、科学史、横浜国立大学名誉教授）がいる。

ともかく、務台先生も下村先生も西田門下生ではあったが、いわゆるガチガチの西田哲学派ではなかったのは不幸中の幸いであった。なにしろ、下村先生などは、ゼミで、レーニンの『唯物論と経験批判論』を取りあげておられていたから、当時の東京文理大の哲学科は、日本最高の「哲学の広場」であったことは、間違いない。

校名問題――「文教大」か「教育大」か――に巻き込まれる

ところで、私は入学当初は、授業にキチンキチンと出席する真面目な学生ではなかった。それは、入学早々、「校名問題闘争」の渦に巻き込まれたからである。戦後すぐ、アメリカ占領軍の指令で、小学校から大学まで、旧制から新制へと切り替える――国家主義教育から民主主義教育へと変えるという名目のもとに――大改革が行われていた。われわれが旧制高校二年生の終り頃から三年生の始めにかけて、旧制高校から旧帝大へ進学する従来のシステムにもメスが入れられようとしていた。マッカーサー司令部は、アメリカの州立大学をイメージして、日本でも旧制高校、旧制専門学校（医専、工専、農専）、師範学校を総合して、一県に一国立大学を作る（当時、「駅弁大学」と呼ばれた）ことを要求してきた。これにたいしてわれわれは、学問のレベルを維持し、旧制高校の良さを残す狙いもあって、旧制高校側は、五高（熊本）、七高（鹿児島）、佐高（佐賀）、福高（福岡）を九大の教養部とし、専門課程は福岡にある九州帝国大学で研究するという教育システムを提案した。こうした考え方は、北海道、東北・北陸地方、中部地方、関西地方、中国・四国地方でも同様であった。しかし、文部省はアメリカの命令通りに、一県一大学主義を貫徹した（唯一の例外は、一高・東京高校《とんこう》と三高をそれぞれ東大、京大の教養部としたことであろう）。ドイツでも、同じような問題が起こったそうだが、ドイツ政府は断固としてアメリカの要求を拒否したと聞き、さすがドイツと感じ入ったのを覚えている。ともかく、われわれは、教官と共闘し、二度、三度とストライキを敢行し、そのため、ストライキのまま卒業し、半年ほどして「卒業証書」が東京の下宿に送られてきた。こうした学制改革には必ず政治がからまるという経験があったから、いきおい、大学の校名問題にはナーバスになった。

東京高等師範学校と東京文理科大学を統合して作られる新制大学の校名問題としては、「東京教育大学案」と「文教大学案」の二つがあった。前者は、この新大学を戦前と同じ教育の総本山の地位を確保しよう――戦後の七〇校近い新制大学には教育学部ができたから、総本山としての権威が減少する危惧があった――とする人たち――具体的には、旧高師・旧文理大の卒業生である大学の教授・助教授たち――が主張していた。後者は、新大学を純粋に学問研究の場にすべしという大義名分をかかげた教官層――主として東大・京大などの旧帝大系の出身者たち――が主張し、「東京教育大学名」を主張するグループと激しく対立していた。もっとも、この対立の背後には、出身者と他大学出身者とのあいだでのすさまじい人事対立問題――教官人事の配置をみると、圧倒的に旧帝大の教官が多かった――があったのだが、一介の学生にとっては、そのようなことはよくわからなかった。ともかく、教官層の対立を反映して、「教育大学案」を支持する「高師自治会」と、「文教大学案」を支持する「文理大自治会」とのあいだで、連日、合同の討論会が開かれていた。

文教大学支持

私は、もともと、旧制高校を廃止したアメリカの指令とそれに追随した文部省のやり方に反対したこともあって、また、日本の国家主義化・軍国主義化にあずかって力あったのは、東京・広島の旧高等師範・文理大系出身者の教育界への影響、各県ごとの師範学校の教育指導方針に責任があった――もっとも、私自身も、国家主義・軍国主義の総本山である軍の学校に入校していたのだから、大きな顔はできなかったが――、と考えていたので、学科を代表して出席した「全学委員会」で、「文教大学案」賛成の発言をしたら、なぜか、「大学闘争委員会」の副委員長に推薦された〔委員長は同じ哲学科の一年先輩の吉久勝美さん、この縁で私は、吉久氏とは生涯、家族ぐるみのお付き合いをしている。氏はのちに文部省の「教科書検定課長」として、家永三郎先生との「教科書訴訟問題」の矢面に立たされる。家永先生とは研究室をひとつはさんだ隣同士であり、また大学内の民主化闘争では御一緒し、尊敬申し上げていたので、先生と本来リベラリストである吉久氏とのあいだにはさまり、当時、大変苦悩したことを覚えている。その後、吉久氏は、福岡県副知事、文化庁次長（各省の次官）、久留米大学理事長を歴任、私の碁のお師匠さん（アマ六段）でもある。二〇〇六年七月没）。

「東京教育大学」に決定

というわけで、その後、われわれ二人は、連日、学生大会や国会対策に奔走した。いま、かすかに覚えていることは、ひとつは、「文教大学案」への支持を求めて、当時、吉田茂の「官僚親衛隊」のひとりとして注目されていた橋本龍伍《りようご》氏（故橋本龍太郎氏の父）を、橋本氏の旧制高校時代の恩師である竹田復教授（漢文学）と一緒に、田園調布のお宅に訪問したこと、もうひとつは、この年（一九四九年〔昭和二四〕）五月二四日に、文教委員会で、当時の「民自党」、「民主党」などの保守党賛成多数で「東京教育大学」が正式名称にきまったこと、このとき、社・共は、「文教大学案」を支持してくれたが、社会党委員の一人に、社会党内閣の前文部大臣で、大正デモクラシーに起こった「森戸事件」（一九一九）で東大を退職された「伝説の人」森戸辰男先生がおられた。

また、この日、参議院「緑風会」の山本有三さん（一八八七〜一九七四）が、「数え歳」から「満年齢」へ変更の賛成を求めるために衆議院文教委員会に飛入り発言をされた「歴史的瞬間」に立ち合うことができた。「これにより、皆さんは、一挙に二歳若返られることになりますので、共産党の議員さんも、これには反対なさらないでしょう」と笑いながら述べられ、委員会が一瞬、和《なご》んだ。『波』（一九二八）、『女の一生』（一九三二〜三）、『真実一路』（一九三五）、『路傍の石』（一九三七〜四〇）などで高名な山本有三さんをまじかに拝見して感動した。

ともかく、国立大学の校名問題が、議会で、つまり政治的に決着されたことに明治以来の政府の教育介入、教育支配の実態を直接に体験した思いがした。なぜ、自由に各大学が「校名」を付けることはできないのか。そして、この「東京教育大学」は、後述するように、その後わずか二八年間で今度は政府に、筑波への「移転」を命じられ、再度「筑波大学」と改名せざるをえなくなる。大学内が、人事派閥問題などで分裂している大学は、このような運命になる見本といえよう。二〇〇三年からはじまった、東京都立大学の改編をめぐる内紛、全国国立大学の法人化（民営化）の行方は、今後の日本の大学教育にどのような変化をもたらすか。大学人、研究者の真価が問われるところである。その点、昭和初年に東大経済学部に吸収合併されそうになった東京商科大学が一致して、これに反対したのはさすがだと言えよう。

大学一年の夏

こうして、私の一年次夏休みまえは、大学と国会との間を行き来して、あっという間に終わった。夏休みは、東京にでてはじめてのことなので帰京した。ひとつは、私が大学に入学したのち、「戦災孤児収容所」の保母となった母のそばで一ヵ月間、住みたかったこと、ひとつは、「学資かせぎ」のアルバイトを計画したこと。

後者については、母の出身地である佐賀市近郊の早津江町、諸富町《もろどみまち》、寺井町の三つの町村の中学一年生向けの「英語塾」を企画した。幸い、親戚の姉（朝鮮、京城からの引揚者、江頭虎雄の長女）が引揚後、早津江中学校に勤めていたので、教室を借り、三町村の中学校の先生を紹介してもらって、ビラを配布した。せいぜい五〇名も集まれば「御の字」と思っていたが、なんと三町村から五〇名ずつ計一五〇名の生徒が集まった。当時は、英語ブームであり、親たちも、子供の英語修得に熱心であったためだったのか、それとも、三人のスタッフ――私が校長で、安田善朗君《よしろう》（東京大学経済学部卒、北海道拓殖銀行から札幌センチュリーロイヤルホテルの総支配人となる。学会で北大へ行ったとき、開店したばかりのホテルのスイート・ルームにただ同然で泊めてくれた)、馬場啓《あきら》君(京都大学経済学部卒、造り酒屋の御曹司、本人は下戸、大和銀行に勤めたが、若くして死去)——の「絶妙のコンビ」(当時はまだ官立大学の権威は絶大であった)が効を奏したのであろうか。それもあったかも知れないが、最大の原因は、月謝が「超安かった」からだと思う。一ヵ月毎日三時間(日曜は除く)だから、本来ならば一二〇円か一五〇円くらいいただいても問題なかったが、校長たる私は、五〇円と設定した。生徒の親ごさんも私たちも貧しかったからである。おそらく、全国、塾経営のはしりかも知れないが、これでは、とうてい経営者としては失敗であろう。事実、手許に残ったのは、微々たるものので、「ただ働き」同然であった。

しかし、田舎の純真な男女の中学生たちと遊ぶことができたのは楽しかったし、ローカル線(佐賀線、佐賀から福岡県大川町まで。現在は廃線)の小さな諸富駅まで見送ってくれた、かれら、かの女らのキラキラと輝いた顔を昨日のことのように思い出す。ただ、その後もずっと気になっていたのは、文法・英文解釈はともかくとして、われわれのような戦前日本で英語を学んだ者の、あまりにも「日本的な発音」(要するに外人・ネイティブが聞いたらチンプンカンプンであろう)を耳にした生徒たちは、大人になって随分と困ったのではないか、ということであった。幸い、その後、子供たちから、なんの文句もいってこなかったのは、塾長たる私の「人徳」のせいだろうか。

大学一年の秋

夏休みも終わり、九月上旬に上京すると、さすがの私も、「兜の緒をしめ直そう」という気になった。しかし、なにを具体的に研究するかについては、まったくしぼり切れていなかった。

経済学については浅野、歴史学については小島という最良の先生が身近にいたので大いに助かった。杉本栄一、高島善哉、上原専禄先生などの一橋系の先生方の著作に啓発され、戦後歴史学界を先導していた「歴史学研究会」の動向や、東大系の著名な歴史学者の名前を覚えたのもこの頃であった。

大学では、芋川平一《いもかわへいいち》君（旧制浪速高校、高専教授、故人）、金野秋男（札幌師範、北海道の高校教師）、増田一郎（青山師範、東京都教職員組合委員長）などの「資本論研究会」に参加した。

本業の哲学については、人並みにカントやヘーゲルなどの古典を読んだが、どうもフィットしなかった。論理はあるが、人間がでてこないのである。ドイツ人というのは、どうしてこうも、論理・論理が先行するのだろうか。この時点で、私は最初の研究テーマとしてドイツ哲学を研究することはパスした。

この時期、マルクスが「阿片だ」とした宗教とくにキリスト教にも興味をもった。しかし、いわゆるキリスト教学ではなく、社会の不正義と闘っている「戦闘的キリスト教」を勉強してみたい、と思った。これについては、クリスティアンである社会学の岡田謙教授からその知人である、アメリカ帰りの新進気鋭の政治・社会・宗教学者として有名な若き武田清子先生――武田先生には、その後ご主人である長幸男さん（東京大学経済学部卒、大塚久雄先生門下、東京外国語大学教授・学長）共々、こんにちまでずっと、お付き合いいただいている――を紹介していただいた。お茶の水駅近くのYWCAのロビーでお目にかかり、ラインホルト・ニーバーについてのお話をうかがい、キリスト教とマルクス主義との接合を説くニーバーの思想に大いに興味を抱いた。当時は、洋書はなかなか入手できなかったので、週に一、二度横浜のCIE図書館に通ってニーバーの著作を読んだ。

しかし、私は、結局ニーバーを卒論テーマにすることはやめた。一つは、キリスト教を勉強するとなると、一年や二年では、とうてい理解不可能だと思ったからである。もう一つは、なにを研究するにしても、まずは少なくとも、近代の出発点あたりからはじめるべきだ、と感じたからである。

では、国は、時代は、思想家・哲学者はだれにすべきか。これについては、日本はいつでもできるので、ほとんど未知の、しかもデモクラシーの原型である、西欧からはじめるのがよいのではないか、と思った。日本の近代化・民主化についても緊急の課題ではあったが、「急がば回れ」、まずは原典から探求してみよう、と考えた。そして、この方向に決定打を与えた本と論文に出会った。

ホッブズとの出会い

一九五〇年の暮から正月にかけて、私は、親戚の長堀家――私が、東京でなんとか勉強できたのは、この家にただ同然で置いてもらえたからである。かつて父が、長堀家の苦境を助けたのが回り回って私への功徳となって返ってきたのである、長堀家のおじさん、おばさん、五人の子供たちとは親子、兄弟姉妹のように仲良くできた――の故郷である山形県狩川町への正月休みに同行した。東京を出発するまえに、中野駅前の本屋で、『人間の自由と誇りと――学生とヒューマニズム』（「理論社」）という本を購入（一八〇円）し、持参した。

執筆者は一五人。梅本克巳さん（水戸高・茨城大助教授、哲学者、唯物論と主体性・実在主義の研究として有名）は、小島を通じて、高島善哉さん（一橋大学教授、社会思想史）の名前は浅野を通じて知っていた。しかし、他の人びとは、ほとんどはじめて見る名前であったが、これらの執筆者が、実は、のちに日本の思想界をリードしていく人びとであることはのちにわかった。

ちなみに、何人かのお名前をあげておく。淡徳三郎（評論家、ジャーナリスト、平和運動家）、田中吉六（哲学者、その著『スミスとマルクス』（真美社、昭和二四年）で有名。田中さんについては、大学二年のときに今野君に連れられて中野の下宿先を訪ねたことがある。田中さんは労働者で、日中は肉体労働をされながら、夜勉強してマルクス主義哲学の優れた数々の論文を発表されていた。二階の八畳間を間借りされており、楽しい哲学論議に花が咲いた。城塚登氏（東京大学名誉教授）との共訳、マルクス『経済学・哲学手稿』（岩波文庫）がある）、寺沢恒信（東京都立大学助教授、マルクス主義哲学者）、水田洋（名古屋大学助教授、社会思想史、ホッブズ、スミスの研究者）、鶴見良行（「思想の科学」研究会員、アメリカ思想史、鶴見和子・俊輔氏の弟）、末永隆甫（大阪市立大学助教授、経済学者）、長谷川正安（名古屋大学助教授、憲法）、杉浦明平（文芸評論家）、白井健三郎（慶応大学助教授、文芸評論家）、金子幸彦（一橋大学講師、ゲルツェン『過去と現在』（岩波文庫））。

理論社社長の小宮山量平さんが、一橋大学出身だそうで、この本は、当時、東大・京大と並んで、戦後日本思想界の一翼を荷っていた一橋系の学者と自由主義・社会主義思想家たちの連合体の所産であった、といえよう。ところで、この理論社からは、杉本栄一教授の不朽の名著『近代経済学の解明』、タカクラ・テルの『ハコネ用水』、武谷三男の『科学と技術』、梯《かけはし》明秀の『戦後精神の探求』など、戦後思想界に新風を吹き込んだ著書が多数出版されていたことを付け加えておこう。

それはともかく、本書の内容は、自由民主主義とヒューマニズムとマルクス主義による現実政治・社会の理論的・思想史的批判であったから、まことに力強く、説得力があり、とくに、第二章「ヒューマニズムの歴史」の中の水田洋氏の、I「市民社会の成立とヒューマニズム（ヨーロッパ）」は、私の心を捉えた。ここでは、古典古代から近代社会への移行期の思想史がだれにでもわかりやすいように整理され、近代国家、近代社会を切り拓いた思想家として、ホッブズとスミスがとりあげられていた。

こうして私は、一九五〇年——この年は、ホッブズの主著『リヴァイアサン』(一六五一)が出版されてから二九九年目に当たる——の正月二日、山形の親戚のコタツのなかで、近代国家や近代社会の成立を決定づけたイギリス(第一次)市民革命＝ピューリタン革命の精神を正当化した「近代最高の思想家」、トマス・ホッブズ(一五八八～一六七九)を研究しようと決心した。こうして、私は、矢も楯もたまらず水田さんに御指導をお願いする手紙を書き、それ以後、こんにちまで教えをいただいている。もっとも、水田さんと直接お目にかかったのは、この年の秋頃、国立駅前のいまはなくなったが、しゃれた山小屋風の喫茶店「エピクール」で、これまた務台先生が紹介してくださった一橋大学教授で、ホッブズ哲学の第一人者太田可夫《よしお》先生と御一緒していたときではなかったかと思う。水田さんのかたわらには、婚約者の津田塾大学出身の美人の珠枝夫人が座っておられたのを鮮明に覚えている。

ホッブズ研究のむずかしさ

さて、ホッブズを研究する、と定めたものの、実際には、どのように進めてよいか、直接、指導して下さる先生も先輩も同輩もいないので真底困った。ともかく、かれの主著『リヴァイアサン』を読破せねばならぬ。

ホッブズの英語は、ロックのそれと同じく、同時代のミルトン、ハリントン、後代のエドマンド・バーク、トマス・カーライル、ジョン・ステュアート・ミルのような文節に切れ目のない長い長い、難解な文体ではなく、短文で歯切れよく――イングランドの近代英語のモデルを作ったのはホッブズといわれているが、私にはわからない。ちなみに、近代フランス語は、ルソーの論敵であった、フランスのフィルマーといわれた神権説論者ボシュエ牧師が作ったというのは、本当のようである――私のようなものでも、なんとか読めると思った。

しかし、ヨーロッパ思想史研究の前提条件である、ギリシア・ローマ以来の古典哲学、国家・社会思想、中世から近代にかけての政治・社会・哲学思想、マグナ・カルタから、ピューリタン革命までのイギリス史、イギリス政治・法思想史、さらには、ホッブズのB5版で七〇〇ページを超える原著(モールズワース版)『リヴァイアサン』の半分以上を占める第三、第四部で展開されているキリスト教義、キリスト教神学、ローマ以来の各国における政治と宗教の関係――ホッブズはこれらを全部、知り尽くしている――などについては、まったく無知に等しいので、わずか一年半足らずで、『リヴァイアサン』を読破するだけでなく、内容を理解することは、ほとんど不可能に近いように思われた。当時は、『リヴァイアサン』は、四部のうち、わずかに第一部の『人間論』だけしか翻訳がなかった(戸《と》鞠《まり》雅彦訳、昭和二三年、思索社、水田洋訳「世界古典文庫」、昭和二四年、日本評論社)から、往生した。

翻訳にまつわる偏見

ところで、現在の日本では、ほとんどの古典や注目書は、迅速かつ広汎に訳されているので、大変重宝している。この意味では、日本は、世界有数の「翻訳大国」である、といえよう。どんどん利用すればよい、というのが私の考えである。しかし、日本では、翻訳は、学問的にはレベルの低い作業として、とかく蔑視し、文部科学省の業績評価でも一段低く扱われているようである。

これは大間違いである。翻訳するには、語学力は当然として、まず、その書物の内容を知らなければ訳せない。だから、あらゆることを調べなければならない。したがって、翻訳は、横を縦に直せばすむ、というものではなく、翻訳には、原文理解のための何十倍の研究・調査が必要である。

さらに、翻訳の良否は、ひとえに、日本語の文章の出来栄えにかかっているから、翻訳は、簡明で論理的な美しい日本文を書く、絶好の練習台にもなる。研究者たるもの一度、翻訳をしてみるがよい。昔、丸山眞男先生の、セイバインの『西洋政治思想史I』(岩波現代叢書)を読んだ――残念ながら未完のままで終わったが、その理由は、御本人が亡くなっているから、いまとなってはわからない――が、その達意の翻訳文章に驚嘆したことがある。

私が、若い研究者たちに「翻訳」をすすめるのは、ひとつは、用意周到な準備、二つには、正確性に最善を尽くす態度の訓練、三つには、簡明・論理的かつ美しく楽しい日本文を書く修練になる、と思うからである。「翻訳」のなかに、その研究者の全人生観・全世界観が反映されているといっても過言ではない。

さて、話が、だいぶ横道にそれたので、もとにもどすと、二年生の春から夏休みいっぱいかけて、私は、『リヴァイアサン』と心中した。しかし、正直いって、第三部・第四部の「宗教と政治」の問題を論じた部分は、卒論段階では、取り扱い不能だと感じた。

では、どうするか。ホッブズを研究する問題意識は、はっきりしていた。ホッブズ思想を学んで、そこから、戦後日本の民主主義の問題を考えてみようということであった。しかし、そもそも、この大思想家の思想をどのようにしたら明らかにできるか。それには、ふたつの論文と著書が、ヒントになった。ひとつは、水田洋氏の『歴史学研究』(一三八、一四一号)に連載された、「ホッブズかいしゃくの一系列」（一、二）という論文、もうひとつは、太田可夫先生の『イギリス社会哲学の成立』（弘文堂、一九四九年）という著書であった。

ホッブズかいしゃくの一系列

さて、「ホッブズかいしゃくの一系列」という、やたらにひらがなの多い、一見奇妙なタイトルのこの論文は、「革命と知識人」といううきわめて意欲的なテーマを、ホッブズの「階級的立場」を明らかにすること——その手法は、政治・社会思想史上の名著で、丸山先生も助手論文作成のさいに参考にされたといわれる、フランツ・ボルケナウの『近代的世界像から市民的世界像へ』（一九三四年、水田洋編訳、一九五九年、みすず書房）からヒントを得たものである、と思うが、当時の日本では、このような政治・社会思想史的分析論は、皆無に近く、思想史研究といえば思想家の思想の解釈・説明が一般的であったから、水田論文の意義はきわめて大きかった——によって、歴史と思想あるいは思想家との関係を、実証的かつダイナミックに解明しようとしたものである。

ここで、水田氏は、ホッブズが第一部「人間論」において、人間の生命の尊重を第一義的なものとして、それを保障するために民主的な「社会契約」を唱えたのに、続く第二部「国家論（主権論）」においては、人間の生命の尊重をはかるために、「主権者」に「強い力」を与えよという、絶対主義的理論を唱えたのはなぜか、という問題を設定し、ホッブズ政治思想における民主主義的性格と絶対主義的性格を対置させて——いわゆる「ホッブズ問題」——、思想家における理論と歴史の関係を明らかにしようとしたのである。

その解答としては、ホッブズは、ひとつは、ホッブズが活躍した時代の「ピューリタン革命」は、

「封建から近代へ」の過渡期にあたるから、それがホッブズの思想に反映していること、もうひとつは、ホッブズは、「近代地主層」——ボルケナウは、これを「ランディッド・ジェントリー」とネーミングし（イギリスの経済史学者モーリス・ドッブ教授に尋ねたところ、このような用語はイギリスにはない、という返信があった）、この地主層は、地代を取って生活する旧タイプの地主ではなく、農業労働者に賃金を支払って、生産させ、その生産物を市場で売る資本家的地主層だと述べ、ホッブズの後援者デヴォンシャー伯爵家は、この近代地主層の典型として捉えていた——を代弁した思想家であり、近代地主層は、「ピューリタン革命期」には、カルヴァン主義的「中産ヨーマン層」のような積極的な「革命の担い手」ではなかったが、革命後、とくに「名誉革命」の勝利後——これは、新・旧地主層と新興の産業資本家層の妥協によるものとみなされている——、革命の成果を受けとった階層であるから、ホッブズも、一方では、新しい民主主義思想（社会契約論）を表明しつつも、他方では旧支配層の絶対主義的思想をも支持したのではないか、という仮説を水田氏はだしている。

当時の私には、この仮説を評価する力量はとうていなかったが、歴史的大変動のなかで偉大な思想家が、いかに悪戦苦闘したかという思想的ドラマの展開には、大いに心惹かれるものがあった。こうして、私は、歴史研究と社会構造の分析をかかわらせて、思想の形成・変容・発展をみる方法を水田論文から学んだ。このような思想史研究の方法は、大塚久雄先生のいわゆる「大塚史学」系の「社会経済史研究」方法やマルクス主義歴史学などにより、さらに進展させられたが、他方では、あまりにも公式的な「基底還元主義」に陥ると、たとえば、ホッブズ政治思想の核心である、「主権の問題」をホッブズ自身は、どう考えていたのか、という問題研究が欠落する、という思想研究上の弱点が現われる。思想と歴史、思想と社会の関連とともに、思想家自身の「人間論」・「政治論」・「国家論」・「宗教論」の理論内容そのものの意味を当然なことながら、把握しなければならない。

『イギリス社会哲学の成立』

こうしたなかで太田可夫著『イギリス社会哲学の成立』が、私の疑問に答えてくれた一冊の本であった。旧制高校以来、追い求めてきた懐かしい「社会哲学」という言葉。ドイツ哲学に取り囲まれていた当時の私の心のなかに、「一条の光」が差し込んできたような気がした。この本は、カント哲学（ドイツ）とスミス経済学（イギリス）を総合的に理解する「キー概念」としてのホッブズ哲学の地位を明らかにしようという、きわめて意欲的な哲学・思想研究であった。

二年生の秋、卒論のテーマを定《き》めることになった。私は、これまでの研究経過にもとづいて、イギリスの哲学者ホッブズをとりあげたい、と務台先生に申し上げた。先生は、ホッブズについては、世界的にも、日本においても研究蓄積がきわめて乏しいので、まとめるのは難しいと思うが挑戦してみたまえ、と励まされた。さらに、太田さんとは友人であるので、紹介の手紙を書いてあげようとおっしゃってくださった。

務台先生から、会ってもいいよ、と言っているから一度訪ねてみなさい、と言われたので、さっそく、太田先生にお手紙を差しあげるとすぐに先生からお葉書をいただいた。あとで知ったことだが、先生は、マッチ棒の後《うしろ》の部分に墨汁をつけて字を書かれるので、明快かつ実にユニークでコミカルな字体であった。

手紙には、次の日曜日、午後二時に自宅にきたまえという文面であった。その日、私は、二時かっきりに——正確には、二秒まえ、もっといえば、オヤジの教訓に従って、三〇分ほどまえにお宅の周辺で時間を調整していた——、国立の一橋大学西裏側の先生宅（官舎）に到着し、ベルを鳴らした。先生のお宅は、「学長官舎」だとかで、鬱蒼とした武蔵野特有の雑木林のど真中にあった。小柄な痩せ型の眼鏡をかけた着物姿の先生が現われて、「裏に回って下さい」といわれた。一介の学生が、正面玄関から「案内《あない》」を乞うというのは失礼千万のことだったのか、と内心反省しつつ裏へ回った。「やあ、こちらにきたまえ」といいながら、先生が縁側から降りていらした。ふと向こうをみると、広々とした木の生い茂った林の手前に、緋毛氈《ひもうせん》が敷かれていた。

先生は、「野点《のだて》」の仕度をされて、私を待っていて下さったのだ。務台先生が、なんと書いて下さったのかわからないが、こんなことがあっていいのだろうか。すっかり感激して興奮した私は、「御点《おて》前《まえ》」の味をじっくりと賞味することなど上の空で、次々に先生に知っている限りのことを質問——マックス・ヴェーバーの『プロテスタンティズムの倫理と資本主義の精神』とか大塚久雄先生の『近代資本主義の系譜』とかベンサム、ミル、グリーンなどについて——した。

先生は、「フム、フム」と静かに聞きながら、ひとつひとつについて「そうもいえるかも知れないね」と答えられるばかりであった。なんとも「頼りない話」だと感じたが、このとき、先生は、学問の厳しさと研究者の謙虚さを教えて下さっているのだ、と思った。

帰りぎわに、先生は「日曜日はいつも学生のために空けてあるから、君も遠慮しないできたまえ」とおっしゃった。私は、この先生の言葉に甘えて、月に二、三回は、国立のお宅を訪問——このときは裏に回って、縁側から座敷にあがった——して、実に多くのことを教えていただいた。そして、先生とお目にかかると、心がいやされる気がした。

先生は趣味人であった。超優しい美人の奥様と同じく、瀬戸の御出身とかで、茶器に詳しく、私が帰省して持参した有田焼の湯呑などを、ことのほか喜んでいただいた。また大変な愛煙家で、パイプはすべて先生の手造りとかで、おそらく専売公社に勤めていた教え子——当時、太田先生は、学生たちから「べく（可夫）さん、べくさん」という愛称で呼ばれ、先生を知らない一橋の学生は「もぐり」といわれていたようだ——から送られたであろう当時入手困難であった高級な「きざみ煙草の葉っぱ」を、惜しげもなくパイプに詰めては、いかにも美味《うま》そうに紫色のけむりをくゆらせておられた。

碁が滅法強く、お訪ねすると、まず一局か二局はお相手させられた。もちろん、私は、正目《せいもく》（盤面は全部で三六一目あるが、その盤上の指定の場所に九目おくこと。一目のハンデは二〇目といわれるから、こちらは一八〇目〔全体の半分〕おいて、やっと先生と対局できる、ということである）おいて闘うのだが、終わってみると、いつも先生が、計算して楽しんでいるかのようにきまって一目か二目勝っておられた。いわゆる横綱相撲という奴だろう。「文は人なり」というが、碁にも品格というものがある。先生の碁は、碁形が製図のように美しく、決して対局者（相手）を殺さず、平和的に白旗をあげざるをえない（降参する）ようになっていた。

先生はまた、夕食時にはよく、いまでいうシャブシャブをごちそうしてくださった。当時ではおそらく手に入らないと思われる牛肉や豚肉をじゃんじゃん振る舞われ、また「味の素」を雪のように振りかけられた（一番上のお嬢さんが「味の素」の社長秘書をされていたらしい）。「田中君、『味の素』を一日五グラム食すると頭が良くなるそうだよ」と笑いながら、先生は「味の素」を振りまかれるのである。そのお姿は、まったく「茶めっけ」たっぷりで、少年のような純粋さがあり、旧制高校の先輩たちを思い出したものである。先生が御自分の著書について述べられたことが一度だけある。それがまたなんともおかしいのである。「あの本を書きあげたとき、脱糞したあとのようなすっきりした気分であった」と。いいえて、まことに妙ではないか。

ホッブズの「人間論」に焦点を定める

それはともかくとして、私は、一二月中旬までに卒論のテーマを提出しなければならなかった。これから一年余のあいだに、どこまで出来るか。それが問題であった。まず、ホッブズの「宗教論」は今回ははずそう。次に、「主権論」＝「国家論」を取り上げるにも、あまりにも力不足である。宗教思想・政治思想についての歴史的・理論的知識を得るには、かなりの時間がかかる。そこで、卒論においては、ホッブズ思想の基本的土台（土台＝下部構造という言葉はマルクス主義の専売特許のように思われているが、この言葉は、基本的に重要なという意味で「聖書」のなかでふんだんに使われている）ともいうべき「人間論」の構成・方法・目的の解明に集中することにした。

ところで、ホッブズの「人間論」は、人間の認識の始まりを、外的物体（粒子）の刺激と体内におけるリアクション（ホッブズはこれをエンデヴァーすなわち「小さな運動のきざし」に求め、そこから、色・音・香り・快・苦などの人間の感覚を導出する。

次いでホッブズは、こうした外的・内的運動のつながりから、人間を「運動する物体――たとえば、呼吸・血液循環運動など――」として捉え、そこから、人間にとっての最高の価値（よいもの、値打のあるもの）は、「人間の生命運動の保存」すなわち「自己保存」にある、と規定した。そして、この「自己保存」つまり「生きる権利」を、ホッブズは「自然権」と名づけたが、この「生命の尊重」という思想こそ、こんにちの、いかなる権力といえども、これを侵害・抑圧することはできないという「基本的人権思想」の原型ではないか。

さらに、ホッブズは、この「自己保存」＝「自然権」を保障するために、人間は「理性」（人間にとって最良・最終の選択を可能にする生来の能力）の教え（ホッブズによれば、これには、一九の「戒律」（道徳的規準）があり、これらをかれは、総称して「自然法」と呼んでいる。したがって、「自然法」の基底には、自然権＝自己保存という根本原理があることに注意）にもとづいて行動せよ、という。

そして、この「自然法」の「第一の基本的自然法」は、「人間は自己保存のためには、全力をあげて平和を確保せよ」となっている。このさい、ホッブズは、国家や政府や法律もない「自然状態」では、人間は、「生きるためにはなにをしてもよい自然権――人を殺してもかまわない。戦争こそ、現代社会における「自然状態」の現出である――」を行使できるから、そこに「万人の万人にたいする闘争状態」が起こる危険があるので、「自然権」（の行使）を放棄して「社会契約」を結び、法律を制定できるような国家＝「政治社会」を作れ、とホッブズは述べている。ところが、この「万人の万人にたいする闘争状態」だけを大きく取りあげ、後段の「社会契約」とのつながりを無視して、ホッブズは好戦主義者である、と騒ぎ立てるホッブズ研究者がいるが、それはまちがいである。そうではなくてホッブズこそが、近代における最初の「絶対的平和主義者」なのである。

もうひとつ。ホッブズを「絶対的平和主義者」と規定できる流れがある。それはかれの「自然権の放棄」という考え方である。かれによれば、「自然権の放棄」とは、具体的には、近代国家以前の人間は、自分の身を自分で守るために武装していた。それでは、争いごとが起こると「殺し合い」が始まるから、人間は、武器を放棄して（「武器を捨てよ」）、法律という手段によって「生命の安全」をはかれ、つまり「社会契約」によって、「政治社会」＝国家を設立し、代表（主権者、近代国家では議会）の作る法律のもとで安全に生きよ、という「法の支配」する政治をホッブズは、すすめている。

そして、このような「政治原理」こそ、「近代国家」形成の目的である平和と安全の確保という原理ではないか。近代国家に住む人びとは、日常生活においては「丸腰」である。それは、国には「法」があり、われわれの生命の安全を守ってくれる、と信じているからである（そうでないところでは、アメリカの西部劇にでてくる無法地帯をみればわかるように、保身のために二丁拳銃が必要となる）。封建時代には、農民も町人も武器をもっていた。支配階級である武士は、明治維新まで帯刀が許されていたが、農民は、天下統一をはかった豊臣秀吉によって早々と「刀狩の令」（一五八八、実はホッブズが生まれた年）がだされたが、それは、一揆や反乱を抑圧するためであった。しかし、明治四年に、「廃刀令」がだされて、日本ははじめて近代国家の体裁を整えることができたのである。

さて、ホッブズが、近代政治思想、近代国家論を、人間の「自己保存」（自然権）を確保するために、「法の支配」を実現できる政治社会を作れ、そのためには、「社会契約」を結べ、と主張したことは、ホッブズの「人間論」を読めば、理解できる。しかし、それから先の「主権論」へ移行するプロセスがわかりにくく、これがいわゆる「社会契約説」と「絶対主権論」の矛盾といわれる「ホッブズ問題」の部分である。

ホッブズは、絶対君主の擁護者か

ホッブズは「自己保存」を保障するために、契約を結んで、「共通権力」（力の合成）を作った状態のままでは、たんなるマルティテュード（群衆）状態にすぎず——ローマの哲学者・政治思想家、政治家キケロ（前一〇六〜前四三）によれば、このマルティテュードとは、法を作り、それに従って生きることに同意する以前の人びとの集合体のこと——、これでは、人びとの生命の安全は、十分ではない、という。

では、どうすればよいのか。これについてはホッブズは、第二部「コモン－ウエルス論(国家論・主権論)」冒頭の第一七章において、契約を結んだ全構成員の多数決によって全員の意志を代表する者――ホッブズはこれを主権者と呼んでいる――を選び、この代表者が制定する法律に従って生きるよう人びとにすすめる。そして、この代表者を選出したときに、キケロのいう「政治社会」＝コモンウエルス＝国家が成立する、とホッブズは述べる。多数決、代表者の選出、「法の支配」する国家の成立という論理は、まさに「近代国家論」のモデルそのものといえよう。

ところで、ここでホッブズは、主権者に「強い力」を与えよ、という。その趣旨は、平和な政治社会の秩序を乱し、人びとの生命の安全を危険に陥れる「悪しき暴力」を抑止する力を代表者＝主権者にもたせよ、とホッブズはいっているのである。

ここで、またまた、ホッブズにたいする誤解と非難が起こる。ホッブズの批判者たちは、かれは、絶対君主、チャールズ一世を想定しているから、かれは、結局は、絶対君主の擁護者だ、というわけである。この点については、人間の「生命の尊重」を第一義的にかかげる、第一部の「人間論」を読む限りでは、ホッブズが、絶対主権論者とはにわかには考えにくい。とすると、問題は、代表者・主権者の真の性格とはなにかを明らかにする必要がある。主著『リヴァイアサン』執筆当時は、革命の真っただなかで、国王と議会が激突していたので、「平和の回復」のために主権者・代表者設立が重要なことは述べても、「だれが主権者か」については、ホッブズは述べていない。ここまでくると、当時の私の力量ではお手上げであった。そこで、「主権者」とはだれか、という問題については、将来の課題として残し、ここではなぜ主権者・代表者が必要か、またそのための論理構成の方法・特色について解明してみようということにした。

歴史研究の重要性

ところで、以上のようなアプローチの方法をとることは、当時の政治・経済・社会状況をふくめた歴史研究を横において、ホッブズ自身の理論に内在してホッブズを考察することを意味する。といって、私が、思想研究における歴史研究の重要性を軽視していたわけではない。そもそも、私が、思想や哲学に興味をもったのは、それらが、時代精神や人びとの心を突き動かしたのはなぜか、ということであった。とすれば、思想家本人の思想と同時に、かれが生きた時代や先行する歴史を知らなくてはならないであろう。

このことを、ホッブズに即していえば、かれは、なぜ『リヴァイアサン』を書いたのか。つまり、かれの「問題意識」と「時代（歴史）認識」とはなにか、ということである。そして、このことを知るためには、遠くは、ギリシア・ローマ以来の「世界の歴史」、イングランドに即していえば、少なくとも「ノーマン征服」、「マグナ・カルタ時代」以来の「イギリスの歴史」、とくに「ピューリタン革命史」を知悉していなければならない。これは気の遠くなるような話である。

ホッブズの晩年の著作に『ビヒモス』（一六六八）という、そのものずばりの「ピューリタン革命」にかんする、『リヴァイアサン』の三分の二くらいのボリュームのある大部の歴史書がある。目を通してみたが、そもそも、ピューリタン革命の思想的・歴史的過程をほとんど知らないのだから、内容的にはチンプンカンプンである。「ピューリタン革命史」研究の世界的権威であるオクスフォード大学のクリストファー・ヒル教授の『イギリス革命』（この本の特色は、ピューリタン革命と名誉革命をイングランドにおける連続革命として初めて捉えた点にある）という小作品すら、まだ出版されていない時期である。結局、この「思想と歴史」の問題は、西洋史の専門研究者と同じくらいに、イギリス史やピューリタン革命史——当時、ピューリタン革命や名誉革命研究にかんしては、西洋史の専門研究者とわれわれ思想史研究者とのスタート・ラインは、ほとんど同じであった——の研究を深めることによって、ホッブズ思想の全体像が明らかになるはずだが、それには、私自身についていえば、その後、約五年間くらいの時間を要した。というわけで、ホッブズの思想を歴史的側面と関連づけて研究する方法は、とりあえずパスするほかなかった。しかし、歴史研究が絶対に必要であることは肝に銘じていた。

大塚史学と社会思想史学とマルクス主義史学

このことを気づかせてくれたのは、大塚史学（社会経済史）と社会思想史学とマルクス主義史学であった。

政治思想史の分野では、当時、とかく、歴史研究を重視するのはマルクス主義的だとしてなぜか敬遠というか警戒されていた（さすがに丸山先生の思想研究は、歴史研究に裏打ちされていた）。そして、政治思想史研究において歴史研究の必要性が重視されるようになるのは、ずっとのちになってイギリスのダン、ポーコック、スキナー教授らの研究に触発されてのことと思われるが、それでも近々二五年くらいまえからのことであろう。しかし、なにごとも遅きに失することはないと思うので、それ自体、喜ばしいこととは思うが、それでも、いまだにこんにちの思想史研究における歴史研究の貧困を感じざるをえない。

ホッブズはなぜ「人間の分析」からはじめたのか

それは、ともかく、私は、「近代国家論」の元祖、ホッブズは、なぜその政治論の出発点に「人間」をもってきたか、ということを究明したい、と思った。第一部「人間論」に書いてある内容は私でもわかる。しかし、かれがなぜ、「政治論」の最初に「人間の本性」の分析をもってきたか、ということは大いに気にかかる。なぜなら、ホッブズ以前の政治論、たとえば、プラトン、アリストテレス、マキァヴェリ、ボダン、グロチウスなどのそれにおいても、政治を考える基本単位としては、「人間」を最初におき、その分析から始めたものはなく、せいぜい「家族」が基本単位とされている。では、ホッブズになって、なぜ、人間が、政治を考える基本単位として登場したのか。その理由としては、常識的には、ピューリタン革命を経験するなかで、「人間」が「政治の主体」として登場してきたから「人間論」が、ホッブズ政治論の中核となった、という説明は成り立つし、それはそれでまちがいないであろう。しかし、それだけであろうか。ほかにも、なにかあるような気がする。

このことは、私自身は、その後研究を進めていくなかでしだいにわかってくるのだが、国王と議会の対立が激化した「革命状況」にあって、どちらの側も、自己の政治主張——国王主権論か議会主権論か——だけを正当化し続けるならば、相手を説得しまた政治的「敵」と和解することはできず、そのことは、永続的内乱状態が続き、イングランドの存立そのもの、ひいては、イギリス人全体の生命を危くするから、このことに気づいたホッブズが、すべての人間に共通する「生命の尊重」の価値にもとづく原理から、政治的安定つまり「平和の政治学」の構築を開始したのである、ということであった。しかし、当時、学部の二年生であった私には、そこまでは理解できなかったから、研究の方向を転換して、そもそも、ホッブズの「人間論」は、ホッブズの独創なのであろうか、という問題を立てることによって、ホッブズと「先行思想」との関係を研究してみたいと思った。

エピクロスの注目

「人は真空でものを考えることはできない」から、ホッブズの「人間論」にも、なにか起源があるにちがいない。それは、ホッブズに直近する先人たち——マキァヴェリやグロチウスやボダン、ベイコン——からヒントをえたのだろうか。あるいは、ギリシア・ローマの古典古代における哲人たち——たとえば、プラトン、アリストテレス、キケロなど——の政治学から学んだのであろうか。

その頃、たまたま、イエナ大学に提出したマルクスの、のちの唯物論哲学の基本になったと思われる、ドクター論文「デモクリトスとエピクロスの自然哲学の差異について」という論文を読み、近代の「革新的」思想家たちが、新しい理論を構築するさいには、常識的・教養的問題として、必ずギリシア、ローマの哲学や自然哲学や政治学などに、その理論的根拠を求めていることに気づいた。

そうした疑問や思いを太田先生にお話したら、「田中君、ホッブズにはエピクロスの影響があると思うが、調べてみてはどうかね」というアドバイスをいただいた。この指摘は、きわめて衝撃的であった。当時の私の幼稚な学問蓄積においては、エピクロスは快楽主義者、ストア派は清純な自然法学者くらいの認識しかなかったから、エピクロスの哲学が、近代国家論の元祖ホッブズに影響を与えているなどとは、思いもおよばなかった。

そこでさっそく、西洋哲学史の著名な教授たちのギリシア哲学関係の著作、たとえば、ディルタイ(一八三三〜一九一一)、ツェラー(一八一四〜一九〇三)などや『啓蒙主義の哲学』(一九三二)の研究者カッシーラー（一八七四〜一九四五）の著作を読むと、いずれも、ホッブズの哲学には、エピクロスの影響があると指摘されているではないか。しかし、それは指摘だけであって、具体的にはなんらの内容的説明もなされていない。

ベイリとハースのエピクロス研究

そこで、大学三年の春から夏休みまえにかけて、国立《くにたち》の一橋大学図書館に通い、エピクロス関係の研究書を検索し、幸いにも、ベイリの『エピクロス』（C. Baily, *Epicurus*, Oxford. 1926.）を見つけ、読んでみた。当時は赤い丸秘のついた貸し出し不可の本が多く、私は、連日中野の下宿から通って、太田先生の名前で借りだしては、「大学ノート」にひたすら筆写した。

ともかく、腰を抜かさんばかりに驚いた。この本は、エピクロスの政治思想のギリシア語とその英訳の対訳本で、そこでは、原子運動にもとづく人間の「感覚論」・「生命運動論」としての人間把握、「自己保存」、「自然状態」、「自然権」、「自然法」、「社会契約」などによる「社会」や「国家」の成立といった、いまでは、すっかりおなじみになった、ホッブズ政治論のいわゆる「社会契約説」の組み立て方とまったく同じ論理運びが展開されていた。

ホッブズとエピクロスの政治論のちがいは、エピクロスの自然状態では、ホッブズ的な戦争状態ではなく、ロック的な平和状態──「自然状態」が「戦争状態」（ホッブズ）か「平和状態」（ロック）かは、各思想家の立論目的と政治状況のちがい、すなわちホッブズは流血の「ピューリタン革命」、ロックは無血の「名誉革命」というちがいがあるが、こうしたちがいは、理論全体からみれば、大した問題ではない。なぜなら、ホッブズもロックも、同じ民主主義的結論を導出しているからである、この点日本では騒ぎすぎるように思われる——として画かれていること、もうひとつは、エピクロスの政治論には、ホッブズのような「主権論」が欠如しているが、これは、小さな直接民主政的な都市国家と巨大な近代国家の政治論のちがいであろう。

こうして、私は、ホッブズ「人間論」の論理的根拠とルーツを突きとめた。と同時に、私は、ベイリの研究が一九二六年にでていた——ホッブズ哲学の体系的研究としては、ベイリの研究以前に G. C. Robertson, *Hobbes*, 1886. F. Tönnies, *Hobbes*, 1925 があった——にもかかわらず、一九三〇年代に、ホッブズの民主的性格を明らかにした——この「ホッブズ・ルネサンス」の動きは、おそらくファシズムの台頭を批判もしくは反対した学問的動きのなかで起こったものと思われる——シュトラウス（Leo Strauss, *Hobbes' Political thought*, 1936）、グーチ（G. P. Gooch, *Hobbes*, 1939）などの著作のなかには、ホッブズとエピクロスの関係がほとんど取りあげられていないのには不思議な感じがした。

ホッブズとエピクロスの相関関係を知る著作としては、一九世紀末にハースの『一六・一七世紀の哲学にみられるエピクロス的国家・法哲学の影響について』（A. Haas, *Über den Einfluss der epicureischen Staats und Rechtsphilosophie auf die Philosophie des 16 und 17. Jahrhunderts*, Berlin. Druck von H. S. Hermann. 1896.）という小著があるが、テニエスたちは、この本の所在について知らなかったのであろうか。

同時代人たちとのネットワーク

ところで、ホッブズは、自著のなかでエピクロスからの影響についてはまったく述べていないので、エピクロスの理論を剽窃《ひょうせつ》したと非難されるべきであろうか。そうは思わない。

当時の「国王と議会」の対立激化あるいは「内乱」状況のなかでの解決策としては、「人間の生命の尊重」という「普遍的価値」を基礎に、新しい「市民政治理論」を構築することが、最善の方法であったろう。そして、その方法として、ホッブズは、ギリシアのエピクロスの政治論のなかにみいだし、それを一七世紀イングランドの政治・社会状況のなかで新しく組み立てたという作業自体が、のちのマルクス思想の「三つの源泉」――ドイツ古典哲学（弁証法）、フランス社会主義思想（革命思想）、イギリス古典派経済学（資本主義の構造分析）――にもとづく「社会（共産）主義思想」の構築に似ていて、そのことが、まさにホッブズの近代政治思想史上における偉大な功績、独創性ではなかったか。なぜなら、同時代の政治思想家たちのうち、だれひとりとして、個人＝人間＝市民を中心に、人権と自由と平和の重要性を論理化した思想家はいなかったからである。

では、なぜ、ホッブズには、そのことが可能であったのだろうか。ひとつは、ホッブズが一七世紀前半イングランドにおける「憲法闘争」と「ピューリタン革命」の真っただなかで、政治学や政治思想を考える絶好のチャンスに遭遇したからである。これは、ロシア革命や中国革命がなければ、レーニンや毛沢東は出現しなかっただろうし、明治維新がなければ福沢諭吉はなく、また敗戦と民主改革がなければ丸山眞男はなかったのと同じく、ひとつの「天命」であろう。もうひとつは、かれ自身の資質と研鑽の結果である。これについては、後述する。

さて、ホッブズが、近代政治思想構築の大作業に当たって、その格好の素材として、エピクロスの理論を発見し、それを一七世紀イングランドの「戦争（内乱）から平和へ」を思考する思想として採用したことは、すでに述べた通りである。では、ホッブズは、どのようにしてエピクロスに接近できたのであろうか。

それは、ホッブズが、革命前に三回もヨーロッパを訪問し（主人筋の貴族の二代にわたる息子たちの付添いとしてではあるが）、とくに、一六三四年一〇月から三六年一〇月にかけての第三回目のヨーロッパ訪問にさいして、パリのメルセンヌ（一五八八〜一六四七）のヨーロッパ最高の知的サークル（ここに招かれるのは一流の証《あかし》）に迎え入れられ、ガッサンディ（一五九二〜一六五五）と知り合ったことが決定的であった、と思われる。

ホッブズは、ガッサンディについては、その著作のなかでひとことも述べていない〔フランスの占星家、医者であるノストラダムス（一五〇三〜六六）の著書、『大予言』（一五五五）については『リヴァイアサン』のなかの注に引用されている〕が、ガッサンディこそ、エピクロスの思想を近代に伝えたルクレティウス（前九四頃〜五五）の思想（主著『事物の本性について』、エピクロスの哲学を忠実に韻文で書いたもので、唯物論的な原子論で貫かれている）の研究者であり、ホッブズは、ガッサンディを通じてエピクロスの政治思想に接近できたのではないか、と思われるし、この推測はまちがいないと思う。もっともフランス絶対王政下にあったガッサンディは、エピクロスをフランス近代国家形成理論の素材とはできなかったが、近代への胎動を目前にしたイングランドのホッブズは、エピクロスを、かれの近代国家論構築の絶好の理論的材料としえたものと思われる。このようなホッブズの政治思想形成における「歴史と理論」の接合は、近代国家論の構築による「平和の回復」という問題意識があってこそ、はじめて真に可能となりえたことを示す好例である、といえよう。

こうして、私は、三年次の六月頃までに、「ホッブズ自然法理論に於けるエピクロス的性格——市民社会に於ける個人と社会の問題——」というテーマを決定し、論文執筆のために国内外の参考文献を読みはじめる。

福田歓一さんとの出会い

この頃、文理大の行政法の綿貫芳源《よしもと》助教授（田中二郎先生の弟子）が、私がホッブズを研究しているることを知って、堀豊彦先生が「福田君のホッブズ研究は世界一だ」と述べておられるから、法学部の福田歓一助手に会いたまえと紹介して下さった。

七月中旬、真夏の特別に暑い日であったように思われる。田端駅近くの、山手線を真下にみおろす崖のうえに、小さなバラック屋が建っていた。案内《あない》を乞うと「ハチマキ」をした、アンダーシャツ姿の偉丈夫がヌウーと現われた。これが「噂」の福田さんであった。三畳間くらいの部屋の小さな書斎の机のうえには、山のように乱雑に本が積まれ、本と本とのあいだの小さな隙間に、書きかけの原稿用紙があった。

初対面にもかかわらず、福田さんは、旧制高校の先輩が後輩に接するかのように暖かく迎え入れて下さり——全国三三校の旧制高校生のあいだには、同一のエートスで育ったという連帯感があった——、私も高校の先輩にたいするかのように、遠慮なく自分の考え——たとえば、エピクロスがわからないとホッブズはわからないのでは、などと——をぶつけた。とはいえ、話の九割以上は、さすが一高弁論部の論客らしく福田さんがしゃべり続け、とうてい太刀打ちできず、世の中には、こんなにすごい人がいるのか、と驚いた。

しかし、福田さんのほうも、負けずに反論した私の印象が強かったのか、のちにお弟子さんたちをまえにしての語らいのなかでよく、「あのときの田中君のファイトは買ったな」といわれるのには参った。私も負けずに、「ファイトだけですか」と応じたが、考えてみれば、師の前でかしこまっている

——これは、どの先生とお弟子さんたちとのあいだでも同様なことだと思うが——、これまた偉いお弟子さんたちのまえで、このような「軽口」を叩けるのは、ひとえに、助教授昇進直前のハチマキ姿の福田さんと「論争」したことの「特権」ではなかろうか。ともかく、あれ以後、こんにちにいたるまで、福田さんは、弟子第一号を自称する私になにかと目を掛けて下され、その御親切には感謝の念を禁じえない。

こうして私は、卒論完成前に、太田可夫、水田洋、福田歓一という、日本におけるホッブズ研究の最高権威、いや学問とはいかにあるべきかを真に存じておられる知的研究者の方々と面識をえ、御指導を受けることができたのは、なんという幸運なことではなかったか。まさに、ホッブズ様々である。

京都へ、卒論執筆

さて、私は、夏休みは、中学時代から「憧れの地」であった京都で卒論作成の準備をしようと思っていた。もうひとつの理由は、下村先生と京都大学助教授から東京文理大助教授へと就任されたばかりの日本哲学界の若手のホープ大島康正氏（田辺元先生の一番弟子）から、京大の田中美知太郎教授（ギリシア哲学、とくにソフィストの権威）、高田三郎教授（オクスフォード大学哲学科、アリストテレス、中世哲学の第一人者）、重松俊明教授（昭和一〇年代に「西哲叢書」シリーズのなかで、日本で最初にホッブズの全体像を紹介）の三先生を紹介されていたからである。田中先生には、エピクロスのことを、高田先生には、ギリシア哲学のほかに、ルクレティウスのことを、重松先生には、ホッブズ研究のことをお聞きしたい旨を書いたお手紙をあらかじめ差しあげておいた。

京大には、佐高時代の同級生、法学部二人、経済学部二人の四人が進学していた。そのなかで、親友として気の合っていた馬場啓君（前出）が夏休み中、佐賀に帰省して部屋が空くというので、一ヵ月間、借りることにした。

七月下旬、私は、東京を発って、新婚早々の水田さん夫妻が毎年宿泊されている長野県戸穏村中社《ちゅうしゃ》に向かった。三人川の字になって寝て一晩、ホッブズ研究の進展具合をお話し、翌日夕方、山を降り、京都に向かった。当時は、汽車の便が悪く、夜七時頃、直江津に着いたが、それから先へ行く汽車がなかった。駅前の旅館に宿をとったが、女将の話によると、この部屋は、女優の三条美紀様――当時は、大スターであった――がお泊まりになった、ということであった。

翌朝早く、汽車に乗り、福井県武生市で下車した。元山時代に、ほとんど毎日のように遊びにきていた「島田のおばさん」――母より十歳ほど年上か――に会うためであった。島田さん宅は、長男が元山の泉町小学校の先生（清親さん、死亡）であり、安子姉さん（大分、日田在住）、五歳年上の朝子姉さん（奈良県郡山在住）、二歳年上の清兄さん（武生在住）がいて、よく遊んでもらった。昭和一四年の夏休みに、佐賀から元山へ帰省して以来、一二年ぶりの再会であった。話は尽きず、ほとんど徹夜状態であった。

翌日、いよいよ、お目当ての京都へ向かった。市電に乗って、京都御所近くの「今出川通り上る入ル」にあった馬場君の下宿先の加地さん宅（おばあさんと、小学校の先生をしていた夫妻と幼稚園児の坊やがいた）に到着した。狭い路地の両脇にこじんまりと並んだいかにも京都風の家で、二階十二畳と四畳半の二間で七百円であった。私は千円包んだが大変喜ばれ、時折り夕食をごちそうになった。

京大学食と「大文字祭り」

京都御所、同志社大学、賀茂川、百万遍、京大、吉田山、吉田神社、真如堂という絶好のロケーションをひかえた散歩コースは、ゴミゴミした東京に住んでいただけに、ことのほか気に入った。午前中の涼しいうちに、少しずつ論文を書き進め、昼過ぎには、就職活動のために京都にとどまっていた小崎済《すすむ》君（法学部、三和銀行支店長歴任）と京大生協に食事に行った。

食堂のモギリ嬢が、イケメンの小崎君に「お熱」をあげていたおかげで、「ライス券」を買うだけで、「ハムエッグ」とか「肉じゃが」の券が自動的に付いてきた。このおかげで、一日八十円くらいですんだのではないか、と思われる（当時私は、研究者になることを条件に、全国旧制高校の文科・理科から一名ずつ選ばれた第一期生として月四〇〇〇円の特別奨学金を給付されていたが、それでも生活はきつかった）。これでは、あまりにも悪いので、なにかお礼をしたいと申し出たら、八月一六日の「大文字祭り」の夜に、妹も連れてくるので、一緒に歩いて下さい、ということであった。細面で、スリムな体型をした美人姉妹は、「ゆかた姿」で、手には「うちわ」を持って現われた。われわれは、縁日の屋台のでている見物客でにぎわった狭い小路を、ブラブラと歩いた記憶はあるが、どこかでお茶を飲んだとか、食事をしたとかいう記憶はない。当時は、喫茶店とか食事処などなかったように思うし、第一、あったとしても、お二人を「おごる」余裕はなかった、というのが正直なところであろう。その後、小崎君は、かれの下宿のお嬢さんと結婚したから「モギリ嬢」とは結ばれなかった、ということになる。なんとも悔いの残る「あいびき」（デート）であった。

八月末には、馬場君、瓜生譲三郎君（法学部、朝日新聞社）、西田君（経済学部、毎日放送）が帰ってきたので、われわれ五人は、時折り、疎水際の「哲学の道」（ドイツのハイデルベルクのネッカー河に面した哲学者たちの散歩道からとった名称）に沿った瓜生君の下宿で「コンパ」（旧制高校生が集まって、酒を飲み交わして気炎をあげる宴のこと）をした。ところで、今出川方面から「哲学の道」にでるのは簡単ではなかった。ふつうは、吉田山の右か左かを大回りしなければならなかったからである。しかし、「隠れ近道」はあった。京大正門前から、吉田山へ向かう急勾配の小さな石段を上って「吉田神社」に達しそこから下って「真如堂」に行き、さらに「法然院」方向へ下って、「疎水」、「哲学の道」まで行きつく方法であった。当時は、「人っ子一人」歩いていない、淋しい山道であったが、いまでは、観光コースみたいになって賑わっている。そういえば、京都観光が盛んになるのは、日本経済が高度成長に向かい始める昭和三〇年代後半くらいからではないか、と思うが昭和二〇年代半ば頃には、宮本武蔵の一乗寺決闘下り松近くの「詩仙堂」はもとより、「御泥《みどろ》が池《いけ》」近辺の比叡山を借景とした名刹「円通寺」さえもほとんどだれも知らなかった、といってよい（詩仙堂、円通寺などの京都の名所・旧跡は、私ものちに、大学同僚の西沢龍生君（京都大学西洋史卒、筑波大学名誉教授、智恩院の御曹司）から伝授された）。昭和三〇年代前半までは嵐山でも、夕方には、「人っ子一人」歩いていなかったのである。

陸経の同級生と出会う

京都の思い出のひとつとしては、敗戦以来、連絡の途絶えていた陸軍経理学校第二区隊の同級生たちと七年ぶりに、それこそまったく偶然に再会したことである。

あるとき、小崎君の都合が悪く、一人で京大生協に向かっていた。百万遍交差点の手前のメイン・

ストリートからちょっと引っ込んだ小道の奥に瀟洒な赤い屋根のこじんまりしたレストランがみえた。ゲル貧学生では、とうてい入れないから、いつも横目で眺めながら通りすぎていた。そのとき、一人の大男が、ハンカチで口をぬぐいながら、店からでてきた。耳には、当時としては珍しい、明らかに英会話を聞いていると思われるイヤホーンがうめ込まれていた。

一瞬、見たような顔だと思ったが、なんと、同じ区隊の、しかも「寝台戦友」(軍隊用語のひとつ。毛布八枚、二人分十六枚を二人でたたんだり、広げたりするための相方《あいかた》。ベッドは、互いちがいに寝て、起床ラッパが鳴ると、すばやく飛び起き、作業後、軍装して、宿舎の前庭に整列し点呼を受ける。遅いと、皆に迷惑をかけるから、寝台戦友がだれかは、きわめて重要である。この四修(ふつうは五年から入学するが、四年から合格すること。飛び級の一種)の秀才で、滅法人が良く、体は大きいがおよそ「運神《うんしん》」(運動神経)のない寝ぼけ眼《まなこ》の相方を叱咤激励するのが毎朝の私の役目であった。そのときのお礼か、のちに村井君には銀座のクラブや高級バーによく誘っていただいた」の村井兵部《ひょぶ》君(神戸一中、旧制甲南高校、京都大学医学部から法学部へ転部、会社社長)であった。神戸の裕福な医者の御曹司(同じ近所の医者のお嬢さんであった、かの土井たか子チャンと毎朝、お手々つないで幼稚園に通ったというのが、かれの自慢のひとつ)であるから、われわれゲル貧「生協食堂組」とは異なり、「レストラン派」であったのだ。

さっそくそのまま、同級生の長谷部英雄《ひでお》君(旧制大阪高校、京都大学医学部卒、大阪で開業)、秋山繁君(旧制松山高校、京都大学医学部卒、若くして死去)の三人が同宿している、銀閣寺わき白川通りにある下宿先に向かった。再会を祝し、大いに談笑したが、夜更けからは、日本女性をたぶらかしているアメリカ兵に「膺懲の鉄拳を下さん」と、懐中電灯をもって丸山公園のアベックを襲撃して驚かせ、その後、祇園から先斗《ポント》（ポルトガル語で先端という意味）町へとくりだし、たまたま前方から歩いてきた三人の舞妓《まいこ》はんと握手し、「十年後に会おう」と約束したが、その後だれも、その約束を果たしたという話は聞いていない。

京大の三人の大先生にお会いする

ところで、このように書くと、京都では遊んでばかりいたのではないか、と思われるかも知れないが――もっともお盆の頃の一週間ばかりは、小崎君と二人で、連夜、「ふとんきて寝た東山……」という太鼓の音頭に合わせて盆踊りに熱中したが――、「さにあらず」、食事時以外は、下宿で卒論を書き続けた。

とくに、京都にきた、本来の目的、田中・高田・重松の三先生に、教えを乞うという重大案件があった。いまにして思うと、身が震えだしそうな大先生たちにお会いすることになるが、血気盛んな若者の特権か、さほど恐ろしい、とは思わなかった。

大徳寺脇にお住いの田中美知太郎先生は、二階の応接間へ私を通され、「自分はソフィストが専門だから」とおっしゃりながらも、エピクロスやストア派についても、親切にお話しくださり、また、私の話を聞かれてか、翌日、夏休み中にもかかわらず、わざわざ大学にでてこられて、図書館からジャック・マリタンの『自然法』を貸し出されて、読むようにとすすめられた。

高田三郎先生は、二階の縁側の籐椅子に腰掛けられて、私の卒論の構成と内容について、ひとつひとつ質問され、オクスフォード大哲学科仕込みの蘊蓄《うんちく》を披露され、私はほとんど、それに答えることができなかった。というわけで、ある意味では、高田先生にお答えするという手法によって、私の卒論は出来上がっていった、といってもよいだろう。

重松先生は豪快な方で、まずビールをすすめられ、「昔のことでホッブズは忘れたよ」とおっしゃりながら、西谷啓治先生（京都大学教授、宗教学、京都学派の一人）に命じられて、無理矢理書かされたが、そのさい、テニエスの『ホッブズ、人と思想』（*Hobbes, Leben und Denken*, 1925）が参考になった、とおっしゃり、実に正直な先生である、と好感がもてた。

いまや、お三方とも亡くなられたが、一介のチンピラ学生の身分で、お宅にあげていただき、お茶や食事までもごちそうになったのは、身に余る光栄というほかなく、戦後すぐのこの時代には、京都では、まだ同学の人間ならば対等に扱っていただける気風が残っていたのであろうか。

こうして私は、約一ヵ月かけて、ホッブズの卒論をほぼ書きあげた。論文締切りの一二月一五日までの約三ヵ月半は、シェイプ・アップに使えると思うと、心安らかな気分になった。

天理市訪問

帰京するまえに、私は、一年後輩の大久保昭教《あきのり》君（東京文理大、哲学、天理大学学長、天理大学図書館は、江戸文学にかんする日本最高・最良の資料を蔵している）が天理教の総本山である天理市に招待してくれたので数日間逗留した。

天理市は、町全体が、いわば古代ギリシアの都市国家（ポリス）もかくやと思われるようなたたずまいで、他者は、そのなかに入り込むことはできないような、ピーンと張りつめた雰囲気があり、宗教集団のエートスとは、このようなものか、とたいへんに勉強になった。それから二〇年後に、彦根市にある大久保邸を尋ねたことがある。大老井伊直弼の屋敷を彦根教会が買いとったとかで、三階の高台の間《ま》から、池に映る月の光を眺めながら盃を交わした情景はいまだに忘れられない。

大久保家は、織田信長の家臣前田利家のようないわば天理教団内の北陸の大名家みたいなもので、大久保君の父上が北陸一円を開拓されたとのことである。近代国家論の祖ホッブズと天理教とは、奇妙な取り合わせであるが、「個人と集団」の関係を考察するうえでは、天理市の貴重な経験は、決してマイナスではなかった、と思っている。

卒業後の進路

一九五一年一二月一五日、午後一二時ジャスト五分まえに、私は卒業論文を事務室の窓口に提出した。次にどうするかは、まったくなにも決まっていなかった。もう少し研究を続けたい、とは思ったが、これとても、なんの保障もあてもなかった。このままいけば、三月中旬頃までには、新制高校の教員の口ならばなんとかなるだろうと思っていたし、それならそれでもよい、と考えていた。

一月中旬に、卒論の口述試験があったが、一月末に、特別研究生（別名特研生）に指名されるという朗報が告げられた。務台・下村・岡田各先生が推薦してくださったようである。

特研生になると、身分は大学院生であるが、前期二年、後期三年計五年間、研究奨学金が支給され、その額は、文部教官である助手の給料よりも若干高かった。文学部・理学部それぞれ一学部に一人しか与えられないのだから、これほどの幸運と名誉なことはなかった。

もっとも、その頃、私には、小島君や浅野君をみていて、このまま哲学科に属して研究を続けていてよいものかどうかという疑問がないわけではなかった。当時は、官立の旧制大学の間では、三年生に無試験で編入できる「学士入学」という道があったから、東大の法学部か経済学部に入って、社会科学の研究を進めるという道も真剣に考えていた。

しかし、これだと、せっかくの「特研生奨学金」はもらえなくなるが、親戚の家にただ同然で置いてもらっていたから、高校講師（非常勤）か家庭教師を二つ三つすれば、なんとかなるのではないか、とも思った。新しい学問研究の発展と方向転換のためには、多少の危険もやむをえない、という誘惑がしきりに私を襲った。このまま「哲学的思想」研究を続けるか、「社会科学的思想」研究に転進するか、正直いって私は二月一杯、迷いに迷っていたのである。

政治学科助手に採用される

偶然は、突如、天から降ってくる。三月上旬、私は、大学側のいまはなくなった有名な（作家の戸川昌子さんも住んでいた）都立大塚女子アパート〔実際には、私の友人である当時英文科の院生であった山田君（のち岩手大学英文学教授）もなぜか住んでいた〕前の都電停留所に立っていた。そこへ、新制大学の東京教育大学「助教授」稲田正次先生（明治憲法制定史研究の第一人者、東京高師、九州大学法学部卒、先生は司法試験を一番で通ったが、高師の助教授の道を選ばれて、その後、文理大の憲法教授として、われわれも教わった。しかし、例の「文教大学」か「教育大学」かという校名問題紛争のときに、先生は「教育大学」側に付き、そのため、他大学出身の文理大教授たちが主流である「東京教育大学文学部教授会」では、先生は「助教授」に降格された〔なんというヒドイ話ではないか〕、という噂は知っていた）が都電から降りてこられ、私の顔をみつけると、「ちょうどいいところで会った。話があるので研究室まできき給え」とおっしゃった。ふだんは、ほとんどお話をしたことがなかったので、なにごとならんか、と思ったが、先生は、私の卒論のホッブズの審査委員でもあったので、それにかんする話かと思って、研究室までお供した。

研究室に入ると、開口一番、「君は体は丈夫かね」とおっしゃった。「ハイ」と申しあげると、こんどはいきなり、「助手になる気はないかね」というお話であった。なんでも、先生が主任である「東京教育大学文学部社会科学科法律政治学科」——なんとも舌をかみそうな長ったらしい名前だが——の梶哲夫助手（教育大付属中教官、筑波大学教授、教育学、早稲田大学社会科学部客員教授）が、家庭の都合で突然やめることになり、急遽、後任を探すことになったらしい。何人も候補があがったが、梶助手はもとより、哲学科助手の川那部保さん（筑波大学教授）、堀田彰さん（筑波大学教授）も、君のことを強く推しているので、どうか、というお話であった。

ところで、政治学科の助手になる、ということは、学恩のある務台・下村・岡田各先生たちの反対側にいる稲田先生に付くことになる。稲田先生は、助手になれば、政治学でも政治史でも政治思想史でも、なんでも好きなテーマを研究してもよい、とおっしゃってくださった。さあどうするか。一日の猶予をいただいて、その日は研究室を辞した。

いつの時代、どこの場所であれ、大学の内紛というものは、正常な研究の進展を妨げるものであり、その後、私は、何回もこういう場面に遭遇することになる。私は、人事派閥争いは大嫌いであるが、こうしたみにくい争いは、しばしば、外部からたとえば「校名問題」とかのちの「筑波移転問題」とかいう形で、襲いかかってくるものである。

一晩中考えたが、容易に結論はでなかった。またこのような微妙な問題は、だれに相談するわけにもいかず——大げさにいえば、人の運命がかかわっているから、相談されたほうでも困るであろう——、最後には、自分で決断するほかなかった。敗戦の日のあの晩のことがなぜか思いだされた。

結局、私は、助手をお引き受けするほうを選んだ。そのさいの判断基準は、先生方の争い――それにはそれなりの論理があったろう――気を使うことよりも、今後、私が、社会になんらかの貢献ができるためには、安定したポストをえて、研究成果をあげることのほうが大事である、と判断したからであった。

翌日、私は、稲田先生に、お引き受けすることを報告し、務台・下村・岡田各先生には、ことのしだいを正直に申し上げ、御理解をたまわり――本当に理解されたかどうかはわからない。しかし、のちに、務台先生が慶応の大学院教授になられたさいに、慶応にいっていた佐高時代の友人高柳君からの話として、務台先生が君のことをほめていたよ、と聞いたので、少なくとも、務台先生はお許し下さっていたのではないかと思う――、「特別研究生」の候補を辞退した。

こうして、私の運命は、一晩にして変わった。もともと私は、大学教授などになれるとは思っていなかったし、そういう能力があるとも思っていなかった。それが、どこをどうまちがったのか、いつのまにか研究者のスタート・ラインに立たされていた。もちろん、研究も勉強も嫌いではなかった。この方向で、戦後日本の民主化にいささかでもお役に立てる仕事ができれば、最高の道であることもまちがいなかった。

私は、敗戦から、「東亜連盟」・「高校」時代を通じて、「世界」を知りたい、と思い続けてきた。それがいま、「世界の窓」を開けるチャンスがやってきたように思える。運命とは、こういう風にして定《き》まるのか。ポストをえようとか、なにかをえようとか、積極的にはなにも行動しなかったのに、周囲の諸関係のなかで、なんとなく自分の運命が定まっていくというのは不思議なことに思えてならなかった。

第二部　近代政治思想研究の歩み

——ホッブズ・シュミット・如是閑

はじめに

第一部では、日本の敗戦によって、私自身が、「思想の転換」を迫られ、はじめて、「一個の人間」として再出発した時点から、将来の学問方向としては、「哲学」を研究したいという決意をするまで、また大学の卒業論文には、近代国家論の祖トマス・ホッブズを取りあげ、さらに、卒業と同時に、まったく幸運にも政治学科「助手」に採用されたことにより、「研究者」の道を歩むことになった経緯について述べてきた。

敗戦から、わずか六年半ほどの短い時間であったが、「個人の歴史」としてみれば、毎日毎日がまさに「波瀾万丈」・「疾風怒濤」の時期であったように思う。

どれひとつでも、一歩選択を誤れば、まったくちがった人生を歩むことになったであろう。背後に、「眼に見えない」なにか大きな「運命的な力」を感じないでもなかったが、それぞれの時点で、自分の「意志力」が強力に働いたことも無視できない。そして、このような「意志力」を可能にしたのは、ひとえに、「先生」、「先輩」、「友人」、「後輩」たちと「家族」・「親戚」・「知人」をはじめとする社会的・家庭的環境という「援助力」にあったことは、ここでいくら強調しても強調しすぎることはない。

「世界の歴史」と「個人の歴史」がこれほどまでにみごとに対応した幸運な時代に生きた、と感じたことはなかったし、またこのことによって、その後の私の研究態度と方法も大きく規定されたこともまちがいない。

以下、この第二部では、その後の私の約四〇年間（東京教育大学、静岡大学、中央大学、一橋大学、大東文化大学）にわたる「近代政治思想研究の歩み」の大要について、述べることにする。

一、研究の時代区分（総論）

四つの研究分野

私は、世間的には、トマス・ホッブズ、カール・シュミット、長谷川如是閑、それに、これは第三部で述べる予定の「現代史研究」の四輪馬車で走っている、とみられてきたし、またみられている。この研究分野は、地域別・国別でいえば、イギリス、ドイツ、日本、現代史（世界と日本）という分け方もできよう。さらに、時代的にいえば、近代市民革命から一九世紀末、二十世紀前半から第二次世界大戦の終りまでの約三〇〇年間、そして第二次世界大戦から現代の二一世紀一〇年代に至るまでの約六〇年間、近・現代全体の思想的・理論的・政治的全問題をフォローしている。研究のウイングを、上・下（近代から現代）、左・右（世界と日本）、と思い切り大きく広げているので、その研究成果は、個々の点については、さまざまな脱落や欠陥があるだろうし、また、ことがらを単純化して捉えていることの問題性があることも十分に承知している。

しかし、ここであえて私が、先ほどの四つの研究分野に焦点を合わせて、解明しようと思ったのは、第一部でも述べたように、敗戦時に「世界」や「思想」をトータルに、正しく把握するにはどうしたらよいか、という問題を探し求めていたら、自然にこのようになってしまった、というほかないのである。そこで、ホッブズやシュミット、如是閑などの個別的理論研究やその方法については、後述するとして、ここでは、まず、多分野にわたって研究することの意味について、はじめに述べておこう。

イギリスとドイツの比較

私は、もともとは、近代思想原理を知りたくて、一七世紀イギリスの政治思想家ホッブズの研究からはじめた。これを通じて、私は、マグナ・カルタ（一三世紀初頭）からハロルド・ラスキ（二〇世紀前半）までの、イギリス自由主義や近代民主主義の大要をしることができた。ホッブズについては、かれの「宗教論」は除き、かれの「国家論」形成までの思想や理論は、ほぼ把握できた、と思う。その詳細については、各論の「ホッブズ研究」のところで述べるとして、だいたい、大学卒業後、一二、三年くらいかかった。そして、いよいよ、ホッブズ政治論の集大成にかかろうとしていたときに、その理由も、各論「シュミット研究」のところで述べるが、急遽、一九二〇年代から三〇年代の「危機の二〇年」の時代におけるドイツの保守思想家カール・シュミットの研究に取りかからざるをえなくなり、ホッブズ研究を一時期、中断した。

この「方向転換」が、その後の私の研究にとって、プラスであったか、マイナスであったかは評価の分かれるところだが――藤田省三君はしきりに、ホッブズを続けなさい、と私に「命令」していた――、私自身は、遠回りはしたが、結果的には良かった、と思っている。

それは、ホッブズは、一七世紀「市民革命期」において人権の保障と人命尊重を第一義的なものとして主張した民主主義的思想家であり、シュミットは、二〇世紀前半の「ファシズムの時代」の保守思想家・ナチズムの擁護者であったから、自由と専制、民主主義と独裁（ファシズム）についての比較研究ができたからである。

次に、イギリス思想とドイツ思想を比較研究できたことは、のちに私が、如是閑――これについても、各論「長谷川如是閑研究」で述べる――をはじめとする日本の近代思想を研究するさいのきわめて有効な分析道具となったからである。なぜなら、戦前日本の近代思想の進展と様相は、如是閑自身がいうように、まさに「イギリス思想とドイツ思想の闘い」であり、戦前においては、「ドイツ思想がイギリス思想を駆逐した」歴史でもあったからである。そして、その結果、どうなったかは、これまたあとで述べよう。

日本の社会科学の分野では、とかく日本ならば日本、イギリスならばイギリス、フランスならばフランス、ドイツならばドイツだけを研究する傾向が強いが――一国、一時代を丹念に研究することの重要性はいうまでもないが――、これでは、世界の歴史の進行方向をトータルに捉えることはとうてい不可能であろう。一九世紀末から二〇世紀初頭にかけてのイギリスのすぐれた憲法学者A・V・ダイシー（一八三五〜一九二二）は、名著『憲法序説』（一八八五）のなかで、憲法学者たるものは、最低、三つか四つの国々の憲法が比較できるように研究しなければならない、といっているのは、けだし名言といえよう。しかし、日本では、こういう比較思想史的研究をすすめるために、いくつかの国々の研究を試みると、とかく、「やりすぎ」とか「手のだしすぎ」などという悪評を受けることになるが、これでは、日本の社会科学は、諸外国のそれと太刀打ちできないであろう。自分の学問研究にとって必要であると思ったら、恐れず、迷わず研究ウイングをひろげよ、というのが、私の考えである。

日本と外国の比較研究

次に、ヨーロッパ思想界の二大対極思想であるイギリス思想とドイツ思想の比較方法のメリットに関連して、外国と日本との比較研究の意味について述べておこう。日本では、外国研究は外国研究、日本研究は日本研究とバラバラにおこなわれている。これでは、日本の特殊性とか日本の特質とかいくらいってみても、外国人研究者にたいしては説得力はないであろう。私の知る限りでは、政治学の分野では、岡義武・丸山眞男の両先生くらいが、外国と日本の比較ができた先生ではないか、と思われる。岡先生は、かねがねお弟子さんたちに、まずヨーロッパから勉強せよ、といわれていたそうだが、わかるような気がする。私のばあいは、ある偶然なことから、イギリス、ドイツ、日本の三つの分野に手を染めることになったが、それにより、思想史研究そのものが、たいへん面白くなった――たとえば、シュミット研究は、私のホッブズ研究を深める機縁となったし、また、同時代人としてのシュミット、如是閑、ラスキの比較は、全体主義、ファシズム、民主主義、社会主義の関係をトータルに捉えることを可能にした――ことを述べておこう。

日本では、ちょっと「外国のことを勉強する」と、やたら「この国では」という言葉を振り回して、自分は、まるで「西欧人」であるかのような尊大な態度で日本をこきおろす自称「文化人」がいるかと思えば、西欧の普遍的原理から学ぼうというと、「丸山眞男は近代主義者である」と威丈高になって非難するガチガチの公式主義的「日本主義者」もいるが、いずれも、その思想的スタンスは、同根であるように思われる。

研究領域を広げていくことの条件

さて、私は、社会科学研究のばあい、比較研究の重要性とそのために研究領域を広げていくための必要性を述べたが、ただやみくもに広げればよいというわけではなく、広げるためにはいくつかの条件がある。なかでも重要なことは、社会科学研究にもっとも適合的なテーマ・時代・場所などを定めて、ボーリングすることが必要である。また、人間一生のあいだにできることには限りがあるので、せいぜい四つか五つしかテーマを選ぶことはできない、と思われる。したがって、それらの諸テーマが、自分の研究目標に、相互に有効に結びつくように選定する必要がある。そして、ひとつのテーマから次のテーマに移るのは、危険な賭けもふくんだ一種の挑戦であるが、挑戦しなければなにもでてこない、というのが私の考えである。そこで、私自身の個々のテーマの研究遍歴について述べるまえに、なぜ、私が、ホッブズ、シュミット、如是閑、現代史研究の四つの研究テーマを選んだかについて簡単に述べておこう。

ホッブズ、シュミット、如是閑、現代史研究の選定について

ホッブズを選んだについては、戦後、日本の民主化を考えるさいに、世界史上最初に、近代国家、近代社会、近代民主主義を構築した、イギリス「市民革命」(ピューリタン革命)を分析することが、もっとも適合的であること、またそうした新しく登場した国家や社会を正当化した理論はなんであったのか、そのことを知るためには、「ピューリタン革命期」の最高の政治学者を素材として研究するのがもっとも有効である、と考えたからであり、それについては、第一部でも述べた。

ともかく、研究の出発点をホッブズにおいたことは、その後の生涯かけての研究にさいして、上に向かっては、ギリシア・ローマの古典古代、中世の思想研究、ルネサンスと宗教改革、下に向かっては、一八・一九世紀、二〇・二一世紀の思想研究へとウイングを広げていくうえで、きわめて有効であった。なぜなら、ホッブズの思想的地位は、古典古代・中世と近・現代の結節点となっていたからである。

日本では、現代思想や日本思想にかんする研究者たちの多くは、近代世界の出発点である、一七世紀中葉の歴史や思想といういわゆる「古典」研究をやらないし、そうした研究を「時代遅れ」だとか、「近代主義」だとかいって軽視する傾向がある。しかし、「古典」研究を無視した「現代思想研究」や「日本思想研究」は、世界に通用しない、スケールの小さい、内容の貧しいものといわざるをえない。

次に、シュミットと如是閑を、ホッブズに続く研究対象にしたのはなぜか、という点について述べておく。まず、シュミットから。思想史研究者の一人として、たとえ古典研究からはじめたとしても、私自身、戦後世界に属する身としては、現代史・現代思想研究に興味をもっていたことはいうまでもない。しかし、いつどの時点で、新しい研究に向かうか。そのさい、どの時代、どの国、どの思想などを対象に設定するのかは、しかく簡単なことではないはずである。

私のばあいには、まったく偶然なことから、新しい戦線へと転進することになった。ホッブズ研究はまだまだ不十分だとは自覚していたが、たまたまある外的条件の変化が私を新しい問題研究へと向かわせたのである。その外的条件とは、「戦後民主主義とはなにか」を問いかけた、一九六〇年代末から七〇年代初めにかけての世界的規模での「大学闘争」の発生にあった。この問題は、資本主義の発展とデモクラシーの発展を無反省に謳歌していた、二〇世紀初頭のヨーロッパにおいて、「社会主義」

と「ファシズム」が「異議申立て」をした状況と似ていた。なぜなら、世界および日本における「大学闘争」も、高度成長による繁栄の結果生じた政治・経済・社会的矛盾に、若者たちが「異議申立て」をしたひとつの重要な出来事であったからである。

そして、この問題を考えるためには、ひとつは、一九二〇、三〇年代の「ファシズム」の問題を分析する必要があった。一九世紀末までのヨーロッパの政治思想は、後述するように、ほぼおさえてあったので、また、自分自身も、日本における「天皇制ファシズム」、「軍部ファシズム」、「超国家主義」の思想と行動の体験者として、ヨーロッパにおける「ファシズム思想」の全体像と、その最良の素材であるカール・シュミットの思想を分析することにした。その経緯については、後述するが、シュミットの研究は「ファシズム」の分析に有効であっただけでなく、のちに、私が、戦後世界政治史とくに「冷戦思考」を分析するさいにもきわめて有益であったことを、ここではとりあえず指摘しておこう。

如是閑とリベラリズム研究の必要性

さて、次に如是閑研究についてであるが、これもまた、私の問題関心に合致した形で、きわめてスムーズかつ必然的な形で、私の研究テリトリーのなかに入ってきた。その詳細については「四、如是閑研究について」において詳述するが、如是閑研究は、私にとっては、きわめて大胆かつ危険な冒険であった。ヨーロッパ研究者ではあれ、日本人として、私も日本の研究に関心がないはずはなかった。しかし、日本の学界では、ひとつの分野から他の分野に眼を移すことを極端に嫌う学問的風潮がある。ひとつは、専門も十分にしないで、他に移るとはなにごとか、というまことにまっとうな意見である。しかし、他の視点からいえば、「他流試合」をすることは、人文・社会科学系の学問研究においては、とくに必要である、と思われる。事実、私は、シュミット研究によって、ホッブズの「主権論」をより深く理解すること——ホッブズとシュミットの政治思想は対極的立場にあるが——ができた。「異質のもの」・「敵から」学ぶ、というのが、学問研究の質を高め、幅を広げる必須の条件であろう。以上の点が、私をして「西洋から日本へ」という「ルビコンの河」を渡ることを決意させた最大の理由である。ところで、如是閑研究を通じて私が明らかにしようとしたことは、国家主義（ファシズム）対社会主義というやや短絡的な二項対立方式によって、とかく日本の近代思想を理解しようとする研究方法に疑問を感じていたことである。

そもそも、西欧デモクラシーの発展をみると、自由民主主義から社会民主主義へというプロセスを経て、こんにちのEU（ヨーロッパ連合）的「デモクラシー」を形成していることがわかる。すなわち、ここに至るまでには、ヨーロッパ・デモクラシーは、「社会主義からの挑戦」、「ファシズムの提起した問題」までをも反省点として摂取しながら進んできたのであり、そのようなことを可能にした思想的エレメントは、人権（人命）尊重の確保を第一義的なものとして考える「自由主義」＝リベラリズムの伝統が、ギリシア・ローマ時代、ルネサンスと宗教改革、近代市民革命を通じて、脈々と受け継がれてきたからである。

とすれば、日本の近代思想の発展においても、「リベラリズム」の研究は無視するわけにはいかず、こうした点からいえば、日本において、「自由民主主義」と「社会民主主義」の思想を接合した大正デモクラシーのオピニオン・リーダーである長谷川如是閑の研究は、きわめて重要であるように思えた（最近、近代日本思想史研究における自由主義、リベラリズム研究の重要性を指摘して武田清子さんの

『天皇観の相剋』（岩波書店、二〇〇一年）と私の『近代日本と自由主義』（岩波書店、一九九三年）をとりあげた研究書（伊藤雄志『ナショナリズムと歴史論争——山路愛山とその時代』風間書房、二〇〇五年）が現われたのは嬉しいことであった」。如是閑を研究することによって、ひとつは、「戦後民主主義は虚妄であった」として、簡単に、民主主義を否定し、しかし、それに代わる新しい政治思想を構築し提起しえなかったいささか短絡的な学生たちの思想的行動に、逆に「異議申立て」をし、学生の質問に答える道を探す方向を可能にした。次に、如是閑研究によって、私は、シュミット（ドイツ）、ラスキ（イギリス）などの如是閑の同時代人が、「危機の二〇年」（一九一九年〜三九年）間にどのような対応をしたか、また、そのさいに、如是閑やラスキとシュミットの対応がどのようにちがったか、それはなぜであったか、という思想的研究を可能にした。

さらに、如是閑の研究を通じて、私は、明治二〇・三〇年代（日清・日露戦争、日本帝国主義の成立期）の自由民主主義者田口卯吉・陸羯南、明治啓蒙期の福沢諭吉などの近代日本におけるデモクラシー思想の継承・発展の系譜をあるていど理解することが可能となった。これらの経緯については、後述するが、如是閑研究によって、私は、長年の念願であった日本研究の「とっかかり」をえたことは確実である。

以上、私は、ホッブズ、シュミット、如是閑研究へと研究を進めてきた経緯と目的・意味については簡単に述べ、そのさい、「比較（思想）研究」のメリットを推奨してきた。

現代史研究の意味

この後、私は、二〇世紀最大の政治的事件の一つである「冷戦終結宣言」（一九八九年）の五年後頃から、私自身としては六八歳頃から、いよいよ世界と日本をふくめた戦後史を研究することを開始した。その問題点については、「第三部　現代史研究について」で詳述するが、「戦後の生き証人」ともいえる私たち世代こそが戦後六十年余を生きた歴史を書く、最高の適任者であると思っている。しかし、このさいにも、三五〇年余にわたる近代西欧政治思想と近代日本の思想を研究してきたことは、現代思想を研究するうえでの最高のトレーニング方法であった、と思っている。以下、ホッブズ、シュミット、如是閑の研究について述べることにする。

二、トマス・ホッブズ研究について

ホッブズ政治論のエピクロス的性格

私が、卒業論文に、近代国家論の祖トマス・ホッブズを選んだこと、そのさいホッブズが、かれに先行するアリストテレス、キケロ、マキァヴェリ、ボダン、グロチウスなどの政治思想家や同時代のサー・ロバート・フィルマー、ヘンリー・パーカー、ジェイムズ・ハリントン、フィリップ・ハントンなどとまったく異なる理論的方法、つまり、「人間の本性」の分析からはじめて、人間にとっての最高価値は「自己保存」（生命の尊重）にあり、「人命の安全保障」のためには、「社会契約」を結んで、すべての人びとの力を結集（「力の合成」）せよという理論体系を構築して、近代国家形成の目的を展開したことは、すでに述べた。

そして、それと並んで、ホッブズが、中世スコラ神学の影響下にあった政治思想から脱却する手段としては、キリスト教の影響のないギリシアの政治哲学とくに都市国家政治の危機に登場して思索したヘレニズム哲学（ストア派やエピクロス派）を採用していた（とくにエピクロスの「人間の生命運動論」や「自然法」）ことを明らかにした。このことによって、当然なこととはいえ、近代国家論を論じるときには、ルネサンスや宗教改革およびその思想的原点である古代ギリシア・ローマ時代の近代思想への継承関係の研究を抜きにしては語れない、ということを痛感した。

こうして、私のホッブズ研究がはじまったが、ホッブズは、なぜ、エピクロスの「人間論」から出発しながら、人間の自由を侵害しかねないような、政治社会＝コモンウェルス（国家）に「ひとつの」「強い力」をもった「主権者」（代表者）が必要だという「政治論」を展開していったのか、という点については、いまひとつよくわからなかった。

ホッブズと「ピューリタン革命」

このことを知るためにはなによりもまず、ホッブズが、かれの生涯のうちでもっとも重要な部分を占めた「ピューリタン革命」をどうみていたか、を追求してみる必要があるように思えた。

幸いなことに、この稀代の大思想家ホッブズは、最晩年に近い一六六六年頃（七八歳頃）に『ビヒモス』（海の怪獣（「平和の怪獣」）「リヴァイアサン」と同じく、聖書の旧約「ヨブ記」にでてくる陸の怪獣（「戦争の怪獣」））というタイトルで、一六四〇年〜六〇年までのイングランドの内乱（当時は「革命」という言葉はなかった）について、『リヴァイアサン』の二分の一くらいの量の歴史書を書いていた。

そして、私がホッブズ研究を開始した頃は、ホッブズはイギリス人にしては珍しくきわめて抽象的な論理によって政治論を組みたてていた（G・P・グーチ）ために、世界でも日本でも、『ビヒモス』を素材にして、『リヴァイアサン』の内容を、具体的に理解しようとする分析方法をとった研究書や研究論文はなかった。そのほとんどが、哲学的・倫理学（道徳哲学的）、あるいは自然科学的方法によって、かれの政治論や政治思想を解釈しているものばかりであった。

しかし、ホッブズの政治論は、「国家論」が中心である。このなかで、ホッブズは、国家＝政治社会の構成と運営の中核として、「主権論」（国家の最高権力にかんする理論）を最重視していた。そのさいホッブズは、「社会契約」を結んで「力を合成」して「共通権力《コモンパワー》」を形成しただけでは、それはたんに「群衆《マルティテユード》」（キケロ）の状態にすぎず、「契約」に参加した全構成員の「多数決」によって、代表者（ホッブズは、かれを主権を委託された者とみている）を選び、この代表が、国民・人民の利益になるように作った法律や命令にしたがって生活する政治構造と運営システムができあがったときに、国家＝政治社会が成立した、と述べている。

ホッブズの「主権論」

したがって、ホッブズ政治論の中核思想は、断然、「主権」の形成・確立の目的と理由にかかわっている。ではなぜ、ホッブズは、かくも「主権」の問題に固執したのであろうか。その謎は、かれの「革命観」（「革命認識」）のなかに隠されているのだが、それについては、抽象的な理論によって構成された『リヴァイアサン』を見るだけでは十分に解明されないのである。

しかし、かれのピューリタン革命研究である『ビヒモス』をよむと、ホッブズは、「内乱」（革命側に好意的かあるいは中立的と思われるホッブズやハリントンは、「革命」のことを「シヴィル・ウォー」（「内乱」）と呼び、神権説論者フィルマーやホッブズの論敵で王党派の指導者ハイド（クラレンドン）などは、「レヴェリオン」、「グレート・レヴェリオン」（「反乱」、「大反乱」）と呼んでいる」の第一の原因としては、「国王と議会の対立」（政治的な憲法論争）、第二の原因としては、プロテスタント派対カトリック派およびプロテスタント内部〔とくにプレスビテリアン（長老派）・インディペンデンツ（独立派）と、その他のセクトとの対立」の対立、つまり「宗教と政治の対立」として捉えている。
この内乱を世上、「ピューリタン革命」とネーミングすることが多いのは、この内乱推進の中心勢力の構成〔クロムウエルの「新型軍《ニュー・モデル・アーミー》」・「鉄騎軍」〕が、「ピューリタン」の多い「中産農民層」だったからである。しかし、内乱の真の原因は、資本主義形成途上の利得を、旧封建階級を代表する国王側と新興の産業階級を代表する議会のどちらが掌握するか、という「所有権をめぐる争い」（ハリントン）において、どちらの側が主導権を掌握するかという闘争であったのである。

政治的な「主権分割論」

ホッブズは、『ビヒモス』冒頭の部分で、イングランドで内乱が起こったのは、この地では、一三世紀初頭の「マグナ・カルタ」（「大憲章」）以来、「国王と議会」という二重権力が存在したため、紛争が絶えなかったためである、もしも、権力が「ひとつ」であったならば、つまり最高の意志決定権力が確立していれば――この問題は具体的には、ロックの「議会」（国王・上院・下院）の最高権力性という主張によって解決された。ホッブズ主権論がロック主権論の先駆といわれるのはこのためである――内乱は起こらなかったであろう、と述べている。そして、こうしたイングランドの政治状況をホッブズは、「主権分割状況」あるいは「主権の欠如状況」と呼んでいる。
主権が分割状況にあれば（主権を主張する権力主体がふたつ以上あれば）、内乱が起こり、内乱は、人びとの生命・自由・財産の安全を破壊し、人びとを悲惨な状況に陥し入れるというのが、ホッブズの認識であった。

宗教的な「主権分割論」

また、イングランドでは、こうした国王と議会という世俗的な権力対立に加えて、宗教的な思想対立がからみ、それが、イングランドにおける統一的権力＝主権の形成を妨げている、とホッブズは述べている。

すなわち、ローマ教会・ローマ教皇は、各国君主の命令よりも、自分たちの命令を重視せよ、同じく、ジュネーブのカルヴァン派勢力は、各国の非プロテスタント的世俗君主の命令よりも、神の命令に服従せよ、と説く。これでは、政治社会《シビル・ソサイアティ》＝コモンウェルス（国家）の統一性は保持されえない。政治社会（国家）を、宗教権力から解放しなければならない。

こうして、ホッブズは、政治的・世俗的権力の二重性を止揚し、同時に、宗教から世俗権力（国家）を解放し、イングランドに、「ひとつの権力」（「主権」）を設立する必要性があるという思想的基礎を確立し、そのためには、いかなる方法があるか、という問題をいっきょに解決する必要に迫られた、のである。

ホッブズ「主権論」の構築

このさい、ホッブズは、国王か議会かとか、プロテスタントかカトリックかとかいう二項対立のうち、どちらかの側に立って「主権論」を構築することを避けた。なぜなら、いずれかの側に立って理論を展開すれば、相手を説得することは不可能であることは目にみえており、それでは、いつまでも紛争が続き、「平和」を確立することなどは、とうてい望めない、とホッブズは承知したからである。

そこで、かれは、前述したように、万人共通の「生命の尊重」＝「自己保存」という観点から、政治の問題を考察し、そのような「平和な政治や社会」を確立するためには、「社会契約」を結んで皆の「力を合成（力を合わせて）」し、その強大な（主権）力で各個人の生命の安全と自由や財産を守るようにと人びとに提案したのである。

そして、そのようなだれしも否定しえないような「万人共通の利益」という論理を展開するために、ホッブズは、エピクロスの政治思想を採用したことは、すでに述べた通りである。しかし、ホッブズの政治理論は、エピクロスが小さな都市国家における「社会契約論」で終わっている（都市国家では、「人と人との結びつき」という道徳哲学が第一義的に重要であった）のにたいし、一七世紀のイングランドのような巨大国家においては、「法による支配」とそれを保障する、全人民が同意した「強い力」（ひとりあるいは少数よりも、全人民が同意して結集した力のほうが強力である）つまり「主権」を設立することを付け加えて、新しい近代国家論を創設したのである。エピクロス的ギリシア思想（「人間論」）と、キケロ・マキァヴェリ・ボダン的国家論（「主権論」）を接合し、だれでもが読んで理解でき、反復学習できる形の政治論・国家論を構築したところに、ホッブズ政治思想・政治理論の最大の功績があったのである。

「主権論」と「人間論」の接合

ところで、戦後十年間くらいの創生期の、日本のホッブズ研究においては、たとえば太田先生の研究は、哲学的アプローチが主であったので、「主権論」は、その中心的テーマとはなりえなかった。水田さんも、経済・社会思想が専門分野であるので、政治的分野での「主権論」については、革命前＝

「絶対主権」、革命期以後＝「人民（国民）主権」という対立構図で説明されていたので、「保守か革新か」というアプローチになり、近代国家においては、「なぜ主権はひとつでなければならないか」（権力の統一性と民主政治との関係についての説明）、という解明にはならなかった。

また、福田さんの「道徳哲学としての近世自然法」なる論文は、ギリシア・ローマから一七、一八、一九世紀に至る政治思想の全発展、とくにイングランドと大陸ドイツにおける自然法思想の発展・変容・比較を試みた壮大なパノラマであったが、やはり、イングランド政治思想史上におけるホッブズ「主権論」の位置づけが必ずしも明快でなかったように思えた。

「トマス・ホッブズのピューリタン革命観」

こうして私は、一九五五年（昭和三〇）、大学卒業後三年目にして、ようやく、「トマス・ホッブズのピューリタン革命観――『リヴァイアサン』における絶対主権論の現実的意味」（『社会科学論集第2号』、『東京教育大学文学部紀要』）という処女論文を書きあげた。

当時はまだ、このような歴史的事実と思想を綿密に対比させて論じた研究は、ほとんどなかった――それまでの政治思想史の研究は、アリストテレス、マキァヴェリ、ボダン、ホッブズ、ロック、ルソーなどの政治思想の巨人たちの著作の内容を説明し、それに解釈を加えるといういわゆる「山脈《やまなみ》ハイウェイ」的方法が主流であった――が、私の論文以後、この「……の……観」というネーミングやスタイルの論文が、少しずつ出はじめるが、政治思想史研究の分野では、一般的にいって、この種の論文は、好まれなかった。その理由のひとつは、「権力と自由」とか「自然と作為」とか「イギリス的自然法と大陸ドイツ的自然法」とかいった、明快かつ魅力的なテーマを設定し、数千年、数百年のパースペクティブのもとで、論理を展開するのとくらべて、あまりにも、問題が限定的であり、スケールが小さい、と思われたからであろう。しかし、私は、まだ十分に研究がなされていない分野では、むしろ問題を限定して、徹底的に、資料にもとづいて思想を解明すべきだと考えていたし、また、そのことは、その思想家が、歴史や社会の現実のなかで、どのようにして主体的にその思想を形成したかという努力の軌跡を追体験していくことになると考えていたので、私の論文にたいするさまざまな好意的御批判——たとえば「職人的研究スタイル」(福田さん)——は率直に受けとめながらも、当分は、愚直にこのスタイルと方法を貫いていこうと決心していた。唯一、嬉しかったのは、太田先生から「面白かった」という一言《ひとこと》をいただいたこと、稲田先生からは「よく頑張った」、木村剛輔《ごうすけ》さん(東京大学法学部卒、当時東京教育大学政治学助教授、故人)からは「なかなか、いい出来栄えではないか」と肩を叩かれたことなどである。友人の吉田静一《しずかず》君(名古屋大学経済学部卒、京都大学人文研助手、神奈川大学教授、フランス経済思想史、故人)からは「伊藤整の『日本文壇史』みたいで面白いね」、といわれたが、おそらく「書き方」が「型破り」だということだったかなと思っている。

ところで、思想と歴史を連係させて研究する方法は、きわめて多大な労働をついやす作業であるが、近年、ダンやポーコックやスキナーなどの影響を受けて(学問における外圧)、日本においても、政治思想「史」研究における「歴史」研究の必要性を重視する傾向が出てきたが、まだまだ不十分ではないか、と思われる。

研究ネットワークの拡大　1「歴史学研究会」

それはともかく、私は、この論文を作成することによって、ようやく、ホッブズ研究者としての第一歩を踏みだしたのである。しかし、ホッブズが、「主権はひとつでなければならない」とか「主権分割論」・「主権の欠如」という認識から、「統一権力」による近代国家の必要性を説いた理由は、あるていど理解できたとしても、一三世紀初頭の「マグナ・カルタ」から一七世紀中葉の「ピューリタン革命」に至るまでの約四〇〇年間のイングランドの政治史、議会史あるいは憲法史上からみて、「主権の欠如」状況は具体的にどうであったか、という点については、まったく手つかずであった。そして、この問題が解明されない限り、ホッブズの政治思想や「主権論」を理解したことにはならない。では、歴史分析はどうしたらよいか、経済社会の分析は、憲法史や議会史・政治史の分析は、眼前に立ちはだかる問題は山ほどあった。そして、こうした問題を突破していくうえで、もっとも役立ったのは、歴史学・経済学・政治学の研究者たちとの交流であった。以上、いくつか列挙してみよう。

ひとつは、当時の戦後日本の思想界をある意味では指導していた「歴史学研究会」の全国委員（近代・西洋）として、月一回の岩波書店での編集会議や古代・中世・近代・現代、日本・東洋・西洋の各部会の研究会に出席して——というわけで、夜はほとんど家にいなかった——、さまざまな形で学習できたことである。その頃、私は、東大正門前の菊坂町の坂の途中にあった本郷館という学生向けの大きな下宿屋に逗留していた。ここに、当時、大妻女学校に勤めていた小島君が転がり込んできて——かれとは、このあと京王線の専修大付高近辺の笹塚にあったかれの叔母さんの家、大塚仲町の竹中組アパートと、独身時代に三回一緒に過ごすことになる——、この小島君が、「歴研」の若手研究者の中心メンバーであったので、「誘われた」あるいは「引きずり込まれた」というのが真実である。

しかし、この「歴研」の編集委員会での討論や部会での研究会、老・荘・青のすぐれた歴史研究者たちとの交流は、その後の私の研究発展に決定的な影響を与えたことはまちがいない。なぜなら、これらの人びとは、その後日本の歴史学界のリーダー的存在になるからである。昭和二〇年代末から三〇年代中葉にかけての「歴史学研究会」における切磋琢磨は、私の貴重な学問財産になったのである。

2「初期マルクス研究会」

もうひとつは、浅野君からの学問的刺激である。当時、かれは一橋大学の特研生で、杉本栄一先生や高島善哉・上原専禄先生たち、当時日本の社会科学・社会思想系の学界やジャーナリズムにおける評論活動という点でもまた理論的指導者としても有名であった一橋大学系の学問的問題意識をたえず私に伝えてくれていた。こうした語らいのなかで、上原先生が「初期マルクス研究」の必要性を主張しておられる、というので、「初期マルクス研究会」を作ろう、ということになった。

その頃、私は、卒業と同時に「助手」となり、文部教官として仲間のなかでは唯一研究室を与えられていた。そこで、一橋大学からは、浅野君、古賀英三郎君（高島ゼミ、一橋大学教授、フランス社会思想史、故人）、山中隆次君（高島ゼミ、中央大学名誉教授、ドイツ政治思想、ヘーゲルと初期マルクス思想の専門家、故人）、東大からは、中岡三益《さんえき》君（旧制八高、東京大学文学部卒、ピューリタン革命研究、のち中近東研究、上智大学名誉教授）、丹宗昭信《たんそう》君（旧制佐高、東京大学法学部卒、尾高朝雄ゼミ、経済法、九州大学・北海道大学・立命館大学・千葉大学・大東文化大学教授）、東京教育大学からは、古田光さん、奥津君（文理大哲学科卒、東京都立大学名誉教授）などが集まって、月一回くらいの割合で研究会を続けた。

この研究会は、三年間ほど続いたと思うが、私は、マルクス主義にかんする論文は一本も書いたことはないが、マルクス、エンゲルス、レーニン、スターリン、毛沢東など、好むと好まざるとにかかわらず、社会科学研究にとって絶対に欠かすことのできない――昭和四〇年代以降の高度成長期に育った若手研究者の論文が、とかく平板でスケールが小さいのは、若い頃に、マルクス主義の文献をほとんど読んだことがないせいではないか、と思われる――原書や研究文献に気軽に接近できたのは、ひとえに、この研究会のおかげだ、と思っている。

3　現代経済研究会

さらに、これも浅野君に誘われてのことだが、一橋系の「現代経済研究会」に加えてもらったことである。

この会は、杉本栄一・高島善哉ゼミOBの「合同研究会」みたいなもので、のちに「新評論社」の社長になる二瓶《にへい》一郎氏の奥さん（津田塾卒）の実家である鮨屋の二階で開かれた。この会には、のちに私を東京女子大学の講師（政治学）に呼んで下さった宮崎犀一《さいいち》さん（東京女子大学名誉教授、経済学）、浅野や私と同じく陸軍経理学校の同級生（二区隊）であった伊東光晴君（京都大学名誉教授）、マルクス主義研究の若手のホープと目されていた佐藤金三郎さん（横浜国立大学教授、経済学、故人）、また先ほど述べた古賀、山中君など、錚々たる若手研究者が参集していた。この研究会では、経済学の新しい研究を次々に吸収することができ、「経済学コンプレックス」から免れることができた。

4　本郷詣で、岡先生、福田さん、松下君との出会い

第四に、私の研究にとって、若手政治学者とのお付合いは重要であった。このネットワークを作っ

てくださったのは、すでに助教授に昇進されていた福田さんであった。その頃、私は政治学科の助手にはなったものの、学部では哲学が専門であったので、当然のことながら政治学、政治思想を研究せよ、ということになり、丸山眞男先生に付くように命じられた。ところが、先生の病気療養が長びくことになり、岡義武先生の御指導を受けるように急遽変更された。もしあのとき、丸山先生に付いていたらどうなっていただろうかと、ときどき思わないでもない。おそらく、先生に圧倒されて、つぶれていたかもしれない。

それはともかく、岡先生は、歳もかなり離れていたこともあって、気が楽であった。月に一度、私は、法学部研究室の二階にある先生のお部屋にうかがい、研究の進展状況を御報告申しあげていた。岡先生のような大教授でも研究室はきわめて小さかった。とくに先生は、原書は二冊ずつ買われ、一冊は山王の御自宅の書斎においておられたというから、本郷の研究室では、まさに本のあいだに人間一人がはさまれているように感じられた。岡先生門下の友人に聞くと、皆、先生の鋭い質問にたじたじで身の固まる思いがしたと述べていたが、私には、なぜか先生は優しく、温顔をたたえた慈父のような気がして、先生を訪問するのが楽しかった。

岡先生の研究室の帰りには、きまって、一階の突き当たりにあった福田さんの研究室（この部屋は岡先生のものより三倍くらいの広さがあった）のドアを叩いた。入ると、話はさっそく、ホッブズその他の政治思想、政治学「十八般」（武芸十八般とは、中国で十八種の武芸、武芸の全般をいう）にわたり、九割は、福田さんの独断場〔私は、日本の人文・社会科学分野における「三大おしゃべり」（丸山眞男、竹内好、日高六郎）の一人に福田さんを加えて「おしゃべり四天王」と命名してもよいと思っている〕で、つけ入るすきがほとんどなかった。

福田さんは、当時は、かなりのヘビースモーカーで、三分の一くらい吸うと、火鉢(当時は研究室の暖房は、スチームか小さな電気ストーブで、それだけでは寒いので火鉢を股にはさんで読書したものである)の灰に次々に立てていき、私がいるあいだだけでも、煙草が円を画いて林立し、それが「かっこ」よかったので、私も一時期、下宿の小さな火鉢で真似してみたことがある。

こうしたなかで、福田さんは、私に松下圭一君(旧制四高、東京大学法学部卒、法政大学名誉教授、西洋政治思想、大衆社会論、地方自治・都市社会学)を紹介してくださり、西荻窪の水道道路近辺の閑静な住宅街にある松下君の下宿先を訪ねた。

当時、松下君は、平凡社の『政治学大事典』のチーフ・プロデューサーとして(かれがいなかったら、辻清明・中村哲・丸山眞男編のあのような素晴らしい事典はできなかった、と思う)、『事典』製作の牽引車的役割を果たしていた。なにしろ、二〇畳くらいの大きな部屋は、床下から天井まで、壁一面に和書・洋書がぎっしりつまっていたのには圧倒された。「東大新聞会」のキャップをつとめた、ジャーナリズムのセンスと視点抜群の松下君は、この当時から断然光っていた。帰りは、まだ木造の小さな西荻の駅まで送ってくれ、駅で二時間近くまっていた婚約したばかりの家内も加えて、「こけし屋」でお茶を飲んだのは楽しい思い出のひとつである。

5　政治学会の開催と「若手政治学者の会」(PSA)

次いで、私が、東大法学部出身の若手研究者たちや私大関係の政治学者たちとの交友が広がったのは、昭和三一年に、東京教育大学で「日本政治学会」が開催されたことによる。

当時、東京教育大学の政治学は、教授木下半治、助教授木村剛輔、助手田中浩という、きわめて淋しいラインナップであった。木下さんが政治学会を引き受けてきたのはよいとしても、結局、舞台装置から演出まで、私一人でやらなくてはならなかった。

幸い受付は、堀豊彦先生（東京大学法学部教授、西洋政治思想）の助手の田口富久治さん（政治学、名古屋大学・立命館大学名誉教授）と特別研究生の野村浩一さん（立教大学名誉教授、東洋政治思想史）が手伝ってくれたので助かった。このときの御縁で、堀先生と面識をえることになるが、のちに先生が御老齢になられたとき、政治学会でお会いしたら、先生は、田口・野村さんと私の三人を全部自分の弟子だと思われていたらしく、「田中君、最近、教え子たちがさっぱり僕を呼んでくれないんだよね」とおっしゃられたので、一番弟子の升味準之輔さん（私の敬愛する先輩。旧制六高から東大法学部、東京都立大学名誉教授、政治学、政治史）と半澤孝麿さん（東京都立大学名誉教授、西洋政治思想史）にお伝えしたら、さっそく、「堀先生を囲む会」が開かれたようである。

それはともかく、この「政治学会」二日目にひとつの「ハプニング」が起こった。当時すでにお付合いのあった石田雄《たけし》さん（東京大学名誉教授、丸山門下の最年長者、日本政治思想史、当時、石田夫妻は東大にお勤めであったので、まだ二、三歳の幼かった長男の浩さんを、九州から出てきたばかりの私のオフクロが頼まれて、週二、三回面倒をみていたことがある）、阿利莫二《ばくじ》さん（東京大学法学部卒、法政大学総長、行政学、私の碁の先生、故人）、福島新吾さん（旧制一高陸上部で一緒であった哲学者の小松茂夫学習院大学教授の親友、専修大学名誉教授、平和学、軍事史、よく小田急線梅ヶ丘の福島さん宅で研究会をした）たちから、政治学会の古い体質を打破するために、研究大会閉会後、「PSA（若手政治学者の会）」を旗揚げするから、政治学会総会出席者によくわかるように、「若手研究者の会を創りますのでお集まり下さい」という「知らせ」を長い紙に墨で書いて、壇上の横に張りだしてほしい、という申入れがあった。

私も会の趣旨には賛成だったので、演壇の横の出席者全員がよくみえるところに、「知らせ」を垂らした。すると、それに気づいた木下さんが、私を呼びだし、真っ赤な顔をして、「こういうセクト的な行動は即刻やめよ、首謀者はだれか」というきついお達しであったが、私は「だれがやっているのかは、よくわかりません」と、とぼけて口を割らなかった。ふだんは、一高柔道部の仲間であることを自慢して、志賀義雄とか水野成夫とか、と呼び捨てにして、学生間に左翼的民主主義者として人気のあった人にしてはおかしいな、とそのとき思った。

この「PSA」の発会式には、今井清一さん（東京大学法学部卒、横浜市立大学名誉教授、日本政治史）、杣《そま》正夫さん（東京大学法学部卒、九州大学名誉教授、政治学、故人）、升味さん、増島宏さん（開成中、旧制一高、東京大学法学部卒、法政大学名誉教授、日本政治史）、倉塚平君（陸士、松江高校、東京大学法学部卒、明治大学名誉教授、西洋政治思想史）、松下君、田口君、小林丈児《じょうじ》さん（中央大学名誉教授、政治学、故人）など三〇名を超える若手研究者が集まった。当時は、政治学会は、まだ封建的な体質をもっていたことへの若手研究者たちの「反乱」であったのだろう。ともかく、こうして私は、政治学分野でも、本郷だけでなく、全都的・全国的な政治学研究者たちとのコンタクトを広げることになったのである。

6　西洋史研究者とのネットワーク

ところで、私は、ホッブズ研究との関連で、イギリス史やピューリタン革命の研究をしなければならなかった。そして、この点については、まったく幸運なことに、イギリス近代史の研究者たちと面識をえることになった。

昭和二九年頃であったろうか。東京教育大学西洋史学科の穂積重行《しげゆき》助教授（穂積陳重《のぶしげ》、穂積重遠《しげとう》など穂積一族の御曹司でまことに大らかな人である）が研究室にやってきて、「今度、『日本西洋史学会』で『近代市民革命の比較検討――イギリス、アメリカ、フランス、ドイツ』をテーマに大会が開かれるが、報告者のひとりになってくれないか」、ということであった。

イギリス革命の報告者は、越智武臣《たけおみ》（京都大学名誉教授、イギリス近代史、故人）、竹内幹敏《みきとし》（東京大学西洋史、東京都立大学から東京経済大学教授、イギリス経済史、故人）、今井宏（東京大学西洋史、東京女子大学名誉教授、ピューリタン革命史、クロムウェル研究、故人）の諸氏と私の三人であった。この研究大会に向けて、われわれは、約一年間ほど、渋谷の松濤《しょうとう》にある吉岡力《つとむ》先生（東京大学名誉教授、故人）の「西洋史研究所」に集まって、研究会をおこなった。

これが、のちの大野真弓《まゆみ》先生（旧制六高教授、横浜市立大学名誉教授、イギリス中世・近代史、故人）をキャップとする「イギリス史研究会」の基盤となった。この「イギリス史研究会」には、別枝《べっき》達夫（旧制七高、成蹊大学名誉教授、故人）、藤田重行（旧制八高教授、東京都立大学名誉教授）、鶴見卓三（千葉大学名誉教授、故人）、松本平治（岐阜大学名誉教授、故人）、中村英勝（お茶の水女子大学名誉教授）、穂積重行、森岡敬一郎（慶応大学名誉教授、イギリス中世史）、保坂栄一（青山学院大学学長、日蘭交渉史、故人）、米川伸一（一橋大学教授、イギリス経済史、故人）、松浦高嶺（立教大学名誉教授、一七世紀ピューリタニズム研究）、今井宏さんなど、当時の日本のイギリス史研究の最前線で活躍されておられた先生方（今井さん、米川さん以外は皆、私より年配の方々）であった。この会は、「総合研究」の「科研費」を申請する基盤となり、大学闘争が始まる昭和四四、四五年頃まで、約一〇数年間にわたって毎月一回、研究会が、年に二回は熱海や伊豆などで合宿研究会をおこなった。そして、このイギリス史研究者との交流は、私のホッブズ研究や、イギリス史全体にわたる研究をすすめるうえで、どれほど刺激的であったことか。

さて、話をもとにもどすと、「西洋史学会」（会場は、東大駒場）自体は、成功であった、と思う。しかし、私自身についていえば、報告の仕方がまずかった。最初の大会報告であるから、ミスをしないようにと、報告時間三〇分間用に、二〇〇字詰原稿用紙二四枚を用意し、大会に臨んだ。これが失敗であった。なぜなら、こうした水ももらさないように整理された報告には、間《ま》というものがなく、立板に水を流すように息つくひまもなく読んでいるようなものであるから、視聴者は、さぞや聞きづらかったろうし、私自身も読みはじめたら途中でやめることができず、三〇分間、ただただ読み続ける、という醜態を演じたからである。

それにくらべ、ベテランの越智さんなどは、メモを片手に、ときには笑いも入れながら、ゆったりと話されていた。この報告でえた教訓は「棒読み」は「大会報告」であれ、「大学の講義」であれ、絶対にしてはならない、ということであった。その後、私が、五〇年間以上にわたるさまざまな場での講義において、メモを片手に（私は、最初の三年間ほどは、一年分の原稿を作って話をしたが、その後は、チョーク一本だけをもって手ぶらで話をした）、壇上を一種の舞台と心得て、話し手である自分を演技者とみたてて右に左に移動してみたり、ときには、学生諸君に質問して対話しながら話を進める方法をとるようになったのは、この西洋史学会の苦い経験を反省してからであった。

7　京都賀茂川周辺の清談

この学会のもうひとつの副産物は、私が年に一、二度京都に出かけるときには、越智さんが、白杉庄一郎ゼミの同門である、永岡（旧姓豆本《づもと》）薫さん（滋賀大学名誉教授、元聖学院大学大学院教授、ロック、リンゼイ研究）と平井俊彦さん（京都大学名誉教授、名古屋外国語大学学長、社会思想史、ロック研究、故人）を誘って、私の宿泊先の南禅寺近辺の「白河院」（私学保養所）や京大「楽友会館」にみえられて、賀茂川辺りの小料理屋で盃《はい》を傾けながら（といっても私は下戸なのだが）、学問論に花を咲かせたのは、ぜいたくな「知のアゴラ」であった、といえよう。この会も、「大学闘争」がはじまり、各人が、勤務校の対応に忙殺されるなかで、自然消滅した。

8　イギリス革命研究会の設立

さて、「西洋史学会」が終わったのち、私は、「イギリス革命研究会」を作る必要を痛感し、水田さんに、キャップになっていただき、「総合研究」の「科研費」を申請し、研究費の給付をえた。メンバーとしては、われわれ二人のほかに、今井宏、竹内幹敏、田村秀夫（中央大学名誉教授、社会思想史、故人）、永岡薫、浜林正夫（小樽商大・東京教育大学教授、一橋大学名誉教授、イギリス革命史、経済思想史）に参加を呼びかけ計七名で出発した（数年後に、松浦高嶺氏が参加）。そして、二年後の五八年（昭和三三）末に、水田洋編『イギリス革命』（御茶の水書房）が刊行され、これは、戦後における共同研究のおそらく最初のモデルとして、研究成果もふくめて注目された、と思う。

ホッブズとハリントン——同時代的比較

私は、この本では、「ホッブズとハリントン——体制の危機認識における二つの立場」というタイトルの論文を書いた。この論文は、ピューリタン革命期における二人の大思想家が、ひとりは「強い主権(国家権力)」の設立を唱え(ホッブズ)、ひとりは、イギリスきっての名門貴族の当主という身でありながら、王政を否定し、「法の支配」するギリシア・ローマの共和政を範とする民主的政治制度論を唱え(ハリントン)ているから、前者は、絶対君主の擁護者であり、後者は、民主政の擁護者であるとして、両者を短絡的に捉えるやり方に疑問を感じ、二人ともに、民主主義者であるが、いっぽうが「主権論」を、他方が「民主制度論」を強調しているのは、二人の思想家の「革命認識」のちがいから生じたものであることを明らかにしようとしたものである。

ところで、当時、ハリントンの主著『オシアナ』(一六五六年)を読むことは、きわめて困難であった。かれの「リルレグレン版」は、東大と京大にのみあるといわれていたから、私は、岡先生にお願いして、借り出していただいた(重要図書で貸出し禁止であった)。夏の二ヵ月間、小さな扇風機ひとつを頼りに、四畳半の下宿の小さな机に向かって、汗だくだくになりながら『リヴァイアサン』とほぼ同じくらいのボリュームのある『オシアナ』を、ひたすら大学ノートに筆写した。近年は、コピーという便利なものがあるし、それを利用することはベターだとは思うが、指にまめを作りながら筆写し、「思考しながら」書くことも決して悪くはない、と思っている。

『オシアナ』を読んでわかったことは、ホッブズは、「主権」および「主権思想」の欠如が、ハリントンは、「所有権の争い」(マルクス流にいえば階級闘争)が革命の真の原因である、とみていたことがわかった。このためホッブズは、人民が社会契約を結んで「全人民の力」を結集し――これが「主権・最高権力」で、この「人民力」は、国王・議会・教会権力よりも上位にある――、諸個人の安全と利益をはかれ、という最高権力論（主権論）を述べた。他方、ハリントンは、「土地所有」（当時は、経済はもっぱら土地所有の問題であった）の「均等化」（「平等化」）をはかり、貴族層や大地主層だけではない、中産的人民を主体とする、貴族院と庶民院の区別のない同等の権限をもつ二院制の民主的代表機関を設立することを主張した、とみることができよう。

そして、両者に共通していることは、どちらも、旧い体質の王政と富裕層の集会体である議会の在り方には反対あるいは少なくとも批判的であった、ということであった。ハリントンは、ホッブズの『リヴァイアサン』を高く評価し、ただそこに民主的な具体的な制度論がない――もっともホッブズの政治論は、社会契約論を構築したことによって十分にデモクラティックだったが――ことに危惧の念を表明していたのである。

この「ホッブズとハリントン」なる論文は、日本でハリントンの政治思想を最初に取りあげたということとともに、同時代における比較思想研究方法の新しいモデルとして注目され、ふだんは厳しい編集責任者である水田先生からも、「なかなかの出来栄えだと思います。が……（それでもまだなにか問題があることを匂わせた「が」、だが）」というおほめの葉書をいただいた。

ともかく、この『イギリス革命』は、思想史分野での戦後における共同研究のひとつの「記念碑的成果」であったことは、まちがいない。ところで、私自身は、この論文によっても、ホッブズが、一国においてなぜ「主権はひとつ」でなければならないかと主張した文言の意味は、革命以前の数百年間にわたるイングランド史のなかで、どのような具体的な意味をもっているかがわからなければ本当にはわからない、という欲求不満のままであった。一三世紀初頭の「マグナ・カルタ」の時代にまで遡って、イギリスの憲法史・議会史・政治思想史を総ざらいしなければならない、と強く思うようになった。

この回答は、さらに三年後の「フィリップ・ハントンの『制限・混合王政観』」でだされるのだが、その研究をすすめるなかで、戦後日本における最大の政治的事件「第一次安保条約改訂反対」に突っ込むことになるが、闘争のなかにこそ、理論的刺激はより高まる、といえよう。

「警職法」反対から「第一次安保条約改訂反対」闘争へ

一九五八年（昭和三三）末までに、「ホッブズとハリントン」を書きあげたのち、一九五九年（昭和三四）の後半期に入ると、福島新吾さん（当時、福島さんの世田谷梅ヶ丘のお宅には毎月一回、増島宏さん、藤田省三君など若手政治学者が集まって勉強会をした）、小松茂夫さん（哲学、私のもっとも尊敬する先輩で、一〇年後の、「筑波移転反対闘争」の「全国大学人組織」の責任者になっていただいた。途中で亡くなられたので、「歴史学研究会」時代にお世話になった山口啓二さん（日本近代史、東大資料編纂所、名古屋大学教授に引き継いでいただいた）、星野安三郎さん（東京学芸大学名誉教授、憲法）たちに誘われて（増島宏さん、松下圭一君などの顔もあった）、本郷学士会館分館で、しばしば「警察官職務執行法」（略して「警職法」）改訂（これは、岸信介首相が、事実上、日本の軍隊を海外派兵できる法的根拠をえようとして「日米安保条約」の改訂をもくろんでいたが、国民の反対が強まるのを恐れて、反対首謀者を事前に拘束できるように「警職法」を改悪しようとしていたこと、つまり末端の警察官の判断で、怪しいと思えば、いつでも拘束できる戦前のような「警職法」にもどそうとしていたこと）に反対する理論と運動方法を論議するために会合していた。そして、この会議が、すぐあとに続く「安保改訂反対闘争」運動における事実上の「学者・文化人」（この言葉自体はあまり好きではないのだが）組織の母体となった、と思う。

ともかく、「警職法」は、政党・労働組合・研究者集団・学生・一般国民の――はなはだ興味深いことにホテル・旅館業のオーナーたちが反対していた。戦前の、「臨検」と称して、部屋を警察官が勝手に次々にあけることに反対したらしい、これではおちおちデートもできないので――猛烈な反対によって廃案に追い込むことができたが、岸は「安保改訂」の初心を貫徹することはやめなかった。すなわち、岸内閣は一九六〇年（昭和三五）五月一九日夜半（二〇日午前零時）に、衆議院本会議において「改訂」を「強行採決」した（岸は、「安保条約改訂」が国会で承認される六月二〇日に、第二次世界大戦時の「ノルマンディ上陸作戦」（一九四五年六月四日）の連合国軍総司令官でアメリカにおける国民的英雄アイゼンハワー大統領を日本に招待する手はずをすすめていた。とすると、もしも参議院が、反対しても、一ヵ月経過すれば、衆議院の決議が、国会の意志になるから、五月二〇日午前零時までに、衆院本会議でどうしても賛成決議する必要があった）。さすがにこうなると、「力が弱く」「動きも鈍い」「学者・文化人」たちも起ちあがり、国会周辺における連日のデモにほとんどの大学人たちが参加することになる。そして、この数十万人におよぶデモの波状攻撃は、五月二〇日から六月二〇日までの一ヵ月間、連日一日も途切れることなく続いた。このデモには、大学教員、事務職員、学生のほとんどが参加したから、この時期、全都・全国の大学は、ほとんど開店休業状態ではなかったか、と思われる。

「民主主義を守る学者・文化人の会」

さて、五月一九日の「強行採決」の一週間ほどまえの五月一一日のデモにさいして、衆議院第一議員会館の食堂で、石田雄さん、福島新吾さん、阿利莫二さん、篠原一《はじめ》さん（東京大学名誉教授、政治史）、増島さんたちと語らって、「民主主義を守る学者・文化人の会」（略称「民学研」、最初は事務局は法政大学内に設けられたが、最後は、松本三之介さん（教育大・東京大学名誉教授、日本政治思想史）とともに、東京教育大学で引き受けることになった）を結成し、全国の大学人に呼びかけよう、ということになった。（このとき約一万人以上の大学人の署名が集まった。）

「民学研」は、全国に講師を派遣し、さまざまな研究集会や講演会を開いた。とくに「強行採決」後の五月二四日の「九段青年会館」における研究集会には、千人近い研究者が集まった。もちろん「民主主義への危機感」が根底にあったが、当日の講演者のひとりに、丸山眞男さんの名前があったからではなかったか、と思う。当時、丸山さんは、「超国家主義の論理と行動」という『世界』論文によって、「戦後民主主義の思想と運動」にかんするスーパースターとなっており、丸山さんの講演は「人寄せパンダ」となった。そのほか、当夜は、福田歓一さん、日高六郎さん（東京大学名誉教授、京都精華大学教授、社会学、「国民文化会議」を主宰し、平成一〇年頃まで、民主主義の啓蒙に当たった）が講演した。

丸山眞男「決断の時」、「安保反対」運動の高揚

丸山先生の「決断の時」と題する一五分間くらいの講演は、全聴衆の胸を大きく打った。「安保改定

是か非か」、ということよりも、今回の「強行採決」にみられるような「民主主義の危機を守ることが先決」であるという「民主主義の擁護」を「安保条約改訂是か否か」という問題に優先させた、いかにも丸山先生一流の「発想の転換」をうながす講演内容のレトリックは、岸内閣にたいする国民の反対運動を一気に盛りあげ広げたことはまちがいない。

これは余談だが、このとき、丸山先生を控室から壇上にまで御案内したのは、なにを隠そうこの私であり、この短い先導は、私の一生の「思い出」である。やや肩を丸めてカバンを膝のうえにおき、緊張して出番をまっておられた先生の姿が眼に焼き付いている。また、「受付け」には、その後、こんにちまで長いお付合いをすることになる新進気鋭の高畠通敏さん（立教大学名誉教授、政治学、故人。私が昭和五二年に、筑波反対闘争に破れ、静岡大学に通うことになり、東京での研究基盤を失ったとき、高畠さんや野村浩一さんが、私を立教に非常勤講師として呼んでくだされ、そればかりか「立教政治学研究会」のメンバーに加えてくださったのは生涯忘れることはできない）、また半澤孝麿さん（福田さんの「道徳哲学としての近世自然法」〔『国家学会雑誌』〕が発表されたとき、田口富久治さんの要請で、福田さんの研究室で、私がコメントを報告させられたが、そのとき、若き助手であった半澤さんやのちに「日本イギリス哲学会」（後述）で親しくなった岩重政敏さん（千葉大学名誉教授、西洋政治思想史）たちが出席しておられた」に「お久しぶりです」と挨拶されたのは懐かしい思い出である。

ともかく、当時は、こんな「ドタバタ劇」のなかで研究生活を続けるのは当たりまえであった。こんにち、若い研究者たちに会うと、「大学改革」や「法人化」で研究できないとボヤく人が多いが、研究も教育も行政事務も、すべて立派に処理できる訓練を身につけるようにアドバイスしている。どうするかは、ひとえに、その人の問題意識と研究への情熱にかかっていることだけを指摘しておこう。

イギリス思想における「制限・混合王政観」の意味

さて、本題にもどろう。私は、「トマス・ホッブズのピューリタン革命観」を書くことによって、ホッブズがなぜ「主権論」を、かれの政治学の中心課題にかかげたか、という理由（内乱の原因を「主権の欠如」として捉えていたこと）について、ほぼ理解した。

次いで、三年後の「ホッブズとハリントン」なる論文においては、ホッブズが、国王と議会の抗争――これはハリントンのいうような「封建から近代へ」の転換を画する所有権の争いであったのだが――をみて、一国における統一的権力＝主権（最高権力）の必要性を確信して、その「主権論」を主張したことを明らかにした。

そして、こうした結論の意味は、イングランドでは、中世以来、国王と議会――とくに地主層と富裕な商・工業層が拠点をおく下院――が協力して、大領主層（貴族階級）を排除しつつ、イングランド政治の近代化をはかってきたこと、そのためには、イングランドでは、フランス、スペインのような絶対君主による一方的な「国王主権論」が唱導されず、それゆえ、イングランドでは「主権の問題」が、「あいまいのまま」にされてきたこと、また、そのことは、イングランドでは、国王の権力は「法（コモン・ローと議会制定法）」によって、さらには「制度（議会）」によって制限されるという「制限・混合王政観」が、支配層（王党と議会派）のあいだで共通の政治信条であったことを理解することが重要である、ということに気づかされた。

そして、この点に気づいたのは、ラトガース大学（アメリカ）の教授M・A・ジャドゥスン女史の『体制（憲法）の危機』（一九四九年）という本を読んだことによる。だれにとってもそうであろうが、一冊の本によって、人生あるいはわれわれ研究者のばあいにはその研究方法が決定的に変わることがある。自分自身を振り返ってみると、敗戦直後の河合栄治郎教授の『自由主義の擁護』、続いて、旧制高校二年次の同じく河合教授の『トマス・ヒル・グリーンの思想体系』を読まなければ、「もの書き」としての私は、おそらくなかったであろう。また、大学二年次初頭の太田・水田両先生の論文・著作、七月の福田さんとの出会いが私のホッブズ研究の方向を決定づけたのもそうした実例であろう。

さらに、ホッブズ研究の発展方向を模索していたときに、決定的なはずみを与えてくれたのが、ジャドゥスン教授のこの著書であった。私は、この本を、二年ほどまえに買って研究室の本棚に入れていた。タイトルが、「コンスティテューシャン *The Crisis of Constitution*」(憲法、制度)であったので、もう少しあとで読もうと放っておいた。あるとき、学部三年の浦和高校出身の勉強家の内田君が研究室にやってきて、本棚を眺めながら、「これ兄貴が、いい本だ、といってましたよ」といいながら、ジャドゥスンの本を取りだした。内田君の兄貴こそ、東大社研のかの有名な英米法の日本的権威内田力蔵教授であった。

さっそく、手にとってみると、なんとこの本は、たんなる憲法や憲法史を内容とするものではなく中世からピューリタン革命までのイギリス議会史、イギリス法・政治思想史をふまえたみごとな研究であり、イングランド革命史(ピューリタン革命・名誉革命)や革命思想を研究する者は、この本を抜きにしては研究できないであろう。私の知る限り、さすがに松下圭一君は、この本を高く評価していたことは、「六〇年安保」の「大学教授団」のデモで国会周辺で出会ったときの立ち話でわかった。なお、それからまもなくかれの『市民政治理論の形成』(「ロック研究」、岩波書店)という戦後の西欧政治思想史研究の最高傑作ともいうべき著作、がでるのである。

私は、ジャドゥスン教授のこの本によって、一七世紀の革命思想史を、フィルマー的神権説とホッブズ・ロック的社会契約説の対立としてのみ捉える「二項対立」的思考による分析は、きわめて単純なものであることを知った。そして、封建から近代への転換の基礎に、イングランド独特の「制限・混合王政観」があること、そして、この思想は、「社会契約論」のようにラディカルではないが、「地下水脈」のように、数世紀にわたるイギリス民主主義思想の発展史のなかで深く静かに流れていたものであること、また、この思想的基盤なしには、民主主義的な革命思想は形成できなかった――自由主義・民主主義思想の弱いところに、戦前の日本・ドイツのような国家主義・軍国主義・ファシズムやスターリン独裁が生じたことを想起せよ――点を十分に承知したうえで、ホッブズは、『リヴァイアサン』や『ビヒモス』を執筆していたこと、がわかった。日本のホッブズ研究は、いまだに、このことを理解せずに、ホッブズの文言をあれこれ解釈しているのは、残念といわざるをえない。

フィリップ・ハントンの「制限・混合王政観」

こうして、私のホッブズ研究は、卒業後六年目にして、ようやく先がみえはじめたが、先ほどのジャドゥスン教授（私は、この本の読後感をジャドスン教授に書き送ったが、さっそくアメリカにくるようにとの返事をいただいた。しかし、当時、日本は「第一次安保闘争」の真っただなかにあったため身動きがとれず、訪米できなかったのは、いまでも残念に思っている）の研究を引用しているだけでは満足できずに、自分の手で、「制限・混合王政観」のイングランドにおける歴史的・法的・政治的思想形成のプロセス、また、この政治思想の現実政治における政治的機能についてもさらに明らかにしたい、と思うようになった。

そこで、イギリス憲法史・法制史・議会史などの基本文献（スタッブズ、アダムズ、ホールズワース、メイトランド、マッキルウェーン、ポーコック、ダイシーなど）、ピューリタン革命前のイングランドの憲法闘争（ガーディナー）、革命初頭の主権論争や宗教論争（これは、「大英博物館」所蔵のピューリタン革命資料（トマスン・トラクト）のなかから必要な資料をピック・アップし、マイクロフィルムとして取り寄せた）などの文献・資料を素材にして、約三年ほどかけて、「フィリップ・ハントンの『制限・混合王政観』――ピューリタン革命初期における『法の支配』観念と『議会主権論』の政治論的接合契機」（『社会科学論集』第8号、「東京教育大学文学部紀要」、一九六一年四月）というかなり長大な論文を書き上げた。

こうやってみると、私は、一九五一年に卒論を書いてから、十年目にして、ようやく、ホッブズ政治思想の分析視角を会得したことになる。三年に一本、十年間でわずか三本しか論文を書いていないわけで、当節ならさしずめ「無能研究者」のレッテルをはられて学界から追放されるかもしれない。しかし、こうしたぜいたくな「時間の消費」が可能であったのは、まことに幸いなことに、大学卒業と同時に文部教官という地位をえて、貧乏ながら、ともかく、安心して研究できたことである。また、このように手間暇かけたのは、やや「いいわけ」がましいが、研究の出発点になる基本研究については、徹底的に時間をかける必要がある――最近の若い研究者のなかには、とかく、論文の数だけを増やす粗悪品を乱造する傾向があるが、就職口を求めるためにやむをえないかと大いに同情はするものの、こういう安易な研究態度を身につけると、将来、大成しないのではないか、と心配である。昔、聞いた話だが、イギリスの学者たちは、三、四年に一度、論文を書くが、そのさいには、前の論文にちょっと手を加えたり、目先を変えたりするような代物ではなく、質的にまったく異なる論文を書くとのことである――、と考えたためである。

ホッブズ研究からシュミット研究への転換

というわけで、ホッブズ研究には随分と時間をかけ、そして、それでもまだ道半ばであったが、学会の研究大会で田口富久治さんに会ったとき、「まだホッブズやっているんですか」とあきれ顔されたのが、妙にこの目に焼き付いている。(この頃、当時、流行していたアメリカ政治学を勉強しなければ昇進させない、というようなプレッシャーが某教授からかかったが、私はこれを断った。アメリカ政治学はドイツのマンハイムやヴェーバーの方法論をまねたもので、現代政治分析として重要なものとは思っていたが、西欧政治思想史研究の古典を研究していたので、「外圧」に屈するわけにはいかなかった。)

そして、その後も約五年間ほどは、ホッブズ探訪の旅にでて放浪していたが、この間《かん》、ヒルトン・フェーガン『イギリス農民戦争』(田中浩・武居良明訳、未來社、一九六一年)と水田先生のお手伝いで『ホッブズ・ロック・ハリントン』(田中浩・水田洋・浜林正夫訳、河出書房新社、一九六二年)の二冊の翻訳本をだしている。はじめての翻訳であったこと、また当時は、「警職法」・「第一次安保改訂」反対闘争運動の中枢部にいたこともあって、前後五年くらいの年月を要した。

翻訳を通じて勉強したことは、まず、すり鉢のなかの米粒を一粒ずつ丁寧につぶす(誤訳・脱落をなるべく避けるために)ような、まことにしんどい仕事で、忍耐心との勝負を鍛えられたことである。次いで、翻訳とは、外国語をたんに横から縦へと訳し移すという単純な作業ではなく、いかに美しくかつ明快な日本語に訳すかということを学んだことである。日本では、とかく翻訳を過小評価する傾向があるが、できれば、外国史や外国思想を研究する人ならば、若いときにぜひ、一、二冊挑戦されることをおすすめする。

それはともかくとして、先ほどの「フィリップ・ハントン」の論文は、何人かの方々からおほめの言葉をいただいた。ひとりは、若くして亡くなった畏友竹内幹敏君（かれの『思想』論文は、大塚久雄先生が激賞されたという）が、「これは年季が入っている」と激賞してくれたこと、もうひとりは、滅多に人をほめない藤田省三君が『思想の科学』の「天皇制特集」の掛川トミ子さんとの対談で、日本の天皇制研究を考えるさいのきわめて有効な比較のポイントになるとして、私の研究を紹介していたことである。いまは、この二人とも故人になったが懐かしい思い出のひとつである。竹内君は茶目っ気たっぷりの皮肉屋さんで、奥さんが佐賀県出身者である、ということもあって親しくなった。藤田君は有名な毒舌家で、石田雄さんたちとよくかれの江古田の家で研究会をしたが、あるとき、かれが石田さんに、ついに天皇制の思想原理を発見したと述べ、石田さんが「なんだ、なんだ」と聞きただすと、「いまは教えない」、とからかっていたが、この研究こそがその一年後にでる名著『天皇制国家の支配原理』（未來社）であったのだ。この頃は、みんなよく行き来して熱烈学習したものだ、と思う。

シュミット・如是閑研究への転進

ところで、私の約一五年近く続いたホッブズ研究は、勤務校における思いもかけないアクシデントの発生によって、一時期、中断というよりは転進せざるをえなくなる。アクシデントとは、東京教育大学の「筑波移転問題」とフランスからはじまった世界的な「大学闘争」の影響を受け、日本の大学にも一斉に波及した「大学闘争」の嵐である。そして、「東京教育大学」では、他大学とは異なり「筑波移転闘争」と「大学闘争」が重なって一度に起こったので、ことのほか、たいへんであった。

このため、私は、こうしたきわめて実践的な状況に対応すべく、これまでの専門研究であったホッブズ研究を一時期中断して、東京教育大学が廃学となるまでの約一〇年間、新しいふたつの研究分野に手を染めることになる。ひとつは、「危機の二〇年間」つまり第一次世界大戦から第二次世界大戦の勃発までのドイツの保守思想家、いやより端的にいえば全体主義的政治思想家のカール・シュミット、ひとつは、それより約四、五年ほど遅れて開始した、大正デモクラシー期のオピニオン・リーダーでかつ「社会的」民主主義者長谷川如是閑（日本では、社会民主主義者というと戦前の共産党以外の社会主義政党、戦後では、共産党より穏健な社会党とか、とかく政権にすり寄る民社党というマイナス・イメージで結びつけられるので、私は西欧デモクラシーの流れのなかで自由民主主義はもとより、それをも包摂した、より公共的、社会的な平等思想や平和思想を唱える思想として、「社会的」民主主義という新造語を用いることにした。これにかんしたことでいえば、イギリス革命研究のなかで、しばしばでてくる「平等派」という言葉は、水田洋編『イギリス革命』（御茶の水書房、一九五八年）の共同研究のなかで、それまで用いられていた「レベラーズ」＝「水平派」では、戦前日本の水平派運動とまぎらわしいので、「平等派」とネーミングしてはどうかと私が提案して、以後、そのようになった）の研究であった。

もちろん、この間《かん》にも、私は、ホッブズ研究をまったくやめたわけではない。私の「研究業績」年表をみればおわかりかと思うが、ホッブズと神権説論者ロバート・フィルマー、ホッブズとミルトン、ホッブズとロックなどを比較した論文を発表している。

ともかく、この時期一〇年間のうち最初の五年間は、圧倒的にシュミット研究、あとの五年間は、長谷川如是閑研究に集中していった。私のホッブズ研究の、そしておそらくは、私の最初の著書となるはずであった著書の出版が、一〇年以上もおくれ、ようやく一九八二年（昭和五六）に、すなわち大学卒業以来約三十年目に『ホッブズ研究序説——近代国家論の生誕』（御茶の水書房）というタイトルで陽の目をみるようになったのは、「筑波移転問題」と「大学闘争問題」の真っただなかに巻き込まれたためであったからである。

しかし、私は、このように脇道にそれたこと自体は決して後悔していないし、またこのように仕向けた当時の国内外の政治・社会状況の発生のなかで、われわれ研究者に問題を突きつけた学生諸君にたいしても感謝するものである（私が一九八六年（昭和六一）に如是閑にかんする研究で「朝日学術奨励金」を受賞したときに、紛争当時の法律・政治学科の学生諸君約六、七〇人が、それこそ思いもかけず突然に麴町の「平河会館」でお祝いのパーティを開いてくれ、あのときは、先生に御迷惑を掛けたと「あいさつ」されたが、どういたしまして、あのことがあったからこそ、その後の私の学問的生命力は維持しえたのだと、感謝の言葉を申しあげたように思う）。

では、次に、私のカール・シュミット研究について述べよう。

三、カール・シュミット研究

なぜシュミットか

私は、かねがね、丸山先生がカール・シュミットを評価しておられる、というのを聞いて、どうしてなのか、と疑問に思っていた。私の眼には、シュミットは、人間論や人権問題を排除した、きわめて形式的・機械的な論理で保守政治思想を構築し、最終的にはナチズムのイデオローグに変身・転落した反民主主義者と映っていた。その私が、なぜ、シュミット研究に手を染めるようになったかについては、すでに簡単ながら前述した。

もういちど整理しておくと次のようなことである。戦後、右肩上りに進展してきた「民主政治」の形成に参加してきたと自負し、「民主政治」運営のルーティンに慣れ、いささか気のゆるんできていた「戦中・戦後派世代」と「民主政治」に内在する、資本主義の腐敗・堕落という状況に気づき、それに「異議申し立て」し、「日常性の打破」を唱える新しい若い「戦後世代」(「団塊の世代」)との思想的ギャップを解明する方法として、シュミットの政治理論が、なかなか有効であることに気づいたことである。

学生諸君が、われわれ大学の教授層にたいして「日常性」に安住していると批判・攻撃してきたとき、正直いって、最初はその意味がよくわからなかった。なぜなら、教授会が主導し、事務職員と学生層との話合いによる「大学自治」こそ、現代巨大社会のなかでの、もっとも典型的な民主的小「共同体」と考えていたから、それになんの異議があるのか、と戸惑ったことは否定できない。

大学自治の思想的根拠

ところで、「大学自治」の観念の思想的根拠は、西欧デモクラシーの思想である。この思想においては、人間の「生命の安全」・「自由」と「平和」の保障が第一義的なものとされ、また、ここでは、人間は生来、「理性」をもっているから、いかなる問題についても、討論をすれば、最後は、合理的結論に到達できる、という信条が、その根底に横たわっている。そもそも、「公開性」と「討論」を前提とする「議会制民主主義」（この点については、シュミットも否定していない）は、人間理性の普遍性という信念、あるいはそうした政治的仮説なしには成立しえないのである。

しかし、こうした民主政治でも、一九世紀中葉に早くもJ・S・ミルが鋭く指摘しているように、「多数者専制」（具体的には、ブルジョア階級の支配）という悪しき事態を発生させる。そして、この事態が高度資本主義社会と結合して悪しき方向に作動するときには、「資本の論理」を最優先させた「構造汚職」、「公害」という形をとる。そして、昭和四〇年代初頭に「高度成長期」に入った日本でも、こうした事態が顕在化し、学生諸君たちは、それを「不正な社会」という「民主政治の危機」として捉え、平穏無事な生活に埋没し、安住しつつあった「大人社会」に「日常性」を打破せよと叫んで、大学闘争を展開していったのである。もっとも、その主要な打撃目標は、政治権力の中枢部に向けられるべきで、「単位認定権」しか権力のない「か弱き教授層」に向けたのは、いかがなものか、と思わないではなかったが、われわれに、学生諸君が「思想（意識）の変革」を迫ったのは、それなりに正しかった——本当は、共闘を呼びかけるべきではなかったか——と思う。

学生諸君のシュミット論の誤用

それはともかく、学生諸君の突きつけた批判をどう受けとめるか。当時、教授会の最前線に立って、学生自治会や各集団やセクトと接触していたひとりとして、最初に考えたのは、このことであった。どうしたら、学生諸君との会話が成り立つのか。かれらが、「日常性の打破」と叫んでいる真意はなにか。そのさい、かれらは、シュミットの理論やフレーズを用いて——あとでわかったことは、かれらが主として引用していたのは、シュミットの『現代議会主義の精神史的地位』の訳書くらいで、かれらは、実は、シュミットをほとんど勉強していなかった。そしてそういう引用の仕方にどういう問題があるかは、後述する——われわれに迫ってきた。このため、私も、長らく嫌ってきたシュミットを早急に研究しよう、と思い、まず、シュミットといえば、これ、といわれていた『政治的なものの概念』（一九二七）を、「大学院生」のゼミで取りあげて読んでみることにした。

シュミットの「敵・味方」論はマルクス主義の「階級闘争論」を裏返したもの

ここで教えられたことは、多々あった。ひとつは、「政治の世界」は「敵と味方」の関係で捉えよ、ということ、つまり「敵は殲滅せよ」ということであった。

そもそも、戦後約四五年ほど続いた「冷戦構造」は、国際的には「資本主義陣営と社会主義陣営の対立」、国内的には「資本家階級と労働者階級の対立」、そして「この対立は相互に和解できない対立」

という思想から発生したものではなかったか。

「朝鮮戦争」、「ベトナム戦争」などは、まさに相手陣営を全滅させるまで戦う、といった思想の象徴的表現——それを最終的に断念させたのは、ひとつは、原水爆など究極兵器の登場ともうひとつは西欧デモクラシーにもとづく国際平和世論や第三世界国群の「平和共存」論であった——ではなかったか。とすると、シュミットの「敵・味方」論は、なにもシュミットの独創ではなく、むしろ、そのルーツは、マルクス、エンゲルス、レーニンなどの社会主義理論にあった、といえよう。また、この線に沿って、ホッブズの「万人の万人にたいする闘争」という理論が採用されるが、これはマルクスやシュミットの「敵・味方論」とは、まったく異質のものであることをひとこと添えておく。なんのことはない、シュミットの「敵・味方論」は、マルクス主義の階級闘争論を裏返した、資本家側のあるいはアンチ労働者階級側の反共主義的イデオロギーであったのである。しかし、「不勉強な」——許されよ——学生諸君は、そんなことにはお構いなく、マルクス、エンゲルス、レーニンなどの社会主義論はもはや旧いとして用いずに、シュミットの「敵・味方論」や「例外状態論」を誤用していた、といわざるをえない。

しかし、シュミットの「敵・味方論」は、それまで、西欧デモクラシー流の、人間には「理性」があるから、話し合えば（討論）、いずれ合理的な結論に到達しうるという思想——これは依然として民主主義の基本であるが——に安住しているだけでは、「政治の世界」をトータルに捉えることはできない、「政治の世界」を考察するには、「正常」と「異常」（例外状態、非常事態）の両面からアプローチすべきである、ということを私に教えてくれた。丸山先生が、シュミットを評価された側面——のちに、シュミットの訳書をお送りしたときの御返事に、「政治オンチのシュミットは」という文言《もんごん》が書かれていたことからも、丸山先生が、当然なことながら、きびしいシュミット評価をされていることがわかるであろう——は、このあたりではなかったか、と思われる。

シュミット翻訳の契機

さて、『政治的なものの概念』を読んだとき、私は「政治の世界」や「民主主義の根本問題」をよりよくわかるためには、シュミットのような思想を——たとえ自分の思想とは相容れないものであれ——を広く、読んでもらうべきだ、と考えて、未來社編集部の小箕俊介《おみしゅんすけ》さん——私が『イギリス農民戦争』を翻訳したとき、小箕さんは未來社に入社したばかりで、私の仕事を担当することになった。わずか原書で二〇〇ページほどの翻訳だったが、念には念を入れて、五年間もかかったので、音《ね》をあげていたことを思いだす——に話をしたら、ふたつ返事で引き受けてくれた。

当時、私は、東京教育大学の教職員組合の委員長をしていて、筑波移転推進派の大学当局(学長、三輪知雄)と闘いながら、他方で、学生自治会の主流派や各種セクト諸集団との交渉に当たっていた(「二正面作戦」)。そのさい、独文の原田武雄さん(南山大学名誉教授)、英文の新井明さん(日本女子大学名誉教授、敬和学園大学学長)、仏文の小池健男さん(筑波大学名誉教授)が、執行委員として私をサポートしてくれた。

原田さんと新井さんは、語学の天才と思うほどの独・英語の達人であった。私はかねがね、筑波移転反対闘争ばかりではなく、研究もやろうじゃないかと思い——民主化闘争のときほど研究に心掛けるべきである——、原田さんとはシュミット、新井さんとはミルトンの著作集を刊行する計画を立て、未來社から出版したが、当時、社会科学者と文学者・語学者との共同作業として注目された。原田さんについていえば、某大学から政治学の教授としてお招きしたいという問合せが、私のところに舞い込んでくる、という笑い話の「おまけ」までがついた。

小池さんとも、いくつか共同翻訳を計画していたが――実は、まだ、まったくあきらめているわけではない――お互いに多忙で実現していない。私がのちに、ヨーロッパに留学したときに、パリで、アメリカに留学したときには、小池さんの妹さん御夫妻にシカゴでたいへんお世話になった。原田、新井、小池さんの「語学(英・独・仏)御三家」=「組合カルテット」との「交遊」は、きびしい筑波反対闘争時代の懐かしくもまた楽しい思い出でもある。

シュミット著作集の刊行企画

さて『政治的なものの概念』の反響は賛否両論をふくめてきわめて大きかった。ひとつは、ホッブズ研究者である私が、なぜファシズムのイデオローグ、シュミットをかつぐのか、という非難であった。これにたいしては、私は、いかなる学問であれ、ましてや社会科学研究分野では、「敵」の思想を学ばなければならない。たとえば、ファシズム、ナチズムを分析するためには、ムッソリーニやヒトラーの研究をするでしょう、それと同じことです、と答えた。

もうひとつは、当時、京大の院生(博士課程、論文「北一輝とシュミット」)であった宮本盛太郎君(のち京都大学教授、故人)から手紙をいただいたが(同様な質問が中大院生の山下威士《たけし》さんからもあった)、自分は、これまで背中をかがめてひっそりとシュミット研究をしてきたが、先生が、『概念』をだして下さったので、これからは、堂々とシュミット研究者を名乗ることができる、といったような趣旨であったように記憶している。『概念』出版以後、日本の学会で「シュミット研究」が解禁されたことだけは事実である。ちなみに、もうひとつ嬉しかったことは、小箕君がある研究会にでたときに講師の堀米庸三《ようぞう》先生（東京大学教授、西洋中世史の権威、故人）が講演の席上、日本のドイツ語の翻訳で、一番は世良《せら》晃《てる》志郎《しろう》（東京大学法学部卒、東北大学名誉教授、宇都宮大学学長、西洋法制史の第一人者、故人）君、二番は田中・原田訳『政治的なものの概念』であるとおっしゃっていた、という電話を小箕君からもらったときである。堀米先生のような大家に翻訳の大変さを御理解いただいたことは誠に光栄なことであった。

といっても、私は、無条件にシュミット研究に従事していたわけではない。シュミット思想のような「ニトロ」にも似た激薬・爆発物の取扱いには厳重注意が必要である。だから私は、翻訳の末尾には、「解毒剤」的意味をふくめた「解説」を付けた。翻訳の「解説」については、藤田省三君は、大思想家の思想について「チンピラ」ごときが解説を書くのは、読者の判断を誤らせる、評価は読者にまかせよ——まかされたら困らないだろうか——、とかねがね言っていた。この主張には一理ある、と思うが、シュミットのような「魔性の政治学」という品物を販売するとなると、店主たるものは、十分な厳重注意の張り紙を店内にはりだす責任がある、と私は思っている。

次いで、シュミット研究をすすめるなかで気づいたことは、日本では、『概念』一冊だけを読んで、あれこれ論じている状況では、シュミット思想の全体像を正しく捉えることはできないのではないか、と痛感したことである。こうして、私は、シュミットの主要著作を全部読み、可能であれば、それらを翻訳することにしたが、シュミットの翻訳の大半は、「筑波一〇年戦争」の激動の期間にすすめられた、といってよい。

翻訳の進行

『概念』刊行の翌年の七二年（昭和四七）に、私たちは、シュミット著作の白眉といわれる『政治神学』（一九二二年）、七四年（昭和四九）には、シュミットが、のちのヒンデンブルクやヒトラーの「大統領の独裁」的支配の理論的根拠となる、すなわち「ヴァイマル議会」よりも、「ヴァイマル大統領」の権力を上位におくことを正当化した、シュミット政治論を理解するうえで絶対に必要と思われる『大統領の独裁』（一九二四年）――世界的にも日本でも、この著書は、当時も現在でもほとんど注目されていないのはいかがなものかと思われる――を刊行した。

この三冊により、私は、シュミットが、その研究の当初から西欧流の「議会制民主主義」に敵対的感情をもち、もちろんソ連社会主義にも真っ向から反対し、後述するように、ドイツ独自の「全体主義国家」の理論的構築を志向していた――ヒトラーは、のちに、この国家論を最大限に活用した――ことがわかった。

この点については、私は、『大統領の独裁』の巻末に、「大統領の独裁とヴァイマル共和国の崩壊――ヴァイマル憲法第四八条の大統領の非常権限との関連で」という、かなり長大かつ綿密な解説論文を付けた。

ところで、シュミットの大統領独裁論は、二四年の『大統領の独裁』発表以来、わずか八年目の一九三二年の総選挙で、ナチ党が第一党に躍進すると、皮肉なことに、ヒンデンブルク大統領からヒトラー党首へ政権を移譲することを拒否すること――いまは大統領独裁の時代で議院内閣制ではないから、たとえナチ党が第一党になっても大統領の親任がなければ首相には任命できない、としてヒトラーではなくシュライヒャー将軍が首相に任命された――を正当化する理論へと転用された。しかし、もはや、ヒトラーの大統領就任の動きを阻止できない状況が高まると、すかさず、シュミットは、議会の多数決よりも、ナチ党の圧倒的な国民的支持を重視してヒトラーの首相就任を正当化・合法化する問題の書『合法性と正当性』という本を急遽書いている（小泉純一郎首相のポピュリズムの使用方法が全体主義の危険性を感じるといわれるのはこのためであろう）。そして、私たちがこの本の翻訳を実際に刊行したのは、『大統領の独裁』刊行から一〇年ほど経った八三年（昭和五八）、私が、カナダのカールトン大学の客員教授として、オタワに滞在していたときにである。

続いて、シュミット独裁論の思想的・歴史的前提である、かれの初期の著作『独裁』（一九二一年、シュミットは、敗戦後ただちに、ドイツ国家の将来を見据えて、議会制民主主義にたいするドイツ大統領の独裁の優位を主張するために、早くも独裁の理論的・歴史的研究をしているのには驚嘆させられる）は、なんと、『合法性』からさらに約八年ほど遅れた九一年（平成三）に刊行している。『合法性』と『独裁』の翻訳原稿は、七〇年代前半には、ほぼできあがっていたのだが、刊行が遅延したのは、ひとつは、われわれ二人が、「東京教育大学落城」により、原田さんが名古屋の南山大学へ、私が静岡大学へ、お国替えさせられてバラバラとなり、新しい環境のもとで、なかなか集中できなかったことによる。もうひとつの理由は、とくに『独裁』は、シュミットにしては、とくにボリュームのある、かつローマ共和国・ローマ帝国から、中世・近代・ロシア革命期のプロレタリア独裁に至るまでの詳細かつ内容豊かな論述であり――私の知るかぎりでは、「独裁」の歴史的研究としては、リヴィウス（前五九～後一七）の『ローマ建国史』（全一四二巻、現存三五巻）、マキァヴェリの『政略論（ローマ史論）』（一五三二）を除いては、シュミットの研究を抜くものは、いまだにでていないように思われる

――、その歴史的正確性を正したり論証として用いられている諸文献の検討に苦心したためである。

シュミット研究以外の研究成果

ところで、私は、一九六〇年代末に始まる約四、五年間の「大学闘争」と「筑波闘争」からその後の静岡大学時代をふくむ約一〇年間、シュミットと後述するような長谷川如是閑研究に中心をおき、それに、ホッブズ周辺の研究をも加えながら、さまざまな論文や翻訳を発表した。また新しい研究方向を模索するための研究組織作りにもとりかかっていた。「地獄の筑波闘争期」から必死になって「研究戦線への復帰」を試みていた時代であり、その意味で、わずか五、六年という短い期間ではあったが、私に研究生活を保障してくれた静岡大学人文学部法律学科の教授層と学生諸君に深く感謝するものである。

ここで、この時期の研究成果の一部を書いてみる。それによると、ホッブズ、シュミット、如是閑にかかわる分野について、いわば三頭立ての馬車で走り続け、思いきり研究範囲を広げようとしていたことがわかる。翻訳としては、C・M・トレヴェリアン『イギリス史』(三巻)〔大野真弓監修、みすず書房、七五年(昭和五〇)〕、E・ウィリアムズ『帝国主義と知識人』〔岩波書店、七九年(昭和五四)〕、M・マイヤー『かれらは自由だと思っていた』〔金井和子と共訳、未來社、八三年(昭和五八)〕(この本は、丸山先生が激賞されていた。金井さんは、ICUで武田清子先生の指導を受け、今井宏さんの推薦で私のところに入学してきた。「べ平連」の小田実さんの秘蔵っ子で、同志社大学や中部大学で講義〔非常勤〕しながらいままでは翻訳家として有名)、新井明さんたちとの共訳、ミルトン『イングランド宗教改革論』〔未來社、七五年(昭和五〇)〕と『教会統治の理由』〔八五年(昭和六〇)〕などである。

次に論文としては、『国家思想史（上・下）』〔田口富久治氏と共編、青木書店、七四年（昭和四九）〕所収の「ホッブズ――近代国家論の生誕」（上）と「シュミット――全体国家論の思想構造」（下）、「ミルトンとフィルマー――『国王殺し』をめぐる論戦」〔平井正穂（東京大学教授、英文学、ミルトンの権威、故人）編『ミルトンとその時代』所収、研究社、七五年（昭和五〇）〕、「長谷川如是閑の国家観」〔『年報政治学――「日本における西欧政治思想」』所収、岩波書店、七六年（昭和五一）〕、「近代政治思想原理としての『社会契約論』」〔飯坂良明（東京大学法学部、学習院大学教授、聖学院大学学長、故人）・田中浩・藤原保信編『社会契約説』所収、新評論、七七年（昭和五二）〕、「長谷川如是閑のドイツ学批判――イギリス思想とドイツ思想との対比による日本近代史観」〔家永三郎・小牧治編『哲学と日本社会』所収、弘文堂、七八年（昭和五三）〕（この本は、家永三郎、小牧治両先生の退官記念号）、「ホッブズとシュミット――政治思想における『イギリス』と『ドイツ』」〔斎藤美州・新井明編『近代イギリスの文学と社会』所収、金星堂、八〇年（昭和五五）〕（この本は、斎藤美州先生の退官記念号）、「長谷川如是閑」〔小松茂夫・田中浩編『日本の国家思想』（下）所収、青木書店、八〇年（昭和五五）〕、「全体主義」〔熊谷尚夫（大阪大学名誉教授、厚生経済学）・篠原美代平（一橋大学名誉教授、計量経済学）編『経済学大辞典』（Ⅲ）所収、東洋経済新報社、八〇年（昭和五五）〕（ちなみにこの四〇〇字で七〇枚の論文は、久野収さん〔京都大学哲学科卒、戦後日本の民主主義闘争の思想的リーダー、小田実らと「ベ平連」を作った〕の前回の「ファシズム」を「全体主義」という新しいタイトルに代えて、引き継いだものである）、「長谷川如是閑と『言論・思想の自由』――森戸事件から滝川事件まで」〔磯野誠一・松本三之介・田中浩編『社会運動と法』所収、勁草書房、八一年（昭和五六）〕（この本は、磯野誠一先生の退官記念号）、「ホッブズとロック――R・フィルマーの『神権説』との対比において」〔田中浩著『ホッブズ研究序説――近代国家論の生誕』所収、御茶の水書房、八二年（昭和五七）〕、「ホッブズとルソー――『リヴァイアサン』と『社会契約論』の継承関係」〔田口富久治・田中浩・西尾孝明編『現代民主主義の諸問題』所収、御茶の水書房、八二年（昭和五七）〕（これは、明治大学名誉教授、日本政治学会会長秋永肇先生の退官記念号として企画したものである）、「長谷川如是閑のジャーナリズム観」〔田中浩編『近代日本におけるジャーナリズムの政治的機能』所収、御茶の水書房、八二年（昭和五五）〕、「社会契約説」・「社会進化論」・「ファシズム」〔（田村秀夫・田中浩編『社会思想事典』所収、中央大学出版部、八二年（昭和五七）〕（各項目とも四〇〇字七〇枚という大項目であった）、「ホッブズ政治論における『宗教問題』の位置」〔横越英一編『政治学と現代世界』所収、御茶の水書房、八三年（昭和五八）〕（この本は、名古屋大学名誉教授、日本政治学会理事長横越英一先生の退官記念号）、「国家における『私』と『公』の論理」〔樋口陽一（東京大学名誉教授、憲法）・室井力（名古屋大学名誉教授、行政法、故人）編『現代法の諸領域と憲法理論』所収、学陽書房、八三年（昭和五八）〕（この本は、青山学院大学名誉教授〔憲法〕故小林孝輔さんの還暦記念号である）

　以上が、敗戦必至が明確となった「筑波闘争」末期の約五年間と八三年（昭和五八）四月に一橋大学へ移籍するまでの約十年間の〔私は、七七年三月の東京教育大学消滅後は、一橋大学へ移籍するように藤原彰教授に誘われていたのでそのつもりにしていたが、その年度に予定されていた教授ポストがこないことがわかったので、急遽、どこかで食いつないで欲しいといわれた。といわれても、それまでに立命館大学をはじめとする都内・関西の約十校近い大学からのお誘いを全部断ってきていたので、さすがに慌てた。このとき、四年ほどまえに、真っ先に声をかけてくださっていたが、先のことはわからなかったのでお断りしていた静岡大学人文学部長丸山健教授〔憲法、のち学長、私が筑波にいかないという噂をきき、青山学院の小林孝輔教授や東京学芸大学の星野安三郎名誉教授たちの——お二人とも憲法学——推薦もあって獲得にみえたらしい〕ほか数名の教授が、私の自宅にみえ、その後どうなりましたか、実は、この四年間、だれも取らないで先生の結果がどうなるかをお待ちしていました、といわれた。私は、ことの経過を説明し、そのさい、私は、将来、一橋大学に移るかも知れないことは正直に申しあげたが、それでもよいということで、その場で、私の静岡大学行きがきまった。当時、静岡大学は、東京からの通勤は認めない――大学闘争期に、東京在住の先生たちのうちで、大学にこなかった不心得者がいたために、教授会でそう決めたらしい――ことになっていたが、私の研究は東京に拠点をおいているのでおことわりするといったら、東京からの通勤を特別に認めてくださった。法学部、大学院創設の中心的教授として、どうしても私が必要であったためらしい」私の奮戦記である。

こうして、私は、静岡大学へ、週一回、一泊二日の割で通勤〔火曜日の朝八時一六分の「こだま」に乗り、午後二コマ「演習」、翌水曜日は、一時間目の「政治学」講義をして午後、帰京。もっとも月二回の教授会（木）の日は、もう一泊して、夜一〇時三〇分の最終「ひかり」（当時は、朝と夜の二回だけ静岡に停車した）で帰京した〕したが、こうしたわがままを認めて下さった静岡大学の先生方や教職員、学生諸君には、いくら感謝しても感謝し切れない（静大在職中の全期間、私は、各種委員長は引き受け、とくに全国初の「共通一次試験」実施のときには全学委員長として――このときには、三週間ほど静岡に滞在した――つとめあげた）。

私が、「筑波闘争」から解放されて、なんとか一人前の研究者に復帰できたのは、静岡大学時代のあの五年間（実際は六年間だが、最初の一年間は、東京教育大学との兼担であり、敗戦処理投手をつとめていたので軸足は、ほとんど東京におかれていた）がなければ、おそらく不可能であったろう。

退官記念号と歴代学部長補佐

次に、この時期、私は、家永三郎先生（研究室が私の部屋の二つ先であった）と倫理学の小牧治先生の退官記念号、磯野誠一先生（民法）、斎藤美州先生（英文学）の退官記念号、明治大学の秋永肇先生（政治学、日本政治学会理事長）の退官記念号、名古屋大学の横越英一先生（日本政治学会会長）、青山学院大学の小林孝輔先生（憲法）の還暦記念号に参加させていただいた。これらの先生方は、すべて故人になられたが、公私ともに可愛がっていただいた。

家永先生、小牧先生、磯野先生、斎藤美州先生は、「筑波反対闘争」のさいの力強い同志であった。一番若い教授として、私は、いつもこれらの先生方の知恵をお借りし、また勇気もいただいたが、和歌森太郎（日本史学、故人）、中嶋敏《びん》（東洋史学）、藤井一五郎（英文学、故人）、星野慎一（独文学、故人）、入江勇起男（英文学、故人）、大島清（経済学、故人、私の碁敵で、夫人は芥川賞作家の柴木好子さんで正月には大島宅におうかがいした。先生は学部長のときに、教授会の決定に反して、評議会において筑波移転に賛成されたので、学部長を途中で交替していただいた。ふだんたいへん、可愛がっていただいていただけにまことに残念に思った。しかし、教育大廃学後は、先生とわれわれ若手グループとの友情が回復したのは幸いであった）、小牧治、斎藤美州両先生の学部長時代には、研究室よりも学部長室につめていることのほうが多かったように思う。それぞれ個性の異なる学殖豊かな先生方から、いかに多くのこと——「トゥリンケン（お酒）」の場もふくめて——を学んだことか。いままでは、ほとんどの先生方と「幽明境を異にしている」が、「筑波闘争」がなければ、きわめて専門的・個別的・閉鎖的な縦割り社会である大学において、これほど広い範囲にわたって親しくさせていただくことはなかったであろう。

研究集団を立ちあげる

静岡大学時代は、きわめて短期間であったが、自分の研究史にとっての大きな転換点となった。そのひとつは、自分の主宰する新しいプロジェクトを企画し、そのための研究集団を立ちあげたことである。その具体的方策としては、七九年（昭和五四）に、「近代日本におけるジャーナリズムの政治的機能」という「総合研究」（科学研究費）を文部省に申請した。当時、ホッブズ、シュミット、如是閑の研究を深める作業もしていたが、幸運にもこの企画に研究費がついたことは私の研究が近代日本の研究へと大きく「舵を切った」ことを意味した。大学卒業以来、二五年近く、西欧近代思想の研究を続行し、ここ三、四年の如是閑の研究を通じて、ほとんど未知の近代日本政治思想に興味をもち、もっと本格的に研究し、西欧と日本の政治思想の比較研究をしてみたい、と思っていたことが、今回の「総研」テーマとなった、と思う。

総合研究については、水田さんの「イギリス革命研究」、稲田さんの「明治国家形成過程の研究」（後述）、福田平さん（一橋大学名誉教授、刑法、福田さんとは、一時期、東京教育大学で同じ研究室で机を並べていた。当時、田中角栄と福田赳夫がいわゆる「角福戦争」を展開していた時代であったから、研究室入口の教授の名札に福田・田中と並んでいたのをみて、廊下を通る学生たちが、面白がっていたのを思いだす）の「アジアにおける法思想・法制度の比較研究」など、何回か企画・立案し事務局長をつとめた経験があったので、そう手間はかからなかった。では、なぜ、近代日本の政治思想研究に、ジャーナリズムやジャーナリストの研究が有効であるのか。こうした発想や研究者集団を形成するさいには、私の東京教育大時代からの教え子であり、また私が人間的にも学問的にももっとも信頼している和田守君（山形大学、静岡大学から大東文化大学法学部教授、大東文化大学学長、徳富蘇峰研究の第一人者）が全面的にバックアップしてくれた。

研究グループ結成の目的と構成

当時、私は、七、八年間にわたって夏・冬休みの直前四日間ずつ、山形大学人文学部と東北学院大学法学部に政治学の集中講義（各八日間）にでかけていた。集中講義のメリットは、見知らぬ土地で、それまで面識のなかった多くの先生方や研究者、また学生諸君と出会い、さまざまな知識を吸収できることである。私は、全国の二十数校の大学に集中講義に呼ばれ、そこで知り合った先生方と、のちに一緒に仕事をするという幸運（誘ったり誘われたり）にどれほど恵まれたことか。二週間余りの山形大学・東北学院大学への出講は、「東北巡業」と称していたが、講義終了後の毎夜のトゥリンケン（こう書いても、私は、まったくの下戸で、酒席でのやりとりが「知識の泉」となったのだが）や囲碁の手合せ〔山野さん（一橋大学法卒、憲法）や高木君（東北大学法卒、労働法）〕もさることながら、和田君や小松進君（和田君と同級生、現大東文化大学法科大学院教授、刑法）と学問論を闘わせたり、将来の研究方向を語り合うことも大いなる楽しみのひとつであった。

和田君によれば、日本近代史や日本近代思想史を知る最良の方法は、近代日本のジャーナリストたちの思想と行動を分析することだ、というわけである。こうして、山形の夏・冬の夜の四日間の居酒屋談義で、近代日本のジャーナリスト研究のプロジェクトが構想されたのである。

西欧と日本の思想研究のアプローチのちがい

ジャーナリスト研究に焦点を合わせよ、という発言は、たしかに、それは卓見であった。たとえば、西欧とくに、民主主義思想の系譜が歴史的に形成されているイギリスでは、ホッブズ、ロック、ベンサム、ペイン、ミル、スペンサー、グリーン、ラスキなどの思想家の思想と行動を追っていけば、イギリス近代政治思想史の大要はつかめるようになっている。

しかし、日本のばあいはどうか。たとえば、福沢思想のあとはだれが継いだか。中江兆民のあとはだれが継いだか。吉野作造のあとはだれが継いだか。福沢、中江、吉野と並べてみても、どうも、イギリスのように思想系譜としてはうまくつながらないのである。

その理由は、おそらく、日本では、戦前には、官僚・軍人ばかりが注目され、思想家や哲学者が尊敬あるいは重視されてこなかった、という文化的風土のせいではないかと思うし、別の言葉でいえば、民主主義や自由主義の根底にある「普遍的な原理」にたいして、それを社会的に軽視してきたお国柄のゆえにであろう。

したがって、思想家・学者はすべて社会的に使い捨て——日本の学問の、はやりすたれの速度がいかに早いか——、また学者の側にも、世界や社会全体を捉える気構えがなく、その結果、イギリスのような時代時代に築きあげられてきた思想・文化遺産が形成・定着せず、そのため、その成果が、国民の思想として蓄積されず、継承されてこなかったのである。

だから、少なくとも、近代日本の思想を捉えようとしても、どこから、どのように手を付けてよいかわからないばかりでなく、日本思想の研究をみても、少なくとも幕末から現代までの近代日本の思想をひとりで統一的に解明・叙述した著書はほとんどない——数名あるいは十数名で個々の専門分野をリレー式につないだ研究はあるが——し、またそのような体系化の作業に大胆に挑戦しようとした試みもほとんどないのである。これでは、日本の人文・社会科学は、国際的な研究レベルにまで上昇することはないであろう。

ところで、戦前日本の政治思想とくに民主主義思想の系譜を知ろうと思えば、ジャーナリストの思想と行動を追っていけば、あるていどは、思想の発展・挫折の軌跡が明らかになるように思われる。そもそも、戦前日本においては、官僚・軍人・資本家という三大エリート（学者、代議士、新聞記者などは二、三流扱いであった）支配層の国家主義・軍国主義・利潤至上主義に対抗し、民主主義・自由主義・社会主義などを主張できた知識層は、新聞・雑誌などのジャーナリズムの世界に拠点をおいて闘ってきたジャーナリストたちであった。

現代のサラリーマン化したジャーナリストたちからは想像もできない——ごくまれにすぐれたジャーナリスト兼思想家が存在するが——が、少なくとも大正デモクラシー期までの戦前のジャーナリストたちの多くは、「社会の木鐸」としての使命観をもったいわば大思想家であった。福沢諭吉、小野梓《あずさ》、馬場辰猪《たつい》、中江兆民、幸徳秋水、田口卯吉《うきち》、陸羯南《くがかつなん》、長谷川如是閑《にょぜかん》などは、ジャーナリストでありかつ思想家であった。原敬《はらたかし》、犬養毅《いぬかいつよし》、尾崎行雄などの政治家たちも、もとはといえばジャーナリストであった。とすれば、戦前日本の民主主義思想の発展と系譜を捉えるためには、日本のジャーナリストたちの思想と行動を歴史的に分析・研究すべきである、という結論は至当であろう。

研究組織の構成

こうして、明治・大正・昭和期および日本と西欧の研究者のバランスを考えて、日本最初のジャーナリスト研究組織が構成された。京大グループと九大グループが、新しいメンバーとして加えられたが、それ以外はそれぞれまで、なんらかのコンタクトのある人びとであった。名前をあげておこう。

山崎時彦（大阪市立大学名誉教授、西洋政治思想史、ロック研究、山崎さんとは、年齢的には一〇歳ほど異なったが、奇妙にウマが合い、同じイギリス革命思想史研究を通じて、終生、交友が続いた。山崎さんは熱烈な阪神ファンで、アンチ巨人の私とは共同戦線を張ることが多く、京都の「政治学会」のときに、日本シリーズをテレビ観戦していて総会に間に合わず重要な決議に一票足らなかったそうで――もちろん私たちだけの責任ではなかったと思うが――、再度決議しなおされたときには冷汗をかいた。故人）、小松茂夫（前出）、池田清（東北大学名誉教授、イギリス政治史、海兵出身のため日本海軍研究の権威、故人）の三長老を筆頭に、広田真稀《まさき》（大阪大学名誉教授、日本近代思想史、福沢諭吉）と宮城公子《きみこ》（甲南大学名誉教授、日本思想史、大塩平八郎）の京大史学科出身の俊秀、岡本宏（熊本大学名誉教授、日本政治（社会・労働運動）史、故人）、井田輝敏（北九州大学名誉教授、日本近代政治思想史、昭和五〇年代に七、八年間、北九州大学法学部に集中講義に出講したときは、井田邸に泊めていただき、奥方に朝・夕、井田さんとともに大学まで運んでいただいた）、安部博純《ひろずみ》（北九州大学名誉教授、日本ファシズム史の第一人者）の九大グループ、それに、西田毅《たけし》（同志社大学名誉教授、日本近代政治思想史、竹越与三郎（三叉《さんさ》）研究の第一人者、西田さんには、われわれの研究グループの関西における責任者の役割をお願いし、京都御所司代の尊称を奉った）、岡利郎《としお》（北海道大学教授から上智大学教授、日本政治思想史、山路愛山）、小松進、大木基子《もとこ》（高知短大名誉教授、日本女性史、故人)、高野清弘(甲南大学教授、ホッブズ)の方々。当時、私が在職していた静岡大学からは、安藤実《みのる》(静岡大学名誉教授、財政学、私の碁敵であり、この研究では石橋湛山を担当した)、山本義彦(静岡大学教授、日本経済思想史、清沢洌を担当し、それを契機に、その後、清沢洌研究を大成させた)、名和鉄郎(静岡大学名誉教授から独協大学法科大学院教授、刑法、正木ひろしを担当、カラオケ大好き、シャリアピン張りの美声の持主の慶応ボーイ。お盆のときに回るかれの檀家でのお経は、さぞや有難く聞こえることだろう)、松田武男(静岡大学から大阪市立大学教授へ、国際法)、佐藤信一(静岡大学教授、国際政治学)などの方々に参加していただいた。

第一回の研究会は、伊豆湯ヶ島「白壁荘」でおこなった。北海道、東北、関東、中部、関西、九州と、日本全体を網羅した文字通りの「総合研究グループ」は、人文・社会科学分野の研究会としては、おそらく、これが最初であったのではないか、と思われる。山崎先生は、この会のことを、たわむれに「田中学団」とネーミングされたが、「学団」というより「楽団」といったほうがよいこの会のメンバーは生涯の研究仲間となった。

研究成果の余禄、丸山先生に呼ばれる

この研究会の成果は、二年後の一九八二年(昭和五七)七月に、田中浩編『近代日本におけるジャーナリズムの政治的機能』(御茶の水書房)として発表された。この本では、私は如是閑の「ジャーナリズム観」について書き、つねづね「私は南原繁(東京大学学長、政治思想)と長谷川如是閑の弟子である」とおっしゃっていた丸山先生にお送りした。

この年の秋、近畿大学での「日本政治学会研究大会」の初日、夜の懇親会の「宴」たけなわの頃、松本三之介さん（松本さんは、このときすでに、丸山先生の講座のあとを継いで東大に移っていた）が、「丸山先生（この日は、それこそ何年ぶりかに学会に出席されているという話が伝わり、朝からなんとなく会場がざわめいていた）が、田中さんと食事しながら話したいとおっしゃっているので、時間空いていますか」と近づいてこられた。

突然の話で驚いたが——実は、懇親会後、十数人の若い仲間たちと二次会をすることになっていた——、もちろん、お供することにした。難波か天王寺あたりか忘れたが、駅の近所の居酒屋の二階の畳の間で、丸山先生、松本さんと一緒にお話しした。私が、いわば「差し」で先生とお話するのは、これが最初であった。もっとも、そのまえの一九七七年（昭和五二）に、松本夫人が突然亡くなったとき（アテネ・フランセの教室で倒れ、松本さんがつかまらなかった——実は、明治文庫の地下にもぐっていた——らしく、東京教育大学時代の同僚であった私に連絡があり、静岡から帰って玄関につくいたばかりの私は、あわてて慶応病院に駆けつけた）、丸山先生、磯野先生との三人（福田さんは午後一一時頃、帰宅）で、お通夜の席をともにしたことがあったが、そのときは、もっぱら丸山・磯野両先生のやりとり（丸山先生が武蔵中学に落第し府立一中に合格し、磯野先生が府立一中に落第し武蔵中に合格した、という話は面白かった。当時の小学校秀才は、武蔵中学と府立一中をかけもち受験していたらしい、ちなみに前内閣総理大臣宮沢喜一さんは、東京高師付属小学校から武蔵中学へ進学した）を、かたわらでうかがっていただけであった。

「田中さんが、ホッブズやシュミットを研究しておられたのは（丸山先生の言葉づかいは、私のようなチンピラにも丁寧であった）、いろいろの本や論文をいただいていたので知っていたが、『ジャーナリズムの政治的機能』をいただいて、如是閑をやっておられるのを知って。本郷の連中とはよく話す機会があるが、田中さんとは、なかなかお会いできないので、お誘いしたしだいです」と開口一番、丸山先生がおっしゃった。

大スターのまえでは、だれでも極度に緊張するということをよくきくが、ともかく「オーラ」――わたくしは、これまでこうしたオーラのでている人とお会いしたことがない――がでていた。その夜、なにをおしゃべりしたか、よく覚えていない。

「恥ずかしながら」〔これは丸山先生がよく使われるフレーズで、ウィリアムズの『帝国主義と知識人』(岩波書店) という翻訳をお送りしたとき「恥ずかしながら、トリニダード・トバゴという国を知らなかった」という御礼状をいただいた〕「僕にも『一高オンチ』のところがあってね」、というのと「ホウー、田中さんは陸軍経理学校ですか」というフレーズしか覚えていない。

では、最初の「一高オンチ」というフレーズはなんだったのか。三人とも旧制高校出身だから、全国三三の旧制高校のランクは十分に知っている。一高は、他の高校とくらべて断トツである (ちなみに松本さんの静岡高校は、Aクラスの中、私のでた佐賀高校はCクラスか)。だから、本人もそうだが、他人も、一高出身者を天下の秀才として一目おいている。そして、そういうことが、自然と態度にでてくる。銀座のバーなどで同席するばあいがあって、話が旧制高校の話になると、一高出身者は相手に向かって、人差指を一本立てて「ですか」と聞いてくる。私の返答はいつも、「ただの高校です」ということにしていた。

丸山先生は、一高生だったことをきっと誇りに思われていたであろうし、それゆえに、つねに「自制」されようとしていたのではないか (「一高バカ」ということばもあった)。それが、「僕にも『一高オンチ』のところがあってね、という言葉になったのではないか。このフレーズが、いかなる流れのなかで出てきたかはいまでも定かではないが、私は、このフレーズのなかに、丸山先生の「てれ」、「はにかみ」みたいなものを感じて、ますます好感がもてるようになった。

ところで、もうひとつの「ホウー、田中さんは、陸軍経理学校ですか」と感じ入ったように丸山先生がおっしゃったのも、いかなる「やりとり」のなかからでてきたのかは、よく覚えていない。

おそらく、元軍人の卵だった反省から、民主主義の元祖トマス・ホッブズを研究するようになった、といったような話から、私が陸軍経理学校の将校生徒だったことに話がつながっていったのであろうか。「一高オンチ」を自称される丸山先生ならば、戦前の日本の入試事情には精通されていたと思われるから、「この男」(私)が、戦争末期には、日本で一番の難関といわれた陸経の生徒だったことに意外性(ホンマかいな)を感じられたのかもしれない。

しかし、もうひとつの説明も可能であろうし、このほうが、先生の「思い出」とつながったのかもしれない。昭和一四年に早大教授津田左右吉が東大法学部で講義されたとき、――そのとき、丸山先生はまだ助手身分であった。丸山先生が助教授に昇進される数年間、東北大学の村岡典嗣先生と津田先生がつないでくださったようだ――「左傾的」として騒いだのが、「陸軍経理学校からの派遣学生」(当時は、優秀な経理将校は、東大に派遣された)たちであった。そして、それに体を張って、津田先生を救出されたのが丸山先生であった。そのことを思いだされて、先ほどの言葉になってでたのかもしれない。

それは、ともかく、この時期(教育大落城から静大時代)、私は、「日本ジャーナリズムの研究」プロジェクトを通じて、ようやくひとつの新しい研究集団を形成することができたのである。そして、その余禄は、先ほどの丸山先生との会食(このうわさは、一晩のうちに広まったらしく、翌朝、学会にでると、丸山先生と昨夜はなにを話されたかと多くの人から聞かれ、困惑したのを覚えているが、同時に丸山先生の威力のすごさを改めて再確認した）はもとより、新しい友人たちとの出会いは、その後の私の研究生活において、なにものにも代えがたい財産となった。ともかく、「ジャーナリズム研究」集団を立ちあげたとき、藤吉郎のひそみに習っていえば、長浜城の城主として、ようやく研究者として一本立ちできたとでもいえようか。

研究ネットワークの拡大1　立教大学政治学研究会

ところで、東京教育大学が廃学となり、リストラされたが、幸いにも静岡大学に移籍（九州の田舎の友人たちは、「お上《かみ》」に反対したため、「お国替え」になった、と同情してくれていたらしい）した七七年から八三年の一橋大学への移籍（田舎では、「都」によびもどされた、と大喜びしてくれたらしい）までの約六年間は、「人の情け」がとくに身に沁みた時期であり、これにより、私は「学問の世界」へ復帰することができた、と感謝している。

ひとつは、立教大学法学部の皆さんたち。とくに高畠通敏さんと野村浩一さんが、東京での研究室と研究会の場を失った私を、「立教大学政治研究会」に入れてくださった。ここで私は、神島二郎さん（政治学会理事長、世界政治学会の「ラウンド・テーブル」が開かれたとき一兵卒としてお手伝いした。日本政治思想史、故人）、栗原彬《あきら》さん（立教大学名誉教授、明治大学教授、政治社会学。私より十歳くらい若いと思うが、かねがねその学問に敬服していたが、『ホッブズ研究序説――近代国家論の生誕』をお送りしたとき、ホッブズ認識について「目からうろこ」が落ちた思いがしました、という御返事をいただいたときには嬉しかった）、その他若い助教授・助手の皆さん、北岡伸一さん（東京大学教授、国連次席大使、日本近代史）、吉岡知哉《ともや》さん（立教大学教授、西洋政治思想史、ルソー）、下斗米《しもとまい》伸夫さん（法政大学教授、ソ連・ロシア史）、またそこには、助手として売りだすまえの五十嵐暁郎《あきお》君（立教大学教授、日本政治思想史、東京教育大学大学院での松本三之介さんのお弟子さん）や塚田富治君（私が高畠さんに助手として推薦した。一橋大学教授、西洋政治思想史、若くして亡くなった）たちがいたし、都築勉さん（信州大学教授、日本政治思想史）とも知り合った。

また、この「共同研究」には、外部からは、京極純一さん（東京大学名誉教授、政治学、のち、東京女子大学学長になられたさいには、私も非常勤講師で女子大に出講した日には、よく学長室におうかがいしてお話をした。また先生の古稀記念パーティーのときには、主宰者の高畠さんから、事実上、最年長者というだけで、佐々木毅さんはじめ並み居る錚々たるお弟子さんたちが勢揃いしているなかで、冒頭の「お祝いのあいさつ」をさせられ、さらに先生が文化功労賞を受賞されたときには、「国際文化会館」（アイ・ハウス）でのパーティにお招きいただいたりして、つねに目をかけていただいている）、橋川文三さん（明治大学名誉教授、日本近代思想史、故人。神島さん、石田雄さん、松本三之介さん、藤田省三君らとともに丸山門下の第一世代）、田中治男《はるお》さん（東京外国語大学・成蹊大学名誉教授、西洋政治思想史）、岩重政敏《いわしげ》さん（千葉大学名誉教授、西洋政治思想史）、岡利郎さん（前出）などが参加され、月一回の研究会、年二回の熱海での研究合宿は、私の専門的情熱をかき立てた。

とくに、治男さんや岩重さんとの夜更けまでに至る「碁の手合い」は、合宿のひとつの楽しみであった。またこの時期二年間、法学部の政治学を担当するチャンスを与えられ、異なる大学の学生諸君とふれることができたのは、勉強になった。

ついでながらいうと、七五年（昭和五〇）からは、教育大落城後は一橋大学に移籍できるように声を掛けてくださっていた藤原彰さん(「戦後日本近・現代史」研究の第一人者。「歴研」以来、亡くなられるまで、言葉では、言い尽くせないほどお世話になった)のお手伝い(当時、一橋では政治学の専任は藤原さんおひとりであった)として政治学を担当した。

研究ネットワークの拡大2　東京女子大学へ

さらに八一年(昭和五六)からは、東京女子大学の政治学を教えることになった。この大学には、政治学・法学などの専任の先生はいなくて、非常勤の先生を経済学科で定めていたらしい。この経済学科には、昔、二瓶さん(一橋大卒、新評論社長)のところで浅野君たちと「経済研究会」をしていたときの、リーダー格の超ハンサムな宮崎犀一さんと栗原福也さん(東京女子大学名誉教授、社会経済史、オランダ史研究の権威、上原専禄先生のお弟子さんで、私も学部生時代に、上原先生のマルク・ブロックの講義に出させていただいて、先生から紹介された。昭和四〇年代のはじめから大学闘争のはじまる昭和四四年頃までは、栗原さんの広い研究室で、今井宏君、松浦高嶺さん、田村秀夫さん、竹内幹敏さんたちと、二ヵ月に一回くらいの割合で、一七世紀研究会をやっていた。ところで一九八九年(平成一)秋、シェフィールド大学(アジア関係研究所所長、グレン・フック教授)における国際会議(「近代日本と西欧思想の受容」というテーマ。外国からは『敗北を抱きしめて』で有名なジョン・ダワー教授、昭和天皇研究で有名なビックス君など、その他アメリカ・ヨーロッパから十数名の研究者が出席。日本からは、永井道雄、加藤周一、緒方貞子、坂本義和、馬場伸也、薬師寺泰三さんなど多数出席)での報告に出席する途中、福祉国家やEUの問題を調査するためにオランダのレイデン大学に立ち寄り、そのさい栗原さんに一週間ほどお世話になった。また奥様には、スピノザがレンズ磨きをして研究生活を続けたという有名なスピノザの家に連れて行っていただいた」というふたりの一橋大学出身者がおられ、おそらくこのふたりが相談されて、話を私のところにもってこられたのであろう。

中央大学の教職員食堂で、食事をしていたとき、宮崎さんがやってきて、曰く「田中さん、国立大学はお暇でしょうから、なんとか手伝って下さい」であった。宮崎・栗原さんは、昔からよく存じあげていたので、断れなかった。週一回、仲の良い今井宏さんと会える楽しみも、お引き受けした理由のひとつであったのかも知れない。非常勤講師の控室では、専任の鎌田敏子先生（社会学）、村松安子先生（経済学）、佐久間正さん（教育学、のち立教大学教授）たちと談笑し、非常勤の河村望《のぞむ》さん（東京都立大学名誉教授、社会学、のち東京女子大学教授、夫人の玲子さんは、山田洋次夫人のよし恵さんや私の家内の友人）や安原さん（成蹊大学教授、社会学）とも面識をえた。とくに河村さんとは、大学正門まえの「ペーパームーン」でよく食事をした。

このようなすぐれた先生たちと交友できるようになったのは、二五年ほどまえに、宮崎さんと「研究会」を御一緒していたことによる。そのほか、こうした、数十年まえの研究会上のお付合いが、幸運をもたらしたケースとしては、二〇〇三年（平成一五）四月から、聖学院大学総合研究所大学院客員教授として声を掛けていただいた事例がある。理事長の大木英夫さん（元東京神学大学学長、R・ニーバーに師事、ピューリタニズム研究の第一人者、滝野川教会）、学長の飯坂良明さん（日本政治学会の理事会で一五、六年間ほど御一緒した。『社会契約説』という本を藤原保信さんと三人で編集・出版した、故人）、永岡薫さんなどが、私をお呼びくださったものと思うが、これについては、後述する。

研究ネットワークの拡大3　早稲田大学法学部

非常勤講師の頼まれ方にもいろいろある。たとえば、早稲田大学のばあい。一九六五年の暮一二月、早稲田大学法学部から突然、一通の封書が届いた。「今回、法学部の政治学を担当していただくことになりましたから、宜しくお願いします」という内容であった。事前交渉はまったくなかったから、どなたが私を推薦したのかもわからなかった（おそらく外交史の大畑篤四郎《とくしろう》教授か）。国立大学教官だからどうせ暇だろうから必ず引き受ける、とでも思ったのであろうか。

たしかに、当時は、私は、大学院もふくめてわずか三コマであった。だから、講義日を週一にまとめ、大体年二〇回ちょっとであったから、「一年を二十日で過ごすいい男」〔イケメンという意味ではなく、ウマイことをしている男という意味、かつて大相撲は春、夏一〇日間ずつ年二〇日であった。したがって、双葉山の六九連勝は、三年間ちょっと負け知らずであったということになる。昭和一四年の一月一五日千秋楽の一日まえの「結びの一番」のことで、小学校六年生の私はこのラジオ放送を朝鮮の元山で聞いている。上昇気運にあった関脇安芸の海（のち横綱）が連勝ストップを目ざして、当時右目が不自由であった双葉山（本人はかくしていたようだが）の右脚に足を飛ばして破ったという説と、七〇連勝すると立浪親方の長女をもらうことになっていて、大阪に小柴スミ子という恋人がいたのでみずから負けた、という説もある。ちなみにこうした大一番のラジオ実況としては昭和一一年の「ベルリン・オリンピック」における女子二〇〇米平泳ぎでドイツのケネンゲル嬢と激走（激泳?）して優勝し、そのとき、「マエハタ（前畑秀子）カンバレ」をくり返していた川井信堅《しんけん》アナウンサーの絶叫はいまだに耳にこびりついている」などと洒落のめしていた。これにたいして、私大の先生方は、週六コマと大変であった。

早稲田は郷里佐賀の生んだ大政治家大隈重信侯の創設した元気印の大学であるから、一度くらい、体験するのもよいかな、と思ってお引き受けした。また、この大学は、本人が辞退しない限り、定年(七〇歳)まで続行できるシステムになっており(いまはどうかしらないが)、私は三〇年間(途中で留学のため辞退したが、大学側でピンチヒッターを立てて、帰国した翌年からまた続けられるようにしてあった)、講義を担当したから、年五〇〇人受講生がいたとして、約一万五〇〇〇人、私から単位をもらったはずである〔もっとも学期の始めと終り以外は、五、六〇人くらいの受講生しかいなかったが、これは、早稲田だけでなく、超真面目な東大駒場の学生を除いては、全国すべての大学がそうであったし、いまもおそらくそうではないか、――もっとも、最近の学生は、京大と並んで出席率ワースト・ワンの一橋大学の学生ですら、出席率がよくなったとのことである――と思う。そうしたことは、アメリカ、カナダやヨーロッパの大学では考えられないことで、ここに、学生と教師をふくめての日本の大学における知的退廃状況――大学は、授業料さえ集められればよい、あるいは就職のための道具にすぎない――がある〕。

私はみずからすすんで朝一番の授業を担当した(午後の時間を有効に使えるので)が、控室では、進化論研究で有名な八杉竜一先生(東京工業大学名誉教授、生物学、故人)、田丸徳善さん(東京大学名誉教授、大正大学学長、倫理・宗教学)、柏原兵助さん(独協大学教授、独語、芥川賞作家、若くして死亡)たちと一緒であった。八杉先生には、のちに「進化論研究会」に加えていただき――当時私が、加藤弘之(初代東京大学綜理、福沢諭吉の論敵)の社会進化論を研究していたため――、その会で、筑波常治さん(早稲田大学名誉教授、生物学、父君は靖国神社宮司)、小原《おはら》秀男さん(女子栄養大学名誉教授、哺乳類研究の第一人者）や江上生子《うぶこ》さん（東京工業大学、生物学、ダーウィン研究、有名な江上波夫先生の姪子さん）など生物学関係の先生方と知り合いになった。

早稲田の思い出としては、週一回の出講のさいに藤原保信さんとお目にかかることがひとつの楽しみであった。朝八時三〇分には必ず研究室に到着し、夜一〇時頃まで、研究・教育に従事されていた。私と同じホッブズ研究者で、私より十歳ほど若かったが、大変な勉強家で多くの優れたお弟子さんを育てられた。頭に超がつくくらい、真面目な研究者で、健康にはとくに留意され、高田馬場から大学まで歩いてこられ、私もいちど駅で誘われたことがあるが、お断りしてスクールバスにした。それが五〇歳代半ばで白血病で急逝された。天はまことに非情で、惜しまれてならない。

さて私は、早稲田ヒトコマと東女ヒトコマは「出稼ぎ日」と称して、金曜日一日にまとめていた。早稲田は、朝八時半からで、東女の二時間目は十一時であったので、私はかなりの余裕をもって地下鉄東西線を使ってハシゴをしていた。ところがある時期から、突然早稲田の一時間目が九時からになった。さあ、たいへん。わずか三〇分間では移動できないのだ。かといって二日間は出かけたくない。一日でなんとかすませられないか。私は、これを「みごと」にやりとげたのである。そして、私以外、そのことに気づいている人はいない、と思っていた。

ところが、いたのである。あるとき、一橋大学のゼミ生が「先生こんな本がでていて、先生のことも書かれてますよ」と一冊の本をだされた。「ドキ」、『にせ学生のマニュアル』（徳間書店、一九八五年）といういかがわしいタイトルの本であった。さっそく開いてみると、中身は真面目な本であった。要するに著者の浅羽通明さん（早稲田大学法学部卒）という若い人（この人は在学中に司法試験に合格した秀才で、またどうも早稲田で私の講義をきいたことがあったらしい）が、日本全国の文科系、理工系の百人くらいの先生方の講義をとりあげて、だまってもぐり込んで聞くことが可能で、かつその講義が役に立ち、お得ですよ、ということを紹介したものである。この本は、好評だったらしくずいぶんと版を重ねたようである。

その「政治学」の分野のところで、私の名前がトップにとりあげられ（政治学者も二〇人くらいとりあげられていたように思う）、しかも、有難いことに大変好意的な紹介であった（なかには、かなり手きびしく批判されていた人たちもいたが）。それはそれで有難かったのだが、浅羽君は私の早大から東女《とんじょ》までの移動をためしてみたらしく、絶対に不可能である、と断定しながらも、講義自体がつつがなく進行しているので、私がヘリコプターででも移動しているのではないかという意味を込めて私を「テレポート教授」とネーミングしてくれた。

では、浅羽君「謎を明かそう」。早稲田はベルと同時にいや数秒まえに私は教壇に立っていた（その意味では消防自動車よりも迅速である）。そして、十分まえにピタッと講義をやめた（学生諸君は時間がきても長々としゃべる空疎な講義が大きらいである。私はその学生の盲点をついた）。そして、「東西線」高田馬場駅に駆けつけ、西荻窪で下車、タクシーを拾って、東女に向かう。こうすると、私は、二時間目のベルがなっているときに正門を通過することができたのである。早稲田には多くの先生方が最初五分、最後五分はしょるのに相当する一〇分間、東女には最初の五分間くらい迷惑をかけた、というわけである。いいこととは思わないが、私は、ほとんど休講したことがないから、何十年間一度も文句をいわれたことはない。

どうだ浅羽「（明智）小五郎」君、いや浅羽「（金田一）耕助」君、これで「謎」は解けたか。私は、この綱渡りを、約十年間、七〇歳で両大学を定年になるまで続けたのである。

研究ネットワークの拡大4　中央大学法学部

中央大学への非常勤講師も、ひょんなことから定《き》まった。六五年（昭和四〇）一〇月初旬、私は、水田さんのお手伝いで——当時水田さんはイギリス留学中——、『リヴァイアサン』（『世界の大思想』、河出書房新社）の翻訳作業のために、伊豆「湯ヶ島」の「湯ヶ島館」に十日間ほど逗留し、最後の完成作業を急いでいた。昔、まだ無名時代の川端康成が『伊豆の踊り子』を書いた小さな三畳間の二階の部屋（水田さんもここを使っていた）が、私の仕事場であった。途中、名古屋大学で開催される「日本政治学会」出席のため、三島駅から「特急列車」に乗り込んだ。各号車いずれも満席——当時は指定席をとるのも大変だった——で、グリーン車に移り、やっと車輌中頃の通路側にひとつだけ空席をみつけた。ホッとして着席すると、「田中さんではないですか」と隣の席の人が声をかけてきた。中央大学の小林丈児さん（いま若手政治学者で福祉国家研究で活躍中の北海道大学教授宮本太郎さんの指導教授）であった。小林さんとは例の「若手政治学者の会」（PSA）の研究会で御一緒していて面識があった。

お話をうかがうと、ホテルは着いてから探す——なんというノンキなこと——ということだったので、私の泊まる「国家公務員名古屋共済ホテル」にお連れした。チェックイン後、ふたりで、名古屋随一の繁華街栄町へとくりだし、鍋料理をつついた。「田中さん、中央大学を助けてくれませんか」という突然の話であったが、酒席のことで、さほど気にもとめず「お話があれば」とだけ答えておいた。

当時、私学は、経営がなかなか大変で、中大でも、政治学は、小林さんのほか、原田鋼《ごう》先生（中央大学名誉教授、政治思想史、故人）、小松春雄先生（中央大学名誉教授、イギリス政治思想史、ペイン研究の権威、福岡出身の九州男児の先生には、同じ九州ということで、いつも目をかけていただいた、故人）、佐竹寛さん（中央大学名誉教授、フランス政治思想）、池庄司敬信さん（中央大学名誉教授、ロシア政治思想史）――お二人とも陸軍幼年学校出の秀才――くらいしかおられなくて――それにしても、ほとんど全員が政治思想史であることに注意せよ、現今では、政治思想史は、どこの大学でも斜陽科目のひとつになっているが、思想や哲学を軽視する風潮はまことになげかわしいことである――、たしかに人手不足であった。

小林さんは、忘れずに、四〇年の暮に、非常勤を依頼してきた。名古屋「栄町での誓い」、それに中大商学部には親友の浅野君が勤めていたので、出講をお引き受けした。こうして、私は、その後、早稲田・中大の二大名門私学法学部の政治学を三〇年間教えることになる。合わせて、三万人くらいの学生に単位を認定しているので、新聞社、放送・テレビ局、広告会社などで、よく声を掛けられるが、教師冥利に尽きるものといえよう。

中央大学ゼミ「浩然会」

ところで、中央大学では、約二〇年間、専任だけでは人手不足という理由でゼミをもたされていた（当時他大学の先生にゼミをもたせていたのは、ここだけではなかったか、と思う）ので、二〇〇名近いゼミ生と親しくなり、このOB会（私の名前の浩は、父によると「浩然の気を養う」（孟子公孫丑上「我善養吾浩然之気」という語から、中国上海にきていた元老の西園寺公望《きんもち》侯（一八四九〜一九四〇）が名づけてくれたものだそうだ。そこから私のゼミOB会は「浩然会」と称し、その頭に私がゼミをもった中央大学、静岡大学、一橋大学、大東文化大学の名称を付けている。東京教育大学にもゼミはあったが、そもそも一学年が一五名〜二〇名で全部の先生がそれぞれ指導していたのであったので――私は、これについては「四畳半」ゼミと命名していた――、何々教授のゼミという形式はなかった）である「中央大学浩然会」は、いまでも、一年か二年に一回開かれ、こんにちまで交遊が続いているが、この点は、他の大学のばあいも同じである。そして、中央大学と静岡大学、中央大学と一橋大学は、私の在職中は年に二回、春は、河口湖の「上村荘」、冬は伊豆湯ヶ島のキリスト教系ホテル「天城山荘」を借り切り合同合宿をおこない、両大学合わせて五、六〇名のゼミ合宿は壮観であった。

ともかく、他大学への出講のメリットは、ふつうならば出合うことのできない、すぐれた多くの先生方や学生諸君と交わることを可能にすることにある。とくに、中央大学とは、「創立百周年」事業の一環として、のちに中央大学出身の『長谷川如是閑』の著作目録を作成するなかで、さらに関係の親密度が深まるが、これについては後述する。

日本政治学会の理事となる

さて、この東京教育大学の廃学に向けての最終段階から静岡大学時代にかけての約十年間、私は二つの学会、一つの研究会、また私自身の主宰する「西洋政治思想史研究会」にかかわることになるが、そのことが、どんなに、私の研究領域を広げ、研究自体の深化の機縁となったかは、いうまでもない。そして、この時期こそ、私の研究発展の第二段階への、ターニング・ポイントを劃するものとなった。

まず、第一は、「日本政治学会」の理事に選出されたことである。驚くべきことに「政治学会」は、創設以来、三〇年近くも、理事会の理事は選挙ではなく、任命制であった。この点では、当時の日本政治学会は基本的には保守的性格であった、と言ってよい。昭和三〇年代の初めに、石田雄さん、阿利莫二さん、福島新吾さん、増島宏さん、升味準之輔さん、松下圭一君たちが、前述した「若手政治学者の会」（PSA）を、ゲリラ的に作ったのは、おそらくそうした理由からであろう。

研究大会も、最初の頃は、春・秋と二回開かれていた（私も、東京都立大学の研究大会での福田さんの「自然について（ホッブズ）」という報告にたいするコメンテーターに、北海道大学の小川晃一《こういち》さん（旧制一高、東京大学法学部卒、北海道大学名誉教授、西洋政治思想史）とともに指名された（福田さんは、つねに私を引きあげようとされていた）」。このとき、私は、自分の不勉強を棚にあげて、コメントのなかで福田さんの話はむずかしい、と述べて、のちに福田さんが、名著『近代政治思想原理序説』（岩波書店、一九七二年）をだされたさいに、学会報告について、「むずかしい」という指摘があったので、もう少し易しく説明する、と書いておられたのには赤面した。なお、福田さんは、私の「歴史主義的」思想史研究に危惧を感じられてか——いわゆる「基底還元主義的傾向」をみてとられたのであろう。実際には、私は、「思想と社会」のあいだに「（政治）制度」の問題を介入させて、よりダイナミックな重層的な思想理解の方法を構築しつつあったのだが——、御自身の「助手論文」（助教授昇進のための論文）をお貸しくださった。それは、決して押し付け的でなく、私がなにかのことを質問したときに、さりげなく貸してくださった。「助手論文」は、当然のことながら「世界にひとつ」しかない、きわめて貴重なものであるはずだから、いま思うと、よくぞお貸しくださったものだと思う。もちろん、「手書き」で、福田さん独特の「くねった文字」（家永先生も、そうした字であった）——丸山先生の文字は筆力のある男性的な文字であるが、福田さんのは、上手か下手かわからないが、小学校六年生の習字ならば、「甲」をもらえる私の子供っぽい字にくらべると、なかなか味わい深い字であると思う――で綴られた、淡いブルーのボール紙製の大作であった。おそらく、福田さん御自慢のお弟子さん――福田さんは、私によく、いい後継者や弟子に恵まれた、とおっしゃっていた――の佐々木毅《たけし》さん（元東京大学学長、学習院大学教授、政治思想史）、加藤節《たかし》さん（成蹊大学教授、西洋政治思想史）でも、この福田さんの「お宝論文」の「実物」はみたことがないのではないか、と思われる。

ところで、政治学会の研究大会は昭和三〇年代後半頃から、年一回になり、学会員と学会とのつながりが疎遠になり、学会員のあいだに不満がでていたようである。こうしたなかで、福田さんが「政治学会理事長」、京極純一さんが常務理事（政党でいえば幹事長あるいは官房長官）になられたときに「理事選挙」を決断されたようだ。一九七七年（昭和五二年）のことではなかったか、と思われる。

この選挙は、一〇名連記制で二〇名の公選理事を選び、「公選理事の会」が、各地域・各専門分野・年齢構成などのバランスを考えて、一五名の推薦理事を選び、計三五名で運営するしくみになっていた。第一回選挙で、私は、思いもかけず当選した。ビリから二番目で、二五、六票くらいではなかったか、と思われる。その後、私は、九六年（平成八）まで、約二〇年間、理事に選ばれ続けた。もっとも最後の六、七年間（一橋大学定年後）は、若い方々が活動しやすいようにと理事会に出席しなかった（選挙制なので投票するなということもできず――それも選挙活動と誤解されるので、放っておくしかなかった――、落選したときは、ホッとした）。

政治学会での活動

私は、新しく選挙された最初の政治学会では、「選挙管理委員長」（理事長横越英一〔名古屋大学教授、政治学、故人〕）、その次は文献委員長（理事長、神島二郎〔立教大学教授、日本政治思想史〕）、企画委員長（理事長、升味準之輔（東京都立大学教授、日本政党史））と、次々に歴任したので、ほとんどの全国大学の政治学者の方々と面識を得るようになった。

文献委員会では、山田辰雄さん（慶応大学名誉教授、放送大学教授、中国史）、いまテレビで活躍中の若い福岡政行さん（当時、駒沢大学助教授、白鷗大学教授、立命館大学客員教授、政治学、兄さんは、私の東京教育大学時代の教え子）、現在（二〇〇四年）、日本政治学会の理事長をしている若い渡辺浩さん（東京大学教授、日本政治思想史、松本さん定年後の丸山先生の後継者、現日本政治学会会長）たちに御協力いただいた。

企画委員長時代には、二日間の「研究大会」の、数十の研究テーマ別の部会、百名近い報告者・コメンテーターなどを動員するのであるから、「大会」を上演するまでの約一年半余り、実に多くの方々と共同研究させていただいた。どういう方々にお願いしたかは、いまでは定かではないが、要所要所には、実力者を配置した。たとえば、永井道雄（東京工業大学教授、文部大臣、朝日新聞社顧問、教育学、故人）、内田健三（政治学者）、川田侃《ただし》（上智大学名誉教授、国際関係論）、石川真澄《ますみ》（朝日新聞編集委員、故人）、松下圭一、田口富久治、古賀正則《まさのり》（一橋大学名誉教授、明治大学教授、移民史）、有賀弘（東京大学名誉教授、日本大学教授、西洋政治思想史）、高畠通敏《みちとし》（立教大学名誉教授、駿河台大学教授、政治学、故人）、藤原保信（早稲田大学教授、西洋政治思想史、故人）、田中克彦（一橋大学名誉教授、言語学）、矢野暢《とおる》（京都大学教授、東南アジア研究所所長、故人）、馬場伸也《ばんばしんや》（津田塾大学、大阪大学教授、カナダ研究、故人）、佐々木毅（佐々木さんとは報告の件で新宿駅ルミネ地下の喫茶店でお会いしたとき、升味先生や田中先生は、なぜ多面的な研究をなお続けておられるのですかと聞かれて、自分では若いつもりでも（当時五一歳くらい）佐々木さんたちからみると、ロートルと思われているのだなと愕然としたのを思い出す」、栗原彬、山田辰雄などの方々に、各部会のとりまとめ役をお願いいした。

そして、中村研一（北海道大学教授、国際関係史）、高橋直樹（東京大学教授、イギリス史）、グレン・フック（シェフィールド大学教授、平和学、日本政治・軍事史研究）、豊下楢彦《ならひこ》（京都大学助教授、立命館大学教授、関西学院大学教授、日米関係史）、松本礼二（早稲田大学教授、西洋政治思想史）、吉岡知哉、宮村治雄（東京都立大学教授、成蹊大学教授、日本政治思想史）などの若手研究者の方々にも登板をお願いいした。

日本政治学会の組織・運営について

ところで、私は、政治学会創設期に、その組織・運営について、二つの貢献をした、と思っている。一つは、理事長再選の禁止、二つは、非公選理事でも各種委員長になることができるという方式を定めることを提言したこと、である。

選挙後の第一回目の「公選理事会」（於、慶応大学）が開かれ、次期理事長をだれにお願いするか、ということになった。ふつうならば、初代の理事長には、公選制に踏み切った最大の功労者である福田さんがなってしかるべきであった。ところが、ごく一部の若手理事たち（これらの人びとは、すでに、二、三回の理事経験者たちであった）のあいだでは、どうも福田さんに退《ひ》いてもらいたい（不満はいろいろ聞かされたが、福田さんの名誉のために申しあげると、福田さんがあまりにも高潔で立派すぎる――つまりともに御酒を飲む機会が作れない――というつまらない理由）ということであった。

しかし、いざ本番になると、だれも恐れをなして、いいだせないでいた。気まずい空気が流れた。私は個人的には、清廉潔白な福田さんが大好きであったし、また公選制に踏み切った功績もあって、交替論には賛成ではなかった。と同時に、私は、理事長の再選は、学界の「公選制」になじまないとも思っていたので、再選禁止の慣例か規定は作っておくのがよい、と思っていた。とはいえ、私は、はじめて理事会に出席した新人の理事だから、発言する責任も義務もない、と構えていた。「御発言はありませんか」、福田議長がうながした。私の前に松下君が座っていたので、どうするか、と見ていたら、私に発言せよと目配せした（そのように思えた、松下君は積極論者ではなかったと思う）。ふつうは、皆あんなに元気なのに、とんとだらしがないのにはあきれた（気持ちは、私もよくわかります。尊敬する先輩に反対する発言をするのは、だれだってできないものです）。

私は別に、事前に相談されたり頼まれていたわけでもなかったが、話はきかされていた。そこで、このままでは、まえに進みそうもないので、皆が、ささやいていた方向にもっていくために、勇気をだして、「どなたにも資格がある、と思いますが、今回は、『公選』の第一回目ですので、一番の御年長の先生にお願いしたらどうでしょうか」と、まったく理由にならない理由をあげて、発言した。ということは、自動的に、初代公選理事長は、横越先生にきまった。私は、それまで、横越先生ともまったくお付合いがなかったが、ラスキの専門家でその温厚なお人柄によって、だれからも敬愛されていたようである。（それから二〇年後に亡くなられたとき、私はヨーロッパに留学中でお葬式に参列できなかったので、帰国後、御自宅におまいりに行ったが、奥方は、歌舞伎役者のようなやせ形の美男子、横越先生にぴったりの山根寿子《とし こ》張りの超美人であった）。

このほろにがい「交替劇」は、いまでも忘れられない。次期理事長が賛成多数の声で定《き》まると、福田さんと京極さんは、ただちにその場で理事を辞退され、「あとはお願いします」といわれてさっと退場された。なんという見事な出処進退ではないか。私は圧倒された。「真の男」は、こうでなければならない。しかし、私の敬愛する福田・京極先生を退任に追い込んだのは、私の一言《いちごん》であっただけに、心は痛んだ。にもかかわらず、両先生は、その後も、私にはそれまで以上に優しく接してくださり、可愛がっていただいた。私に私情がなかったことを、おそらく両先生は理解してくださっていたのであろうか。

次に、もうひとつの貢献――各種委員長の選任の件である。共通の理解としては、各種委員長は、「公選された（民主主義の「おすみつき」をいただいた方という意味か）理事」のなかから優先的に選ばれるべきだ（委員長の選任権は理事長にあった）、というものであった。

ところで、「公選理事会」が、三回、四回と続くと、委員長の人材が払底する危険性がある。なぜなら、理事選挙にはどうしても「票集め」がともなうから――選挙の性質上票集めそのものが悪いというわけではないが――、「公選理事」は、常識的にいって、しだいに固定化されるからである。選挙によって選ばれなくとも、全国には、学問的にも人間的にもすぐれた研究者は多数おられる。「公選理事」からだけ委員長を選出するとなると、必ずや、早晩、委員長の適任者がいなくなる。

この議題は、二代目の神島理事長の時代の理事会で問題となった。私は、「公選理事」ではない「推薦理事」のなかからも、各種委員長になっていただき、そのためには、推薦理事を推薦するときによく考えるべきではないか、と発言した。皆さん、そこまでは考えていなかったらしく、まさに「コロンブスの卵」よろしく、この私の提案に飛びついた。これで、学会の運営は、柔軟かつ自由になり活性化する可能性が保障された（これは笑い話として聞き捨てにしていただきたいが、新聞で中国の政治家や思想家などの氏名の「読み方」——むずかしくて読めなかったので——にルビがふってあるが、これは、昭和二〇年代末に、私が『朝日新聞』の「声」欄に投稿した翌日から実現したものである。もうひとつ。これは、現在、銀行のATMの機械のまえには、どこでも順番待ちのロープが張ってあるが、これも私が七〇年代末にカナダに留学したときにカナダの銀行で実施されているのをみて、帰国後、住友銀行目黒支店に教え、それが全国銀行に行きわたったものである。「ミスター・アイデアマン」の尊称をいただきたいものだ)。

ともあれ、私が「政治学会」に奉仕できたのは、このくらいで、あとは、会議の席についていただけであった。しかし、長期にわたって理事をしていたおかげで、実に多くのすぐれた研究者とお付き合いできる機会をいただいたことは、まことにラッキーであったと思っている。

日本イギリス哲学会とのかかわり

さて、政治学会にかかわりはじめたほぼ同じ時期、私は、「日本イギリス哲学会」の創設にもかかわることになり、多くの哲学者たちと知り合うことになる。

一九七六年（昭和五一）の春頃か。私は誘われて、早稲田大学における「日本イギリス哲学会」の設立準備委員会に出席した。日本におけるヒューム研究の最高権威大槻春彦先生の、当時七〇歳ちょっと過ぎたくらいかとお見うけしたが、先生の若々しい張りのあるお声での明快な「記念講演」は、まことに素晴らしかった。

講演会後、田村秀夫さん（私のイギリス革命研究の同志）、田中正司《しょうじ》さん（横浜市立大学名誉教授、経済思想史、ロック、スミス研究の権威。正司さんとはのちに、一橋大学の同僚教授として親しくしていただいた)、斎藤繁男さん(東洋大学名誉教授、ヒューム)、小泉仰《たかし》さん(慶応大学名誉教授、ミル)、峰島旭雄《ひでお》さん(早稲田大学名誉教授、宗教学)、平野耿《あきら》さん(東洋大学名誉教授、哲学)、中野好之さん(国学院大学名誉教授、経済思想史)、藤原保信さん、それに私などが、設立準備委員に指名された。

イギリス哲学会は、大槻先生の熱意により創設されたと聞くが、最初は七、八〇名くらい、現在では四〇〇名くらいの会員がいる。設立準備委員会発足の二五年ほどまえの一九五〇年に、私が、イギリスのホッブズを研究しはじめた頃にくらべると隔世の感がある。ともあれ、このときイギリス哲学は日本哲学界のなかでようやく「市民権」を獲得する機会を摑んだ、といってよい。

この学会は大きな学会などにしばしばみられる役員人事をめぐる醜い争いなどまったくない清潔な学会であった。私は、一九八九年(平成一)〜九〇年(平成二)にかけて会長をさせられたが、ここでは、山下重一《しげいち》さん(国学院大学名誉教授、政治思想史)、井上公正《きみまさ》さん(奈良女子大学名誉教授、哲学)、杖下隆英さん(東京大学名誉教授、哲学)、行安茂《ゆきやす》さん(岡山大学名誉教授、倫理学)などのベテラン教授をはじめ、泉谷周三郎さん(横浜国立大学名誉教授、中部大学教授、ミル)、寺中平治さん(聖心女子大学教授、哲学)、大久保正健さん(杉野女子大学教授、哲学、大久保さんには、私が会長をしていたときに常務理事(幹事長)として大変助けていただいた)、坂本達哉さん(慶応大学教授、経済思想史)、田中秀夫《ひでお》さん(京都大学教授、社会思想史、私の友人の故平井俊彦名誉教授の後継者)、舟橋喜恵《よしえ》さん(広島大学名誉教授、政治思想史)、川本隆史さん(東京大学教授、倫理学)、山田園子さん(広島大学教授、政治思想史)などの学問的業績から大きな刺激を受けたことはまちがいない。

「東京政治研究会」と「全国政治研究会」

さて、ほぼこれと同じ頃、「東京政治研究会」という研究会に誘われた。田口富久治さんが中心で、「日本政治学会」の「保守的傾向」に喝を入れようというものであった、というよりは、急増しつつあった若手研究者には、大学間の枠を越えた研究会の場がないので、その要請に答えよう、という学問的な性格をもつものでもあった、と思う。

ちょうどその頃、「政治学会」が「研究大会」のみで、日常的な研究会がないことに会員のなかから批判が起こり、故藤原保信さんなどが中心になって、中大の小松春雄先生をかついで、「政治思想研究会」を作る動きがあり、関西の山崎時彦さんや私なども誘われ、承諾していたのだが、そういう会は「分派的」だとして、どこか「上」のほうでつぶされる、という事件があった。しかし、こうした「総括学会」（なんとなく権威主義的で嫌な言葉ではないか）としての「日本政治学会」がひとつあれば、それでよいとする古い体質に反撥した動きは、しょせん抑えることができず、やがて、「選挙学会」、「国際政治学会」、「平和学会」、「行政学会」などが次々に「雨後のたけのこ」のように生まれ、また十数年まえに、かつてはあえなく流産させられた「政治思想学会」が、若手研究者たちによって創設されたのはめでたいことであった。

さて、この「東京政治研究会」には、福島新吾、阿利莫二、増島宏、土生長穂《はぶながほ》さん（法政大学名誉教授、国際政治史）なども加わり、初代会長に、岡倉古志郎先生（中央大学名誉教授、国際政治学、岡倉天心の孫、故人）を選んだ。

最初の一五年間くらいは、「冷戦対立」の時代でもあったから、この研究会に「左翼的」というレッテルがはられ、警戒されたようだが、現在では、全国の若手研究者が形式にとらわれずに自由に参加・発言できる自由な研究会として、政治学の発展に貢献する役割を果たしていることは、まちがいない。

この「東京政治研究会」は、発足の数年後に全国的な研究交流をすすめるための「全国政治研究会」に発展し、ここからは、現在、政治学界で活躍しているすぐれた研究者を多数輩出している。ちなみに、岡倉さんのあとの二代目は、不肖私が、三代目は田口富久治さん、四代目は高橋彦博さん（法政大学名誉教授、日本政治・社会史）、現在の五代目は、中谷義和さん（立命館大学教授、政治思想史）と加藤哲郎さん（一橋大学教授、政治学）のお二人が、事務局役を引き受けている。

私的西洋政治思想史研究会

さて、この時代には、もうひとつ私にとって忘れられない思い出がある。それは、十数名のすぐれた若手研究者の諸君と研究会をもったことである。私自身、東京教育大学落城直前の時期であったこと、新しい任地の静岡大学では、大学院がなかったので、研究心に飢えていた。

教育大で教えていた院生の諸君も、「お家改易」のために、「中ぶらりん」の不安定な状況にあった。そこで、高野清弘君を幹事長役として、東京教育大学、東京都立大学、早稲田大学、慶応大学、中央大学の博士課程の院生諸君と研究会を組織した。メンバーは、教育大から都立大院に入った杉田孝夫君（お茶の水女子大学教授、フィヒテ）、早稲田から都立大に入った塚田富治君、中大から都立大に入った関口正司君（九州大学教授、ミル）、慶応大院の菊池理夫《まさお》君（松坂大学教授、モア）、中央大学院の重森臣広君（立命館大学教授、ホッブズ）たちであった。当時はまだ全員がオーバー・ドクター状態であったが、いまでは全員すぐれた研究者として活躍している。研究会自体も楽しかったが、会終了後の高田馬場や新宿方面での居酒屋での談論さらには「マージャン大会」は、ストレス解消の明日への「元気の源」となったのではないか、と思われる。

シュミット研究をめぐる問題点

以上、シュミット研究の話をするまえに長々と当時の私を取り巻く研究状況について話をしてきたが、私のシュミット研究さらには如是閑研究の問題意識は、そうした研究者仲間との切磋琢磨なくしては決して生まれなかったであろう、と真実思わざるをえない。

さて、私がなぜシュミット研究をはじめるようになったか、という時代状況(「筑波移転反対闘争」と「大学闘争」)については、先ほど述べたので、シュミット研究をめぐる問題点や経緯について、まず述べておく。

私が、一九六九年(昭和四四)の春頃から、シュミットの『政治的なものの概念』を手掛かりにシュミット研究をはじめ、七四年(昭和四九)一一月に「シュミット——全体国家論の思想構造」(田口富久治・田中浩編『国家思想史』(下)所収、青木書店)(ちなみに、この『国家思想史』上下巻は、当時、類書がなかったせいか、「爆発的!」に売れ、たちまち四、五万部はでたのではないだろうか。また当時は、ベトナム戦争最終段階で、「東西対立」自体のゆくえもまだよくわからなかったので、「国家」をテーマとして扱う研究者は、マルクス主義者だ——これはとんでもない誤解であろう。日本的公式主義——と危険視されていたことを付け加えておこう。日本の社会科学の未成熟性のひとつのあらわれである)を発表し、一九一九年から戦後一九六三年までの、かれの思想構造の全体像をともかく通観する論文を書き上げるまでには、約五年半かかったことになる。そして、このようなシュミットの全著作をとりあげてシュミットを論じた論文は、当時日本ではもとより世界でも存在しなかった、と思う。

日本では、せいぜい、『政治的なものの概念』（一九二七）か『政治神学』（一九二二）あるいは『現代議会主義の精神的地位』（一九二三）などの二、三冊を読んで、シュミットの「敵・味方論」や「例外状態と最高決定権力としての主権の関係」などをあれこれ論じているにすぎなかった〔日本の研究をみて思うのだが、福沢研究だと「脱亜論」（明治一八）まで、陸羯南だと『近時政論考』（明治二三）まで、あるいは、ルソーやヘーゲル研究でも「初期ルソー」とか「初期ヘーゲル」をとりあげて、ルソーやヘーゲルを論じている人がいるが、全体像との関連で捉えなければ、ルソーやヘーゲルを真に理解することはできないのではないだろうか〕。

シュミット研究をはじめるに当たって、私は、ホッブズ研究のときと同じように、シュミットは、なぜ、あのような著作を次々に書いたのか、を知りたいと思った。つまり、「危機の二〇年」といわれる二〇世紀史上前半における、もっともダイナミックな世界的状況のなかで、「ヴァイマル共和国の誕生から崩壊」にいたるまでのまさに生き証人ともいえるシュミットは、かれの眼前に走馬灯のように次々にくり広げられていく「政治ドラマ」にどのように、かかわっていこうとしたのか、そして、そのさい、かれは、ヒトラー率いるナチ党の登場をどのようにみていたのか、と同時に、かれはなぜナチ党に参加していったのか、その理論的・思想的根拠はなんだったのか、などなどを知りたいと思った。また、そのことを明らかにすることが、シュミット研究の最大の意味だと思ったし、それは、自分自身の今後の政治学研究にとっても絶対にプラスになる、と考えた。

そして、シュミットの著作を、最初から年代順に読んでいくうちに、シュミット政治学・政治思想の恐るべき非民主的な性格が、白日のもとに明らかになっていった。そこで、以後、かれの著作を順次とりあげながら、かれの政治学・政治思想が、最終的には、ナチ党つまりヒトラー体制を弁証するに至った道筋を明らかにしていこう。

シュミット思想の免罪は正しいか

日本では、戦後丸山さんが、『政治の世界』という小冊子において、シュミットの『概念』を巧みに駆使して「政治の世界」についてわかりやすく解説されていた（内容的には、きわめてすぐれていると思うが、丸山先生は、なぜかこの論稿を『丸山眞男集』のなかに収録されなかった）。そのため、シュミットにたいする疑惑――ナチスのイデオローグではないか――をもちながらも、若い研究者たちのなかに――ドイツの専門家が多いが――は、シュミットをなにか英米仏系の西欧デモクラシーに沿った思想家として、評価・弁明できるところはないか、として、シュミットの政治思想を捉える風潮があった（丸山先生が評価されているのだから）。しかし、私のようにイギリス政治思想の研究者からみれば、シュミットの思想には、――その政治分析の鋭さ、面白さには感心しながらも――ほとんど共感できない、非民主主義的かつ権威主義的な異質のものを感じ、最初からその研究を敬遠してきた。それが、「大学闘争」の嵐のなかで、「敵の思想」に学べ、という姿勢に転じ、シュミット研究を開始するようになった経緯についてはすでに述べた。

ところで、ファシズムの経験を知らないアメリカの若手学者たち――ベンダースキーやシュワーブなど――は、さまざまな資料を探しだして、シュミットは必ずしも最初からナチスのイデオローグではなく――この点については正しい――、一九三三年一月三〇日のヒトラー政権の成立後、それに同調した、として、シュミットを「ナチ党の走狗」とみる説を免罪しようとし、日本の若手研究者たちのなかにも、これに乗って、シュミットを論じる者もでてきた。

初期シュミットは保守支配層のイデオローグ

しかし、シュミットの一九一九年の『政治的ロマン主義』、二一年の『独裁』からついに、ナチ党への吻合を公然と宣言した三三年の『国家・運動・国民（民族）』の、かれ一四年間の実に精力的な——右にせよ左にせよ、問題意識があれば研究は爆発的に進むものだ——著作活動の内容をみれば、シュミットは、最初は、敗戦で打ちひしがれたドイツ保守支配層のイデオローグとして出発し、三二年にナチ党が第一党に躍り出た段階では、『合法性と正当性』において、ナチ党の思想と行動（ハイル・ヒトラー）を「直接民主政」のモデルとしてもちあげ、三三年一月のヒトラー政権の成立後の五月には、ナチ党に駆け込み入党している（「五月のすみれ」）のである。したがって、かれが、最初からナチ党のイデオローグでなかったのは、しごく当然な話ではないか。かれが、『政治的ロマン主義』、『独裁』などを書いた頃には、そもそもまだ「ナチ党」の姿は影も形もなかったからである。結論的にいえば、シュミットの「独裁論」は、社会民主党主導のヴァイマル共和国の議会制民主主義にたいして、大統領（ヒンデンブルクであれヒトラーであれ、だれでもかまわない）の独裁による「強いドイツ」の再興を目ざして書かれていたのである。

さらに、日本やアメリカのシュミット思想研究者にみられる最大の欠陥は、みずからの手で、「ヴァイマル共和国」の政治・経済史の分析を通じて、それとシュミットの理論や思想の変化との関係を突き合わせる作業を省略していることである。

たしかに、「敵・味方」論、「二項対立」方式、「主権独裁と委任独裁」、「公開と討論」、「例外状態」(異常事態)論などのタームを用いての、シュミットによる「政治の世界」の分析は鮮やかであり、魅力的である。しかし、そのことと、シュミットが、ナチ体制の擁護に手を貸したこととは厳密に区別して、賛否の評価をくださなければならない。われわれが、政治思想を研究する意義は、この点を明らかにすることではないのか。

ところがシュミットは、なぜか、こんにちでも人気が高い。しかし、この人気は、プラトン、アリストテレス、マキァヴェリ、ホッブズ、ロック、ルソー、ベンサム、ミルなどの民主主義思想家の人気とは明確に区別しなければならない。なぜなら、シュミットの思想からは、人権とか自由とか、平等や平和思想とかは決して導出されえないからである。そこにあるのは、政治分析の技術性の巧妙さ——敵ながら「あっぱれ」、この点については、われわれも学ぶべきである——のみである。シュミット理論の「人気の高さ」は、われわれが立場をかえてみれば、「敵」の本拠地を一挙に徹底的に粉砕するときの小気味良さにあるのかもしれない。しかし、それにだまされてはいけない。そこで、これから、シュミットの政治理論の性格について、ひとつひとつ解明していこう。

『政治的なものの概念』

シュミットといえば、すぐに「敵・味方」論といわれるくらい、このフレーズは、シュミット政治学の本質をあらわすとともに、かれの「政治学」全体を貫く中心命題である。そして、このシュミットの「敵・味方」論は、結論的にいえば、マルクス主義の「階級闘争」論の裏返し、つまり、被支配階級(労働者階級)の側からのではなく支配階級(資本家階級)の側からの政治論である。

マルクス主義によれば、「政治の世界」においては、支配階級たる資本家階級（ブルジョアジー）と被支配階級たる労働者階級（プロレタリアート）とのあいだに階級闘争がくり広げられ、この対立は、一方が他方を殲滅するまでは終わらず、マルクスによれば、その闘争は、全人類の解放（自由・平等・平和）を目ざすプロレタリアートの勝利（社会主義革命の勝利）によって終わるのである。ここでは「敵は減らせ、味方は増やせ」（レーニン）、「どぶからはいあがろうとする犬（敵）は、どぶに突き落とせ」（毛沢東）という階級的勝利、社会主義の勝利が強調される。

第二次世界大戦後の「冷戦対立」時代においても、「階級対立」論、「敵・味方」論が、資本主義陣営側・社会主義陣営側双方から主張されたのは、このためである。このように、社会主義側は、一九世紀中葉以降、「階級闘争論」という政治論を確立していたが、資本主義的支配階級の側は、そうした断固たる「闘争論」を保有していなかった。

シュミットの「敵・味方論」は、保守支配層の側の「階級闘争論」であり、ドイツにおける「敵」とは、シュミットによれば、全世界的労働者階級の最重要支店である「ドイツ共産党」であった。事実、シュミットは、一九二七年の主著『政治的なものの概念』において、はじめて、「敵」を指名するのは「ドイツ大統領」であり、「敵」は「ドイツ共産党」であり、「敵」は、「私的なもの――友人同士のいがみあいとか恋敵《こいがたき》とかいった性質のもの――ではなく、「公的なもの」――政治権力をめぐる相手――であり、そのため、「敵」は殲滅、皆殺しにしなければならない、と断言しているのである。

この「敵・味方論」については、シュミットは、後述するように、「ヴァイマル共和制」初期に『独裁』（一九二一）、『政治神学』（一九二二）、『現代議会主義の精神的地位』（一九二三）、『大統領の独裁』（一九二四）などの著作を通じて事前に周到な理論構築をしていたのである。そして、『政治的なものの概念』

こそは、ドイツ保守支配層の権力がほぼ回復したと思われる（一九二五年のヒンデンブルクの大統領就任）一九二五年から二七年時点において、ひ弱な「ヴァイマル議会」に代わって、「大統領」の強力な「独裁権力」を確立して、国際共産主義とドイツ労働者階級・ドイツ共産党と対決することを宣言したシュミットの政治学者としての地位を不動なものにした問題作であった。

しかし、最初に読んだときは、もちろん、ここまではわかるはずはなく、ただ「敵・味方」論の斬新性に圧倒され、シュミットの政治論の本質をさらに探究してみたいという衝動にかられたのであった。そして、その後、シュミットの政治著作を読み進んでいけばいくほど、シュミットが、現実の政治状況と真正面から取り組み、その政治的目的の解決（ドイツ支配層の権力の確立と反共・反社会主義）に向かって、自身の政治論を構築していく、きわめて実践的な政治思想家であったことがわかってきた。そして、その理論的・実践的方向が、人類史の発展方向において正しいかどうかは別として、シュミットの強烈な実践的態度が、多くの研究者がかれに惹きつけられていくひとつの要因ではなかったか、と思われる。

『政治神学』と「主権者」

「大学紛争」というういわば小さな「政治の世界」においてではあれ、相手を殲滅するまでは終わらない、「敵・味方」関係という非情な「権力関係」をもちだした学生諸君の主張については、『概念』を読むことによってあるていどは理解できた。ここで私は、「学生対応策」もさることながら、シュミットの政治思想そのものについて、もっと知りたいと思うようになった。したがって、私のシュミット研究は「大学闘争」の所産であり、この意味では、私は、学生諸君に感謝しなければならないのかもしれない。

さてシュミットは、『政治神学』(一九二二)冒頭において、「主権者とは、例外状態において決断(決定)をくだす者」と、ずばりといっている。これは、いったいどういう意味なのだろうか。これまで、民主主義政治論を研究してきた者にとっては、「主権」とは、生来、自由・平等な人間が、自分たちの生命・自由・財産の安全を守るために、「契約」を結んで「力を合成」した「共通権力」(ホッブズの造語で、最高権力、主権、ルソーでは「一般意志」)のことで、人びとは、この「共通権力」の代表(者)すなわち主権者が制定した法律や定めにしたがって生活する(「法の支配」)ことによってその安全と自由を保障される、と理解している。そして、このような政治思想こそが民主主義である、と賛美されるのである。そして、そのことは正しい。

しかし、このような西欧デモクラシー型の主権論は、権力に本来的に内在する狂暴性を見すごしがちである。政治の実態は、社会契約論的国民(人民)主権イクオール自由・生命の安全の保障というぐあいにはなかなかいかないのである。

だから近代主権論の祖ホッブズも、「主権者」(最高権力者、それは国王・大統領・首相・議会といろいろであろうが)には「強い力」を与えよ、と述べ、そのため、かれは「権力主義者」である、と多くの人びとから誤解され非難されたのである。

しかし、ホッブズのばあいは、人間の自己保存のために(生命・自由・平等の保障)、主権者(全体の代表者)へ「強い力」を与えよと述べているのであって、シュミットのように、「例外状態(非常事態)」を理由にして、主権者=事実上の権力把持者あるいは最強の階級利害を代弁する政治・社会集団が、意のままに、決断・決定できると規定しているのとは異なる。シュミットのばあいの主権者論には、人権とか自由、あるいは議会制度といったような民主主義的なチェック思想や制度観を正当化する思想がないのである。これでは、「例外」とか「異常」とかを次々に連発して、主権者が決断をくだすことになり、あげくの果てには、ヒトラー独裁、スターリン独裁といったような「主権者独裁」という状況が現出するであろう。しかし、このシュミットの強烈な「例外状態論」はとかく「民主主義ボケ」に慣らされていた平和的な民主国家に住んでいる人民にとっては、「権力」の狂暴性を忘れさせないための一服の「とんぷく剤」といえよう。

「非合理的要素」と「日常性の打破」

次に『神学』から学んだことは、「政治の世界」における「非合理的要素」という概念の重要性であった。

しばしば述べてきたように、イギリス的民主主義思想には、人間はすべて「理性」をもち、それゆえに「討論」を通じて、最後には「合理的な結論に到達しうる」という確信が前提になっている。そもそうした仮説的信念なくしては、議会制民主主義論は成立しえないであろう。「理性の府」(「教養と財産ある」大学教授団の「学部自治」としての「大学の自治」という美しい観念も、いま述べた「理性」＝「討論」＝「合理的」結論という前提に立っている。

この民主主義・民主政治の本丸ともいえる「議会制民主主義」や「大学自治」に学生諸君がいきなり攻撃を仕掛けてきたから、私もふくめて、いわゆる「大学人」たちは驚いた。もっとも「議会制民主主義」の矛盾点や問題点については、「議会」とは、ブルジョア階級を擁護する「おしゃべりの機関」とみる社会主義論を学んだ者としては、ある面では理解できた。しかし、「大学の管理・運営」を強化しようとして田中角栄内閣が推進していた「筑波新大学方式」に反対して、民主主義の最後の砦を必死に守り通そうとし、その理論的支柱こそが「大学自治」であると考えていた、いわゆる「大学人」にとって、学生諸君側からの批判・攻撃には、「なぜだ」という思いがして、心底《しんそこ》参った。「敵」の方向がちがうのではないか（国家権力の総本部を攻撃せよ）、と最初は戸惑ったが、考えてみれば、「大学自治」神聖論（戦前には、「学問の自由」、「大学の自治」を守るうえでは重要であったが、民主主義社会となった戦後には逆に反体制思想を拒否する体質になっていた）への攻撃は、民主主義を忘れた「国家権力」への攻撃と同じラインで考えられるのではないか、とも思うようにもなった。さらに学生諸君は、こうした攻撃を、反体制理論の中核理論であるマルクス主義からではなく、シュミット理論を借用して仕掛けてきたから「虚」を突かれた。かれらは、「議会運営」や「大学自治の運営」方式にたいして、それは「日常性に埋没している行為」――要するに、鋭い問題意識を欠いた、マンネリズム的行為といいたいのであろう――であると批判し、「非日常的なこと」の重要性を――通常においては、なかなか本質を探しだすことはむずかしい。「例外状態」においてはじめて本質が顕現する（シュミット）、ということであろう――認識せよ、と主張していたのである。最初は、この「日常性の打破」という言葉の意味が、よくわからなかったが、シュミットの『神学』のなかの、「例外状態において本質は顕現する」という言葉は、私の蒙を啓いた。

平和で安全な「大学の庭」に、「大学闘争」という「例外状態」（異常事態）が発生して、はじめて、われわれは、「民主主義とはなにか」、「民主主義の本質とは」といった問題を真剣に再考するチャンスを与えられたのである。「背に負うた子によって教えられる」という格言はまさにこのことであろう。

ところでこのように、「大学闘争」――この闘争をもってしても、日本の政治の金権体質は、変えることはできなかったが――は、私個人にとっても、政治の本質を考えなおす重要な契機となったが、もうひとつ、「政治分析」の方法に新しい転機を与えてくれた。

革命論者は、とかく「例外状態」・「異常事態」の側面――「革命」こそ、まさに最高の「異常事態」のモデルではないか――から政治状況を判断しがちで、そのこと自体、まちがってはいないが、とかく成功後の建設という「正常状態」への移行の対処方法が弱い――ソ連や東欧諸国の失敗の一因はそこにある――という欠点がある。他方、民主主義国家の保守的支配層は、つねに「異常事態」を嫌い――「革命」や学生・労働運動などを恐れる――、「正常状態」――このこと自体、「政治社会」の安全を保障するうえで重要であろう――を保守しようとする（もっとも支配権力は、「戦争」などの異常事態を起こして国民の精神的コントロールをはかるやり方もとる）。しかし、いずれにせよ革命論者も、保守主義者も、「正常」と「異常」の両面から、政治状況を分析し判断しなければ、正しい「処方箋」は書けないであろう。

これまで、イギリス型民主主義を理論の中心にすえて、いかにして、人間の自由や生命の安全、社会の公正を保障できる政治社会を構築するかという、いわば「正常状態」の観点からのみ政治をみていくことに慣れていた私にとって、「政治の世界」を分析するさいには、「正常」と「異常」の両側面からアプローチしなければならないということを――ふつうの人は、先刻御承知であったかもしれないが――、恥ずかしながら（丸山先生の口ぐせ）、この時点ではじめて気づいたのである。

こうして、私は、長らく「敵視」してきた「村正《むらまさ》の妖刀」のような切れ味鋭いシュミットから、卒直に、政治分析の方法を学んでみよう、と思うようになった。では、シュミットから、なにを学ぶか。

それは、究極的には、シュミットはなぜ、ヴァイマル共和国の議会制民主主義を嫌悪し、「大統領の独裁論」を唱え、結果的にはヒトラー政権の確立への道を掃き清めていったか、という政治学の根本問題を問うことにもなった。

ドイツ保守支配層の擁護者として

そのため、『概念』と『神学』というシュミットの二大政治学書を読んだのち、私は、かれの初期著作『政治的ロマン主義』(一九一九)、『独裁』(一九二一)、『現代議会主義の精神的地位』(一九二三)、『大統領の独裁』(一九二四)を順次読んでいったとき、もともとは刑法学者であったシュミットが、敗戦国ドイツの苦境を建てなおすために、「憂国の念」もだしがたく、政治学者へと転進して、前記の諸著作——一九二二年の『政治神学』もふくめて——を、わずか五年のあいだに一気に書きあげたことがわかった。

そして、そこでシュミットがだした「処方箋」は、敗戦後の未曾有の混乱期にあるドイツでは、マックス・ヴェーバーや憲法学者プロイスが構想したような社民系の議会制民主主義、つまりヴァイマル憲法体制では、一気に登場してきた新しい社会階級たる労働者階級の勢力とそれを指導しようとしているドイツ共産党には対抗できず、三等国に転落するから、現存のドイツ大統領が、「独裁的な強大な権力」をもてるようにすべきである、というものであった〔シュミットとは異なるが、ヴァイマル共和制を守るためにヴェーバーは、「強い大統領」をヴァイマル憲法の条文に盛り込んでいるのは、さすがである。左右の思想家を問わず、ドイツ人とイギリス人の思想家の権力観(いっぽうは、権力に無邪気に期待し、他方はあくまでも権力と距離をおき、それを必要悪と考えている)は異なっているように思える」。このときシュミットは、初代大統領、社民党のエーベルトの任期七年が終わる頃には、おそらく第一次世界大戦前の旧ドイツ支配層が権力をとりもどすと予測しており、そのさいには、それを代表する大統領——事実、一九二五年選挙で、第一次世界大戦の英雄ヒンデンブルク元帥が、ドイツ保守層によって選出されている——が「独裁権力」を掌握して、かつての「強いドイツ帝国」を再建・確立すべきである、と考えていたのである。なんという恐るべき予測能力、なんという長期的な、保守支配層のための戦略構想ではないか。

こうしたシュミットの「陰謀」を、私は、七一年(昭和四六)から七四年(昭和四九)にかけて、ほぼつきとめ、それを『国家思想史(下)』(一九八〇年(昭和五五)、青木書店)所収の「シュミット——全体国家論の思想構造」として発表した。

このような読み方で、シュミットにアプローチし、かつかれの理論を分析し整理した研究は、当時、日本はもとよりのこと、世界にもなかった、と思う。せいぜい、シュミットの「敵・味方論」や「例外状態論」をあれこれ個別に解釈してみせるか、あるいはシュミットは、ファシズムの擁護者か、それとも、そのファシズムの度合をどのくらいうすめることができたか、というような問題設定で、右に左にゆれ動いていた。思想史家のおこなうある思想家についての評価・解釈が定まらないのは、そもそも、解釈者側に、明確な分析のための座標軸がなく、あれこれ解釈することに起因する、といってよい。思想史研究においては、まずは、対象とする思想家が、なにを解決すべき目標としているのかを可能な限り正確に捉え、またその目標について、世界史的な「民主主義」の発展的方向に即して——それを把握するのもまたたいへんな作業だが——、どれだけ正しい解決策を提起していたかまでを確定する必要があろう。しかし、日本の思想史研究者の多くは——とくに西欧思想研究のばあい

——自分自分で、対象とする外国の具体的な政治・経済・社会・歴史的な事実を研究せず、とかく著名な西欧の学者の書いたもの（二次的文献）をあれこれ引照しつつ、また対象者とする思想家の書いた著作だけを読み、「読み込み」と称して、あれこれ恣意的に解釈する傾向が強いように思われる。まず「自分自身で『事実』を探求せよ」である。では、次に「大統領の独裁」論を構築するまでの、「初期シュミット」の理論構築について述べていくことにする。

『政治的ロマン主義』（一九一九）

シュミットが、大戦後に発表した政治学関係の書物の第一作——そのまえに、大戦末期に、『国家の価値と個人の意義』（一九一八）という小品があり、そこでは、法学者から政治学者への転進を思わせる片鱗がみられるが——は、『政治的ロマン主義』である。

最初、私は、この本のタイトルからして、文学や哲学関係の本かと思ったし、またシュミットの保守的立場からして、ドイツ・ロマン主義の思想を、マルクス主義に対抗させるやり方で、反社会主義・反労働者階級の思想として組みなおそうとしている本か、と思った。ところが、シュミットは「意外性の人」であった。かれの本や思想が面白いのは、こういう点にあるのかもしれない。これからも、われわれは、しばしば、シュミットの「マジック」に、いろいろ「引っかけられ」また「だまされる」であろう。

「ドイツ・ロマン主義」は、ドイツの「か弱い」ブルジョアジーのイデオロギーだ、とシュミットはいう。しかし、それまでだれが、ドイツ・ロマン主義とドイツ・ブルジョアジーの思想的親和性という観点から「ドイツ思想」を捉えたものがいただろうか。事実、シュミット研究者で、シュミットのこのようなスタンスに気づいた人は、ほとんどいないように思われる。そして、ここが肝心の点である。ブルジョアジーは、なににたいして「ひ弱」なのか。一つは、ドイツ保守支配層にたいして、もう一つは、そして、これこそが大事なところだがドイツ労働者階級にたいしてである、というのが、シュミットのいいたいところなのである。

ここで、シュミットは、このブルジョアジーは「自由主義」という旗をかかげて（たとえば、ヴァイマル憲法の草案起草者フーゴー・プロイスや、それを助言したマックス・ヴェーバーを想起せよ）、敗戦後、いまやドイツ社会民主党と組んで、ヴァイマル共和国における議会制民主主義の思想と制度の片棒をかつぐ階級に成りさがっている、とみている。シュミットは、このことに重大な危惧を抱き、このままでは、「祖国ドイツ」は、早晩労働者階級とそのパトロンである「ソ連共産主義国家」に乗っ取られる、とみていたのである。

臆病なまでに慎重なシュミットは、『ロマン主義』を書いた敗戦直後のこの時点では、まだ、ブルジョア思想である議会制民主主義では、「敵」であるべき社会党や共産党の自由な活動を許容する危険性があること、真の敵はドイツ共産党であることについては、まったく口をつぐんでいる。前者については、シュミットは、一九二三年の『現代議会主義の精神的地位』において、後者については、なんと二七年の『政治的なものの概念』において、はじめてはっきりと発言しているのである。

したがって、『政治的ロマン主義』では、ドイツ・ロマン主義は、ブルジョアジーの思想だという指摘にとどめている——人びとは、そうした指摘の意味がどこにあるのかおそらくわからなかったのではなかろうか。そして、本書の最終部分で、議会制民主主義に代わるものとして、「独裁」の概念をもちだしているが、それは、きわめて「控え目」に述べられているために、ほとんどの人びとは、「独裁」

という語を見過ごしてしまいがちであるし、人びとは、そこに挿入されている「独裁」というフレーズの意味をほとんど理解できなかったであろう。しかし、シュミットは、ここで「ちゃっかり」と「独裁」という言葉の地雷を、『ロマン主義』のなかに、早くもすべり込ませていたのである。こうして、プロイセン絶対君主の「独裁」、さらには主敵「プロレタリアートの独裁」に代わる、新しい大統領の「独裁」を、人びとに承認させる長期かつ困難な作業がこのときにはじまっていたのである。

『独裁』の研究

もっとも、この時点では、シュミットが、どのような論拠と方法によって、ドイツに「プロレタリアートの独裁」に対抗できる強固な「独裁政」を樹立しようとしていたかは、当然のことながら、まだ私にはよくわからなかった。しかし、シュミット政治学のキー概念に「独裁」という文字が、はっきりと刻印されていることはわかった。

『政治的ロマン主義』の二年後の一九二一年に、「ヴァイマル共和制」に挑戦するかのような、『独裁』という、きわめて不気味なタイトルのついた一書が刊行された。シュミットの著作には、どちらかというと一五〇～二五〇ページほどの簡潔な小著が多いが、この本は、『政治的ロマン主義』やのちの『憲法の番人』(一九二八)と並んで、かなりの大作である。また前述したように、この本は、現在でも「独裁」の研究としては、歴史研究の面からも理論的な面からみても、名著の部類に入るであろう。では、シュミットは、『独裁』のなかで、なにを明らかにしようとしたのだろうか。

ひとつは、「独裁」というマイナス・イメージを緩和しようとしたものであった、といえる。ドイツは、敗戦後、ヴェーバーたちのアドバイスもあって、イギリス型の民主主義国家への転換をはかった。他方、シュミットのように、「議会制国家」では、「プロレタリアートの独裁」を志向する労働者階級の目ざす「労働国家」には対抗できないと考える思想家にとっては、新しい「保守独裁」の理論を構築しなければならなかった。しかし、「独裁」のイメージは、保守支配層が協力を要請したいブルジョアジーや中・小市民層にとっては、人権や自由を抑制しかねない権力集中方式として好ましいものとは思われていなかった。

だから、シュミットは、「独裁」は、西欧政治思想の系譜のなかでは、必ずしもマイナス面ばかりでなく、逆にプラスの面もあることを、ブルジョア政治家や知識人、さらには一般大衆に知らしめる必要があると考え、その根拠を「ローマ共和政」の歴史のなかから導出しているのである。

近代市民革命のときにも、古典古代の政治思想や哲学は、革命派の理論的武器となった。俊才シュミットも、古典の価値は十分に承知していた。だから、かれは、そもそも「独裁」とは、ローマ共和国の「危機状況」を救済するための有効な政治的な一手段であった、という「ノロシ」を打ちあげたのである。そして、このことは、歴史的にもそのとおりであった。すなわち、シーザー（カエサル）の「独裁」は、「ローマ共和国」の危機を救うために、元老院（ローマの議会）が、ある人物に、危機回避のために、全権を「委任」したひとつのケースであった。そして、この「委任」は、三ヵ月あるいは六ヵ月と期限を切って与えられ、危機が回避されれば、「独裁官」は、その権限をすみやかに元老院に返還することになっていた。シュミットは、この点を捉えて、「独裁」は、「危機回避」のためのものであり、またこの「独裁」は時限的なものであり、問題が解決すれば元老院に返還されるから、「委任独裁」とよばれるもので、決して非民主的で、危険なものではない、と力説している。

ここで終われば、それだけの話だが、シュミットは、「委任独裁」のほかに、「主権独裁」という新しいタームを作っている。それが、ヴァイマル期ドイツにおいてどういう意味をもつかは、三年後の一九二四年の『大統領の独裁』においてはじめて明らかにされるが、ここでは、ちょっと「小出し」にして、その政治的意図についてはかくしたままである。シュミットは、その目的達成のためには、決して路線を変更しないし、また周到にあらかじめ時限装置を敷設していく。なかなかの計画的知能犯である。

それは、ともかく、シュミットのいう「主権独裁」について説明しておこう。「主権独裁」とは、市民革命期のブルジョア独裁（ピューリタン革命期のクロムウェル独裁、フランス革命期のジャコバン独裁）や社会主義革命後のプロレタリア独裁（ロシア革命や中国革命など）のような、それ自身が「権力の主体・担い手」である政治形態である、とシュミットはいう。このさいには、独裁の期限は、権力主体それ自身が決定する（たとえば、ソ連邦における共産党独裁は、約七〇年間余続き、ゴルバチョフ時代に廃止されたが、ローマ的・シュミット的にいえば、戦後の東欧社会主義国家やその他の社会主義国家の「独裁」期間も長過ぎ、そのため、さまざまな問題が発生したのである）ことになろう。

シュミットが、『独裁』で、「委任独裁」論を提起したのは、ヴァイマル憲法のなかにおける例外状態下においてはドイツ大統領の「非常大権」（第四八条）は、「委任独裁」の一種であることを人びとに記憶させようとしたもの、と思われ、また、この「委任独裁」は、「ソ連社会主義国」における「主権独裁」とは異なることを示し、それによって、独裁には「安全なもの」と「危険なもの」の二種類があること、ヴァイマル憲法の「独裁」概念は「安全なるもの」というイメージを人びとに与えようとしたのではないか、と思われる。しかし、ここでのシュミットの本当の狙いは、「委任独裁」論を用いて、実は、「主権独裁」論へと転化させて、大統領による永続的独裁体制を擁護しようという意図は隠されたままであったことは、すぐにわかるであろう。

「議会制民主主義」批判と「大統領独裁論」

シュミットは、『独裁』のなかで、ドイツ大統領にはドイツ議会から「委任独裁」権を受ける可能性があることを述べているが、なぜ、そうなるかについての明確な憲法論的あるいは法的根拠は、そこでは、いまだ十分に構築されていない。この本格的作業が明らかになったのは、三年後の一九二四年のイエーナにおける「ドイツ国法学者大会」(憲法学者や政治学者からなる学界)における、シュミットの大会報告「ドイツ大統領の独裁」においてである。

しかし、そのような確固たる法律論を確定するまえに、シュミットは、周到にも、「ドイツ大統領の独裁」を正当化するために、二つの理論的作業をおこなっている。一つは、『政治神学』、もう一つは、『現代議会主義の精神的地位』であり、この二つの作業は、「大統領独裁論」を構築するうえで決定的に重要である。

前述したように、シュミットは、『政治神学』冒頭において、「主権者とは、例外状態において決断を下すもの」と述べて、ドイツにおける主権者は、ドイツ大統領だ――国民や人民あるいは議会ではない――といおうとしていた。

「ヴァイマル憲法」には、だれが主権者であるか、という明文はない。しかし、「憲法」条文の「大統領は憲法を改正する」(第七〇条)、「大統領には非常大権がある」(第四八条)、「大統領は議会を解散する」(第二五条)などの文言《もんごん》を引っ張りだして、シュミットは、ドイツ大統領の権限の最高権力性をきわだたせようとしている。

そして、その最終論証の根拠として、政治には「例外状態」という「奇蹟」(神学)があること、この「例外状態」において、どう決定してどう処理するかは、ヴァイマル憲法では大統領の権限(第四八条)とされている、とシュミットは述べている。このことは、なにを意味するか。「例外状態」においける大統領の「非常権限」には、「危機状況」を解決するまでというタイム・リミットがあるが、もしも、「例外状態」を連発して、長期にわたって「非常権限」を行使すれば、事実上の永続的な「大統領独裁」となるであろう。ここでは、「例外」は、やがて「恒常」となる。そして、この「例外状態」を最大限に「恒常化」し、独裁国家を作ったのが、ヒトラーの「ナチ国家」ではなかったか。シュミットのもともとの意図は、ドイツ保守支配層の絶対権限の確立にあったが、保守支配層が、中・小市民層の代弁者アドルフ・ヒトラーと吻合したことによって、シュミットはその最初の意図に反してナチ党を擁護する結果になったが、これについては、後述する。

ともかく、シュミットは、すぐれた政治学は、つねに「例外状態」を想定している、として、シュミット思想とはまったく異質のホッブズやルソーの思想のうちのつごうのよい文言を引き合いにだして、かれらも「独裁」を支持していると述べ、自己の「政治神学」の正当性の権威づけとしている。シュミットは、なかなかの演出家である。

さて、「大統領の独裁」を人びとに認知させるには、「独裁」の反対制度である議会の地位を貶《おとし》めることが必要である。シュミットにとって、議会制の批判は大統領の独裁の構築と対になっているのである。大学闘争時の学生諸君は、シュミットの小気味よい、現代議会政治批判に小躍りして――たしかに、構造汚職や公害を放置していた日本の議会政治の腐敗堕落には眼をおおうものがあったが――、シュミット理論を援用していたが、その「議会批判」が実は、「独裁構築」の恐るべき伏線=地雷敷設となっていたことに気づくべきであった。『現代議会主義の精神的地位』なる一書は、議会制民主主義の擁護の書とは打ってかわって、まさに人びとを「独裁」へといざなう問題の書であったのである。

議会制民主主義の特質としての「公開」と「討論」

ところで、シュミットの議会制・議会政治批判は、「大衆デモクラシー時代」――二〇世紀二〇・三〇年代から顕在化する――における議会政治の欠陥をみごとに指摘している。

シュミットは、本来の議会制民主主義の誇る「公開（性）」と「討論」という精神原理＝キー概念――これ自体は正しい――を取りだして、二〇世紀の現代議会主義が、その精神原理とかけ離れてしまっている状況を提示して、ドイツのヴァイマル議会制民主主義に猛然と襲いかかる。シュミットによれば、ドイツをふくむ西欧列強における議会制民主主義においては、「公開（性）」を標榜しているが、その実態は、議会の外で、つまり政党幹部・資本家層・官僚・高級軍人・大学教授たちによって、すべてが事前に決定されており、「公開（性）」は名ばかりのたんなる儀式（祭り）にすぎず、であれば、議場内における「討論」も空しい遊戯にすぎない、というわけである。とくに、「多数党」が「多数決」という名の強行採決を頻発していた戦後日本政治を目前にしては、このシュミットの議会制民主主義批判は、たしかに正鵠《せいこく》を射ていたし、マルクスやレーニンたちがいう「議会はブルジョアジーの『おしゃべり』の機関」というお定まりの批判とはちがった新鮮な批判的武器として、学生たちがシュミット理論に魅了されたのはうなずける。

しかし、だからといって、シュミットのように、いきなり議会制民主主義がだめなら「独裁がある さ」といったような単純な発想でよいか、ということになれば話はまったく別である。シュミットのいうように議会制民主主義が、まったくの欠陥だらけならば、なぜ、イギリスやフランス、アメリカ、カナダなどで現在にいたるも議会制国家が存続しているのか、という説明がつかないであろう。

議会制民主主義には、欠陥はある——制度に完全・完璧なものはない——が問題はその制度自体に正義・公正の実現のための自浄能力があるかどうかである。そしてその思想原理のなかに、生命・自由・平等の権利尊重の精神があれば、議会制民主主義は、その生命力を持続しえるはずである。シュミットの全著作を読んで感じることは、かれは、古典・古代から近・現代にかけての英・米・仏型の西欧デモクラシーの思想を十分に理解しようとせずあるいは理解することができずに、そのことが、かれの思想全体における欠陥的体質となったのではないか、と思われる。同じく、こうした点については、かのマックス・ヴェーバーの政治論のなかにさえみられるのである。その最《さい》たるものは、ヴァイマル憲法草案作成にさいして、ドイツ国民は民主主義に慣れていないから、「大統領に強い権限を与えよ」というヴェーバーの権力観にみてとれることができる。ヴェーバーのえがいた大統領像が、ヴァイマル憲法体制自体を掘りくずすことになったというモムゼンのヴェーバー批判もあながち否定できないであろう。もしも、ヴェーバーが、ヒトラー登場の頃まで生きていたとしたら、ヴェーバーは、どのように考え、どう対応しただろうか。なかなかに興味深いことではないか。

大統領の独裁と第四八条の非常権限

敗戦後の五年目、一九二四年に、シュミットは、「ドイツ国法学者大会」(イェーナ)において、ついに「大統領独裁論」を堂々と打ちだしてきた。かれは、その法的根拠をヴァイマル憲法第四八条の「大統領の非常権限」に求めている。この法律によると、共和国に重大な危機状況が発生したばあい、大統領は、一時期「非常大権」を発動して、危機を回避することができる、とある。

そして、危機が回避されたのちには、大統領はすみやかに、かれがとった「措置」について議会に報告し、その「措置」に議会が反対すれば、その「措置」は無効となるから、この大統領の措置は、議会制民主主義と矛盾しない、とシュミットはいう。

しかし、このシュミットの論理は、ローマの「独裁制」論とは、かなり異なる。なぜなら、ローマのばあいには、元老院つまり議会から「委任」された独裁者が、危機回避のための措置をとり、その作業が完了すればただちに議会にその権限を返還するようになっているからである。

ドイツのばあいには、「非常大権の行使」は、議会と相談することなく、大統領の意志によっておこなわれること、また、大統領の措置に議会が事後に反対し、その措置をキャンセルしても、措置自体は、すでに実行されているから、はたして、このような強大な権限を大統領に与えること自体是か非かという議論が、憲法制定時に、ドイツ社会民主党の一部の議員のなかから提示された。しかし憲法草案者のドイツ自由党系（ブルジョア政党、ヴェーバーもこの党の党員）のフーゴー・プロイスは、憲法制定を急ぐ必要があり、いたずらに時間をかけることは得策ではないとして、草案に新しく一項を設け、「詳細はライヒ（ドイツ）法律によって定める」という第五項を加えて、憲法制定後、時間をかけて人権や自由が侵害されないような法律を検討し定めるから認めて欲しい、と述べて、反対論を封じ込め、ここに「ヴァイマル憲法」が成立した。このときプロイスは、第四八条の危険性を徹底的に討論しなかったことが、ヴァイマル共和国の崩壊につながることになろうとは想像もしなかったであろう。ドイツ的「自由主義者」の権力観の甘さの典型例である。

ところで、敗戦直後のドイツは、未曾有の経済的混乱下による危機状況下にあり、ドイツ社会民主党出身の大統領エーベルトも、第四八条の「非常大権」を一四〇回近く多用して危機を乗り切っていたから、社民党内のラディカル（原理主義者）も、他日を期すことで、ひとまず矛《ほこ》をおさめたものといえよう。そして、このことが、「ヴァイマル憲法」および「ヴァイマル体制」の命取りになった。良心的リベラリストのプロイス（憲法学者）もヴェーバー（政治社会学者）も、イギリスの思想家たちのように権力の危険性についての認識が甘かった。この意味では、同じドイツの自由主義的思想家であっても、ケルゼン（政治学者）、ラートブルフ（法哲学者）、イエーリング（法律学者）と異なり、プロイスもヴェーバーも「政治オンチ」であった、といえよう。

それは、ともかく、悪しき法実証主義者・法万能主義者であったシュミットは、この第四八条第五項の文言を鋭く捉えて、「国法学者大会」（一九二四）の報告において大統領独裁論に道を開く方向をみいだし、ケルゼンやラートブルフたちは、シュミットのいう大統領の独裁論には反対の意見を開陳した。しかし、シュミットは、第五項にもとづく「ライヒ（ドイツ）法律」はまだできていない、これは、法の「欠欽《けんけつ》」（欠陥、まだ法律ができていない）状態である、よって、第四八条の解釈は、第四項までの線で考えなければならない、また、憲法制定にかかわった大多数の人たちは、「例外状態」において大統領が非常大権を行使するさいに、あれこれ注文を付けることは考えていなかったであろうから、現時点では、大統領の非常大権の行使は無制約つまり絶対である、と断じたのである。ここでは、人権や自由への侵害の危険性については、一顧だにされていない。そして、このようなシュミットの「独裁論」は、この時点では、まだ明らかに少数意見であった。

しかし、シュミットの大会報告後、わずか五年もたたないうちに、このシュミットの第四八条の非常大権を核とする「大統領の独裁」論が、ドイツ保守支配層の主流理論となることは、当時、シュミットも大会に出席していた学者たちも、おそらく想像できなかったのではないだろうか。われわれは、ヴァイマル共和国一四年間の政治過程のあまりの変転――共和国から大統領の独裁、そしてヒトラー独裁へ――の目まぐるしさに、ただただ驚くばかりである。

それは、ともかくとして、ドイツの政治的・経済的混乱は、一九二五年頃からやや安定し、小康状態に入った。しかし、「例外状態の政治学者」シュミットは、依然として、国際的にも国内的にも危険度を増大させつつあった新しい労働者階級と国際共産主義運動の抬頭にいささかも油断することなく、夜な夜な剛剣《ごうけん》「長曾禰虎徹《ながそねこてつ》」（近藤勇の愛刀）を磨いていた。

『政治的なものの概念』、敵は共産党である

その成果が、前述した、一九二七年発表の主著『政治的なものの概念』であった。ここでは、これまで決してシュミットが口にしたことのなかった「敵」の正体を、はじめて明確にドイツ共産党として、名指したのである。

この段階では、戦前のドイツ保守支配層の地位が回復してきたので、シュミットにとっては、もはや「敵」は、自由主義的市民階級と手を結んでいる社会民主主義者や社会民主党そのものではなく、国際共産主義者たちと手を組んで断固闘うドイツ共産党こそドイツ国民の主敵である、と高唱することができたのであった。

この時点で、いまやドイツの保守支配層と、のちのヒトラーのナチ党とは、ドイツ共産党という「敵」を共有することになっていたのである。一九三三年一月三〇日に、ヒンデンブルク大統領とナチ党首ヒトラーとががっちりと握手し、また、保守支配層のイデオローグ・シュミットが、五月にあわ

ててナチ党に駆け込んだのは、以上の理由から説明できよう。したがって、『政治的なものの概念』は、いわば、シュミットのドイツ共産党および広くは国際共産主義運動にたいする「闘争宣言」であった、と断ずることができよう。

『憲法理論』によるヴァイマル憲法の空洞化

ところで、ドイツ共産党と闘うためには、議会制民主主義によって、共産党の活動を合法化しているヴァイマル憲法が「目の上のたんこぶ」となる。

そこで、シュミットは、またまたお得意の詭弁を弄して、一九二八年に『憲法理論』という大著を書いて二〇世紀憲法の典型として、世界的に有名なヴァイマル憲法における人権や自由にかんする条項を「自由自在」に変更いや改悪できるとする論理を展開するのである。シュミットは、基本的人権思想や民主的諸制度を空洞化さえすれば、社会主義や共産主義は、それに連動して容易に倒壊することを十分に知っていた。シュミット「恐るべし」である。

ここでも、シュミットは、例のごとく、二つの概念＝「二項対立方式」（シュミットは、二項対立方式を高く評価し、三項方式を蔑視しているが、これは、マルクスが「資本・労働・地代」という分け方を嫌い、「ブルジョアジーとプロレタリアートの対立」つまり「資本と労働」という二項対立方式を採用したのを真似したものといえよう）を作って、その論理を展開していく。それがいわゆる「憲法」(Verfassung) と「憲法律」(Verfassungsgesetz) という分け方である。この分け方自体にも、きわめて作為的なものを感じるが、シュミットの説明をきこう。

シュミットによれば、「憲法」とは、ある民族が決断して作った政治体制のことで、ヴァイマル憲法体制がこれである。だからこの「憲法」は変更できない、という。ここでは、シュミットは、まるでヴァイマル憲法の擁護者のようなポーズをとっている。

しかし、続いて、シュミットは、「憲法律」とは、憲法の個々の条文で、これは自由に変更できる、という。これは、どういうことか。たとえば、日本国憲法の基本方針である三原則——国民主権、平和主義、基本的人権の尊重——は変更できないが、個々の条文は、いつでも改正・変更できる、というわけである。

とすると、もしも、日本国憲法における人権保障や民主的政治制度のさまざまな規定を少しずつ改変し、やがて、その全部を変更してしまえば、民主憲法という名の日本国憲法は存続しえていても、憲法自体の民主的性格は事実上、解体されているから、もはや民主憲法とはいえないであろう。

戦後、日本でも、憲法改正とくに第九条をめぐる憲法改正問題が起こったとき、一部の民主的憲法学者は、なにを勘ちがいしたのかシュミットを用いて、「憲法は変えられない」という根拠にしていたが、これは、方向がちがうのではないか、と思った。ともかく、シュミット的論議によると、ヴァイマル憲法体制とは、単純化すれば、「国王は存在しない共和国である」、そのことは、ヒトラーは国王ではなく人民投票によって選ばれた者であるから、ヒトラー体制は共和制であり、したがってヴァイマル体制と同じである、ということになり、事実、シュミットはそのように強弁し、ヒトラー体制をヴァイマル憲法の後継者とみなしているのである。なんという言葉の「カラクリ」であろうか。

『憲法の番人』それは大統領

シュミットは、二七年の『概念』で、「敵」は共産党で、「敵」を指定できるのは、大統領だと明示し、ソ連社会主義国が後押しする労働者階級にたいして、断固、「闘争宣言」を発した。この意味で「敵・味方」関係という政治論のみから『概念』を捉えてシュミット政治論に感嘆しているようでは、政治学研究としては下《げ》の下《げ》の捉え方で、『概念』の発表は、シュミットが、いよいよ保守支配層の最強力なイデオローグとして登場してきたことを証するものであった、と総括すべきであろう。

これ以後、シュミットは、ますます大胆かつ無遠慮に、「大統領の権限」強化のために、次々に剛速球を投げ込んでくる。その第一球が、前述した翌二八年の『憲法理論』であり、これにより大統領は「例外状態」を理由にして、いつでも「憲法律」（憲法条文）を改正（改悪）することが可能になり、それは、二九年以降の「大統領の独裁」への道を一気に掃き清めることを可能にした。

続いてシュミットは、間髪を入れず、翌一九二九年に、司法部にたいする大統領の地位の権限の優越性を確立するために『憲法の番人』を出版する。この本は、直接的には、一九二八年一二月のライヒ（ドイツ中央）政府とライヒ（ドイツ）裁判所長官シモンズとのあいだで意見の衝突が起こったときに、シュミットは、大統領と裁判所の関係について、理論的に解明する必要を感じて、急遽、執筆・出版したものである。

英米系の法思想によれば、民主主義の「あかし」のひとつとして、「司法部の独立」（イギリス）と、またそれと関連しての「違憲立法（法令）審査権」がセットとなって、「司法部の優越」（アメリカ）という形をとっている。

しかし、これでは「ドイツ大統領の独裁」を貫徹することはできない。そこで、シュミットは、的確にも、アメリカ・デモクラシーのシンボルともいうべき「違憲立法審査権」に猛然と襲いかかる。シュミットによれば、そもそも、「審査権」は、アメリカにのみ独特のものであり、それ以外の国々では、必ずしもそうした考えや法制度はない、と述べる。また、裁判所の判決は、ばらばらに行使され、狭い限界をもち、「普遍性」がないから、司法部を「憲法の番人」と位置づけることはできない、というのである。

これによって、シュミットは、司法部に「法令審査権」を与えることによって、立法部や行政部の専制化をチェックしようとする三権分立主義（日本も戦後にはアメリカを模倣）に真っ向から対決し、粉砕しようとするのである。このため、シュミットは、歴史上、裁判所のみが「憲法の番人」とされてはこなかったことを示すために、たとえば、スパルタの行政監督委員、ローマの元老院（議会）、フランスの「上院」等々が「憲法の番人」と考えられていたことをあげている。これは「司法部の独立」論にたいする強烈な打撃である。そして、こののちシュミットは、いよいよ本書のなかで、ドイツにおける「憲法の番人」はだれかを明らかにしていく。

シュミットは、「憲法の番人」は、政治的決定権を保有している者――たとえば、議会、内閣など――のあいだで意見の対立が生じたとき、それを仲裁・調停できる中立的・仲介的権力をもつ者で、それは、ヴァイマル憲法でいえば、「全国民から選出されたライヒ（ドイツ）大統領だ」というわけである。さらに、ライヒ大統領が「憲法の番人」であるということは、憲法第四二条のライヒ大統領のおこなう宣誓で大統領は、「憲法を護持する」旨の文言があることからも補強されよう、とシュミットは述べている。

『合法性と正当性』、ヴァイマル体制批判

さて、シュミットは『憲法の番人』においては、いまだ、ヴァイマル憲法体制下における議会制民主主義つまり「議会制立法国家」よりも、「大統領の独裁」的権限が優越することを理論化するまでには至っていない。この点を、どう突破するか。

当時、ドイツでは、世界大恐慌（一九二九年）下における未曾有の経済的大混乱の再発（戦後すぐのインフレーションに続く）によって、三〇年以降になると、「大統領の信任」のみにもとづいて、また第四八条の「非常大権」の発動によってもっぱら政治をおこなうという議会制民主政治を無視する新しいタイプの「大統領内閣」が、政治運営において常態化されてきていた。シュミットは、この点を鋭く見抜いて、「議会制立法国家の合法性」つまり議会制民主主義にもとづく民主的政治よりも、「人民投票的民主政」の「正当性」つまり「大統領内閣の優越性」をもちだすことによって、ヴァイマル憲法体制＝議会制民主主義本体に、総攻撃をかけてきた。

しかし、シュミットの政治論は、つねに、「法的まとい」をつけて、また合法性のポーズをとって立ち現われる。が、その論理化はきわめて強引である。シュミットのばあいには、はじめにまず「政治的結論ありき」で、目的達成のためには、なりふりかまわずきわめて強引な法理論を展開している。

その最《さい》たるものが、ヒトラー政権登場直前にだされた一九三二年の『合法性と正当性』なる著作である。シュミット研究者の多くは、この著書の重要性にほとんど注目していないが、この著書こそ、議会制民主主義を粉砕し、それに代わって、「大統領の独裁」ひいては「ヒトラーの独裁」までをも正当化できる論理を提起しようとするシュミット政治論の総仕上げともいうべき重要な内容をもった著作なのである。

ここで、シュミットは、賢明にも、議会制立法国家（議会で多数決によって制定された法律を至上のものとして政治をおこなう国家）自体に内在する「合法性の矛盾」を攻撃し、ヴァイマル憲法自体の矛盾をえがきだしてみせる。
しかし、その論理は、きわめて詭弁に類するものであるが、その論理攻撃の仕方は、きわめて巧妙かつ狡猾なものである。かれは、議会制立法国家の合法性は、「そのときどきの」(臨時性)多数派が決定した(単純多数決)法律にもとづく、と述べ、この根拠に批判(というよりは言いがかり)を加える。

「実質に」・「主権に」・「必要に」もとづく特別立法者

ここでシュミットは、いう。ヴァイマル憲法には、三つの「特別立法者」すなわち、一、「実質にもとづく〔特定の対象・利益の保護のための「三分の二」多数決〕、二、〔国民〕主権にもとづく〔国民投票〕、三、必要にもとづく〔大統領の措置〕、「特別立法者」が存在している。そして、これらが、単純多数決にもとづく立法者〔議会〕による、「均質性」・「価値中立性」という議会制立法国家の合法性体系を掘りくずしている、とシュミットはいうのである。

第一の「実質にもとづく」特別立法者とは、ヴァイマル憲法第二篇中の三分の二の特別多数を要する規定のことを指すのだが、これは、単純多数決(五一%)で、すべてを決定する議会制立法国家の「価値中立性」と矛盾する、とシュミットはいう。しかし、このシュミットの批判は、いささか「言いがかり」ではないか。というより、シュミットは、現代民主主義を理解していない、あるいは故意に理解すまいとしているのではないか、と思われるからである。

そもそも、「三分の二多数決」は、国民の人権や自由にもかかわるもののうち、とくに重要なものを決定するさいには慎重を期して、各国の現代憲法において、この三分の二多数決」を採用(日本国憲法の「憲法改正」の手続をみよ）している。したがって、「三分の二多数決」は、「議会制民主主義」とは、まったく矛盾しないし、反対に、民主主義を強化するものである。シュミットのような研究者が、このことを知らないはずはない、と思われるので、かれは「目的のためには手段を選ばない」、「法の欺疑師」といわれても仕方あるまい。このような卑劣な論理は、さらに続く。

すなわち、続いてシュミットは、「主権にもとづく」特別立法者――人民投票的立法手続き（第七三条、第一・二・三項）、第七四条第三項、第七六条第二項）――を例にあげ、この規定は、議会制立法国家の合法性根拠である「単純多数決」（五一％）の価値中立性と矛盾する、とヴァイマル憲法を批判する。しかし、この「人民代表制」は、ケルゼンが『デモクラシーの本質と価値』（一九二五）で正しく述べているように、二〇世紀憲法の新しい民主政的政治方式の一種であり、それゆえに、「人民投票制」は、議会制民主主義とは、なんら矛盾しないばかりか、「大衆デモクラシー時代」の巨大社会において、よりよく民意を反映させるために必要な方式である〔レファレンダム（国民投票制）、リコール（解職請求制）など〕。

以上、シュミットは、「実質にもとづく」、「主権にもとづく」という特別立法者を押し立てて、いよいよ最後の「必要にもとづく」特別立法者つまり「ドイツ大統領の措置」をもちだして、「大統領の独裁」権を確立する作業を完成させようとしている。このようにみると、第一と第二の特別立法者は、第三の特別立法者を述べるための、たんなるマヌーバー（露払い前座）ではなかったか、と思われるほどである。

大統領の「措置」は「法律」である

さて、シュミットによれば、「必要にもとづく」すなわち「時期および状況にもとづく」特別立法者=大統領は、これまで述べた二つの立法者とは異なり、正規の議会制立法者（議会）の下位におかれてきた。なぜなら、この大統領のとる措置（命令）は、第四八条第三項によって、議会の要求があれば、法としての効力を失うからだ、とシュミットはいう。

しかし、ここから、またまたシュミットの、ヨーロッパ・デモクラシーではとうてい考えられないような三百代言的言辞が飛びだしてくる。すなわち、第三の特別立法者の措置をくわしく考察すれば、この措置は失効させられても、議会の効力は「遡及効力をもたない」（遡って無効にする）から大統領は、既成事実を作ることができるし――そのこと自体は当たっている――、また第四八条第五項によるライヒ（ドイツ）法律は、いまだに制定されないままになっている現状では、大統領は自由に――例外状態という名のもとに――非常大権を行使して、現行の法規範の全体系に干渉できるから、いまや、従来の議会制立法国家=ヴァイマル憲法体制は、根底から変えられてしまっている、と言い放っている。

それればかりか、シュミットは、続いて、既成事実を理由に、大統領の「措置」を、「法律」のうえにおこうとしているが、これは、近代民主政治の中心原理である「法の支配」体系の破壊以外のなにものでもないであろう。ファシズムとか独裁政とは、このような乱暴な法理論によって確立されたことをシュミットの法・政治理論のなかで改めて発見するのである。

シュミットはいう。大統領の措置は、この十年間にわたる（ヴァイマル共和国）統治の実際によって、法的効力をもつ「命令」であることは、裁判所の「判例」や「国法学説（法・政治思想）」も認めているところであるから、第四八条による非常大権をもつ特別立法者＝大統領は、「措置」によっても、法律の代用である「命令」によっても、いまや、国民の自由と財産を意のままにすることができる事態にまでなってきている、と。

シュミットの「議会制民主主義」、「法の支配」の破壊攻撃は、さらに続く。かれによれば、こんにちの運用では、国家生活の実際において（大統領内閣）、立法者（大統領）自身が、「法律」と「措置」の「内的区別」をとっくに放棄してしまっている時点にまできており、それは、状況があまりにも予測しがたく、あまりにも異常であるために——ここでシュミットは「例外状況」・「異常事態」を巧みに用いている——「法律」が「規範設定」という、以前のような性格を失って、たんなる「措置」と化したのであって、「独裁官」（シュミットは、この三二年時点で、大統領を独裁官にみたてている）は、「法律を公布できる」とまで極論しているのである。

かつてシュミットは、一九二四年に『大統領の独裁』を発表した時点では、まだ「措置」や「命令」が「法律」にまで代わりうるとは述べていなかったはずである。たしかに、一九二四年から三二年にいたるまでのわずか七、八年の時の経過のうちに事態は大きく変わって——社会民主党の凋落と保守支配層の復権、三二年段階でのナチ党の大躍進——しまった。シュミットの法・政治理論は確実にこの政治状況の変化を反映している。

人民投票的民主主義の正当化

この時点でもまだ、シュミットは、保守支配層のイデオローグの立場に踏みとどまっている。しかし、議会制民主主義を否定し、大統領の独裁政を正当化するシュミットの政治思想は、いまやほとんどナチ党の政治思想と双子である、というところにまできている。この『合法性と正当性』は、「大統領の独裁」(ヒンデンブルク)を正当化したものだが、ここで展開されている論理は、「ナチ独裁」(ヒトラー独裁)とほとんど紙一重である。三三年一月末にナチ政権が成立したとき、シュミットは、わずか数ヵ月後に、なんの痛みも矛盾も感じることなく、ナチ党に入党できたのは、以上の理由による。

では、シュミットは、大統領の「措置」・「命令」を「法律」である、と言い切るために、いかなる論理をもちだしてきたか。ここで、かれは、大統領の権限と地位を、「人民投票的民主主義」という正当性によって補強しようとしている。

『合法性と正当性』が発表された一九三二年は、ヴァイマル共和国消滅の直前に当たり、議会に基礎をもたない「バーペン内閣」が、ヒンデンブルク大統領の信任と第四八条の非常大権だけを頼りに、いわゆる「大統領内閣」といわれる統治・支配をおこなっていた時期であった。そして、議会制統治に基礎をおけなくなったとき——その理由は、一九二九年の「世界大恐慌」の発生による、経済的混乱と危機を回避するために、もっぱら大統領の第四八条(非常大権)を用いていたから——、「大統領内閣の統治」は、大統領が国民から直接選出されたという意味での「人民投票的民主制」という正当性に依拠することなしにはやっていけなかったであろう。

「権威国家」・「全体国家」への展望

シュミットのこの著作は、こうした当時の切迫した政治・経済状況を忠実に反映し、それにたいして理論化を試みたものと考えてよい。しかも、シュミットは、当時の政治支配(大統領の独裁)の正当化だけにとどまらず、この著作の最終部分において、いよいよ新しい「権威国家」、「全体国家」への道を展望さえしている。

すなわち、かれは、人民投票的正当性が「規範」を作ることではなく、「意志」を決定することにあるから、そこにいまや、「権威国家」や「全体国家」に向かう傾向がみられる、というのである。また、かれは、ツィグラーの言葉を引用しつつ、この「全体国家」のなかから、ふたたび、自由な諸領域・生活領域を獲得するために安定した「権威」が必要である、という認識がうまれてきている、とも述べているのである。かれは、この時点で、「ソ連型プロレタリアート独裁」（労働者階級）と対抗できる「ヒトラー型ナチ党独裁」（中・小市民層）論を本気で考えていたようである。

そして、本書最終部分で、シュミットは、この「人民投票的方法」は、「実務だけ」ではなく、「適時・適宜」におこなう権威――例外状態を口実とする独裁権力――をもつ統治を前提とするという。そして、ここで、「問い」は「上からのみ発せられ」、「答え」は「下からのみ返される」と、シュミットは力強く述べている。

『憲法の番人』（一九二九）では、まだ大統領は、中立的・調停的第三者としてえがかれていた。しかし、いまや『合法性と正当性』（一九三二）においては、大統領は、より崇高な第三者として「決断する者」と規定されたのであった。

ここまでくれば、もはやシュミットの考えは、権利・自由の主張や理性的討論は、いっさい許されず、総統（ヒトラー）の命令だけを「歓呼と喝采」（ハイル・ヒトラー）によって、一方的に受けとることを要求する「ナチ党」の政治原理とほぼ同一線上まできていたことがわかるのである。

以上、私は、シュミットが「大統領独裁論」を法理論的・政治論的・思想的に完成していったプロセスについて述べてきた。そして、『政治的ロマン主義』（一九一九）から『合法性と正当性』（一九三二）にいたるシュミットの全著作は、実は、ヴァイマル共和体制の変質・崩壊過程とそれを促進する思想・理論構築のプロセスを、みごとに表現しているのである。数ある政治思想家のうちで、これほど、現実と密着し、政治状況を変えるために理論闘争をした実践的な政治思想家はいたであろうか。シュミットは、マルクス、エンゲルス、レーニン、毛沢東などの対極にあった、保守支配層側の理論的チャンピオンであった。かれの思想が、非民主的・反動的な政治理論であったにもかかわらず、たえず研究者が、分析の対象にとりあげ、またその分析方法から学ぼうとしているのは、こうしたかれのきわめて精力的な実践性にあった、と思われる。と同時に、保守支配体制を保持するためには、すぐれて「政治主義的・便宜主義的」――民主主義を否定する思想家は、おおむねそうである――に、「自由自在」に憲法の条文を拡大解釈する、という危険性がある、ということも無視してはならないであろう。

シュミットの誤算　ヒトラー政権の成立

しかし、ここで、シュミットは、思いもかけない事態に遭遇した。ナチ党のいう「全体国家」論の登場であった。一九二九年の段階で、シュミットは、すでに、その「ファシズム国家の本質と生成」という論文において、各社会集団の利害獲得闘争を生みだしている議会政治や政党政治を止揚した「全体的統一」の方向を考えていたから、イタリアのムッソリーニのようなファシズム的国家体制に好意をもっていた。

しかし、この段階では、まだかれ自身は、ドイツにおいては大統領による中立的・仲介的国家という理論構築を目ざしていたから、ヒトラーのヘゲモニーによる「ナチ国家」を想定していたわけではないことは当然である。もっとも、かれは、その「論文」において、議会制民主主義における「秘密個人投票」という方式に反対し、その代替物として、「人民投票的直接民主主義」たとえば、「歓呼」・「喝采」・「イエス・ノウ」のような「可視的方法」——秘密投票が民主主義的方法である（ミル）——をとるファシズム国家の意志形成方式に賛成しているから、この時点のシュミットは、いまや「気分はほとんどファシズム的」であった、といえよう。

シュミットが、『憲法の番人』（一九二九）や『合法性と正当性』のなかで、「人民投票的方式」による「大統領の独裁」という政治方式を強調していたのも、そのためであったが、それでもまだ、この段階では、シュミットは、「大統領の独裁」に希望を託していた。しかし、三三年のヒトラー政権成立直後の「ドイツにおける全体国家のさらなる発展」という論文においては、新しい全体国家は、「中立的な弱い国家」をよしとする「自由主義国家」にたいして、その「エネルギーと質」において、「特別に強力な国家」を対置させることによって、ヒトラーの第三帝国をプッシュしていたのである。

ヒトラーの政権獲得への道

では、シュミットはどのようにして、「大統領による独裁国家」支持から「ヒトラーによる独裁国家」支持へと転進したのであろうか。しかし、そのまえに、一九三三年一月三〇日に、ヒンデンブルク大統領がナチ党首ヒトラーに、首相の権限を与えるまでの事情について整理しておく必要がある。

一九三二年一一月の総選挙で、ヒトラー率いるナチ党は、第一党になった。一九二三年のミュンヘンでの「ビアホール一揆」で逮捕されて、その名が知られるようになったヒトラー率いる「国民社会主義ドイツ労働者党」(この奇妙な長ったらしい党名は、すべてのドイツ人・ドイツ国民・ドイツ民族・ドイツ労働者階級を統合するかのようなイメージを与えている点に注意せよ)が、第一党にかけあがるまで、わずか九年半余であった。大戦後のヴァイマル共和国時代の政治・経済事情が、いかに動乱に満ちたものであったかは、この一事をもってしても理解できるであろう。一九二〇・三〇年代の「危機の二〇年」の時代には、国際的にも国内的にも、日・独・伊・ソ・中のような国々では——これらの地域に、ファシズム運動や社会(共産)主義運動が台頭していた——新しい政治秩序の形成を求めて、内戦・階級闘争・政治権力をめぐるヘゲモニー闘争という激動の時代が続いていたのである。

ヒトラーは、三二年四月の大統領選挙で、ヒンデンブルクの対抗馬として善戦した。いまや、ヒトラーは、ヴァイマル共和国における事実上のナンバー・ツウの地位に上昇していた。だから、ヒトラーは、総選挙後第一党になれば、首相の地位を渡されたいと、大統領側に要求した。しかし、ヒンデンブルクの秘書官マイスナーは、ドイツが議院内閣制の国であれば、政権はヒトラーに渡されようが、現在のドイツは「大統領内閣」の時代に変わっているから、首相の任命には、「大統領の信任」が必要である(第一次世界大戦の英雄で元帥であったヒンデンブルクは、かねがね下士官あがりの伍長ヒトラーを軽蔑していたし、ヒトラーの狂信主義を嫌悪していた)と回答している(一一月二四日)。そして、総選挙後、ヒンデンブルクは息子の親友であるシュライヒァーを首相に任命している。

では、なぜそれからわずか二ヵ月ちょっとのあいだに、ヒンデンブルクは、ヒトラーを首相に任命したのであろうか。

ドイツは、一九二九年の世界大恐慌以来、ふたたび、未曾有の経済危機に巻き込まれた。そこで、一九三〇年三月に、カトリック中央党指導者のブリューニングが首相の座についたのち（ドイツ社会民主党は、一九二五年までにその権力を失墜したが、カトリック中央党は、ヒトラー政権が登場するまでは、つねに政権党の一翼をになっていた）は、「議会」に基礎をおく統治ではなく、「大統領の信任」のもとに統治する「大統領内閣」に変わった。そのあとを継いだ三二年に成立したパーペン内閣、シュライヒァー内閣は「大統領内閣」であった。

しかし、ドイツは、いまや、経済的混乱が頂点に達し、もはや大資本家層による保守支配は危機的状況に陥っていた。そこで、かつては、ヒトラーの政敵であった元首相のパーペン（カトリック中央党）は、極右政党で大資本家層の支持する国家人民党のフーゲンベルク党首とヒトラーとの三者会談を設定し、三三年一月、ヒンデンブルクにたいして、シュライヒァー退陣後は、国民社会主義ドイツ労働者党、国家人民党、カトリック中央党の三党からなる「挙国内閣」を組織し、ヒトラーを首相に任命するように、大統領に進言し、その要請が受け入れられた。ドイツ保守大資本家層は、ここまで追いつめられていたのである。

ヒトラー独裁政権の確立

そこから、「ヒトラー独裁」の確立までは、一瀉千里《いっしゃせんり》であった。すなわち、ヒトラーは、組閣するや否や、ただちに「議会の解散」（二月五日）、「総選挙の施行」（三月五日）を決定した。そして、議会の解散から総選挙の施行までの約一ヵ月間、いまや合法的権力を握ったヒトラー政府は、総選挙を有利に勝ち抜き、ナチスの絶対的優位を確立するために、第四八条の非常大権＝緊急命令権を最高度に利用し（二月四日、大統領命令による集会・デモ・印刷等の規制、二月二八日、「共産党」弾圧のための

「人身の自由」、「言論・出版・集会結社の自由」などの基本権の停止など)、ヒトラー政権の基盤を固める作業をおこなった。

選挙の結果は、ナチ党の圧勝(二八八名)で、社会民主党は一二〇名、共産党(共産党はナチ党の暴力的選挙干渉があったにもかかわらず大健闘した)は八一名、中央党は七三名、国家人民党は五一名であった。しかし、これでは、ナチ党の絶対的独裁体制を樹立するにはまだまだ不十分であった。そこで、今度は、ヒトラーは、三月二四日に、「国民と国家の困難排除のための法律」という「授権法」(緊急なる危機回避のために、議会の同意のもとに、一時期、立法権を政府に授権する、という法律。ドイツの政治は、緊急事態には大統領の非常大権を用いて処理したが、「授権法」のばあいには、議会の同意をえた権限であるから、第四八条よりも強大であった。この「授権法」は、大戦直後の大混乱期に、何回か用いられたが、危険であるので、多用されなかった。なお、この法律の制定には、三分の二の多数決が必要なので、ヒトラーは、あらかじめドイツ共産党議員八一名を、共産党員が国会議事堂を放火したという理由で追放している。ちなみに、放火は、ナチ党の御家芸であった(マイヤー著、田中浩・金井和子訳『彼らは自由だと思っていた』〔一九八三年、未來社〕のなかで、ナチ党が放火を理由にユダヤ人を弾圧していったさまがみごとに画かれている)」を制定させ、これには、社会民主党はもとより、カトリック中央党の大半が反対したが、ヒトラーは、議場を封鎖し、親衛隊におどしをかけさせて、暴力的に認めさせた。これにより全権をヒトラーが掌握し、全ドイツはヒトラーの一元的支配下におかれることとなった。

すなわちヒトラーは、「授権法」にもとづいて、「均制法」(三月三一日)、「ライヒ代官法」(四月七日~二五日、五月六日改正)を制定し、従来の「連邦制」から「中央集権制」への移行を断行し、ここに、ヒトラー政権による独裁制が、一挙に確立された。ちなみに、この「ライヒ代官法」の起草に当たった「四人委員会」のメンバーのなかに、パーペン、フリック、ポピッツと並んでシュミットの名前がみいだされるのに注意すべきであろう（シュミットは、五月一日にナチ党に入党している）。

その後、七月一四日には、「政党禁止法」が制定され、ナチ党だけが、ドイツに存在する唯一の政党となった。また一二月一日の「政党国家統一法」では、ナチ党が、ドイツの「国家観念」の担い手である、と定められた。そして、翌三四年八月一日の「元首法」（現在の大統領（ヒンデンブルク）職は、ライヒ首相（ヒトラー）職と統一される、としたもの。そして、八月二日、ヒンデンブルクの死と同時に、ヒトラーは「総統」となる。現職の大統領が瀕死の床にあるときに、よくもまあ、このような非情・破廉恥な法律を制定できたものである）によって、ヒトラーは、名実ともに、ドイツ「第三帝国」の頂点に立ち、ここに、かれらのいわゆる「国民革命」——実際は国民を奴隷状態に陥れたものだが——が、なんと政権獲得からわずか一年七ヵ月でひとまず完成したのである。

『国家・運動・民族（国民）』、ヴァイマル憲法の死亡宣告

こうした一連の政治過程のなかで、変わり身の速さでは天下一品のシュミットは、『国家・運動・民族（国民）』（一九三三年）をすばやく書きあげ、ヒトラーへの忠誠心を披瀝した。

シュミットによれば、今回の「授権法」は、新しいドイツ国家の「暫定憲法」とみなされるべきものであり、本法律は「旧国家」（ヴァイマル共和国）から「新国家」（ヒトラー体制）への架橋物たる性質をもち、しかもこんにちのドイツの「（国民）革命」は、旧憲法たるヴァイマル憲法にもとづいてなされたものであるから、「合法的」であり、かつ「正当」であったと、これが、真の法律家の言葉であろうかと疑われても仕方ないような態度で、「いけしゃあしゃあ」と述べているのである。

しかし、三三年一月三〇日に、ドイツ保守支配層が、ヒトラーのナチ党と吻合《ふんごう》したのであるから、保守支配層のイデオローグであるシュミットが、三月二四日の「授権法」を賛美し容認したのは、当然といえば当然といえよう。

シュミットからなにを学ぶか

以上が、シュミットの法・政治思想の全内容である。私が一九六九年（昭和四四）から七〇年（昭和四五）ごろ、学生諸君が提起した「戦後民主主義とはなんだったのか」という問いかけを受けて、シュミット研究をはじめたことは、前述した。

では、われわれは、シュミットからなにを学ぶか。シュミットが、非民主主義的な保守・反動主義の立場からとはいえ、議会制民主政治のもつ欺瞞性の一面性――しばしば「資本の論理」（ラスキ）を擁護する――を暴露した手法は、まことに鮮やかである。議会制民主主義は、現代国家成立後の政治制度としては最善とはいわないまでも、少なくとも次善のシステムであろう。しかし、現実の議会政治には、しばしば汚職その他の堕落や腐敗がつきものである。二一世紀の現代においても、シュミットが好んで読まれるのは、シュミット政治学における現実政治批判の小気味よい手法のゆえにであろう。

しかし、これまで、やや長過ぎるぐらい、シュミット政治論の形成・変容のプロセスについて話してきたように、かれの政治論は、まぎれもなく、人権・自由・民主主義に反対する全体主義構築を目的としてきた、ということである。

われわれは、ヴァイマル憲法のような、きわめて民主的な憲法――人権保障の部分は別として統治制度の部分には、独裁制を容認するような危険な条文があった――をもつ国家においてさえ、その国民に人権・自由や民主主義的思想原理が広く定着していなければ、ある思想家の巧みな誘導によって、容易に独裁国家やファシズム国家に転化させられることを学んだ、とすれば、われわれが、シュミットから学ぶことは、あくまでも、「反面教師」としてのそれであろう。

反省心のないシュミット

ところで、こんにちでも、シュミット同情論、擁護論が根深くある。私は、シュミットを研究することは、まったく否定しない。それは、ファシズム・ナチズム研究のためには、ムッソリーニやヒトラーを研究する必要があるのと同じだからである。しかし、政治指導者としての結果責任を負うべきムッソリーニやヒトラーを擁護することは、許されないのと同じようにシュミットの政治論を無批判的に受け入れることはできないであろう。

シュミット擁護論の一つとしては、かれは、その最初からナチズムの徒ではなかった、という弁がある。しばしば、指摘してきたように、もともと、かれは、ドイツ保守支配層のイデオローグであったのだから、かれが、その最初から、中産階級以下の民衆を主たる担い手としたナチ党の擁護者であろうはずがない。しかし、三三年段階では、シュミットは、ヒトラーの膝下に馳せ参じた（その理由については前述した）。これが問題なのである。

もう一つの同情論は、シュミットは、ナチ政権成立当初には党の最高法律顧問として遇されたが、それから数年後の一九三七年の「ホッブズとデカルトの機械論的唯物論について」という論文が、ナチスの主たるテーマである「民族の概念」が欠落しているという理由で、ゲシュタポ（ナチの秘密警察）の機関紙で批判され、公的な政治活動から身をひかざるをえなくなった、というものである。シュミットは、もともとは、保守支配層のイデオローグであり、その意味では、ナショナリストではあったが、ナチ党のようなきわめてファナティックなナショナリズムには、ついていけなかったであろう。したがって、シュミットの悲運は「身からでたさび」といわざるをえない。ついでながらいうと、シュミットは、『ホッブズの「リヴァイアサン」』（一九三八）という本を書いているので、イギリス思想のよりよい理解者であるように思われているが、またかれ自身、ホッブズの後継者・「生まれ変り」を自任している（ホッブズは一五八八年、シュミットは一八八八年生まれ）ようなところがあるが、かれの思想は、ホッブズとは似ても似つかないものである。かれは、ホッブズの国家論は「人民の保護にある、自分もそうだ」、といっているがこれだけであれば、ヒトラーでも口にするであろう。先ほどの本のなかで、シュミットは、ホッブズ政治思想の「つまづきの石」は、「良心の自由」つまり「宗教の自由」を認め、そのために国家権力の統一性において乱れが生じたと断じているが、この点こそが問題であろう。「良心の自由」・「宗教の自由」を認めることこそ近代民主主義の要石《かなめいし》であり、またそれこそがホッブズ国家論の中心命題であったのだから。結論的にいえば、シュミットは、英米仏流の西欧デモクラシーの本質をほとんど理解していなかった、いや理解しようとしなかった、といわざるをえない。

そのことは、戦後のかれの著作にも如実にあらわれている。たとえば、一九六三年にシュミットは『パルチザンの理論』という本をだし、これは、ベトナム戦争を素材にしていた点で、日本でも一時期騒がれたが、読んでみると、ベトナム戦争は、自分が一九二七年に書いた『政治的なものの概念』のなかで述べた「敵・味方関係」の現代版であり、米・ソ両大国のいずれかが相手を殲滅するまで闘う「世界最終戦争」である、と述べているのである。かれ八五歳の作品であるが、ホッブズが、その八〇歳代に書いた『ビヒモス』や『哲学者と法学徒との対話』とは、なんという違いであろうか。そこには、戦前の自己の理論についての反省の弁はまったくみられず――なにごとも忘れず、なにごとも学ばず――、児戯にも等しい「敵・味方論」の正当性を「後生大事」に抱きかかえている落魄の老論客の憐れな姿があるのみである。

以上、私は、ややきびしいとも思われるシュミット批判をしてきた。しかし、くり返しいうが、「敵将」から学ぶことは大事である。シュミットは、われわれに「政治の世界」をみるさいには、つねに「正常と異常」の二側面からアプローチする必要性のあること、また「権力のもつ魔性」の危険性についても教えてくれているからである。そして、もっとも重要なことは、「自由・平等・平和」という長い長い伝統をもつ民主主義の思想原理を研究し把握していなければ、シュミットのような思想は正しくは分析できず、そればかりか自分自身が、ファシズムの「落し穴」に転落する危険性のあることを、シュミットはわれわれに教えてくれているのである。

四、如是閑研究について

ホッブズ研究のメリット

これまで私は、ホッブズとシュミットにかんする、私の研究の問題意識や研究のプロセス、またその問題点について述べてきた。

このイギリス、ドイツの二大政治思想家に、もう一つ、近代日本の最高の思想家長谷川如是閑を加えることができたのは、私のその後の思想史研究にとって、きわめて有益なことであった。

人間が一生のうちにできる仕事は、きわめて限られている。この点でいえば、大学卒業の一九五二年（昭和二七）から、八九年（平成一）に如是閑の著書（『長谷川如是閑研究序説――社会派ジャーナリストの誕生』、未來社）を発表するまでの約三七年間に、ホッブズ、シュミット、如是閑という絶好の研究対象をもつことができたのは、偶然・必然の契機がからまっていたとはいえ、まことに幸運なことであったといわざるをえないであろう。もし、この研究対象が一つでも別の思想家であったら、どうなっていたか。私には、わからない。

では、このホッブズ、シュミット、如是閑という三本柱を研究したメリット、恩恵はどのようなものであったか。

まず、ホッブズについて。ホッブズは、世界の思想家たちのランクでいえば、最上級に位置する大思想家である。ホッブズは、ギリシア・ローマの古典古代の思想から中世の政治思想にいたる壮大な思想潮流を近代で受けとめ、それをホッブズ以後のロック、スピノザ、ルソー、ペイン、ベンサム、ミルたちの近代世界の大思想家たちへと伝えた。ホッブズは、一七世紀中葉の「ピューリタン革命」期に、主著『リヴァイアサン』(一六五一)を書き、近代国家論・近代市民社会論・近代民主主義思想の原型を提示した。この意味で、ホッブズの思想は、ギリシア時代から二一世紀の民主主義の問題を考えるさいの基本中の基本である、といえよう。『リヴァイアサン』が、社会科学の「古典中の古典」といわれるのは、このゆえにである。

私が、ホッブズ研究をはじめて四十数年後に近代全体(一七世紀から二一世紀初頭まで)の政治思想——社会主義・共産主義思想もふくめて——を、歴史的・体系的・比較的な視点から考究しえるようになったのは、ホッブズという思想的源泉をじっくり時間をかけて研究していたからだと思っている。

東西比較研究のすすめ、第一級の思想家にぶつかれ

昔、岡義武先生が、政治学や政治思想を研究するためには、まずはヨーロッパつまり西洋からはじめるのがベターであるといわれたのを思いだす。当時先生は、西欧と日本の両方を研究されていたいわば宮本武蔵流の「二刀流の達人」であったから、この忠言は、とくに説得力があった。

次に、これにもう一つ付け加えさせていただけるならば、思想史研究においては、研究対象とする思想家は、できるだけ「第一級の」思想家の胸を借りよ、いやそれにぶつかっていけ、ということである。昔、旧制高校の寮の「便所」の大便（当時、グロス（ドイツ語で「大きい」を意味した）に行くというのは、大のことであった」の便器のまえの壁に、「大きく揺れよ」と書いてあったが、その心は、振り子の振りが小さいと、振れ方が小さい、つまり大きな眼で世の中をみることができない、小さく固まるな、という趣意であった、と理解している。

よく若い研究者たちの研究態度をみると、ジャーナリズムなどで問題になっている現代流行の思想に飛びついている人がいるが、流行に敏感であることは、それ自体重要なことだと思うが、余りよい方法とはいえない。なぜなら、現代からいきなりはじめると、思想史研究にとって、重要な思想から重要な思想へと発展していく歴史的継承関係をみ落とす、あるいはみないという欠陥がある。すぐれた現代思想家のすべては、歴史的な思想史研究を十分に踏まえたうえで、かれの思想を展開している。現代思想家の思想内容をたんに理解し説明する――それはそれで済むかもしれないが――ような研究方法では、将来への研究の発展性がないし研究のひろがりももつことができないのである。

ドイツの職人たちが、一人前の親方に認められるための「卒業製作品《マスター・ピース》」を作るのには最低八年くらい要した、といわれるが、それを読めばその人の能力が一発でわかるといわれる「処女論文」の作成には、十分な時間をかけ、基礎的・原理的なテーマを精査し、論文作成のために悪戦苦闘すべきであろう。

ともかく、私は、近代思想の創始者であるホッブズから研究をはじめたことによって、さほど苦労することなく、研究領域の幅を次々に広げていくことが可能となった。すなわち、私は、ホッブズを通じて、思想史研究における「歴史」研究の重要性、同時代および先行時代や後代における思想家たちとホッブズ思想との比較研究の方法、とくに近代から現代にいたる、民主主義、自由主義、社会主義などの相関関係についての分析方法などを学ぶことができたのである。

シュミット研究のメリット

では、次に、シュミット研究は、私の研究にとって、どのようなメリットを与えたか、について述べよう。

一つは、シュミットは「危機の二〇年」時代の思想家であったから、その研究を通じて私は、それまで未知の世界であった、一九世紀末から二〇世紀前半の時代に足を踏み入れることになった。そして、このことによって、一七・一八世紀の市民革命から、一九世紀、二〇世紀前半までの約三〇〇年間の世界史がつながり、近代全体を展望することが可能になった。

次に、シュミットは、「全体主義」、「ファシズム」の時代の思想家であるから、「全体主義」、「民主主義」、「社会主義」、「共産主義」との思想的相関関係についての目配りができるようになった。

三つ目としては、ヨーロッパ思想のなかでのイギリス思想とドイツ思想という、二大対極思想を学んだことは、近代思想、近代民主主義思想をよりダイナミックに、かつ統一的に把握する方法を学ぶことができた。

四つ目としては、次の「如是閑研究」とその後の「日本研究」にさいして、あらかじめイギリスとドイツの思想をあるていど勉強していたことは、つまり近代思想の二つの座標軸を知っていたことは、日本の近代思想にアプローチするさいに――如是閑は、戦前日本の近代思想は、「イギリス思想とドイツ思想の格闘の歴史」、つまり、「ドイツ思想がイギリス思想を駆逐していった歴史」である、と正しく捉えていた――、きわめて有効であったように思える。

如是閑研究へ取り組む

では、いよいよ、如是閑研究をめぐる問題について述べることにしよう。私が、なぜ、如是閑研究に踏み込むようになったかは、すでに簡単に述べた。そこで、ここでは、如是閑研究の面白さと苦労について述べることにする。

私が、如是閑を研究しはじめた頃は、「大学闘争」の中盤から終盤期に当たり、「筑波移転反対闘争」――これについては、機会があれば、その全行程について書きたいと思っている――もほぼ「移転」が決定し、敗戦処理――私にとっては八月一五日に続く二度目の敗戦――の時期に入り、私自身も、一〇年間の学問研究の空白期間を埋めるべきことを真剣に考えはじめていた重大な時期であった。

その後、東京教育大学が消滅〔一九七八年（昭和五三）〕。日本の大学の歴史のなかで、政治闘争に巻き込まれて、わずか二八年間で消滅した大学は、あとにもさきにも、「東京教育大学」ただ一校のみであろう。そして、この大学が、かくも悲惨な落城を迎えたのは、一つは、歴史的には、戦前政治権力に擦り寄ってきたこと、一つには、大学教授陣のなかでの人事権力闘争をめぐる分裂があったことも、その重要な一因である。この点、昭和初年に、廃学の危機に陥った東京商科大学（現一橋大学）が、文部省や政府の圧力をはね返して、自主性を保ったのは、全学が一致して闘ったためと思われる。

静岡大学時代〔一九七七年（昭和五二）四月から一九八三年（昭和五八）三月の六年間〕はわずか六年間と短かったが、それだけに、とくに印象深い楽しい時代で、ゼミ生との交遊は、途切れることなく、こんにちまで二年周期くらいで、ゼミＯＢ会を開いている。一橋大学時代〔一九八三年（昭和五八）四月から一九九〇年（平成二）三月」。この時代は、東京教育大学以来、中断していた大学院生との研究を再開し、また、この大学は、日本で最高・最良の「ゼミ制度」の伝統をもっていたので、ゼミは活気に満ち、こんにちでも、一年か二年に一回、OB会を開いている。ともかく、東京教育大学、中央大学、静岡大学、一橋大学の五〇〇名近い学生諸君との交遊についても、ひとりひとりに思い出があり、機会があれば、まとめてみたいと思っている。また一橋退官後、七年間お世話になった大東文化大学、さらには立命館大学客員教授の時代、現在の聖学院大学総合研究所大学院客員教授時代〔この時期のゼミの学生諸君、大学院生たち、についても語る機会があろう。なぜなら、私の研究がこんにちあるのは、これらの学生諸君の切磋琢磨と私の苦難時代（といっても、学問研究の志があれば、大したことではなかったが）を支えてくれたのもかれらであったからである〕と続く約一五年間は、主として、長谷川如是閑を中心に、明治維新から敗戦に至るまでの戦前日本の近代思想約八〇年間の思想史研究に取り組んだ。

カナダ研究

ところで、如是閑研究を語るまえにもう一つ、忘れてならないのは「カナダ研究」である。われわれ戦中派世代は、戦後民主改革にその全力を注ぎ、ほとんど海外にでる暇も機会もなかった。私自身も「筑波闘争」最終期に、ようやく、それもたった二ヵ月間「短期留学」金を支給され——当時は、政府の留学資金の支給はきわめて少なく「長期留学」などは五年に一度ぐらいしか各学部に廻ってこなかった——イギリス、ドイツ、フランスなどのヨーロッパの大学に出かけることがせいぜいであった。一ドル三六〇円の時代であった。

そこで、静岡大学に移り、「筑波闘争」の桎梏から解放されるや否や、「つきもの」が落ちたかのように、主として全ヨーロッパ、北米大陸（カナダ、アメリカ）、オーストラリア〔ここには、私がカナダ留学中に知り合い、その後一橋大学で客員教授として一年半くらいひきうけたバングラディッシュ出身のジャベット君がブリスベンのグリフィース大学で教授をしていたので、さまざまなオーストラリアの大学教授と交流することができた〕アジア（韓国、中国、香港、台湾、シンガポール、ヴェトナム）など（もちろんほとんど私費で二十数回）出かけていった。そして、第一目的地は、カナダに定めた。

なぜ「カナダだったのか」。それは、この国が、アメリカの隣に位置しながらも、アメリカべったりではなく、いわば覇権国（最近は「帝国」と呼んでいるようだが）を目ざすことなく、北欧やベネルクス諸国のような「中型国家」のスタンスを保持している民主主義国家のように思われたからである。もっとも、カナダに入るまえには、ロスアンゼルス、サンフランシスコ〔ここでは、当時バークレー校に客員教授として滞在されていた升味さんや院生の井尻秀憲さん（現東京外国語大学教授）の世話になった〕、ニューヨーク〔ここでは、プラザホテルに梅垣理郎《みちお》さん（現慶応大学教授）が訪ねてくださった〕、ワシントン〔ここでは、当時留学中の市川太一さん（広島修道大学教授）に世話になった〕、シカゴなどに立ち寄り、「アメリカ民主主義」の実体を体感するように心掛けた。このときに、私を「アメリカ嫌い」と勝手に「誤解」していたらしい高畠通敏さんが、「田中先生もついにアメリカに行かれますか」といわれたときには驚きもしたし、またおかしくもあった（そういえば、私の少しまえに「反米思想」の筆頭と目されていた田口富久治さんがアメリカ入国を許されたというので話題となった）。私は、イギリス思想を研究してきたのだから、アメリカ民主主義の強さと弱さは、ペイン、トクヴィル、ビヤードなどを通じて、ある程度は知っていたつもりであったが、日本ではまだ、この時期（一九七〇年代はじめ）においても、「アメリカかソ連・中国か」という戦後の「冷戦思考」が根深く影を落としていたのである。

ともかく、この一五年間におけるほとんど毎年のように出かけた外国旅行の経験についても、いずれ、「ヨーロッパ、社会民主主義、福祉国家、ＥＵ」や「アジアとヨーロッパ」、「日本人論」などとの観点から機会があれば、まとめたいと思っている。いたるところで過ごした楽しい経験や思い出が、山のようにあるが、いまはそれを書く暇がない。

さて、カナダでは、当時、オタワのカールトン大学のドクター・コースに在学していた、加藤普章《ひろあき》君（慶応大学法学部卒、大東文化大学教授）に大変世話になった。私は、都合四回、とくに、カナダの政治制度と福祉国家の現状について調査に行ったが、加藤君なしにはこのような研究はできなかったであろう。オタワは、政治的には、カナダの首都であり、また地理的には英語圏とフランス語圏の接点に位置していたから人びとは皆バイリンガルであった。おとぎの国の箱庭のように美しい都市で、三〇分もあれば、ダウン・タウンを一周できた。アパートメントは「アルゴンキン」といい、ダウン・タウンの真中にあった。水量の豊富なカナダは光熱と水道と市内電話はタダであった。日本円で十二万円ほどで、ひとりでは広すぎるくらいの部屋数があった。ひるどきには、政府の大きなビルの地下のレストランに行き、相席になったカナダ人たちと片言の会話を楽しんだ。

マクファースン教授との出会い

カナダに行ってよかったことは、カナダ政治学会の三人の会長とお付合いできたことである。一人は、日本でも有名なC・B・マクファースン教授（トロント大学、政治学）。教授とは、カナダ留学の数年前に、日本でお会いしていた。田口富久治さんと芝田進午《しんご》さん（法政大学・広島大学名誉教授、社会学、故人）が日本に招聘され、そのとき、東京の受け入れ方を頼まれた。研究会としては、国際文化会館（アイ・ハウス）で、三〇人規模の研究会を組織し、そのほかは、箱根、国立劇場などを御案内した。夫人は、平和運動とジェンダー運動の闘士だそうで、日本の男性の封建性についてとくに興味をもたれ、私はどうもその標的になっていたらしい。小田急ハイランドのディナーが終わったとき、私は、家内に清算を頼んだ。これをみて夫人は、日本では、奥さんが家計を管理していることを知って、日本男性にたいする認識を改められたそうだ。これは、同行していただいた中島和子《よりこ》教授〔桜美林大学名誉教授、キューバのカストロ首相と差しで話をしたという黒人問題研究の日本の第一人者、土井たか子さんと同じ同志社大学の田畑忍（憲法）教授門下〕からあとでうかがった。当時、マクファースン先生は七七歳で、鶴のように端正なお顔とスタイルであったが、ずいぶんと、あちこち引っ張り回し、さぞやお疲れになったことと反省している。

その数年後、トロントに行ったときには、先生みずから車を運転されて夫妻共々宿泊先のヨーク・ホテルまできてくださってトロント大学を案内していただき、そのとき、いまはマクファースン教授のあとを継いで同大学の教授をしているドネリー君も一緒であった。大学教授というのは、どこの国でも、貧乏のようで、先生のお宅もこじんまりしたものだった。このとき、先生から御自身が編集された『リヴァイアサン』のペーパー・バックスをいただいた（十万部ほどでたそうで、欧米においてホッブズがいかに人気が高いかがうかがいしれよう）。

近所の素晴らしいレストランで、ディナーをご馳走になったときの話。私は「日本では、先生の『社会民主主義は生き残れるか』(田口富久治訳、岩波新書)という本は、硬直したマルクス主義理論の批判書として受けとられていますが」と質問したところ――そして、それが田口さんたちがマクファーソン教授をお呼びした理由の一つ――、先生はびっくりされて、「それは、まったく知らなかった。私は、あの本によって、現代のアメリカ民主主義を批判しようとしたのです」とおっしゃった。思想や理論の受容は、かくもむずかしいものかと思い、ラスキ晩年のお弟子さんであるマクファーソン教授の民主主義思想の強靭さに感じ入った。

マクレー教授との出会い

私は、オタワでは、加藤君の指導教授である、カールトン大学のマクレー教授が受け入れた客員教授として、如是閑の政治思想などを研究会で発表したりした。私は長らく忘れていたが、昔、大学卒業直後に読んだジャン・ボダンの『国家論六巻』の訳者(英語訳)が、マクレーさんであったことを思いだし、その話をすると、大変おどろかれ(なぜそんなこと知っているのか)かつ喜ばれ、急に打ち解け親しくなった。この翻訳は、マクレーさんが大学でたての頃の仕事で、ひとしお思い出深いものであったらしい。現在は、マクレーさんは、多言語国家における民主主義の問題(さしずめいまはやりのグローバリゼーション研究のはしりか)にかんする世界的権威であり、多数の著書をだされている。マクファースンさんのあとを継いで、カナダ政治学会の会長をつとめたことがあり、その学殖と声望はとみに高く、週末の私のマンションで開くパーティーに、マクレー教授が出席するということが伝わると、カールトン大学の学部長以下多数の教授が参加された。マクファーソンさん同様に長身痩軀、端正な顔立ちであった。このパーティーでは、加藤夫人や当時外務省の研修生としてオタワにきていた海部（小島）優子さん〔のち北米一課、小和田雅子さん（現皇太子妃）の上司。海部首相夫人にみ込まれて、海部さんの長男の夫人となった〕が大活躍してくれた。

一九九〇年代中ごろに、私が大東文化大学法学部の「国際比較政治研究所」の所長をしていたころ、私が招聘代表者、加藤君が世話役でマクレー先生御夫妻を日本にお呼びし、数回の研究会と箱根その他の観光地を御案内した。

ジョン・セイベル教授との出会い

加藤君が慶応の大学院修士時代に可愛がってもらっていた先生に、トロントのヨーク大学教授のセイベルさんがいた。この方は、マクファースンさん、マクレーさんとは風貌が異なり、アメリカの男優ニコラス・ケイジに似たエネルギッシュな顔をしていた。マクファースンさんが私より十歳くらい年上、マクレーさんがほぼ同年輩とすれば、セイベルさんは五、六歳くらい若かったのではないか。かれも「カナダ政治学会」の会長をつとめ、加藤君によると「カナダ政治学会」の田中角栄ということだった。四回結婚し、奥さんは二〇歳くらい年下の超美人でさすがのセイベルさんも頭があがらないようにみえた。セイベルさんは政府筋に影響力があり、セイベルさんのおかげで、われわれは、一九八九年（平成一）「日加研究首相賞」〔「先進国工業社会の比較研究」、代表田中浩、研究協力者、ジョン・セイベル、佐藤定幸（一橋大学名誉教授）、尾高煌之助《こうのすけ》（一橋大学名誉教授、法政大学教授）、梶田孝道（一橋大学教授、故人）、加藤普章〕を受賞して、日本ではまだ遅れていたカナダ研究に「先鞭」をつけることができた。また翌九〇年（平成二）には、「カナダ首相出版賞」を受賞し、加藤君と共訳で、ピエール・トルドー（カナダ首相、自由党党首）著『連邦主義の思想と構造』（御茶の水書房）を出版した。

なお、オタワには、英語系のカールトン大学のほかに、もう一つアラワ（オタワ）大学というフランス系の大学があった。ここの大学の若い政治学者にフランスの俳優ジャン・マレー似のガブリエル教授がいて、かれとは、日本における「国際政治学会」の「ラウンド・テーブル」のさいに知り合った。パーティーのさいの私の家内の着物姿をみて「ビューティフル」、「エクサイティング」と珍しがり――高畠幹事長は、われわれ設営委員にたいして同伴夫人はできるだけ和服にして欲しいと要請したので、真面目に対応したら、ほとんど着物姿の夫人はいなかった――、日本の実際の家庭をみたいというので、わが家で接待し、それ以後交流が続いた。かれの夫人は、トルドーのあとを継いだマローニ（保守党）首相の第一秘書で、なかなか有能なイギリス人であり、彼女の発音はとてもよくわかった。ガブリーさん（わが家では、愛称ガブちゃんであった）の英語は、フランスなまりが入っていて、聞きづらかったので、いつも夫人に通訳（英語）をお願いしたが、そのときガブちゃんの顔は悲しそうであった。

カナダ遊学時の友人たち

ともかく、カナダ遊学は、私の研究領域を広げまた多くの新しい友人をえた。カナダ時代には、マツギル大学院生時代の岩崎美紀子さん（津田塾大学卒、マツギル大学、帰国後、一時期私のもとで特別研究生となった、筑波大学教授）や末内啓子さん（津田塾大学卒、カールトン大学、明治学院大学教授）、カナダ日本大使館の吉田憲正さん（桜美林大学教授）、同竹本修さん（桜美林大学教授）と知り合った。吉田さん、竹本さんとは、のちに加藤君とともにカナダ政治学講座翻訳シリーズ四巻を御茶の水書房から発刊した。

またカナダに行くときには、たいていはアメリカに立ち寄っていったが、サンフランシスコのバークレー校を訪問したときには、一回目は、ちょうど升味準之輔さんが滞在されていたので、日中は、スカラピーノ教授やジョン・ベラー教授などの研究室に連れていっていただき、夜は、一週間、ほとんど「トリンケン」をした（今、テレビで活躍中の升味女性弁護士は、早稲田で私の政治学の講義を聞いていたらしく、採点のときに気づきオヤジさんに電話したら「ハハハ、なかなか面白いそうですね」とからかわれた。ちょうど司法試験の短答式の結果発表直前で、さすがの「升味楽天パパ」も自分の受験よりもこわいと心そぞろの様子であった）。このとき、日本研究（『通産省』）で有名なチャモール・ジョンソン教授のもとで勉強していた院生の井尻秀憲《ひでのり》さん（筑波大学から東京外国語大学教授）が、運転手役をしてくれ、升味さんと一緒にスタンフォード大学の日本研究所を訪問したが、そこには、図書館員に益子《ましこ》さん（津田塾大学卒）がおられ、そこの図書室に私の編集した『日本の国家思想』（上・下）や『近代日本におけるジャーナリズムの政治的機能』などが収納されていたのをみて驚いた（この点はトロント大学でも同じ）。また二回目には、井尻君の紹介で当時院生であったバーシャイ君が長谷川如是閑のことで、私の宿泊先のバークレー唯一の高級？ホテル、「デュラント・ホテル」（ここのホテルのフロントのベル・キャプテンは「ふざけた奴」で私の家内に、「貴女は女優さんか」と質問して、家内を喜ばせていた）に訪ねてきた。その二年後、バーシャイ君（かれの夫人は日本人女性）が東京にきて、我が家に見えたときは、もっているだけの如是閑の資料やコピーを差しあげた。その後かれは、『南原繁と長谷川如是閑』を書いて、いまや、バークレーの教授になっているが、嬉しいことである。

以上、話がだいぶ横道にそれたが、要するに静岡大学・一橋大学時代の約一五年間は、主として日本近代思想研究に集中したといってよく、カナダ研究は、私の海外進出の手がかりを与える重要な契機となった。

というわけで、ホッブズとシュミットの研究は、一時期「中断」という形をとったが、とはいっても、ホッブズ、シュミットにかんする注文原稿の依頼があれば、少しでも研究を進める努力はした。しかし、研究の中心は、如是閑と日本近代思想の研究であった。そこで、まず如是閑研究の方法と視角について述べることにしよう。

戦後日本の政治・思想研究の二潮流

私が、日本政治学会の一九七五年『年報政治学』のテーマ、「日本における西欧政治思想の受容」に関連して、長谷川如是閑をとりあげることになった事情について述べるまえに、そもそも西欧政治思想の研究者である私がなぜ日本思想にかかわるようになったか、そのさいどういう問題意識で日本研究に接近しようとしていたかについて述べておこう。

戦後の日本政治思想研究の潮流は、日本の近代化・日本の民主化という課題のもとに、一つは、日本の封建主義・絶対主義・軍国主義思想を分析するために、日本の天皇制思想や制度が考究された。もう一つは、前者の思想に対抗する反体制思想、とくに「社会主義」（共産主義）の思想と運動にかんする研究などが盛んであった。そして、こうした研究自体は、戦後民主主義の確立のために絶対に必要であったし、また、それらにかんする、すぐれた研究が戦後、急速に蓄積されていた。

しかし、私のように「近代西欧デモクラシーの歴史」と、二〇世紀における「西欧デモクラシーへのファシズムの挑戦」という思想的諸問題を研究してきた者にとっては、「反絶対主義」、「反資本主義」という形でだけ思想史を分析していてよいのか、という疑問がつねにつきまとっていた。

とくにこのような方法による日本思想の分析においては、近代市民革命の原点であった「リベラリズム」の問題がすっぽりと抜け落ちているように思われた。事実、日本においては、「リベラリズム」の問題は、明治以来、絶対主義国家の側からは「敵対」思想として、社会主義の側からは「リベラリズム」は、しょせん反動勢力とは勇敢に戦わない「軟弱」な思想として研究の対象外におかれてきた。

リベラリズムの歴史的位相

たしかに歴史的には、「リベラリズム」は、新興市民階級のイデオロギーとして、一九世紀後半以降には、資本家階級のイデオロギーとして機能した側面もあったから、「リベラリズム」が、反動勢力と社会主義勢力の「敵対思想」として捉えられたことは無理もない。

しかし、近・現代思想の長いスパンで通観すると、「リベラリズム」をそのような「イデオロギー」として簡単に切り捨てるのには問題があるように思われる。なぜなら、そもそも、「リベラリズム」は、たんにブルジョアジーの思想というだけではなく、社会主義でも共有できる自由・平等・平和を志向する柔軟かつ普遍的な思想内容を包含している、と思われるからである。

世界史的な「リベラリズム」の位置をみると、たとえば、シュミットは、リベラリズムやデモクラシーは、社会主義や共産主義の思想や行動を擁護する危険思想として捉えており、日本でもリベラリスト河合栄治郎は容共主義者として弾圧されている。他方、一九三六年のコミンテルン大会において、ディミトロフは、「リベラル・デモクラット」と社会主義者・共産主義者による「反ファッショ統一戦線」の結成を提起している。こうみると英米型西欧デモクラシーとしてのリベラリズム——日本型リベラリストの大半は、戦争協力者になり、戦後には一部、反社会主義者・反共産主義者の役割を果たしているが、これらと西欧型デモクラシーとを無批判的に混同してはならない——は、基本的には、反権力主義、反国家主義、反軍国主義、反ファシズムの思想として機能してきたことがわかるし、ホッブズ、ロック、ルソー、ベンサム、ミルなどの「リベラリズム」をみれば、それが、人権・自由・平和の思想的根源であることもわかる。

とすれば、近代日本思想史研究において、「リベラリズム」研究は、決して無視されてはならないことがわかるであろう。とくに、如是閑は、一九二〇・三〇年代の世界的「危機の二〇年」の時代、「大正デモクラシーの時代」の真っただなかで、「リベラル・デモクラシー」(自由民主主義)と「ソーシャリズム」(社会主義)を接合した「ソーシャル・デモクラシー」(「社会的」民主主義)を構築し、日本の国家主義、超国家主義、軍国主義、ファシズムに抵抗した思想家であった。私が、「私の日本研究」の出発点に、長谷川如是閑をとりあげた理由は、まさにここにあった。

「リベラリズム」研究のもう一つの理由

ところで、近代西欧思想の専攻者として、近代日本におけるリベラリズムの機能や系譜に興味をもったのには、もう一つ理由があった。それは、「戦後民主主義」という概念をめぐってのことであった。

日本が高度成長期に入ったと同時に、資本主義に固有の矛盾——たとえば、構造汚職、公害、拝金主義、利潤第一主義——が噴出し、学生・青年層から「戦後民主主義は虚妄であった」という批判の声があがった。とはいえ、戦後日本が、いち早く民主主義国家に変身し、政治的安定を確保したことが、日本経済の発展を増進させたことも、まぎれもない事実であった。

この戦後民主主義の「プラスとマイナス」を正確に評価するためには、まずは、戦前日本における民主主義とはなんだったのか、そもそも、戦前日本に民主主義は存在したのかどうか、もし存在したとしたら、その民主主義の性格はどうなのか、などが問題にされるべきであろう。

さらにいえば、戦前に、民主主義やその中心的な思想であった自由主義――リベラリズムは、一七世紀から一九・二〇世紀と進むなかで、ヨーロッパ・デモクラシーにおいては、参政権・社会権へとその内容を豊かにしていったが、他方、独占資本主義国家や日・独・伊などのファシズム国家においては、リベラリズムは、資本家階級のイデオロギーとして用いられた。しかし、二〇世紀末の一九八九年に、米・ソ（父ブッシュ・ゴルバチョフ）両首脳によって、「冷戦終結宣言」が発せられたのちには、自由主義・民主主義・社会主義間の相互理解が急速に接近し、「反独裁」という点で、共同歩調をとるようになってきた――の伝統や系譜的蓄積がまったく存在していなかったならば、敗戦時に、戦前日本のファシズムから、戦後民主主義への転換が、あれほど急速かつ「スムーズ」に達成されることはなかったであろう。

したがって、戦前日本における民主主義の状態を知るには、一九三一年の満州事変（中国では、九・一八事変）の勃発から四五年の敗戦にいたるまでのいわゆる「一五年――本当は一四年か――戦争」期は、日本近代化過程の不幸な一時的断続期――なぜ、断続したかを追求することが、政治・経済学や歴史学、思想史研究のつとめであろう――とみなすべきであって、それ以前の日本では、明治維新以来、その勢力はきわめて微弱・不十分ながらも、自由主義・民主主義の思想的発展が続いていた、と考えてもよいであろう。

　とすると、戦後民主主義の理解のためには、「一五年戦争期」（なぜならこの時期にもわずかながら抵抗思想や抵抗運動はあった）は除き、一九四五年にもっとも近い時期、つまり「大正デモクラシー」をとりあげるのが至当であろう。とくに、この時期は、世界史的にみても、民主主義・社会主義・ファシズムが、壮絶な死闘をくり返していた、二〇世紀前半のもっともダイナミックな時期であったから思想史研究の宝庫といえる。その意味で、私が、「大正デモクラシー期」のオピニオン・リーダーであった長谷川如是閑に出会ったのは、まことにもって幸運な「天の配剤」であった、といわざるをえない。

如是閑研究の思想史的意義

　では、如是閑研究の思想史的意義とはなにか。

　まず、如是閑研究を通じて、わかったことは、近代日本においても、「世界の大思想家たち」と伍していける、つまり「世界の民主主義の思想的レベル」を理解できていた思想家や知識人たち――その数は、きわめて少なかったが――が存在していた、ということであった。なかでも、如是閑は、もっとも正確に、世界民主主義のレベルを把握していた。その意味では、如是閑は、福沢諭吉、田口卯吉、陸羯南ら三人の先人たちと並ぶ、戦前日本における最高の知識人であった、といえよう。しかし、如是閑と三人の先人たちと決定的に異なるのは、如是閑が、イギリスのラスキと同じく、自由主義・民主主義と社会主義・共産主義との思想的相関関係・継承関係を正確に捉えていたことである。

　もし、このような思想的レベルが、「一五年戦争」によって弾圧されることなく、中断させられなかったら、日本の民主主義のレベルは、あるていどは世界に伍して、順調に進展していたかもしれない。

しかし、日本では、明治維新による近代国家への転換後に、明治啓蒙期、自由民権期、明治二〇・三〇年代の藩閥・官僚・軍閥への批判、大正デモクラシー期などの知識人たちの奮闘努力にもかかわらず、ついに、欧米流の自由主義・民主主義の思想・制度が定着することはなかった。ではなぜそうだったのか。われわれが、如是閑の思想を分析することによって知りたいことは、そうした戦前日本の民主主義の思想状況についてであった。

如是閑研究の前史1　社会民主主義研究会

ところで、一九七〇年代に入って、私が如是閑研究に本格的に突っ込むまえにも、日本研究についてのいささかの前歴がないわけではなかった。私も日本人であるから、外国の民主政治の問題を論じるのもよいが、やはり日本の政治について論じる力量をつける方法はないか、と思い悩んだ。「第一次安保闘争」が始まる四、五年まえの昭和三〇年代初頭の頃ではなかったか、と思う。このとき私は本気で日本研究者に転進しようか、とさえ思いつめていたのである。そんなときに増島さんから、岩波の新企画『日本資本主義講座』の一セクションとして渡辺義通《よしみち》さん、塩田庄兵衛さんを中心とする「社会民主主義研究会」があるのでこないかと誘われた。社会民主主義は、イギリスの「お家芸」であり、ヨーロッパと日本の双方を同時に勉強できるかな、と思い、参加させてもらった。

渡辺さんは皆から「義通《ぎつう》さん」「義通《ぎつう》さん」と親しまれ、この人が日本歴史学の左派の総師（この学問系列には、石母田正、松本新八郎、藤間生太さんたちがいた）とは思えないまことに温厚なかっぷくのよい色白の東映系美男剣士市川歌右衛門を思わせる風ぼうであった。いまは取り壊されてしまったが、「代官山アパート」(戦前の文化集宅で、江戸川アパート、最近改装されて表参道名物となった原宿同潤会アパートと同系列)に住んでおられ、碁を打ちに遊びにいくと(目茶苦茶強かった)恋人の三井礼子さん(女性史研究者、三井本家の長女)がよくきておられた。ちなみに当時、歴史学界には、「義通派」と「五郎派」(羽仁五郎)とがあり、「五郎派」には鈴木正四、井上清、遠山茂樹、西海太郎さん(私の旧制佐高時代の恩師、八カ国語に通じ、西洋史の講義でイギリス、フランス、ドイツ、ロシア革命のときには、それぞれの国の言語をガリ版で印刷した資料を渡され、それをべらべらと読み翻訳説明された。戦前ゴチゴチの天皇制教育を受けた軍国少年にとって西海先生の西洋史の授業できいたマックス・ヴェーバーの『プロテスタンティズムの倫理と資本主義の精神』や大塚久雄さんの『近代資本主義の系譜』の講義は、実に新鮮で衝撃的であった。あるとき授業のなかで、「林健太郎君もだめになりましたね」とポツンと話されたのはきわめて印象的であった。なぜなら当時は、林さんは、旧制高校生のあいだでは新進の進歩的歴史学者と思っていたので、林健太郎さんの「反共的行動」——といっても、リベラルな立場での発言・行動だったと思うが——に、東大西洋史同級生の西海先生が苦言を呈されたのではなかったか、と思っている)たちがいた。私は、幸運にも「義通派」と「五郎派」のいずれの先生方とも親しくさせていただいていたが、両派にどういう違いがあるのかはよくはわからなかった。

さて、「社民の会」に参加して気づいたことは、日本では「社民」とは「非共産党」的社会主義諸政党のことである、ということ、そのため、この研究会は、戦前の日本の社会主義政党のプラスとマイナスの研究であることがわかった。私は日本の研究の訓練をしたいと思っていたので、どこからアプローチしようとかまわなかった。

ここには、当時の若手のすぐれた研究者たちが集まっていたので、大変に勉強になった。大将の塩田庄兵衛さん（東京都立大学・立命館大学名誉教授、労働経済学、社会主義研究者）は旧制高知高校の出身者らしく、まことにおおらかで明るいお人柄で、隅谷三喜男先生（東京大学名誉教授、東京女子大学学長、労働経済学、故人）の一番弟子。当時『幸徳秋水の日記と書簡』（未來社）を出版されて注目を浴びていた。増島さんはシベリア抑留帰りで、老成の風格があり、日本社会主義研究の第一人者。大原慧さん（慶応大学卒、東京経済大学教授、若くして死去、国学院大学教員時代、私の親友の浅野君と仲が良かった。日本で有名な新潟の彌彦《やひこ》神社の御曹司、日本社会主義研究）。祖父江昭二さん（陸士、和光大学名誉教授、日本近代文学史、私の旧制佐高時代の白川照二君、浅野君の一橋時代の親友で国立音楽大学で音楽社会学を教えていた田村進君と陸士で同級生であったことがわかり、急速に親しくなった）。神田文人さん（旧制松本高校、東京大学文学部日本史学科卒、横浜市立大学名誉教授、日本近代史の第一人者。一橋大学名誉教授の藤原彰グループ（由井正臣、北島勝次、松尾尊兊、吉田裕、中村平治）、の有力メンバー。かれとはなぜかウマが合い、去年亡くなるまで付合いが続いた）。政治学関係では、倉塚平《たいら》さん（日本社会主義研究、のちヨーロッパ・キリスト教会史研究。少年のように純粋ですぐ口をとんがらせて人とけんか論争するが憎めない人。私が家を建てたとき、大島太郎（東京大学法学部、専修大学教授、若くして死去。国際大学名誉教授の美津子夫人はミス東大）夫妻とともにお祝いにきてくれた）。松沢弘陽さん（丸山眞男門下の俊秀、日本近代政治思想史研究の第一人者。北海道大学・国際基督教大学名誉教授。昭和六〇年代に私が札幌に講演に出かけたとき、小川晃一さんと三人で会食したが、翌日、大雪が降ったときに、歩きにくかろうと、わざわざ「ゴム長」をホテルにもってきて下さったことは忘れられない思い出である」がいた。月一回、大月書店の日本間で研究会を続けたが、そのさい、細川嘉六《かろく》（戦前左翼の闘士）、志賀義雄（元日本共産党中央執行委員）、山辺健太郎さん（日朝・日韓関係研究とくに「三・一事件」研究の第一人者、いつももじゃもじゃひげで下駄ばきで現われ、猫を二十数匹飼っているほどの猫好き。女房は、外にばかりでているる――つまり働いているということ――ので、「家内」ではなく「家外《やがい》」だなどといつも面白おかしく話されていた）、細迫兼光《かねみつ》さん（戦前の日本労農党党首、いれずみ判官《ほうがん》こと北町奉行を演じる片岡千恵蔵似の温厚なる紳士。昭和九年に細迫さんにカンパしたため、長谷川如是閑が中野警察署に連行された話は有名）など、ふつうならば絶対に聞けない話を直接にうかがうことができた。

それと同時に、毎月渡される山のような資料は、日本研究には、当然のことながら、まず資料の集積が絶対必要条件であることを肝に銘じた。また渡辺・塩田さんや若い研究者たちの団欒のなかでの耳学問は、日本研究については「ド素人」であった私にとってはまことに面白くかつ有益であった。私がのちに、日本研究に無謀かつ勇敢にも足を踏み入れることができたのは、この研究会の経験なしには語れない。

しかし、この楽しい研究会も、やがて、方法論上の対立――私には、その実態はよくわからなかったが――から、倉塚、松沢両氏の政治学グループが抜け――私も誘われたが、必然性を感じなかったので断った――たのは残念であった（もっとも、その後も、倉塚、松沢両氏とはこんにちに至るまで親しくさせていただいている）。

さらに、それから一年くらいして、「第一次安保改訂反対運動」が最高潮に達する頃に「社会民主主義の研究はまかりならぬ」ということで――それくらい、東西の冷戦対立がいかにきびしかったかがうかがわれよう――解散を命じられたらしく、会自体が自然消滅した。その頃、私は日本の問題を考えるには、やはり民主政治や民主主義思想の本流を学ぶ必要があると感じていたので――なんとも、わがままなことであるが――ヨーロッパ研究戦線に復帰することにした。その復帰第一号の作業が、ホッブズの『リヴァイアサン』の翻訳であった。

如是閑研究の前史2「日本におけるホッブズ研究」の執筆

こうして、私は水田先生からお誘いをうけて一九六二年（昭和三七）に、河出書房新社の『世界大思想全集』の『リヴァイアサン』の一部、二部の訳文の修正のお手伝いをし、また、ハリントンの『オシアナ』（一六五六年）の日本初の翻訳（全体の約三分の一、政治原理論の部分）をおこなった。

次いで、私は『世界の大思想』（河出書房新社）の『リヴァイアサン』の全訳のお手伝いをすることになり、そのさい解説のなかで「日本におけるホッブズ研究」を書くようにと水田先生に命じられた。こうして一九六二年（昭和三七）頃から作業がはじまったが、「解説」をどうするかについては皆目《かいもく》見当がつかなかった。当時、私は、加藤弘之の研究をはじめていた（後述）ので、ホッブズの『リヴァイアサン』の翻訳が、明治一六年七月に払波士著『英国学士主権論完』というタイトルで、文部省編輯局（文部卿福岡孝弟題辞　文部少輔九鬼隆一序）から翻訳出版されていたことを知っていた。幸い、この小冊子は、のちに『明治文化全集』第七巻（旧）政治篇（吉野作造編、昭和四年、日本評論社）において、風早八十二《やそじ》氏（九州帝大教授、刑法、左翼のかどで大学を追放された）の解題を付して再録されていた（この『明治文化全集』は戦後復刻され、ホッブズ『主権論』の解題は、戦後の新しいホッブズ研究も参照して、風早さんによって全面的に書き改められている（第三巻、政治篇三〇）」。

そこで、私は、武蔵境の風早先生のお宅にうかがい、とくに、戦前のホッブズ研究の実態について教えを乞うた。そのとき、先生は、天野為之の『論文総覧』をお貸しくだされ、それを頼りにホッブズ研究を検索した。当然のことながら、ホッブズ研究はほとんどなかったが、いまあげれば、高橋誠一郎「トウマス・ホッブスの政治哲学中に見られたる経済学説」(『三田学会雑誌』(慶応大学)、大正八)、市村光恵「ホッブスとルソー」(『法学論叢』(京都大学)、大正一三)、島田久吉「マキァヴェリとホッブス」(『法学研究』(中央大学)、大正一四)、堀部靖雄「トウマス・ホーブスとジョン・ロック」(『長崎高商研究館報』、大正一四)、堀湖「英国政治思想史上に於けるホッブス及ロックの地位」(『商業論叢』(慶応大学)、大正一五、昭和二)、恒藤恭「自然状態と法律状態。ホッブスの自然法学に関する一考察」(『法学論叢』(京都大学)、昭和四)(恒藤先生は、旧制一高時代の芥川龍之介の親友で、私の敬愛した山崎時彦大阪市立大学名誉教授の恩師。山崎編『恒藤恭の青年時代』(未來社、二〇〇三年)がある)くらいしかなかった。

そして、きわめて興味深いことに、これらが発表された時期は、「大正デモクラシー期」であったということ、また高橋誠一郎、市村光恵、恒藤恭というリベラル派の先生方の名前からみてもわかるように、これらの論文は明治一六年のホッブズ『主権論』が、「主権者の権力(すなわち天皇と薩長藩閥政府)は絶対であるとして、当時高揚・激化しつつあった「自由民権運動」の鎮静化をはかったのと異なり、ホッブズをヨーロッパ・デモクラシーや国際平和主義者としてとりあげようとしていたものであった。そして、「十五年戦争期」、「軍部ファシズム期」に入ると、ホッブズ研究がピタッとなくなっているのもまた象徴的である。

ともかく、昔、左翼の闘士として有名かつダンディな風早先生との面談は、戦前のさまざまな言論弾圧史などをうかがい、女性弁護士で有名な五十嵐二葉さんのいれて下さった日本茶はことさらおいしかった。

「日本におけるホッブズ研究」の作業は、戦前の日本研究にさいしての資料の検索・収集の仕方を学ぶうえできわめて有益であった。なお、この私の解説は、永井道雄さんが中央公論社の『世界の名著』で『リヴァイアサン』を翻訳された（抄訳）ときの解説で私の名前をあげて、ふんだんに使っていただいた。このことが機縁となって永井さんにはその後いろいろとお世話になったことはまことに幸運なことであった。

如是閑研究の前史3「明治国家形成過程の研究」

もし、ここで終わっていれば、それはそれで私の日本研究も完了《ワンラ》であったろう。ところが、私が『リヴァイアサン』の翻訳をはじめた同じ年の一九六二年（昭和三七）に、稲田正次先生（明治憲法研究の第一人者）をキャップとする「明治国家形成過程の研究」（二年間）の給付がきまった。そして、「法律・政治学科」スタッフの最年少であった私に、事務局長（実態は、連絡その他の小使い役）の「大命」が降下した（この頃は、まだ教授の権威は絶大であった）。

当時の東京教育大学文学部は、近代日本研究のメッカといわれるほどに錚々たる先生方が揃っていた。この時期は校名問題以来の学部内のシコリもようやくおさまり、一九六七年（昭和四二）頃から、「筑波移転問題」をめぐって、再び学部内が分裂する――このときはこれまでのような学閥、人事をめぐってのものではなく田中角栄型の管理大学設置に賛成するか反対するかという、はじめてまともな論争が起こった――までの約五年間の研究・教育に専念できる、大学人にとっての「至福の年」であった。

メンバーは、楫西光速《かじにしみつはや》教授（旧制大阪高校、東京大学経済学部卒、五十代始めで死去、東大社研の加藤教授と大島清東京教育大学教授の三人の共著『近代日本資本主義の発達』（全三巻）は有名。大阪船場のボンボンで大阪の電話番号一番というのが自慢のひとつ。名前とは異なり、まことに「春風駘蕩」、よって「鈍足《どんそく》」先生と呼ばれていた。私も参加していた院生のモーリス・ドッブの『資本主義の発展』の原書購読のさいには、いつもコックリ、コックリしておられたが、報告が終わると、鋭い質問をされるのには驚いた）、家永三郎教授（いわずと知れた「教科書訴訟」問題でその名は天下に轟いていた。強風が吹けばすっ飛びそうな細身で、風呂敷に包んだテキスト類を体を斜めにして小脇にかかえ猛スピードでいつも走るが如くに歩いておられた。故人。夫人は、ゆったりとした大柄な方で、戦前東大の学生時代に長谷川如是閑の「我等」社に出入しておられた社会学の新明正道先生（東北大学名誉教授）のお嬢さん）、磯野誠一教授（東京教育大学名誉教授、神奈川大学教授。家族法、法社会学。夫人の富士子さんとの『日本の家族制度』（岩波新書）は名著。論文はほとんど書かれなかったがたいへんな物知り。磯野先生にはずいぶんと研究の仕方を教えていただいた、故人、ちなみに夫人の話し方はスパローの如く速く、またその英語力は天下一品であった）、津田秀夫教授（東京教育大学・関西学院大学教授、このかたに論争でかみつかれたらおそらくだれも勝てなかったであろう。碁は、ケンカ碁で強く、玉砕型。真正直な方、日本近世経済史研究の権威、故人）、暉峻衆三《てるおか》さん（私のもっとも敬愛する兄貴分。日本労働研究所所長の暉峻義等《ぎとう》さんの三男、というよりは江戸時代文学の日本的権威暉峻康隆早稲田大学教授の甥っ子。いつもニコニコ、ファイト・ファイト、こんにちまで暉峻さんのおこった顔をみたことがなく、一度会うとみんな暉峻さんのファンとなったであろう。「両あご」がはっていたので「ダボハゼ」と呼ばれていたが、颯爽《さっそう》たるなかなかのハンサム。教育大学落城後、バラバラになったが、浜林正夫さん（イギリス革命史研究の権威、なにごとがあってもビクともしない大人の風格あり）、松本三之介さん（東京大学名誉教授、丸山眞男さんの後継者）と四人で年に一、二回自称「四賢人の会」を開いている。最近はどこの会にでても大体、最年長者として、あいさつや乾杯の音頭をとらされるが、この会では末弟なので会を設営するのが楽しみである」。松本三之介さん（旧制静岡高校では元社会党委員長河上丈太郎の御子息で元社会党代議士、東海大学名誉教授、現聖学院大学大学院客員教授の河上民雄さん、芥川賞作家の吉行淳之介さんと同級生で、吉行の小説で真面目な旧制高校生のモデルになっているように細面の白面の騎士、礼儀正しく、だれにも嫌悪感を抱かせないであろう）、大江志乃夫さん（陸士、旧制五高、名古屋大学経済学部卒、東京教育大学・茨城大学教授、日本近・現代史の第一人者）、穂積重行さん（イギリス近代史、十数年後、私が一橋大学定年後、大東文化大学教授として移ったとき穂積さんが学長であった）、田中彰《あきら》さん（陸士、東京教育大学卒、北海道大学名誉教授、明治維新研究の日本的権威）。私はともかくとして、暉峻、楫西、稲田、松本、磯野、家永、津田、大江と書かれた名札が三階の研究室にずらりと並んでいたのはまさに壮観であった（穂積さんは一階）。

ところで、稲田先生は超まじめな勉強家であったから、一ヵ月に一回、誰かが報告する研究会を開いた。それは規定の二年間きちっと続いた。そして、研究が終わる頃に、稲田先生は二年後に研究成果を発表する（出版社は、日本経済史研究を多数だしていた御茶の水書房）と「決意表明」をされた（食い逃げは許さん）。穂積さんと私は、ヨーロッパ研究者で、いわばお客さん気分でいたから当然に、免除いただけるものと思っていたが、君たちも書きなさい、という厳命であった。穂積さんと私は飛び上がり、すっかりウロたえた。さあどうするかである。日本研究についてはなにもやっていない

「ド素人」が日本研究の大家たちと肩を並べて、なにほどのことができるか。しかも期間は、二年と限定されている。私は、研究室に分置されていた明治政治史、明治の政治家や思想家たちの著書・研究書、著作集を片っ端から引っ張りだして目を通したが、まったく見当がつかなかった。

そんなときに穂積さんが、ニコニコして研究室に現われ、「僕はじいさん（陳重）の日記をもとに東大法学部でなぜ、いつドイツ法が導入されたかについて書くことにしたよ」といった。要点はこうであった。東大法学部ができた頃、毎年五人の卒業生がイギリスに留学して法律を学んだ。祖父の陳重さんの学年は英語のできが悪くて、留学取りやめという事態になったが、それでも派遣すべしということでイギリスに渡った。周知のようにイギリス法は、「コモン・ロー」と「制定法」の両方を知らなければわからないのでイギリス人でさえ「へきえき」する代物であったから、英語はできないわ、イギリス法は難解だわ、ということで、五人の留学生は一計を案じ、日本におけるドイツ文化の最初の導入者であった加藤弘之「総理」（当時は学長のことを総理と呼んだ）に手紙を送って、イギリスからドイツへとまんまと「トンズラ」することに成功した。その理由は「もはや老大国イギリスから学ぶものはない、新興国家ドイツに範を求めるのがベターである」ということであった。ホッブズ（自然法）同様に、ベンサムも複雑怪奇なイギリス法を理性的合理主義（最大多数の最大幸福原理）によって再構成すべきと考えていたが、結局、この二人の大思想家の試みは成功しなかった。たしかに後進国ドイツは、近代国家へ転換したばかりの日本の状況に似ており、そのため法体系がすっきりしていた。ドイツびいきの加藤は、これにコロリとだまされて（？）ただちにドイツ行きを許可したのであった。こうして、明治一八年以後、東大法学部にドイツ法（独法）が導入され、こうして、その後の日本の官僚大学としての東大法学部の位置が定まった、ということのようであった。実によくできた話で、これで穂積さんは論文を書きあげたも同然であった。

このときほど私は、「四九光《しじゅうく》」（七×七）を背負った穂積さんをうらやましく思ったことはなかったし、せいぜい、地主、庄屋、村長くらいの「先祖」や「じいさん」しかもたなかった身の不運を嘆いたことはなかった。しかし、天は私を見捨てなかった。「日本におけるホッブズ研究」の準備のときに読んだ『明治文化全集』のことを思いだし、「政治篇」のうち「主権論争」を集めたものを読んだ。そこで、加藤弘之の『人権新説』（明治一五）という本に出会った。読んでみると、まことに論旨明快で、明治政府の正統性を論理化し、「自由民権運動思想」を抑圧する明確な目的で書かれていた。その論旨のための道具が、「社会契約説」と「社会進化論」であった。「社会契約説」は、ホッブズ研究のために勉強していたので、問題は「社会進化論」とはなにか、ということであった。はじめに加藤の論旨を要約すると、加藤は、自分は若い頃は、『真政大意』（明治三）や『国体新論』（明治八）などで、ルソー的な「社会契約説」にしたがって、人間は自然状態においては自由・平等であり、人びとは政治的安定を求めて契約を結び、政治社会（国家）を作った、と述べて明治新政府の正当性を擁護していた。

しかし、近年（明治一〇年過ぎ）になって、この「天賦人権論」（日本では、社会契約説のことをそう呼んだ）はおかしいのではないか、と思い（おかしいのは加藤のほうで、自分の政治的立場では、明治政府寄りになるにつれて、天賦人権論と折り合いがつかなくなったのである。ちなみに、明治初年（八年くらいまで）頃には、加藤は福沢と並んで（福沢は「天賦人権論」者ではない）明治啓蒙思想家の二大スーパースターと呼ばれたことを付け加えておこう）、「天賦人権論」に代わる新しい理論を探し求めていたら、たまたまオーストリアのカルネリという学者の本を読むと、自分と同じ考え（つまり「社会進化論」）であることを知り、ハタと膝を叩いた、と加藤は述べている。いかにも学問的よそおいをつけて、まことしやかに述べているが、これほどインチキな論文はない。かれによれば、昔々、人間があるところに集まって国家を作ろうと叫んだことなどはなかった、と述べて「社会契約説」を非難している。しかし、考えてもみよ、ホッブズやロックやルソーだって、それを事実として述べていたわけではなく、自由主義的・民主主義的近代国家形成の論理的前提（人民主権）として述べていたことはいうまでもない。それを知ってか知らずか（おそらく加藤は知っていたと思う）加藤は「社会契約説」は、歴史的事実としては存在しないとして、「社会契約説」を一刀両断に切り捨てている。ドイツしか知らなかった加藤に、イギリス流民主主義思想を理解せよ、というのは無理かも知れないが、加藤の余りにも露骨な政治主義には、言うべき言葉もない。では、加藤が「社会契約説」を粉砕するために用いた「社会進化論」の知識を、加藤はどこから仕入れたのか。それは、オーストリアつまりドイツに輸入された「社会進化論」を用いて、作戦を敢行していた（『人権新説』明治一五）のである。それによれば、「社会進化論」では人間は生まれながらにして不平等であり、生存競争の末、適者あるいは強者が生き残るのである。加藤は、この論法を用いて、現在の明治政府は強者つまり社会的適者であること、自由民権派は、いまは弱者（下等平民）であるが、一七世紀のイギリスの中流階級（上等市民）のように強くなれば、政権の座につくことができよう、という。これによって、加藤の『人権新説』の狙い、目的は一目瞭然である。

しかし、ここで、疑問が生じる。そもそも「社会進化論」発祥の地イギリスのハーバート・スペンサー（一八二〇〜一九〇三）は、どのような意味合いから「社会進化論」を述べていたかである。

スペンサーは、グリーン（一八三六〜八二）の少しまえ、ミル（一八〇六〜七三）と同時代の思想家である。一九世紀後半のイギリスは、資本主義の発達によって、いよいよ「貧富の差」、「失業」、「貧困」が顕在化し保守党、自由党もその対応策に腐心していた。とくに、当時労働者階級（まだ選挙権がなかったし、当然に税金も払っていなかった）の利益を代弁していると自称していた自由党は、自分たち上層市民たちの支払う税金をなぜ、税金を支払っていない貧困階級救済のために使用しなければならないのか、そのような行為は「私有財産の不可侵」という自由主義的経済思想原理に反するのではないか、という問題であった。熱烈な自由主義信奉者スペンサーは『国家と個人』（一八六五）のなかで、個人自由を国家に優先させるべきだと主張し、「社会進化」とは「個人の自由」が拡大されればされるほど「自由」が拡大される状態だと述べ、自由党の煮え切らない態度（国家（権力）か個人（自由）か」に喝を入れたのである。この意味では、スペンサーは新しい社会福祉・社会保障時代の到来を見抜けなかった「うしろ向き」の思想家であったといえよう。ことほどさように、スペンサーは、根っからの自由主義者であったから、馬上の板垣退助が自由主義の旗主と思われたスペンサーの『社会平権論』を読んだのも無理からぬことであった。他方ミルは晩年に「社会主義」（といってもマルクス主義ではなくフランスのサン・シモン、フーリエなどの穏健な社会主義だが）の研究を人びとにすすめていたから、スペンサーよりは進歩的であったろうが、それでもミルは新しい福祉国家の時代を予測してはいなかった。一九世紀後半の二大スーパースター、スペンサーとミルが、トマス・ヒル・グリーンによってきびしく批判されたのはこのゆえであろう。

であるから、元祖「社会進化論」者スペンサーのそれは、あくまでも「個人自由」の尊重にあった。しかし、この社会進化論がヘッケルなどの地質学者を媒介にしてドイツに輸入されると、国家が個人に優先する（全体があって個はあるという）「国家有機体説」に組みかえられたから、「強者が適者である」という現実政権を正当化する保守政治思想となったのであり、加藤はまさに、このドイツ型「社会進化論」、「国家有機体説」（個人があって全体があると考えるイギリスでは「社会有機体説」という言葉が用いられる）の「申し子」であったのである。

そして、こうした外来思想は、各国に転出されたときには、デフォルメされてまったくその姿を変えてしまうケースが多々ある、とくにダーウィンの「生物進化論」の社会版である「社会進化論」は、「社会の進化は生存競争、自然淘汰、適者生存である」というように、ある意味ではぼうぼう漠々とした無内容な理論ではそういうことがよくある。

たとえば清末中国では、この「社会進化論」は哲学者厳復《げんぷく》がハクスレーの『倫理と進化』を訳したとき、この生存競争、適者生存論は、胡適《こせき》（一八九一〜一九六二、北京大学教授、一九三八年駐米大使、四八年アメリカに亡命）が『四十自述』（自伝）のなかで述べているように、西欧帝国主義・植民地主義反対という民族主義を喚起する強力な独立運動の思想原理となった（インドネシアでも同様な運動が起こった）。また、南北戦争後、アメリカ資本主義が興隆しはじめたとき、資本家階級は、労働者階級にたいして、「今は苦しいが、努力して勝ち抜けば豊かになれる」という資本家側イデオロギーとして「社会進化論」が機能させられたのがその例である。

そして、日本では、不幸なことにこの「社会進化論」は加藤弘之によって、明治国家体制正当化のイデオロギーとなったことがいまや明らかとなった。これまで日本では、東西思想の比較や思想の受容を論じるときには、比較される側の外国の歴史や思想までの研究はせずに、文字面《づら》だけであれこれ比較されてきたので、私のこうした一九世紀における「社会進化論」の研究を通じて、加藤のそれと比較したのは、日本ではじめてのモデル・ケースであったらしく、論文発表後の翌年、九州大学での「外来思想受容」の国際会議に報告するよう招待されたが、一つは人さまのまえで報告できるほど日本研究をしているわけではないこと、一つは当時、「筑波移転反対闘争」、「大学闘争」の真っただなかで矢面《やおもて》に立たされて超多忙であったこともあって辞退した。

しかし、この「明治前期におけるヨーロッパ政治思想の受容に関する一考察――加藤弘之の『人権新説』をてがかりに」（稲田正次編『明治国家形成過程の研究』所収、一九六六年三月、御茶の水書房、のち、『近代日本と自由主義』一九九三年、岩波書店に所収）という長大論文を書いたことは、一つは、西欧政治思想研究の面では一九世紀に足を踏み入れる契機となったこと、一つには、近代日本思想研究の面でいえば、「ノルマンディ大作戦」（別名「オーバーロード作戦」、一九四四年六月六日。英米連合軍のドイツ反撃始まる）のなかで、上陸地点にかろうじて「橋頭堡」を獲得したようなことであったろう（もっとも、このときには日本研究へと本格転進することは考えてもいなかった）。しかし、この論文を書いたことは、十年後の一九七四年（昭和四九）に、日本政治学会年報『日本における西欧思想の受容』研究のメンバーとして、委員長の石田雄さんが声をかけてくださった一因となったことはまちがいない。

長谷川如是閑に標的を定めるまで

さて、「日本における西欧政治思想の受容」（これこそ私が十年前に日本近代思想研究に必要だとして問題提起したテーマではなかったか）の第一回の打ち合わせ会が開かれた。その一ヵ月ほどまえから私は「だれを」、「なにをテーマに書くか」、ということで、近代日本史、日本政治思想関係の本を片っ端から読んでみた。このさい、私には、一つのスタンスがあった。当時、私は、カール・シュミット研究に打ち込んでいたから、できれば、一九三〇年代、ファシズムの時代にかかわる日本の思想家を研究してみたいと思っていた。

この頃、イギリスでは、ハロルド・ラスキが、ドイツではカール・シュミットがいた。では、日本ではだれか。時代は「大正デモクラシーの時代」である。こうして、私は、吉野作造、大山郁夫、石橋湛山などの著作集を読んでみたが、私の気持ちにはピーンとこないのである。その決定的な理由は、これらの人びとには、一七・一八世紀から一九三〇年代までに至るヨーロッパ・デモクラシー(とくにイギリス思想)の研究が欠けているように思えたからである。要するに、私のような西欧思想から出発した人間にとってはたえず、西欧的進歩の基準から日本の思想や政治を比較してみがちである。これを「近代主義者」といわれれば甘んじてその批判をおうけするほかない。そして、あれやこれやと思い迷っていた頃、私の日本研究の先生である和田守君が、「先生、長谷川如是閑が面白いのではないかと思いますよ」と言ってくれた。「恥ずかしながら」、そのときまで、私は如是閑の著作も論文も読んだことはなかったから、そもそも、如是閑とは「誰《フー》」である。

さっそく、研究室にあった(稲田先生が集められた近代日本関係の本は、私の研究室に大半分置されていた。当時は中央図書館が手狭であったので、一部図書は各研究室であずかっていた。だから知らない人は、私を日本研究者と思ったであろう)如是閑主宰の『我等』・『批判』を猛スピードで読んでみた。(ついでに、そこに掲載されていた当時の主要な思想家や政治・社会運動家などの論文も読んだ)。面白い、面白い、実に面白い。「大正デモクラシー」前後の日本の政治・思想が手にとるようにわかったし、とくに如是閑がイギリスの思想や歴史はもとより、近代以降の欧米思想や政治史を熟知していたのには一驚させられた。

また、如是閑は、第一級のジャーナリスト・思想家として、日本の研究者には珍しく人文・社会科学の「一八般」にわたって「なんでもござれ」であり、分析の方法は原理的であり、必ずなにごとを論じるさいにも、歴史の本道に立ちもどって正攻法でスケールの大きい理論や思想を展開していた。丸山眞男先生が「私の先生は、南原繁先生と長谷川如是閑さんである」とつねづね言っておられたのはこのことか。また丸山政治学の根底にあるのは如是閑の思想であるということもあらためて理解できた。

こうして、私は、第一回の打ち合わせ会で、「長谷川如是閑にしたい」（まだそのときは、どういう論文が書けるかは、まったく成算はなかった）と発言した。すると委員長の石田さんと松本さん、つまり日本思想史の両碩学が異口同音に「如是閑はむずかしい」と述べられた。私は、面白くて、研究意欲をかきたてられていたし、ちっともむずかしいと思っていなかったので、この「発言」にはおどろいた。そういえば、日本思想史の分野では、山領健二さんの「如是閑の転向論」以外、まともな如是閑研究はない。丸山先生だって書いておられない（これは、あまりにも関係が近すぎて書きにくかったのであろう。しかし、丸山先生の政治思想には、如是閑の精神が行きわたっている）のである。

では、なぜ如是閑の研究はないのか。それは一つは、かれが反体制的なリベラリストであったからだと思う。また、かれは、戦後には、「オールド・リベラリスト」として、右翼系政治・社会・歴史学者のあいだで、興味・関心をもたれなかった。日本では、一九二〇・三〇年代のリベラリストは、河合栄治郎さんもふくめてなぜか不人気なのである。日本人はあいまいな民族といわれるが、実は国家主義か社会主義かといったようなスッキリした誤った「サムライ」的態度表明が好まれる傾向（テンション（天孫）民族）があるように思われる。

こうして、「大正デモクラシー期」と「戦後民主政治期」の日本最高のジャーナリスト・思想家如是閑の研究が「エア・ポケット」のようにすっぽりと抜け落ちていたのである。しかし、西欧デモクラシーの本質を追求しつづけてきた身にとっては、如是閑はまことに興味深い研究対象であった。そこで私は、二人の敬愛する先輩の意に逆らって（石田さんは、私にスペンサーの受容をもっと深めて欲しいと考えておられたようだが、イギリスでは二流の扱いをうけているスペンサーにこれ以上かかわるのはたまらんと考えていた）「如是閑研究」を宣言し、押し通したのである。

以上、私が如是閑研究をはじめるまでの経緯について述べた。

次いで、如是閑の思想を分析してわかったことは、戦前日本の思想の民主化を妨げたのは、長期にわたる幕藩体制の支配思想であった封建主義・国家主義とヘーゲル的ドイツ思想とが結びついた政治・社会思想が、薩長藩閥指導の明治政府の支配思想となり、それが英米仏型の民主主義思想を放逐したもの、とみていたことである。このことを、如是閑は、戦前日本の思想的特色を、「ドイツ思想とイギリス思想との対抗」という構図として捉え、最終的には、ドイツ思想がイギリス思想を追放した、と述べていたのである。

その結果が、明治二〇年代以降、儒教的忠孝思想とドイツ的国家至上主義を混合した天皇神聖論的政治思想を生みだし、とくに「一五年戦争期」に入ると義務教育から高校・大学までの高等教育にいたるまで、全国民が、反自由主義・反民主主義一色に塗りつぶされた国家主義的教育を受け、そのことが、日本における民主主義発展の「息の根」を一時期止めたのである。

『我等』・『批判』時代の如是閑の抵抗

では、如是閑の反権力思想や「抵抗思想」は、どのようにして、はぐくまれたか。

如是閑は、かれの思想的恩師ともいうべき陸羯南《くがかつなん》から、その接触した時間は短かったが、国家主義の危険性を十分に知らされていた。羯南の主宰した新聞『日本』の記者たちの多くは、鳥居素川《そせん》、安藤正純、丸山幹治（如是閑は、この安藤と丸山ととくに仲が良かった。ちなみに安藤は戦後、衆議院議長となる。丸山幹治は、丸山眞男の父）らに代表されるような大正デモクラシーの旗手として、日本民主主義の確立のために、『大阪朝日新聞』を拠点に活躍したジャーナリストたちであった。

新聞『日本』で、如是閑は、反国家主義の精神を学んだし、さらに『大阪朝日』では、河上肇《はじめ》、大山郁夫、佐々木惣一《そういち》らとともに、日本軍国主義と闘い、一九一八年（大正七）「白虹《はっこう》事件」（「白虹日を貫けり」という中国の文言は不吉の予兆とされ、日本では皇室批判とされた。事実、如是閑の行動は不敬罪とみなされた）で『大朝』退社後は、大山、丸山らと啓蒙雑誌『我等』を創刊して、日本思想界に自由主義・民主主義を唱導し、また社会主義や共産主義をも紹介しつつ、国家主義と対決した。

そして、昭和に入り、「満州事変」前夜の一九三〇年（昭和五）には、『我等』を『批判』と改題し、いよいよ、軍部ファシズム批判に立ち向かう。もっとも、中国侵略が本格化した時点での一九三四年（昭和九）には、もはや、公然たる、いや、よりレベル・ダウンした穏健な政府・軍部批判ですら、生命の危険にかかわることになったから、弱小出版社（我等社）による弱小雑誌（『批判』）の維持はほとんど不可能となり、廃刊に追い込まれた。

以後、如是閑は『朝日』、『毎日』、『読売』などの大新聞社や、『思想』、『中央公論』、『改造』などの雑誌を足場にして、「搦手《からめて》」から、政府や軍部批判を続けることになるが、一九四一年（昭和一六）一二月八日の「日米開戦」以降は、もはやそれすらもできなくなり、事実上、敗戦まで筆を絶つことになった。

如是閑は戦時中に転向したか

このようにみると、如是閑は、太平洋戦争勃発までは、終始一貫、自由主義・民主主義・「社会的」民主主義の立場から、日本の国家主義・超国家主義・軍国主義そして最後はファシズムを批判する活動をし、そのために、さまざまな理論構築をした。

そして、戦前の日本の思想家で、このような批判的な政治体系を構築した人は、如是閑以外にない（昭和初年の日本の政治学者は、シュミット流の「政治概念論争」（「政治とはなにか」という観念論的な論争）に走り、当時の政治学者で、具体的な政治論を展開していたのは、わずかに今中次麿《つぎまろ》（九州大学名誉教授、広島大学学長、日本政治学会理事長の「ファシズム研究」）くらいである。

したがって、戦後の政治学の出発点となったのは、如是閑の政治学であった、といってもよいであろう。なぜなら、丸山眞男は、自分の先生は、「長谷川如是閑と南原繁である」と述べているからであり、事実、丸山が、学部三年生のときに「緑会」懸賞論文で書いた『政治学における近代国家の概念』なる論文の骨格は、ほぼ、如是閑の国家論から学んだものではないかと思われる。ただし、如是閑は、ドイツ語の政治学書はおそらく読めなかった——実際には読めたかも知れないが、なにしろ如是閑は大の「ドイツ学」嫌いであったのでドイツ書をあまり手にしなかったのではないか——と思うが、丸山は、ヴェーバー、マンハイムなどのドイツ語文献を用いて、如是閑よりも巧みに、あるべき近代国家の理想像をえがいたものといってよく、学部学生の論文としては、出色であったろう。しかし、これは、私の推測ではあるが、さすがに、南原は、愛弟子の論文に如是閑の影をみて、第一席にしなかったのではないか、と思われる。とはいえ、これによって、丸山の「緑会論文」の価値はいささかも落ちるものではないことは、いうまでもない。

ところで、如是閑というと必ず、かれの「転向」が問題とされる。これは、どう考えたらよいか。一九三四年（昭和九）に、如是閑は、容共主義の嫌疑をかけられて〔労農党の細迫兼光（前出）に、小額のカンパを続けていたことによって〕、中野署に拘留された。即日、釈放されたが、『朝日』で「自分は合法主義者で、マルクス主義者ではない」と述べたことを理由に、如是閑は、この時点で「転向」した、という研究者がいるが、これはおかしい。なぜなら、かれは、容共主義者ではあっても、共産党員ではないのだから、そもそも「転向者」と規定すること自体ナンセンスであろう。

百歩譲って、如是閑は、この時点以後、「国家権力」批判や反体制的行動をやめたという論にも、私は賛成できない。この如是閑の態度は、抵抗のレベル・ダウンのポーズをとりつつ、なお搦手から、ねばり強く抵抗を続けるぞ、というイギリス型思想家――ロックやベンサムのような戦術ダウンや進路を変更してでも、目的達成をはかるやり方――の典型が如是閑の選択と考えるべきではないだろうか。事実、如是閑は、これ以後も、闘争方法を変えて、「太平洋戦争」の勃発まで「あの手、この手」で「軍国主義の非なること」を新聞、雑誌を通じて訴え続けているのである。

この私の「如是閑転向論」批判については、一九八九年（昭和六四）に、私が『長谷川如是閑研究序説――社会派ジーナリストの誕生』（未來社）を出版したさいに、『週刊朝日』書評欄で、きわめて好意的な書評をしてくださった丸谷才一氏も、同感を示されたのは嬉しかった。当時の、おそらくは、われわれの想像を絶するほどの異常なまでの苛酷な政府や軍部による言論弾圧を考えれば、如是閑の社会に向けての巧妙なるメッセージ（戦術はダウンしても闘争は続けるという意志表示）を、「転向」つまり、道徳的背理として簡単にきめつけるのは、はたしていかがなものか、と思われる。

戦時下の如是閑の闘争

事実、如是閑は、拘留後、『批判』を廃刊して、こんどは、たった一人で、国家権力と闘う道を選ぶ。表面的には、経営難・資金難をあげている——あるていどは当たっている——が、実際には、集団的に闘う方法では、多くの仲間をみちづれにして犠牲にする危険性があること、あるいはそうしたなかで裏切り、中傷など（細迫事件でも起こった）が起こることを避けようとし、「個人的責任」で闘おうとしたものと思われる。いかにも、如是閑らしい決断ではないか。

その闘争の方法は、もっぱら「ペンの力」——如是閑は、終始一貫「言論戦」という方法（断而不行（断じて行わず））をとったが——に依拠し、また、闘争の目標を二つに限定し、一つは、自由主義思想の啓蒙、もう一つは、国家（政府）や軍部の強調する「皇道主義」・「軍国主義」への批判であった。

如是閑は、昭和一〇年頃から一四、一五年にかけて、『文藝春秋』、『中央公論』、『改造』などの自由主義をテーマにした座談会に出席して、自由主義・民主主義擁護のために気を吐いている。また、政府や軍部の宣伝する軍国主義にたいしては、『日本的性格』（岩波新書、昭和一三）、『続日本的性格』（昭和一七）などで、『万葉集』や『古事記』などの言葉を引用しつつ、古代の日本民族は、ほんらい、平和と寛容を愛しまた「女性尊重」民族であったことをあげている。

丸山眞男は、『続日本的性格』になると、如是閑の反権力の姿勢は、かなり後退していると指摘している。そのことは、認めるとしても、それによって、如是閑が、軍部や政府に迎合したり、お追従《ついしょう》を述べているわけではないから、丸山さんのこの言葉を「水戸黄門」の「印籠《いんろう》」のように引用しては、

「如是閑は、吉野作造や大山郁夫に勝るか劣るか」というようなことをあれこれ述べている研究者もいるが、そもそも、如是閑・作造・郁夫の三人は、大正デモクラシーの「人気三人男」として、きわめて親しい関係にあったから、そのような品定め自体は「軍鶏（シャモ）の喧嘩」か「目くそ鼻くそを笑う」ようなもので、思想研究の本流を逸脱したものではないか、と思われる。

敗戦後の如是閑

敗戦のとき、如是閑は七〇歳であった。「人生五〇年」の時代にあっては、ふつうならば、とっくに「隠居」の身分である。しかし、戦後民主主義の再建という最重要な時期にあって、世間は、なお一五年間ほど、如是閑の知恵に頼らざるをえなかった。その理由としては、「大正デモクラシー」の時代から、昭和一〇年代初頭にかけて、如是閑の薫陶をうけてきた多数の若い世代の知識人や学生たち——大内兵衛、有沢広巳、森戸辰雄、松本重治、美濃部亮吉、丸山眞男たち——が、戦後日本の民主主義建設の工作者として第一線で活躍していたからである。

こうしたなかで、如是閑は、自由主義者や社会主義者・共産主義者にまで直言できる思想的ドンとして、統一戦線と平和共存を訴え続けたのである。しかし、このような如是閑の提言も、ますます激化する「東西冷戦対決」の嵐のもとでは、ほとんど聞き容れられず、「オールド・リベラリスト」として敬遠された。もし、戦後十年あるいは十五年くらいかけて、日本国民が、如是閑のように、自由主義・民主主義・社会主義の相関関係やそれぞれの思想原理をじっくりと研究し、「日本の思想」のひとつとして血肉化していれば、二一世紀初頭の大半の日本国民にみられる「原理性を欠く政治思想」に、これほど苦しむことはなかったであろうに。「一億総懺悔」は、まったくの「空念仏」で、こうした「日本民族の思想的迷走」は、いったいどこまで続くのか。「なにごとも忘れず、なにごとも学ばず」、日本国民は、かつての同盟国ドイツに思想面では大きく引き離され、立ち遅れているように思われる。そしてこのことを自覚していない日本国民の現状には展望はないのである。

日本思想史研究の層の薄さ

さて、如是閑研究は、私が、日本研究へと本格的に踏み込む契機となったが、西欧思想研究の層の薄さは当然のこととして、近代に限っただけでも、日本思想史研究者の層の薄いことに正直いって驚いた。

まず、明治維新から敗戦までの、戦前の日本（政治・社会・経済）思想史を一人の研究者が書いた通史がほとんどない、ということである。もっとも一人もしくは数人の編者による、十数名からなる通史ならばある。しかし、これでは、一つの視点——立場はさまざまであれ——にもとづく、哲学的・体系的な通史にはなりえない。

たとえば、イギリスであれば、ホッブズ、ハリントン、ロック、ペイン、ベンサム、スミス、ミル、スペンサー、T・H・グリーン、ラスキ、E・H・カーなどと時代を代表する思想家をつないでいくと、自然に、一七世紀の市民革命の時代から二〇世紀中葉の第二次世界大戦集結までの約三五〇年間にわたるイギリス民主主義思想史の発展を捉えることができる。

しかし、日本のばあいは、福沢の思想はだれが継承し、あるいは、中江兆民の思想は、幸徳秋水の思想は、吉野作造、大山郁夫の思想は、だれに、どのように継承されているのかなどなど思想家間の相関関係や継承関係を、一貫した体系性にもとづいて、日本思想史の全体像をイメージすることができないのである。

戦前のばあい日本政治思想史研究はジャーナリストの思想を追え

では、せめて近代だけでも、一貫性をもった、体系的・統一的思想史を書けないものだろうか。こうした思いのなかで、あれこれ模索していたが、和田君のアドバイスもあって、戦前日本のばあいの一つの方法は、主要なジャーナリストの思想と行動をつないでいくと、時代の流れのなかで、その時どきの問題性を発見することができる、ということに気づいた。したがって、ジャーナリストたちの思想と行動を考究すれば、戦前日本におけるリベラリズムや民主主義思想の体系や系譜を考究できるのではないか、と思い、これまた和田君の知恵を借りてジャーナリズム研究グループを結成し、共同研究を開始することにした。

まず、手はじめに、一九八〇年（昭和五五）に「近代日本におけるジャーナリズムの政治的機能」というテーマで、十数名のメンバーによる「科研費」（総合研究）を申請し、幸いにも研究費（三九〇万）を交付された。この成果は、八二年（昭和五七）に、同名のタイトルで出版した（御茶の水書房）ことは前述した。また、このときの私の論文が契機となって、政治学会の初日の夜に丸山先生と如是閑についてお話できたことについてもすでに述べた。その意味では、如是閑は、私にとっての「福の神」であった。

研究組織の拡大と『近代日本のジャーナリスト』

次いで、『政治的機能』出版の翌年から、ジャーナリズム研究の範囲と人数を大幅に拡大し、本格的なジャーナリスト研究に取り組むことにした。幕末維新期から戦前まで約八〇年間の近代日本の主要なジャーナリスト約八〇名をとりあげ、四〇名近い研究者の方々（広田昌希、宮城公子、西田毅、岡利郎、小松茂夫、山崎時彦、井田輝敏、岡本宏、安部博純、有山輝雄、山本武利、田村紀男《のりお》、安藤実、山本義彦、名和鉄郎、伊藤彌彦、大木基子、和田守、内山秀夫など、実に錚々たるメンバーであった）に参加をお願いした。

この本は、のちに、八七年（昭和六二）に、『近代日本のジャーナリスト』（一五〇〇ページくらいの大著）というタイトルで出版された。そしてこのような大部の歴史的かつ理論的に高度な水準の、まとまったジャーナリズム研究いや、近代日本民主主義思想史研究は、当然のことながら、それまでにはなかったし、おそらく、今後とも出にくい研究業績であろうかと自負している。なお、この研究には、一九八五年（昭和六〇）度に、文部省から四五〇万円という破格の刊行助成金の給付を受けた。当時もいまも、出版事情のきびしいなかでは、このような「助成金」の給付なしには、成果の刊行はほとんど実現しなかったであろう。また、そのさいの、御茶の水書房社長、橋本盛作氏の献身的な御努力には、いくら感謝しても感謝し足りない。

田口卯吉と陸羯南の研究に取り組む

ところで、私は、この出版にさいして、まったく偶然な事情によって、本格的に、日本近代思想史の新しい分野に足を踏み入れることになった。

それは、明治二〇・三〇年代の日本最高の知識人・ジャーナリスト、田口卯吉と陸羯南の二人の執筆者が、出版の最終段階で、健康上のやむをえない事情——陸羯南の執筆者は、小松茂夫さんで、このあとすぐに亡くなる——から、突然降板せざるをえなくなった、ことである。
この研究には、「出版刊行助成金」が付いていたから、八七年（昭和六二）二月までに出版できなければ、助成金自体がキャンセルになることになっていた。全体の原稿最終締切り〔一九八六年（昭和六一）は八月まで。これでも製作はギリギリ大変であった〕まで、あと六ヵ月の余裕しかなかった。しかも、田口と陸は、絶対にはずすわけにはいかない大物思想家であった。さあ、どうするかだ。あとわずか半年のあいだに、新しい執筆者を見つけてお願いすることなどは、ほとんど不可能に思われたし、第一、そんなことをお願いすること自体失礼千万である。しかも、田口と陸の研究者は、当時、ほとんど無きに等しかった。では、田口と陸をはずすか。それは本書の構成上絶対にできない相談であった。計画を断念すれば、執筆者や出版社に莫大な迷惑がかかる。こうして、私は、「ナイヤガラの逆上《さか》がり」（「無謀な試み」）にも似た気持ちで、私自身が、田口と陸を書くことにした。（四〇〇字詰原稿用紙で、各七〇枚ていど）。いまから考えると、よくもまあと、冷汗が流れでる思いだが、「やるっきゃなかった」のだ。

芸は身を助く

書けるかどうかはまったく自信はなかったが、書かなくてはならない（予定枚数を埋める）という気持ちで、この「無謀な冒険」を決意するにいたったのには、若干の「誘い水」があった。一つは、如是閑を研究するなかで、「大正デモクラシー」の思想的基盤を作りだした「明治二〇・三〇年代」の思想状況とはいかなるものであったか、という興味・関心をかねがね抱いていて、いずれ、そちらに研究のウイングを広げようと考え、文献・資料〔これについては、一橋大学中央図書館および図書館員の方々にいかにお世話になったか」を少しずつ収集していたことが幸いした。

次には、一九七九年（昭和五四）年から八〇年（昭和五五）にかけての「近代日本におけるジャーナリズムの政治的機能」研究会のなかで、小松茂夫さんの、すばらしい「羯南論」の報告に大いに刺激され、明治二〇・三〇年代の日本の知識人・ジャーナリストの思想研究に、スタンスを移す準備をしていたことも役立った。

さらには、一九八二年（昭和五七）から八五年（昭和六〇）にかけての、中央大学百周年記念事業の一環として、お引き受けした『長谷川如是閑——人・時代・思想と著作目録』作成のための作業——参加者、中央大学側からは、世良正利（社会心理学）、安川定男（日本文学、故人、夫人はピアニストの安川加寿子《かずこ》さん、故人）、新井正男（英米法）の諸教授、外部からは、私のほかに、山領健二（神田外国語大学名誉教授、如是閑研究の第一人者）、飯田泰三（法政大学教授、日本近代政治思想史、丸山門下の俊秀で第三世代）、和田守の三氏——を通じての研究会は、私の近代日本思想史にかんする知識を飛躍的に増大させた。なにしろ、山領・飯田・和田氏の知識は大変なものであった。

如是閑著作・目録作成の経緯について

この『如是閑——著作と目録』作成のいきさつについては、まえにも少し述べたと思うが、おそらく如是閑研究のための第一級資料として、末長く残る業績であると思う。ことの発端は、二〇年ほどまえの一九六三年（昭和三八）に遡る。当時、私は、原宿にあった「日本社会事業大学」の小川政亮教授（社会保障法）に頼まれて、週一回「竹下通り」（当時は、人っ子一人通らない、こわいほどに静まりかえった細くて淋しい通りであった）を通って、東郷神社の境内を抜けて大学へ出講していた。

この控室で、中央大学の世良先生と御一緒し〔ほかに早稲田大学の社会保障制度専攻の佐口《さぐち》卓教授（故人）、明治学院大学の英文学の斎藤忠利先生が同席〕、ときに、世良先生と、原宿通りから神宮前に向かう四つ角、現在、アメリカの運動着店「GAP」のある交差点わきのフレンチ・レストランで食事をしていた。その後、私が、中央大学の非常勤講師として、多摩キャンパスに通うことになると、ふたたび、交際がはじまった。私は、法学部の大講義（五、六百名）のさいに、ときにコマーシャル・タイム（雑談）を入れて「三田に福沢、都の西北に大隈が、そして、この白門には、日本最高の知識人長谷川如是閑がいる」と「煽動」していたことが、どうも理事長、学長の耳に入ったらしく、当時、社会科学研究所の所長をしておられた世良先生を通じて、中央大学創立百周年の記念事業の一環として、長谷川如是閑を取りあげたい、という話が舞い込んできた。

このとき、私は、当時、如是閑研究の第一人者である山領健二さん、日本政治思想史研究の若手ホープの飯田泰三さん、それに私の日本思想研究の先生である和田守君を研究メンバーに入れることを条件に、この壮大なる一大記念事業をお引き受けすることにした。この研究組織は、大成功をおさめたが、私の生涯のうちでも、この研究会くらい、有益かつ楽しい研究組織はなかった。私が、日本研究に大きくかつ無理なく接近できたのは、山領、飯田、和田の日本研究の最優秀の先生たちがいたからであった〔ちなみに、このとき助手としてお手伝いをしてくれた、私の一橋大学のゼミ院生であった柴田寿子《としこ》さんは、いまや東大駒場の教授として活躍している〕。

「朝日学術奨励金」受章

そして、前述した、いくつかの研究組織を基礎に、一九八六年（昭和六一）に、「長谷川如是閑と『政教社』の人びと」というタイトルで、「朝日学術奨励金」に応募し、受章した（代表田中浩、共同受賞者山領健二、西田毅、山本武利、岡利郎、有山輝雄、飯田泰三、和田守氏など）。

この応募にさいしては、ホッブズ研究を通じてなにかと可愛がっていただいていた永井道雄さん〔戦前の有名な政治家・ジャーナリスト永井柳太郎の次男。永井代議士は、大正デモクラシー期には民本主義を主張、一九一八年（大正七）の衆議院で「階級専制を主張する者、西にレーニン、東に原敬首相あり」と演説し、登院停止五日の懲罰を受けた〕に推薦状を書いていただいた。

ちなみに、永井さんは、戦前、京都大学文学部哲学科の卒論において、当時の日本ではほとんど無名であった「ホッブズ」を研究対象にして書いておられる。丸山眞男さんも、南原先生のゼミで「ホッブズ」を報告されていた（『ホッブズ研究序説』を差し上げたときのお礼状によると）というから、この二人の先生方は、「一五年戦争」の時期、軍部ファシズムの時代に、なんとホッブズ政治思想のデモクラティックな性格を見抜いておられたわけで、さすが、といわざるをえない。

シェフィールド大学の国際会議について

ところで、永井さんとは、一九八九年（昭和六四）の秋〔この年、六月に「天安門事件」（中国）が、九月以降には、東欧諸国で次々にソ連から離脱する民主改革（東欧革命）が、一〇月には、ついに「ベルリンの壁」が崩壊するという大変動が起こった。当時イギリスに留学していた若い政治学者の石川捷治さん（九州大学教授、政治学）が、私の逗留先の、ロンドンの「ハイド・パーク」、「マーブル・アーチ」そばの「カンバーランド・ホテル」に訪ねてきて、これから、どう勉強をしたらよいかと不安を表明されたので、「私は長らく欧米デモクラシーを中心に研究してきたので、まったく驚かない。これからが、政治学の本当の勉強ではないでしょうか」とアドバイスしたのを思いだす」に、シェフィールド大学における「欧米と日本の近代化の比較研究」の国際会議で御一緒したのを懐かしく思いだす。

この会議には、日本側からは、加藤周一、永井道雄、緒方貞子、坂本義和（東京大学名誉教授）、増島宏、馬場伸也、鴨武彦（東京大学教授、故人）、高橋進（東京大学教授）、薬師寺泰三（国際基督教大学教授）氏など、外国からは、ジョン・ダワー教授（サンディエゴ大学）など、多数の錚々たる報告者が出席していた。不肖私も、このなかで、福沢諭吉、田口卯吉、陸羯南、長谷川如是閑などを中心に、「日本リベラリズムの系譜」について報告した（このマニュスクリプトは、報告後、ダワー氏に所望されたので差しあげた）。そのほか、一橋大学関係者では、『昭和天皇』を書いたヴィックス君（当時シェフィールド大学客員教授）、フィンランドのオール大学の日本近代史教授のオルト君（一橋大学での二度目の客員研究員時代に、お世話した）、日本経済史の専門家中村政則教授（留学中）なども出席した。

ところで、報告後、会議の途中で、急用で日本に帰国するという馬場氏――カナダ留学以来、親しくしていた――を会場の玄関口まで見送ったが、帰国後すぐに心臓発作で亡くなられたから、そのときの簡単に言い交わした言葉が最後の別れになろうとは思いもしなかった。馬場さんは、私より一五歳ほども若い新進の政治学者として多方面から嘱望されていたから、惜しい学者を亡くしたものと悔やまれてならない。

グレン・フック君との出会い

さて、今回の国際会議を計画したのは、前年に、シェフィールド大学アジア・日本研究所所長の若き教授になった（三八歳）ばかりのグレン・フック君であった。

フック君との付合いは、それより、七、八年まえに、専修大学教授の福島新吾さんの出版記念パーティで、同大学の小沼堅二助教授（『国家思想史』を出版したとき、「ヘーゲル」を執筆していただいた）に紹介されたときにはじまる。小沼君の話では、日本の非軍事化・平和学を研究している若いイギリス人研究者がいて、日本の出版社で出版（もちろん日本語で）したい、といっているので、どこかお世話願えませんか、ということであった。なぜ、小沼君がその話を私にもってきたのかはよくわからなかったが、「人間の付合い」というものは、まったくヒョンなことからはじまるものである。

話をしてみると、日本語はベラベラ――奥さんの憲子《けんこ》さんは元タカラジェンヌで、かの有名な鳳《おおとり》蘭《らん》さんの親友、外国語のシェイプアップには、その国の女性を恋人にもてといわれるが、フック君はいい人と出会ったものだ――、それよりも、話が合った。どうも、人間には相性というものがあるらしい。そこで、帰りに六本木の行きつけのバーに連れて行き、話を聞いた。内容もしっかりしているし、プッシュしてあげようと思ったが、もし万一出版社に「ノー」といわれたら悪いので――まず、まちがいないと思っていたが――「ちょっと考えさせて下さい」といった。すると、フック君は「先生、それはダメだ、ということでしょうか」ときいてきた。思いがけない反応に驚いたが、関西では、「考えさせてください」というのは、「ノー」のことです、というのである。

当時、かれは、岡山大学の教養課程の任期制外国人教師をしており、奥さんも神戸出身だから、かれが、そう聞いていたのは、うなづけるが、京都では「おあがりくださ い」といわれて、ノコノコあがると嫌われる、というのと似たような話である。そこで、本当はほとんど「OK」だと思うが、相手があることなので、そういったまでだ、と答えると、安心したようである。翌日、御茶の水書房の橋本さんに電話でお話して、OKがとれた。

そして、そのとき出版した『日本の非軍事化』という著書が、それから一〇年後のシェフィールド大学教授採用の決め手となった、というから、世の中はまことに不思議なものだ。日本文のシェイプ・アップには、神戸大学教授の初瀬龍平さん（日本近代政治思想史）が、だいぶ協力してくださったようだが、私も、最後の総仕上げのときに若干お手伝いした。どんなに、その国の言葉が読め、また話せても、その国の言葉で表現するのは至難のわざである（こころみに芭蕉の「古池や蛙飛び込む水の音」を英語になおしても、俳句の心は伝わるだろうか）。

われわれ、戦中派世代は、とくに、外国語については、耳も口も不自由であるから、英文の論文を書くときには、留学何年という日本人研究者の方々にみてもらうが、どんなに英語にすぐれた人の英文でも、そのレベルはしょせんは、小・中学生の英文に毛が生えたていど——といってもたいへん上手なのだが、外国人がみると実にわかりやすいものであるらしい——にすぎない。ところが、ひとたびそれにネイティブが手を入れると、「あら不思議」、それとはまったく異なる、高級感あふれる英文に変化する経験は、どなたもおもちだと思う。それは、ともかく、国内と国外にどれだけ「外人部隊」を有しているか、ということが大事だということである。もういちどいう。しょせん、日本人の英語は、幼稚園児の雑誌「キンダーブック」ていどで、私のような者でも、日本人の書いた、また話す英語は、ピンピンよくわかる。「聞けて」、「しゃべれて」、「書ける」ことは、これからますます重要になるし、またそれは国際化をはかるさいに絶対に必要であろうが、なによりも大事なことは、普遍的な「思想」やしっかりした「哲学」を自分の側でもち、それらを外国人に正しく伝えられるかどうか、ということであろう。この意味で、加藤普章君やフック君は、私の最良の英語の先生である。

シェフィールド効果

その後、私は、たびたびイギリスに出かけたが、たまたま留学中の初瀬さんには、イングランド北部の「ノーマン」が侵入したので有名な「ヨーク」市（日本人好みの中世都市のたたずまいを残している美しい古都）に連れていってもらったし、堀部政男さん（一橋大学名誉教授、中央大学教授、マスコミ法の権威、ＮＨＫ経営委員）には、奥方と御嬢さん〔当時高校生、早大法学部では、政治学の講義のあと挨拶されて驚いた。大きな私大では、しばしばこうした危険性がある。同じく早大で、昔、東京教育大学時代の若い同僚であった現中央大学教授で音楽評論家の喜多尾道冬さん（ドイツ文学）のお嬢さんに「父が宜しく申しておりました」とあいさつされたり、東女《とんじょ》の講義では池田清さんの姪子さんに「伯父が宜しくと申しております」といわれて、悪いことはできないな、と思った〕ともども御自慢のＢＭＷで、しばしばドライブに誘っていただき、ホッブズゆかりの場所〔ホッブズが若い頃家庭教師として、また晩年の数年間過ごした、デヴォンシャー伯爵家のチャツワース――いまではここはイギリスのもっとも有名な観光地となっている――にある広大な「荘園の館」や、ホッブズが眠るオルト・ハックナルの教会などに連れていってもらった。なお、その数年後、柴田平三郎さん（慶応大学法学部、独協大学法学部教授、西洋中世思想史の権威、愛称シバヘイさん）の奥さん（私の佐中時代の親しい友人で陸軍幼年学校から陸軍士官学校に進み、戦後東大農学部をでて旧専売公社に入った山田豊君〔故人〕と奥さんの父上は同僚であった）の運転でホッブズの故郷、マームズベリ、ロックの生地と墓のあるリントンを訪問できた。

また、シェフィールドに入る一週間まえには、日本のオランダ史研究の第一人者、東京女子大学名誉教授の栗原福也さんの留学地レイデン（ライデン）に滞在し（「メイフラワーホテル」、小さいがしゃれたホテル。ここでは、到着した翌朝の朝食時に、東京教育大学時代に可愛がっていただいた筑波大学の三潴《みつま》信邦《のぶくに》先生（統計学）が偶然、入ってこられ、久しぶりの再会を喜び合った）、栗原夫人の案内でスピノザが、望遠鏡のガラスを研磨しながら、主著『エチカ』などを書いた家を訪問したり、レイデン大学ラトケ教授（日本研究、現在は早稲田大学教授）やアムステルダム市立大学の福祉国家関係の教授とお会いできた。その後、私は、数回、ベネルクス三国を訪問したが、福祉国家研究の拠点は、ブリュッセル近郊のルーベン（ルーヴァン）大学にあり、そこの教授の話では、全ヨーロッパにネットワークが張られていて、共同研究がなされているさまがよくわかり、日本が極東にある学問研究の不運を感じたものである。ともかく、シェフィールド効果は、福祉国家、社会民主主義、ＥＵ研究の面で、私をヨーロッパにぐっと近づけたことはまちがいない。

『世界』の「評伝長谷川如是閑」連載について

さて、いつもの悪いくせで、話がたいぶ横道にそれたので、もう一度、話をひきもどそう。ここまでの話は、日本近代政治思想史研究を分析する一つの有効かつ便益な方法としては、日本のジャーナリストたちの研究にある、ということで、研究プロジェクトを作り、完成直前までできていたときに、ハプニングが起こり、田口卯吉と陸羯南の原稿があぶなくなり、結局、私が、わずか半年間で、この二人の日本の偉大な思想家・ジャーナリストを書かざるをえなくなった、というところまで話してきた。そこで、さっそく、田口と陸執筆の苦心談に入るのが筋であるが、そのまえに、一九八五年(昭和六〇)一二月以来、雑誌『世界』に連載(四回)された『評伝長谷川如是閑』について、ひとこと述べておく必要があろう。

一九八五年(昭和六〇)一一月に、中央大学出版部から『長谷川如是閑──人・時代・思想と著作目録』(非売品)が出版されたが、それと関連して、八三年(昭和五八)四月に、「戦闘的自由主義者長谷川如是閑──国家主義とファシズムに対抗して」(八二年(昭和五七)一一月、第一回講演、於中央大学)という、私の「連続公開講座の講演録」が『ちゅうおう』誌上に掲載され、また八四年(昭和五九)四月に、『毎日新聞』(夕刊)「文化欄」に「見えない時代に直面して──長谷川如是閑から学ぶこと」、八五年(昭和六〇)三月に『朝日新聞』(夕刊)の「文化欄」に、「時代を洞察した如是閑──独創的なファシズム論」、一〇月に『朝日新聞』(夕刊)に、「明治・大正・昭和を生きたジャーナリスト『長谷川如是閑展』に寄せて」などを発表していた。

おそらくこれら一連の私の記事を読まれたものと思われるが、突然、岩波書店社長の安江良介さん(故人)〔安江さんとは、私が七九年(昭和五四)四月にE・ウィリアムズの『帝国主義と知識人』を岩波書店から出版したとき、その解説を読まれた安江さんが『世界』への原稿(「新しい社会認識の再構成を求めて」を依頼されてこられて(編集担当小島潔さん)以来、お付合いがはじまった)から、如是閑のことを、『世界』に書いてほしいと電話があり、編集部の山崎貫さん〔京都大学日本史学科卒で、松尾尊兊《たかよし》(京都大学名誉教授)さんのお弟子さん〕が、わが家にみえた。

如是閑が広く世に知られることは、大いに望むところであったから──このころまで如是閑は、吉野作造、大山郁夫、石橋湛山にくらべて知名度がうすく、私はかねがね、そのことを残念にも思っていた（広島大学法学部の集中講義のとき、如是閑の話をしたら、「ではなぜ如是閑は有名ではないのですか」という質問がでた。回答は、吉野・大山は高校の教科書に載っているからであること、日本では大学教授は偉いという権威主義があり、如是閑のような民間人は低くみられてきたため、というものであった）――、お引き受けした。しかし、いざ書きはじめてみると、明治・大正・昭和三代、百年近くを生き抜き、日本民主化のために奮闘努力した大ジャーナリスト、大思想家を語りだしたら、制限枚数五〇枚（四〇〇字詰）など、あっという間に突破してしまい、生い立ちから、新聞『日本』入社までの二〇数年間までで終わってしまった。

そこで、あと一回増やして欲しいといったら、安江さんは、第一回目の原稿を読んで大変面白かったので、好きなだけ書いてください、ということであった。安江さんにとっても如是閑はとくに思い出深いものであったようだ。私は、『世界』の第一回「如是閑論文」の冒頭で、〔葬儀委員長の大内兵衛氏（前出）の「大きな翁《おきな》」〔（当時の青年学者たちは如是閑をそう呼んでいた）がいなくなった〕という弔辞とともに当時、東京都知事であった美濃部亮吉さん（故人）〔美濃部さんとは、二〇年間近く、東京教育大学で御一緒した。経済学科と法律・政治学科は隣接学科であり、またお互いに小世帯であったから、研究会や忘年会なども、つねに合同でやっていた。美濃部さんは、育ちがよくて、お金持ちでもあったので、万事明るく、昼食もわれわれのような「もりそば」、「かけそば」（当時一七円）、「梅ものいなりずし」（一〇円くらい）、「コッペパン」（五円か）と異なり、ウナギ、テンプラ、ステーキなどで、かつ先生は大食漢でもあった。また、学者がテレビに登場した「はしり」で、「お茶の間経済学」に出演されて、そのソフトタッチなやさしい語り口によって世の奥様族の憧れの的となった。都知事選出馬が新聞に発表になった日は、ちょうど美濃部さんが定年退官される――埼玉大学学長が予定されていたようだが――最後の教授会で、偶然隣り合わせに座っていたが、「恩師の大内先生にくどかれて断れなかったんだ」とおっしゃったのを鮮やかに覚えている」の「弔辞」(如是閑は、東京都の名誉都民であり、また美濃部さんは学生時代、如是閑と接触があったようだから、都知事、知人代表として「弔辞」を読むことになったものと思われる)についても触れた。そして、この美濃部さんの「弔辞」こそ、「なにを隠そう」当時、美濃部さんの第一秘書として、岩波書店から出向していた安江さんが書いたものであったことを、安江さんは思いだされた、のであろう。

こうして、私は、如是閑の生誕(一八七五年(明治八)一一月一〇日)から、一九六九年(昭和四四)に、満九三歳一一ヵ月(あと二週間余で九四歳、一〇月三〇日死去)で亡くなるまでの如是閑の全生涯にわたる思想と行動について、四回連載(第四八二号〜四八五号)、約二〇〇枚(四〇〇字詰)の原稿(この「長谷川如是閑」という論文に、「評伝」というタイトルをつけたのは、編集者の山崎さんであった)を書いた。

私は、すでに十年ほどまえの一九七六年(昭和五一)に、如是閑の国家観について、『年報政治学』(岩波書店)に、約一八〇枚(四〇〇字詰)ほどの、かなり長大な論文を書いたことはあったが、今回の「評伝」は、如是閑の全生涯をフォローしたものであったから、おそらく、この『世界』論文は、如是閑の思想と行動にかんする、もっとも詳しい最初の論文であったのではないか、と思うし、現在に至るもこのような論文はないはずである。

ともかく、この四ヵ月間の悪戦苦闘により、私は、明治・大正・昭和・戦後史にかかわる基本的な歴史・思想の大量の著作を読み、明治維新から、戦後の「大学闘争」の渦巻く大変動の時代(一九七九年（昭和五四）に如是閑は他界」に至るまでの、約百年余の通史を頭に叩き込むことができた。

また、私は、これ以前の約十年間〔一九七六年（昭和五一）から八六年（昭和六一）まで〕に、七六年（昭和五一）に、「長谷川如是閑の国家観——西欧国家原理の受容と同時代史的考察」（『年報政治学』所収、岩波書店）、七八年（昭和五三）に「長谷川如是閑のドイツ学批判——イギリス思想とドイツ思想との対比による日本近代史観」（家永三郎・小牧治編『哲学と日本社会』所収、弘文堂）、八〇年（昭和五五）、「長谷川如是閑——国家主義とファシズムに抗して」（小松茂夫・田中浩編『日本の国家思想』（下）所収、青木書店）、八一年（昭和五六）、「長谷川如是閑と『言論・思想の自由』——森戸事件から滝川事件まで」（磯野誠一・松本三之介・田中浩編『社会変動と法』所収、勁草書房）、八二年（昭和五七）、「長谷川如是閑のジャーナリズム観」（田中浩編『近代日本におけるジャーナリズムの政治的機能』所収、御茶の水書房）など、如是閑にかんする個別研究を続けていたし、とくに、八五年（昭和六〇）の中央大学百周年記念の約二年間にわたる『長谷川如是閑』の編集作業は、如是閑研究の知識を一挙に増やした。『世界』の『評伝長谷川如是閑』は、これだけの蓄積がなければ決して書けなかったであろう。そして、こうした一連の如是閑研究のなかで、最初は、当然のことながら、素人同然であった私の近代日本研究にかんする偏差値も、ようやく中くらいほどになってきていたのではないか、と思われる。こうした背景のなかで、私は、田口卯吉、陸羯南への挑戦を敢行したのであった。

田口・陸と如是閑の関係

さて、この明治二〇・三〇年代の二大スーパースターを取り扱うさいに、まず驚いたことは、近代日本思想史研究のなかで、いわば種本ともいうべき頼みになる先行研究がほとんどなかった、ということであった。こうしたときに助かったのは、一橋大学図書館に、これらの思想史研究の文献・資料が揃っていたことであった。私は、百冊近い主要図書を借りだし、愛用の「丸善カード」に書き写しながら、卯吉と羯南の全体像をイメージできるようにつとめた。

分析の視角は、この二人の思想家と「明治啓蒙期」のオピニオン・リーダーである福沢諭吉と「大正デモクラシー期」のリーダー長谷川如是閑の思想的相関関係と継承関係をまず明らかにすることであった。

これによって、あるていどわかったことは、田口卯吉は、明治憲法制定後の薩長藩閥政府との闘いにおいて、もはや福沢は時代遅れとみて、自分たちこそが、新しい時代の思想的担い手である、と自覚していた、ということである。つまり、文明開化を目標としていた福沢のリベラル・デモクラシー——そうした福沢の啓蒙活動自体は、きわめて重要であったが——と、明治期思想界の第二世代である卯吉と羯南のリベラル・デモクラシーとでは、ますます権力の強大化した薩長藩閥明治政府と対決することを通じて、思想的に質的に異なり——、田口、陸には、資本主義の矛盾の認識がわずかながら出はじめていた——、その意味で、資本主義批判と社会主義思想を理解していた如是閑らの「大正デモクラシー」の思想的前提となりえた、ということであった。

事実、如是閑は、羯南の真の思想的継承者であり、また昭和初期に入り、軍国主義とファシズムの靴音がひしひしと迫りつつあった時期、それらに「ブルジョア・デモクラシー」を対置させるために、吉野作造、大山郁夫、河上肇、櫛田民蔵、大内兵衛、福田徳三、黒坂勝美、羽仁五郎、嘉治隆一、嘉治真三（夫人は、卯吉の長女）らと語らって、『鼎軒田口卯吉全集、全八巻』（一九二八年（昭和三）〜二九年（昭和四））を出版しているから、如是閑は、羯南のみならず、田口の思想的継承者でもあった、といってもよいであろう。私の研究によって、福沢・田口・陸・如是閑の思想的継承関係がはじめて明らかになったのではないか、と思う。

明治啓蒙期の思想研究に広がる

こうして、私は、田口と陸を研究することを通じて、近代日本におけるジャーナリスト兼思想家の研究の重要性を確認できたし、明治中期つまり明治二〇・三〇年代の思想的問題性を知ることもでき、同時に、明治啓蒙期の思想研究へと眼を向けさせることにもなった。

いま自分の業績表をみると、八七年（昭和六二）一年間に、なんと七本の論文（平均四〇〇字詰、六〇〜八〇枚）——「長谷川如是閑の『新聞論』」（『新聞研究』日本新聞協会、一月）、「日本におけるリベラリズムの一潮流——陸羯南・田口卯吉から長谷川如是閑へ」（『一橋論叢』第八七巻第六号、二月）、「陸羯南」（『近代日本のジャーナリスト』御茶の水書房、二月）、「田口卯吉」、「大正デモクラシーとジャーナリスト」、「『大阪朝日』の人々」、「長谷川如是閑」（以上すべて『近代日本のジャーナリスト』所収）を書いている。還暦直前の年齢で、まだ若かった（？）とはいえ、よくもまあ書きも書いたりと、われながら背筋がぞっとする思いがする。

ともかく、『近代日本のジャーナリスト』刊行のプロジェクトは、自分自身の研究の幅を大きく広げたとともに、このさいの研究仲間のネットワークの広がりは、三年後の——のちに述べるが——大プロジェクト『現代世界と国民国家の将来』（一九九〇年（平成二）三月刊、御茶の水書房）〔執筆者八〇名余。老・壮・青の第一線研究者の協力による、「冷戦終結後」の世界と日本政治の将来像を追求したもの。「東欧革命」「ベルリンの壁崩壊」後の半年後に出版されたが、その数年まえから、政治学者・経済学者のあいだで、もはや「国民国家」の枠は超えたという風潮があった。私もその（狭い国益からのみ政治をみるという）考えには反対であったが、そもそも皆さんは、「国民国家」のことをどれほど知っているのか、という点に疑問をもった。そこで現段階における「国民国家」の地位を確認する必要があると考え今回の企画をたてた。このプロジェクトは、私の一橋大学退官記念号でもあったが、研究計画を立てて、わずか二、三年内で、出版できたのは奇蹟に近かった。矢野暢さん、猪口邦子さん（上智大学教授、小泉内閣の少子化担当大臣）――いずれものっぴきならぬ事情があったが――以外はお願いした方々、全員が執筆してくださった。なお、この本に掲載された馬場伸也さんの論稿は、事実上の遺稿となった」を出版する知的基盤となったことはまちがいない。

社会思想事典の編集

さて、一九八二年（昭和五七）と八七年（昭和六二）と二度にわたって、ジャーナリズムと日本近代思想研究のネットワークを作ると同時に、私は、本来の西欧思想の分野でも、新しい研究ネットワークを組織し、共同研究をすすめた。

一つは、八二年（昭和五七）の田村秀夫・田中浩編『社会思想事典』（中央大学出版部）の出版、もう一つは、「日本イギリス哲学会」を基盤とした「イギリス哲学叢書」の出版で、これも田村さんと私が企画した。

前者は、昭和三〇年代初頭からのイギリス革命史研究グループのメンバーとして、また昭和五〇年代初頭以来の「日本イギリス哲学会」の理事あるいは会長仲間として、生涯、親しくさせていただいていた学問的先輩である田村さんをキャップにかつぎだして企画したものである。

『社会思想事典』の執筆メンバーは、われわれ二人のほかに、田中正司さん、木崎喜代治さん（京都大学教授、フランス社会思想）、永井義雄さん（一橋大学教授、名古屋大学名誉教授、ベンサム）、古賀英三郎さん（サン・シモン）、山中隆次さん、白井厚さん（慶応大学名誉教授、アナーキズム）、半沢孝麿さん（東京都立大学名誉教授、西洋政治思想史）、水田珠枝さん（名古屋市立大学名誉教授、女性史）、土生長穂さん、中島和子《よりこ》さん、古島和雄さん（東京大学名誉教授、東洋現代史、故人）、稲子恒夫さん（名古屋大学名誉教授、社会主義法）、杉原四郎さん（甲南大学名誉教授、経済思想史、イギリス哲学会会長）の各氏。およそ当時としては、考えられる最高級の先生方にお願いして書いていただいた。四〇〇字詰七〇〜八〇枚の「大事典」形式をとり、おそらく、戦後もっとも水準の高い「社会思想事典」として、こんにち出版各社が、哲学・思想事典を作るさいには、必ず本書を参考文献として参照している、という話をきいたことがある。

「イギリス哲学叢書」

さて、同じ頃、私は田村さんと「日本イギリス哲学会」の研究促進の一環としての「イギリス哲学叢書」（御茶の水書房）を企画した。この叢書には、田村秀夫編『トマス・モア研究』、花田圭介（北海道大学名誉教授、故人）編『フランシス・ベイコン研究』、田中浩編『トマス・ホッブズ研究』、田中正司編『ジョン・ロック研究』、平野耿編『デヴィッド・ヒューム研究』、永井義雄編『ジェレミ・ベンサム研究』、山下重一・泉谷周三郎（日本イギリス哲学会会長）編『ジョン・ステュアート・ミル研究』、行安茂編『トマス・ヒル・グリーン研究』などがある。この「イギリス哲学叢書」の刊行によって、イギリス哲学のレベルが一挙に高まり、ドイツ哲学全盛時代の日本において、ようやく、イギリス哲学が市民権を獲得したことは、いうまでもない。

イギリス思想叢書

そして、そうしたイギリス哲学研究の成果をさらに発展させたものに、これまた田村さんとの共同企画である「イギリス思想叢書」（全一二巻、研究社）がある。今回は、一人一巻を書きおろすもので、一九九四年（平成六）に出発した。

そして、九六年（平成八）一二月に、第一巻の田村秀夫著『トマス・モア』が研究社より出版された。ちなみに、この叢書の構成を示せば、第二巻塚田富治『ベイコン』、第三巻田中浩『ホッブズ』、第四巻浜林正夫『ロック』、第五巻泉谷周三郎『ヒューム』、第六巻山崎怜（香川大学名誉教授）『スミス』、第七巻永井義雄『ベンサム』（前出）、第八巻山下重一『ジェイムズ・ミル』、第九巻土方直史（中央大学名誉教授）『オーウェン』、第一〇巻小泉仰（日本イギリス哲学会会長）『J・S・ミル』、第一一巻名《な》古《ご》忠行《ただゆき》（山陽学園大学教授）『ウィリアム・モリス』、第一二巻河合秀和（学習院大学名誉教授）『ジョージ・オーウェル』がある。「叢書」の完成には、約十年近くかかったが、この「叢書」によって、イギリス哲学、イギリス思想が、日本社会に定着したと思われる。

思想史研究の「まとめ」と一橋大学

さて、私は、一九八三年（昭和五八）一橋大学に移籍する〔そのまえの七五年（昭和五〇）に、私は、藤原さんに頼まれて、政治学講座が超手薄（藤原さん一人）であった一橋大学で八年近く外部講師として政治学を担当していた〕前後から、いよいよ本格的に、如是閑とシュミットにかんする研究をまとめる作業に入った〔ホッブズは、八二年（昭和五七）に、『ホッブズ研究序説――近代国家論の生誕』（御茶の水書房）という形でまとめた。大学卒業以来、三〇年もかかっていて、世間的には、異常に遅いと思われようが、納得するものを書くには、これくらいは、かかるのではないか、と思っている。もともと、ある事情がなければ、この本の製作すら遅れたかもしれない。静岡大学で法学部と大学院創設の計画があり、私はその中心教授として招聘されていたから、ドクター（学位）号をとってほしいという要請が事務方《かた》からあった。われわれ旧世代では、ドクターをとることはむしろ恥ずかしいこととされ、南原繁先生でも、岡義武先生でも、丸山眞男先生でもドクターをとっていない、というのがその理由であった。福田歓一さん、京極純一さん、阿利莫二さん、福島新吾さん、石田雄さん、升味準之助さん、松本三之介さんのような碩学もドクターはもっていない、というよりはとっていない。しかし、国際化が進むなかで、ドクターがないと外国に行っても相手にされないし、また学部、大学院の新設のさいに、ドクター号が必要だというので、「恥ずかしながら」私もとることにした。松下圭一君もおそらく同じ理由であったと思われるが、また、偶然に二人とも名古屋大学に申請している。審査委員は横越英一、田口富久治、磯部隆の三教授で、奇跡的に教授会で反対零であったそうだ。そこで、このとき審査のためにまとめたものが先ほどの著作となった。このさい御茶の水書房の橋本盛作社長に大変な努力をしていただいた。感謝したい。

すぐれた教授陣と学部生（とくにゼミ生）、大学院生たちに囲まれた国立・小平（教養部）における切磋琢磨は、私の人生のなかでも、きわめて充実した素晴らしい「研究環境」を提供した。「国は人なり」といわれるが、まさに「大学こそは人なり」であり、すぐれた研究成長は、こうした「知的ポリス（共同体）」においてのみ生みだされるさまを、私は、一橋大学で実感した。

未來社社長小箕俊介さんのこと

八九年（平成一）一二月と九二年（平成四）四月に、私は、『長谷川如是閑研究序説——社会派ジャーナリストの誕生』と、『カール・シュミット——魔性の政治学』を、未來社から出版した。

ところで、小箕《おみ》さんについては、私には悲しい思い出がある。一九八一年（昭和五六）末に『ホッブズ研究序説』の完成がほぼみえはじめた頃、私は、大学卒業以来終始、初代未來社社長西谷能雄《よしお》さんにお世話になっていた〔最初の出版は、武居良明君（静岡大学名誉教授）との共訳、ヒルトン・フェーガン著『イギリス農民戦争』（一九六一年〔昭和三六〕）であった〕ので、当然のことながら未來社から出版する予定にしていた。

ところが当時、御茶の水書房の社長に就任したばかりの橋本盛作さんが、ホッブズの原稿を是非「御茶の水」に回して欲しいという希望があり、当時、未來社の編集者であった小箕俊介さん（小箕さんこそ、二〇年ほどまえに入社したばかりのとき、私の『イギリス農民戦争』の出版を担当してくれた人であり、妙にウマが合ったのか、その後、ずっとお付き合いし、シュミットやミルトンの著作集などをだしていただいた）に、橋本さんの希望を話したところ〔小箕氏と橋本氏は、私より十歳ほど若く、ほぼ同年輩で文学部・農学部のちがいはあったが、ともに東京教育大学の出身者であったので、両者の連携をとりもったのは私であり、両者の関係はすこぶる良好であった。またこれに、もうひとり、私の城代家老ともいうべき教え子で翻訳会社社長の白川兼悦《けんえつ》君（法律・政治学科卒）も小箕君に紹介したが、この三人は同年輩で、性格的にも公正、明朗のためか、無二の親友となった〕、快く承諾していただいた。

そのさい、私は、次の『長谷川如是閑研究序説』は、必ず、未來社にお願いすることを約束した。そして、七年後の八九年（昭和六四）に、ついに如是閑の原稿が整った。勇躍、小箕さんの自宅に電話し、明日月曜日原稿を渡しかたがた、久しぶりに会食しようという約束をして電話を切った。

私は、小箕さんの渡辺マリの「東京ドドンパ娘」（これが小箕さんの唯一の持ち歌で、結構、上手かった）を聞けることを楽しみにしていた。翌早朝、私は「小箕さんが亡くなった」という家内の声に飛び起きた。「嘘だろう」と思ったが、『朝日』の死亡欄に載っていた。あとで聞いてわかったが、私が電話した日の午後、小雨が降る田舎道を自転車で走っていたところを、飛ばしてきた（逆走してきた？）車にハネられたようである。とすれば、前日のひる頃の元気な小箕さんの声が、私が、この世で聞けた最後の声であったのだ。

三〇年以上にわたる長い長いお付合いであり、その間《かん》、一度たりとも嫌な思いをしたことがなく、よく語り、よく遊んだ（飲んだ、といっても私は、きわめ付きの下戸）。シュミットやミルトン著作集の企画も、こうした語らいのなかで生まれたものである。「人の死は突然にやってくる」。このとき、私は、一九六六年（昭和四一）八月一六日の前夜に脳溢血で突然に倒れ、一晩で（夜八時一六分から翌朝八時一六分）亡くなった母のことをなぜか思いだした。

さて、その後、数ヵ月して、小箕さんのあとを、三代目の若社長西谷能英《よしひで》さん（小箕さんは、短期中継《なかつぎ》社長であった）が引き継いでくださり、以後、この二〇年近く、さまざまに援助してもらっている。その第二弾が、九二年（平成四）の『カール・シュミット――魔性《ましょう》の政治学』であった。こうして、私は、約四〇年間ほどかけて、未來社・御茶の水書房の尽力により、ようやく、ホッブズ、シュミット、如是閑研究の「三序説」（たわむれにカントの「三批判」になぞらえて、このようにネーミングしてみた）を世に問うことができたのである。

この間《かん》、シュミット研究にかんしていえば、八八年（昭和六三）に「カール・シュミット考——知識人と政治」（『思想』第七七四号、「カール・シュミット特集」、岩波書店）、九二年（平成四）に「現代独裁論考——カール・シュミットの全体主義国家論をめぐって」（『世界』第五六九号、岩波書店）を書いたが、前者については、『思想』編集長の合庭惇《あいばあつし》さん（日本国際文化センター教授）と『世界』編集部の山崎貫《かん》さんにお世話になった。

九二年（平成四）に、『カール・シュミット』（未來社）を出版して、私の思想史研究は、まだまだきわめて不十分、不満足なものであったが、いちおうの区切り、目鼻がついた。このとき、私は、六五歳になっていた。私にいわせれば、「研究者盛り（？）」の年齢であった。私が主要な研究対象としてきた、ホッブズ、シュミット、如是閑は、それぞれ、九一歳、九七歳、九三歳と長命であったばかりでなく、そのすべてが、七〇代・八〇代になっても精力的に研究成果を発表している。ホッブズは、六三歳で主著『リヴァイアサン』を発表している。シュミットは、第二次世界大戦後も、七〇歳代中葉で『パルチザンの理論』（一九六三年）を発表し、如是閑も敗戦時七〇歳で、八〇歳代初め頃まで、日本の民主化のために発言している。

六五歳というのは、三人の碩学にくらべれば、「洟垂れ小僧」にすぎない。そこで考えた。「残された時間」と「限られた能力」によって、なにができるか、ということであった。それも自分しかできないもの、かついささか世の中に役立つ仕事とはなにか、について考えてみることにした。

そのためには、まず、『三序説』の意義を自己総括——自分で自分を総括するのは不公正であるというブーイングがあがるのは十分に承知しながらも——して、「思いの丈」をアピールし、批判の的にさらしたいと思う。ともかく、私は、次の十年間で、「なにをなすべきか」を考え、新しい研究分野に取り組むことにした。

第三部　現代史研究——世界と日本——へ向けて

ホッブズ研究の意義

私は、戦後日本における民主主義の形成を求め、またそれを知るためにも、近代世界の発展史の方向を追求するために、「思想史学」を志した。ホッブズの研究からはじめたのは、なぜイギリスは世界にさきがけて、市民革命に勝利し、近代国家、近代社会、近代民主主義の形成と確立に成功したのかを思想史的に明らかにし、それによって、戦後日本における民主政治形成の方法を学ぼうと考えてのことであった。

そして、この研究についていえば、およそ、近代民主主義の思想や制度について学ぼうとする人は、まず私の『ホッブズ研究序説』を読んでいただきたい。なぜなら、本書は、思想史研究の方法と意義を、歴史的・理論的にかつ体系的に論じているから、いかなる初心者でも近代民主主義の思想と理論について容易に理解可能だからである。社会科学研究の第一歩はまずは「古典」の研究――少なくとも一七・八世紀の思想たとえばホッブズ、ロック、ルソーなど――からはじめるべきである。

シュミット研究の意義

次のシュミット研究は、ファシズム、ナチズムが、いかにして形成されていったかを明らかにしようとした研究である。

二〇世紀前半の政治学・政治思想の最大のテーマは、民主主義と全体主義(国家主義、ファシズム、独裁思想)の葛藤の問題を素材にして、人権・自由・平和の保障を確固たるものにするために、いかにして、全体主義を打倒し、民主主義に勝利をもたらすかを考究するか、という問題であった。

私は、ヴァイマル時代の政治や思想を、歴史的・理論的に考察し、それとシュミット理論を突き合わせて明らかにした。そして、シュミット研究は、実は、一七世紀のイギリス市民革命から一八・一九世紀そして二〇世紀にいたる近・現代史全体の政治・経済・社会・思想の状況を歴史的・理論的に押さえておかなければ、ファシズム期の全体主義のモデルを明らかにすることはできない、と思う。

しかし、ほとんどのシュミット研究は、シュミットの理論的解釈に終始し、それゆえに、かれの政治理論の興味深いアクロバット的な「概念」たとえば、「例外状態(異常事態)と正常状態」、「敵・味方」論、「委任独裁と主権独裁」、「憲法と憲法律」、「合法性と正当性」などの二項対立をあげて、あれこれ解釈してみせるのがおちである。これでは、シュミット政治思想の理論構成や思想史的意味は、正しく捉えることはできないのではないか、と思われる。日本の思想史研究のうちでシュミット研究ほどに、歴史研究が圧倒的に不足している分野はない。

シュミットのような、反共主義という形で、ナショナリスティックなポーズをとりながら——そのためには、シュミットは、なりふり構わず、かれが第一級の政治思想家と推奨するホッブズやルソーにも「独裁の思想」がある、として自己の思想の権威づけに利用しているが、ホッブズやルソーとシュミットのあいだには、なんの親和性もない――民主主義の思想や制度を掘りくずす独裁思想を押しだしている危険思想家の取扱いは、とくに要注意であり、したがって、シュミット研究者の側に、しっかりとした民主主義の思想や制度にかんする歴史的研究の素地がなければ、「敵の土俵」のうえで容易に、突き飛ばされたり、「はたき込まれる」のである。

私のシュミット研究は、以上の点に注意して分析しているので、私の研究を読めば、シュミット自身の研究であると同時に、一九世紀から二〇世紀前半の政治・社会思想とくにファシズム・全体主義思想を理解できるはずである。ホッブズ研究もふくめて、私のシュミット研究は、二〇世紀現代思想をとりあげるさいの基本的な出発点になることは、まちがいない。

如是閑研究の意義

最後に、如是閑研究についていえば、近代日本思想界のうちでも最高の思想家・ジャーナリストである。この人の研究にさいして、とくに注意すべきは、一七・八世紀の市民革命時代から二〇世紀にいたる近代民主主義の思想や制度をめぐる歴史的諸問題を十分に理解していなければ、かれの全思想を捉えることは、とうていできないであろう、という点である。

なぜなら、如是閑ほどに、近代民主主義思想の全体的系譜を理解していた思想家はほとんどいなかった――この点では、福沢も田口も陸も、同時代の吉野・大山・石橋も、遠くおよばない――から、とくにこちら側でも、十二分な研究を積んで、如是閑を分析すべきであろう。

ところが、日本の近代思想の研究方法をみると、欧米の思想史発展の諸相を、自分の手で直接研究することがなく、既成の欧米思想研究や思想家たちの理論や言葉をとりあげて――それも主として翻訳を読んで。もっとも翻訳を活用すること自体は、悪いとは思わない。それよりも明らかに翻訳を利用したはずなのに、その出典を明記しないのは訳者にたいして失礼であろう――日本の思想家たちと比較し、それに解釈を加えることがふつうであるので、それは事実上、比較思想史的研究とはいいがたい。私は、如是閑研究からはじめて、近代日本の思想研究を続けていくなかで、この点をとくに痛感した。

そして、こうしたことをいうと、「おまえの考え方ややり方は『近代主義的』――西欧拝跪主義、西洋コンプレックス――である」とか「日本の特殊性を理解していない」――日本研究が不十分であるという私への批判は、率直に受けるが――、という批判が返ってくるが、戦後外国で日本研究が盛んになってきていた十数年まえくらいまでは、「日本の特殊性」を振り回しておれば、それでよかったであろうが、日本研究が世界的空間の広がりをもって進展するようになった現在では、「日本の特殊性」という説明だけでは世界的に相手にされないのである（たとえば明治維新とイギリス革命あるいはフランス革命との違いはなにか、とか、日本のファシズム運動と西欧のファシズム運動とはどう違うかとか説明できなければ、外国の研究者とは話が通じないであろう）。

社会科学の方法とは

社会科学とは、経済学、政治学、社会学、法学、歴史学などを総動員して、社会や国家を科学的に分析し解明する学問である。そして、この社会科学の根底にあるのは、人間の思想の働きを考察する哲学である。つまり思想や哲学を欠いた政治学や経済学あるいは社会学は、社会科学とはいえない。

さらにいえば、社会科学には歴史研究が必須である。思想も哲学も歴史もない、たんなる数量化された分析を科学的と称して満足している社会科学には、社会や国家を改革しようとする力はない。どのような思想家の思想を研究するかは、人それぞれであろうが、歴史的・社会的・比較思想史的視角を抜きにした思想研究は、真の意味での思想研究とはいえない。したがって、近代史のなかでの重要な時点、たとえば、イギリス市民革命期、ファシズム時代、大正デモクラシー時代など、近代史全体を展望するのにきわめて有効な、いくつかの時点の代表的な思想家ホッブズ、シュミット、如是閑などの思想をより深くボーリングして、近代思想全体の鉱脈や地下水脈を掘り当てる必要があろう。そうすれば、われわれは、現代の錯綜した思想的諸問題を正しく捉えることができるはずである。

いうまでもなく、一時代、一国家、一人の思想家の分析だけでは、世界史的規模での近代思想全体を捉えることはできない。私自身に即していえば、これまで述べてきたように、一七世紀のイギリス市民革命期のトマス・ホッブズ、二〇世紀前半の「危機の二〇年」の時代におけるドイツのカール・シュミット、日本の大正デモクラシー期の長谷川如是閑といった大思想家に出会えたことは、きわめて幸運――とはいえ、棚ボタ式で、偶然にピック・アップしたわけではなく、採りあげるには、それぞれ必然的理由があったが――であった。ホッブズ、シュミット、如是閑を研究したことによって、近代西欧デモクラシーの成立・発展・変化の諸相と、日本と西欧との比較による思想的相関関係を捉えることが可能となったからである。

その意味で、思想史研究に興味をもたれる研究者は、まずは、思想学入門の一方法として、私のホッブズ、シュミット、如是閑の研究を読まれることをすすめるものである。思想史研究を抜きにしては、個別社会科学――政治学、法学、経済学、社会学、歴史学など――に改革の学問としての魂＝精神を吹き込むことはできないであろう。

私は、ここにくるまでに、大学卒業以来、約四〇年近い歳月を要した。時間が長いか短いかは別として、思想史という学問は、たいへんに魅力的で、私の興味を捉えて離さないものであった、と思うし、思想史研究は、今後とも生涯命ある限り続けていきたいと思っている。にもかかわらず、最近の大学の人文・社会科学の分野において、思想史という学科が、ますます閉めだされつつある傾向にあるのは残念であるし、また日本の学問の底の浅さを思わざるをえない。

現代史研究への接近

さて、ここで、いよいよ私は、これまでの思想史研究を基礎に、敗戦直後から思い描いていた現代の「世界の構造」と「世界の歴史」と「世界の思想」を知るための「現代史研究」に突入する決意を固めた。「現代史」は、「現代史それ自体」を分析しなければならない。とはいえ、いきなり「現代史」に接近することはできないので、まずは、一七世紀から二〇世紀にいたる近・現代史の全体の問題性を整理するような「通史」を書くことにした。

日本では、とかく、特殊研究を重視して――またこうした研究を「たこつぼ学問」と軽蔑的にいう人がいるが、「たこつぼ学問」も満足にできない人に、真の研究はできるだろうか、――、「通史」は「啓蒙書」といわれて評価が低いが、これはまちがいであり、西欧では、通史・啓蒙書を書くことは、「学者の使命」として、高い評価を受けているのである。事実、近・現代を通観するような、しかもバランスのとれたかつ体系性のある通史を書くことは、「特殊研究」という名分に拠りかかり、研究領域を広げようとせずに、それに安住している「怠け者」の研究者には、とうていできない相談であろう。

ともあれ、社会科学の研究を本命とする研究者ならば、通時的・同時代史的・現代史的研究に挑戦してみたいと思うのはしごく当然なことではなかろうか。考えてみれば、前後数世紀にわたって巨大な影響を与えているホッブズ、ロック、ルソー、スミス、ベンサム、ミル、マルクス、ヴェーバー、ラスキなどは、稀代の「現代史研究者」であった、といえないだろうか。これにたいして、日本では、社会・政治思想のマルチ人間であった長谷川如是閑や丸山眞男さんなどは別として、そのような「研究文化」の伝統はほとんどない、といってよい。

とはいえ、「なんらか」の「きっかけ」がなければ、そうした新分野に挑戦することには、勇気がいるし、また困難である。しかし、日本の人文・社会科学を、インターナショナルなレベルに引きあげるには、「世界の歴史」とかかわるようなテーマと大胆に向き合う努力が必要であることは、いうまでもないであろう。

NHKの市民大学講座

こうした思いに、チャンスを与えてくれたのは、一九八九年（平成一）四月から六月にかけてのNHKテレビ「市民大学」（四五分番組）の出演交渉〔八八年（昭和六三）一二月頃〕であった。

テレビ出演については、約二〇年ほどまえの一九七〇年（昭和四五）〜七二年（昭和四七）にかけて――大学闘争の真っ最中であった――、同じ第三チャンネルの「高校社会」講座（三〇分番組、当時は白黒テレビ）に出演したことがあったから、さして違和感はなかった。しかし、テーマが「近代国家と個人――民主主義思想の変遷」であった――担当者の菅野倫行氏（故人）が、私のホッブズ、シュミット、如是閑などの著書や論文を読んでいてくれたらしく、先ほどのテーマをもってこられた

――から、新しい視角によって、新しい分野へと対象領域を広げる必要があったが、かねがね、近代全体にわたる「通史」を書いてみたい、と思っていたので、力不足を承知で、お引き受けすることにした。

当時は、「天安門事件」(一九八九年六月)や「東欧民主改革(日本では、大げさに東欧「革命」とネーミングしているが、この事件は、実質は「自由・民主改革」ではないか(一九八九年六月〜一二月))」の直前であり、世界史的にも、日本国内においても、「冷戦思考」の束縛が溶解しはじめていて(一年後の一九八九年一二月に「冷戦終結宣言」)、自由主義・民主主義と社会主義との関係をどう捉えたらよいかについて、思想的・理論的・歴史的に考究する必要があるという学問的雰囲気が生まれつつあった――それまでは、日本では、自由主義と社会主義は対立的に捉えられ、どちらの側が民主主義の擁護者かといったような公式的な理論闘争に終始していた――ような時代であった。

ところが、日本ではもちろんのこと、世界的にも、そうした問題を解明する通史、概説書あるいは研究書がほとんどなかったから、NHKの『テキスト』を書くことについては力が入った。

日本では、明治維新以来、一九四五年の敗戦によっても、真の意味での自由主義・民主主義にかんする問題意識的な研究はなされてこなかった――戦前には、福沢諭吉、田口卯吉、陸羯南、長谷川如是閑、吉野作造、石橋湛山、大山郁夫など、戦後には、丸山眞男、大塚久雄、川島武宜《たけよし》、小松茂夫、福田歓一、坂本義和、宮田光雄、松下圭一、藤田省三氏などを除いて――から、今回の作業はきわめて意義あるように思えた。放映は好評だったようで、この『テキスト』は、当時、岩波書店の『思想』編集長であった合庭惇氏の御好意によって、『国家と個人――市民革命から現代まで』(岩波書店)というタイトルで出版され、たちまち版を重ねた。

『現代世界と国民国家の将来』

さて、『市民大学』のテキスト作りの準備とテレビ放送（一九九〇年四月〜六月）をしていた二年前の一九八八年春頃から、私は、ベトナム戦争（一九七五年）後、東西の緊張がとけはじめ、資本主義と社会主義、自由主義と社会主義の相互理解が急速に進みつつあった――競争的共存の時代のはじまり――二〇世紀末における新しい国際政治秩序や国際政治思想についてどのように考えたらよいかという問題――もちろん、当時は、「冷戦終結宣言」（一九九〇年一二月）や「ソ連邦の崩壊」（一九九一年一二月）などは想像もできなかった――を解明したいと考えて、「現代世界と国民国家の将来」というテーマでの共同研究プロジェクトを立ちあげた。これには、私の第一次定年（一橋大学）ということもあって、八〇名近い日本の政治学、政治思想、政治史、国際関係論関係の研究者の方々の協力をえることができた。この大プロジェクトについても、幸いに、一九八九年の文部省の「出版刊行助成金」の給付を受けることができ、今回も御茶の水書房のお世話になった。その全体について述べることはできないが、目次をみると次のようになっている。第一部　近代国家の確立と展開　一、近代国家の歴史的前提　二、近代国家像の形成　三、近代国家像の確立　四、近代国家像の展開　第二部　ヨーロッパにおける国民国家像の分化　一、イギリスにおける福祉国家への道　二、フランスにおける人民投票型民主主義の成立と展開　三、「うたう革命」における「市民社会の形成」　四、ドイツにおける国民国家像への模索　五、イタリアにおけるコーポラティズム国家像　第三部　近代日本における国民国家の形成と展開（一〜一四）　第四部　八〇年代資本主義国家の政治メカニズムとその矛盾　一、利益還元型政治システムの確立　二、利益還元型政治メカニズムの矛盾　三、利益還元型政治メカニズムの政治理論の批判　四、特殊日本型利益還元型メカニズムの矛盾　第五部　政治発展の諸側面と第三世界の政治（一〜八）　第六部　戦後国際関係の諸相とその展望　一、国際関係の諸相二、下からの新しい国際関係作りへの試み　エピローグ――国民国家から世界国家への間にて。

全体で約一二八四ページの大著である。執筆者七六名。当時、院博であった七、八名の方々、講師・助教授であった二〇名近い方々は、いまや、全国区的知名度をえて活躍しておられる。いま、協力者の方々を振りかえってみると、きわめて興味深いので全体的には無理だが一部お名前をあげておく。磯部隆（名古屋大学教授）、柴田平三郎、白石正樹（創価大学教授）、高野清弘、塚田富治、菊池理夫、津田晨吾《しんご》（東京教育大学博士課程）、重森臣広、友岡敏明（南山大学教授）、柴田寿子（東京大学教授）、小沢亘《わたる》（立命館大学教授）、田中正司、杉田孝夫、小野紀明《のりあき》（京都大学教授）、岩佐幹三（金沢大学名誉教授）、関口正司、中谷義和、日下喜一《くさかきいち》（青山学院大学名誉教授）、金井和子（同志社大学講師）、中谷猛（立命館大学名誉教授）、北川忠明（山形大学教授）、下斗米伸夫、野村真理（金沢大学教授）、中道寿一（北九州大学教授）、五十嵐一郎（東京教育大学博士過程）、山口定《やすし》（大阪市立大学・立命館大学名誉教授）、高橋進（龍谷大学教授）、井田輝敏、西田毅、有山輝雄（成城大学名誉教授、東京経済大学教授）、和田守、山本武利（一橋大学名誉教授、早稲田大学教授）、岡利郎《としお》、大木基子、栄沢幸二（専修大学名誉教授）、岡本宏、田崎宣義（一橋大学教授）、吉田裕（一橋大学教授）、安部博純、片野真佐子（大阪商業大学教授）、矢沢修次郎（一橋大学名誉教授、成城大学教授）、辻中豊（筑波大学教授）、穴見明（大東文化大学教授）、岩崎美紀子、岡沢憲芙《のりお》（早稲田大学教授）、村松恵二（弘前大学教授）、加藤普章、田口富久治、水口憲人（龍谷大学教授）、藤原保信、飯島昇蔵（早稲田大学教授）、加茂利男（大阪市立大学教授）、安藤実、中野実（明治学院大学教授、故人）、河合恒生（岐阜商科大学教授)、木戸翁(神戸大学名誉教授、故人)、川端正久(龍谷大学教授)、松下冽(立命館大学教授)、土生長穂、古城《ふるき》利明(中央大学教授)、桜井利江(同志社大学教授)、佐藤信一、田北亮介(龍谷大学名誉教授)、井尻秀憲、巣山靖司(大阪外国語大学名誉教授)、馬場伸也、グレン・D・フック(シェフィールド大学教授)、中村研一、太田育子(広島市立大学教授)、藪野祐三(北九州大学教授)、猪口孝(東京大学名誉教授、中央大学教授)、加藤哲郎。

『近代日本と自由主義——諭吉・卯吉・羯南・如是閑』

さて、近代三五〇年間の西欧政治・社会思想史をまとめた『国家と個人』(一九九〇)、また『戦後世界と国民国家の将来』(一九九〇)を出版して戦後世界研究へ軸足を一歩踏み入れたのち、今度は、明治維新から敗戦までの戦前約八〇年間の日本の政治・社会思想の歴史を、とくに、リベラリズム(自由主義)・民主主義の展開を中心に、さらには、西欧民主主義思想や社会主義・ファシズムなどとの関係を念頭におきつつ概観してみたい、と思うようになった。これが、一九九三年(平成五)に出版された『近代日本と自由主義——諭吉・卯吉・羯南・如是閑』(岩波書店)というタイトルの研究書であった。今回も合庭さんのお世話になった。

ところで、『国家と個人』が書き下ろしであったのとは異なり、今度のばあいは、過去二五年間にわたって、さまざまな場所で発表してきた論文をまとめたものであるが、全論文が、自由主義・民主主義を軸にして書いていたので、無理なく、年代順に並べて形を整えることができた。

たとえば、一九六九年(昭和四四)、「明治前期におけるヨーロッパ政治思想の受容にかんする一考察——加藤弘之の『人権新説』を手がかりに」(稲田正次編『明治国家形成過程の研究』所収、御茶の水書房)。この論文を書いたときには、当時、御茶の水書房の編集長をしていた能島《のうじま》さん（元木鐸社社長）に、「先生の論文は芸術作品です」といわれたが、趣旨は「完全原稿」に近く、ほとんど直しがない、という意味であった。その頃は、大家の先生たちの多くは、ゲラ段階で、原型をとどめないほどに、真っ赤々に朱筆を入れているのがふつうであったが、私は、植字工の方々がせっかく苦労して拾ってくださったものを、全部だめにするようなことは申訳ない、と思っていたから、可能な限り、完全なものにするために何十回となく書き直し、その執筆態度と方法は、こんにちまで続いている。もっとも、こんにちでは、フロッピーで渡すことになったので、おそらくだれでも完全原稿に近いものと思うが（あの汚い字が、りっぱな活字になってゲラとしてでてきたときの感激を味わうことはできなくなったのではないか）。

それはともかく、如是閑にかんしては、前述した一九七六年（昭和五一）から八二年（昭和五七）にかけての四本の如是閑論文と、それに八六年（昭和六一）の「長谷川如是閑の『新聞論』」（『新聞研究』第四二五～四二六号、日本新聞協会）、八九年（平成一）の「長谷川如是閑の『女性論』（フェミニズム論）」（日本でフェミニズムという言葉と視点を用いて大正デモクラシー期に百本ほどの論文を書いたのはおそらく、如是閑が最初ではないかと思われる。当時の社会主義者たち、たとえば堺利彦などの女性論は、社会主義革命が成功すれば、女性解放は達成されるという幼稚なものであった）。

また一九九二年（平成四）には、「長谷川如是閑の中国論（上）――国亡びて生活あり」（『大東法学』第一九号、大東文化大学法学部）、九四年（平成六）には「長谷川如是閑の中国認識――辛亥革命から満州事変まで」（田村秀夫教授『古稀記念論文集』所収、中央大学出版会）を書いたが、如是閑が「国共合作路線」を主張していたのが興味深かった。

福沢にかんしては、前述の一九六六年（昭和四一）の「明治前期におけるヨーロッパ政治思想の受容にかんする一考察」のほかに、加藤弘之研究を発展させた八八年（昭和六三）の「福沢諭吉と加藤弘之――西欧思想の受容と国民国家構想の二類型」（『一橋論叢』、第一〇〇巻二号、一橋大学）、田口・羯南にかんしては八七年（昭和六二）、「日本におけるリベラリズムの一潮流――陸羯南・田口卯吉から長谷川如是閑へ」（『一橋論叢』、第八七巻六号、一橋大学）、同じ年の田中浩編『近代日本のジャーナリスト』（御茶の水書房）に掲載した、田口、陸、長谷川の個別論文などを参考にした。

ともかく、以上の約四半世紀間ほどかけた継続的・目的意識的な作業によって、明治啓蒙期の福沢諭吉、明治中期（二〇・三〇年代）の田口卯吉・陸羯南、「大正デモクラシー期」から「昭和ファシズム期」の長谷川如是閑が、自由主義・民主主義の系譜という一本の筋によって、はじめてその思想的継承関係を明らかにすることができ、同時に、社会主義・ファシズムとの相関関係も明らかにされた、と思う。

こうして私は、近代西欧と近代日本のリベラリズム、デモクラシーの発展を明らかにすることができ、私のホッブズ、シュミット、如是閑の研究は、その方向性においてまちがっていなかった、と確信した。と同時に、いやしくも、政治学、経済学、社会学、法学、哲学、思想、歴史学などの専攻研究者たる者は、それぞれの拠点から、可能なかぎり「通史」を書く努力を目ざすべきであり、そうした学問的態度は、必ずや社会科学の発展に寄与するであろう、ということも付け加えておこう。

「戦後史」研究への挑戦

さて、一九八三年（昭和五八）から九三年（平成五）の一〇年間かけて、年齢五七歳から六七歳のあいだに、ヨーロッパと日本の近代思想の通史的研究をおこなったのち、私は、いよいよ本格的な戦後史――「日本」と「世界」――を書きとめておきたい、と思うようになった。それには、お手本があった。我が心の師ホッブズ先生は、七八歳前後に、『ビヒモス』(一六六六年頃)というタイトルで、「ピューリタン革命史」(副題は、一六四〇年から六〇年までのイングランドの内乱)と、『哲学者と法学徒との対話――イングランドのコモン・ローをめぐる』(田中浩・重森臣広・新井明訳、岩波文庫、二〇〇二年〔平成四〕)という、ホッブズにとっては、まさに現代史そのものを書いていたのである。

この二つの著作は、前者は、革命の歴史であると同時に、さまざまな政治・宗教をめぐる思想的分析を試みたものである。日本では、ピューリタン革命思想史としては、マックス・ヴェーバーの『プロテスタンティズムの倫理と資本主義の精神』ばかりが有名であるが、日本人の革命史・革命思想研究者としては、太田可夫、水田洋、福田歓一、山崎時彦、越智武臣、永岡薫、浜林正夫、田村秀夫、松浦高嶺、竹内幹敏、大木英夫、今井宏(東京女子大学名誉教授、元聖学院大学大学院客員教授、故人)、今中比呂志(広島大学名誉教授)、渋谷浩(明治学院大学名誉教授、聖学院大学名誉教授)、山本隆基(福岡大学教授)などのヴェテランのほかに、重森臣広、高野清弘、山田園子、岩井純(静岡大学教授)、大沢麦(首都大学東京教授)、鈴木朝生(二松学舎大学教授)、川添美央子(聖学院大学助教授)、梅田百合香(錦城大学講師)さんなどのすぐれた若手研究者がいる。革命の現場証人である大思想家ホッブズのピューリタン革命分析は、内容的にはより具体的かつ豊かであり、ピューリタン革命を理解するためには、このホッブズの『ビヒモス』は第一級の必読文献であろう。

また、後者の書物『対話』――クローチェ、グラムシと並ぶイタリアのというより世界的な代表的思想家ノルベルト・ボッビオ(一九〇九〜)に『トマス・ホッブズ』(一九八九年)というすぐれた研究書があり（田中浩・中村勝己・千葉伸明訳『トマス・ホッブズ』未來社、二〇〇七年予定）、一九八〇年代頃からボッビオによってホッブズ研究がイタリアで盛んになったようだが、ボッビオが『対話』をいち早く翻訳しているのはさすがである。また、陸軍経理学校の同期生の豊蔵一氏（旧制六高、東京大学工学部卒、建設次官、都市公団総裁、セ・リーグ会長）が年賀状で『対話』を読んで面白かったと書いてきたのには驚いた。工学部出身なのでそのときは差し上げなかったが、それからは私の著書をすべてお送りすることにしている――は、これまで、日本ではもとより、世界的にもほとんど取りあげられてこなかったが、イギリス史やイギリス思想史を理解するうえでは絶対に無視することのできない政治・法・宗教思想、議会観などについて老ホッブズが、かなり踏み込んで――当時は、王政復古の時代で、保守支配層が巻き返しをはかっていた時代である。パトロンのデヴォンシャー伯爵家のバック・アップがあったとはいえ、ホッブズ自身の立場は、決して安全なものとはいえなかった――述べているために、イギリス市民革命の勢力配置や思想状況が具体的に生き生きと描かれている。ともあれ、思想家や研究者の立場なり哲学なりは、かれの現代史研究のスタンスに現われる。したがって、社会科学の研究者たるものは、かれ自身の分析視角や方法にもとづく現代史研究に挑戦すべきである、と思う。

『戦後日本政治史』

こうした「現代史」への熱い思いとホッブズのひそみにならって、私も、一九九六年（平成八）から二〇〇〇年（平成一二）にかけて、つまり、七〇歳から七四歳にいたる約四年間で、一九九六年には『戦後日本政治史』（講談社、学術文庫）を、九九年（平成一一）には『戦後世界政治史』（講談社、学術文庫)、二〇〇〇年一一月には『二〇世紀という時代』(日本放送出版協会、NHKライブラリー)という三冊の文庫本を出版した。

前者の『戦後日本政治史』では、戦後日本政治史だけでなく、本書の四分の一くらいのスペースを割いて、明治維新から敗戦までの戦前の日本政治史と政治思想の潮流を前段におき、戦後史理解が容易になるように配慮した。そして、近代日本一三〇年間にわたる日本政治史を一人で書いた精緻で躍動感あふれる研究は、私の知る限りでは、日本政治史の第一人者升味準之助さんくらいしかいないと思うが、全編を一人で書くメリットと楽しさは、自分の政治哲学を織り込んだ、一貫した視点にもとづいて書くことができるところにある。そして、このような努力は、だれかがなさなければならない、と思っている。

さて、このような戦前の日本政治史もふくめた簡便かつコンパクトな戦後日本政治史の本としては、類書がなかった——戦後日本政治史としては石川真澄さんの『戦後日本政治史』(岩波新書)があるためか、たちまち版を重ねた。そして、一ヵ月後に『毎日新聞』に好意的な書評が載り、そのすぐあとに『エコノミスト』の編集長さんから電話があり、書評委員(一九九七年(平成九)~二〇〇〇年(平成一三))を依頼された。書評委員の期間(三年)中は、ふだんは、あまり読むことのない政治・経済・社会・思想・文化関係の新刊書を大量に読むことにより、大いに啓発された。

それはともかく、『戦後日本政治史』を書くにさいしては、敗戦経験をもつ世代の一人として私は、五〇年以上にわたって、日本の政治についての膨大な著書を収集し、また新聞・テレビ・雑誌などを丹念に読み、関心をもっていた。そのため、主要な政治的事件は、ほとんど頭のなかにインプットされていたので、たとえば、岩波の『近代日本総合年表』を手にすると、戦後史の流れが、走馬灯のように記憶がよみがえり、半年ほどで一気に書きあげることができた。

私は、ホッブズ、シュミット、如是閑の研究者として世に知られていたので、このような政治史や現代史研究を発表したときには、さすがにびっくりされたようである。しかし、私にいわせれば、たとえ古代オリエントやギリシア・ローマあるいは中世、近代初期の研究者であれ、現代史に関心がないのは、人文・社会科学の研究者とはいえない、とかねがね考えていたし、ギリシアのヘロドトス（前四八四頃～前四二五頃）、トゥキュディデス（前四六〇（五五）～前四〇〇頃）、ローマ時代のリヴィウス（前五九～後一七）、タキトゥス（五五頃～一一五頃）、近代初期のマキァヴェリ（一四六九～一五二七）、ホッブズ（一五八八～一六七〇）のひそみに習っていつかは現代史を書きたいと思っていたので、今回の「戦後日本政治史」の執筆は、長い研究生活のなかでもとくに楽しい作業であった。

『戦後世界政治史』

『戦後日本政治史』を書きあげたのち、私は、こんどは私なりの『戦後世界政治史』を書き残しておきたい、と考えるようになった。そのきっかけは、実は、一九九六年（平成八）に、『戦後日本政治史』を書く四年前の九二年（平成四）にまで遡る。

当時、東京女子大学の外部講師として「政治学」を講義していた（受講者四〇〇名余で一七年間、教えたから、トータルで七〇〇〇名くらいの学生が私の単位をもらったはずである）が、女子大でも、国際関係の講義を開講するよう「文部省」から要請され、国際関係の講義をもってほしいという要請があった。

私は、思想史が専門であるから、辞退するのがふつうであったが、実は、私は西欧が専門であったので、「日本の政治」よりもむしろ「国際政治」や「世界政治思想」に興味をもち——つまり、現代史や現代思想を知らなければ、近代の出発点から現代にいたる思想や歴史を正当に評価することはできないと、つねづね考えていたから——戦後世界政治における主要な事件たとえば「朝鮮戦争」、「ハンガリー事件」、「ジュネーブ極東平和会議」、「ベトナム戦争」、「中ソ対立」、「プラハの春」、「文化大革命」、「天安門事件」、「東欧民主化闘争」、「ベルリンの壁の崩壊」、「冷戦終結宣言」、「ソ連邦の崩壊」などなど、戦後世界政治史の重要な事件や、さまざまな政治・経済・思想をめぐる争点を頭にインプットしていたので、叙述自体には、さほど苦労はしなかった。あとは、年次、日時などをまちがわないように注意した。

こうして、九四年（平成六）に『戦後五〇年史——国際関係の変容と日本』（学陽書房）を出版した。そして、九九年（平成一一）には、『戦後世界政治史』（講談社、学術文庫）（学術文庫出版にかんしては、編集長の池永陽一さんや相沢耕一さんに大変お世話になった）を、二〇〇〇年（平成一二）末には、二〇世紀全体を網羅した、戦前・戦後の日本と世界の政治史・政治思想をトータルに捉えた（四〇〇字詰原稿用紙、六五〇枚）、『二〇世紀という時代』（NHK出版部、折方親宏《おりかたちかひろ》氏、出澤《いでさわ》清明出版部長にお世話になった）という文庫本（NHKライブラリー）を出版した。この「戦後世界政治史」の作業も、「戦後日本政治史」同様、実に楽しい作業であった。そして、このような二〇世紀全体をトータルにかつわかりやすく叙述した二〇世紀史——一七・一八世紀以来の西欧と近代日本の政治史や思想をもふくめた——は、いまのところ、日本においても、おそらくない、といってもよいと思っている。

高畠通敏さんと坂本義和さんとのこと

ところで、もともと私は、「現代史」はおろか「国際政治史」も専門ではないので、これらの本は若い研究者仲間に配っただけだったが（ふつうは、三〇〇人くらいの先生・先輩・友人・後輩たちに送ってきた）、『戦後世界政治史』については、思いがけない方々から、おほめの言葉をいただいたときには嬉しかった。

一人は、高畠通敏さん（二〇〇四年死去）である。『戦後世界政治史』がでたすぐのち、神島二郎さん（前出）の「偲ぶ会」が立教大学で開かれた。私は、高畠さんとは長い長いお付き合いで、必ず著書出版にさいしては相互に交換し合っていたのだが、「偲ぶ会」の責任者である高畠さんが、「いやー、参りました。脱帽です」とあいさつくださったのには驚きもしたし、また、戦後日本の政治学会のリーダー格であった高畠さんからのエールであっただけに嬉しかった。その高畠さんも、いまはいない。淋しいかぎりである。

もうお一人は、戦後日本の国際政治史や平和学の最高権威である坂本義和さんから突然いわれたことである。二〇〇四年（平成一六）六月七日、私が関係していた聖学院大学（現在、私は、同大学の総合研究所の大学院客員教授として、研究・教育の一端を担っている。四月下旬から七月中旬まで、週一回、一コマで、そのほか、この大学で盛んにおこなわれている研究会（「グローバリゼーション研究会」、「ピューリタニズム研究会」など）への参加が主な仕事である。理事長の大木英夫さんとは、昭和三〇年代の終り頃から大学闘争の始まる昭和四〇年代の前半頃までの数年間、大木さんの「東京神学大学」において、今井宏、田村秀夫、浜林正夫、松浦高嶺、永岡薫さんたちと「ピューリタニズム研究会」をおこなっていた。そのうち紛争がはじまり、各自勤務校に釘付けとなり、この研究会も自然消滅という形になった。その後、私は、「筑波闘争」、「東京教育大学の廃学」、「静岡大学」、「一橋大学」、「大東文化大学」、「立命館大学」と転々としているうちに、大木さんともすっかり御無沙汰していた。しかし、大木さんは、私のことを覚えてくださっていたようで、私を同大学のプロジェクト「市民社会研究会」にお誘いくだされ、その一年後に、客員教授にお招きいただいた。もつべきものは、「古き良き学友である」。またここには、学長としては飯坂良明さん、長年の研究会仲間である永岡薫さんや今井宏さん、名誉理事長、全学教授、元日銀総裁の速水優さん、現代経済学の真野輝彦さん、キリスト教学の権威古屋安雄さん、比較法・EU研究の大木雅夫さん（上智大学名誉教授）、アウグスティヌス研究で有名な金子晴勇《はるお》さん（静岡大学名誉教授）、かつて一橋大学で御一緒していたアメリカ政治史の有賀貞《ただし》さん（一橋大学名誉教授）、経済学の富沢賢治さんなどの大学院専任教授、特任教授には英文学の山形和美さん（筑波大学名誉教授）、日本キリスト教史の鵜沼裕子教授、また私のような客員教授には、河上民雄さん（日本社会党衆議院議員、東海大学名誉教授、政治学、日本社会党委員長でクリスティアンの河上丈太郎さんの御子息、旧制静岡高校時代松本三之介さんと同じクラスメイトであった）、若い頃「歴史学研究会」の全国研究仲間であった田中豊治さん（千葉大学名誉教授、ヴェーバー研究）、松谷好明さん（ピューリタニズム研究、特任教授）、坪井智朗（ピューリタニズム研究、準教授）など、錚々たる方々が大学院の指導に当たっている。また、阿久戸光晴さん（ピューリタニズム研究、学長）、梅津順一さん（ピューリタニズム、ヴェーバー研究、教授）、佐野正子さん（ピューリタニズム研究、助教授）、川添美央子さん（ホッブズ研究、講師）などの中堅・若手研究者が企画するさまざまな研究プロジェクトがあり、学的向上心を大いに刺激されている」の「グローバリゼーション研究会（三年計画）に、坂本さんをお招きし、報告していただいた。報告前の雑談のなかで、突然、坂本さんが、私の『戦後世界政治史』の名前をあげて、非常によくまとまった著書である、とほめてくださったのには、驚きもしたし、また同氏が国際政治史・国際関係論の権威であるだけに、とくに嬉しく感じた。高畠さんのばあいといい、坂本さんのばあいといい、私の「戦後史」関係の本をちゃんと読んでくださっていたことを知り、私の戦後史研究は無駄ではなかったという思いがして、また十年後には、続編を書いてみたいという永遠の宿題を見つけたような気になった。ちなみにもう一ついうと宮田光雄さん（東京大学法学部卒、東北大学名誉教授、キリスト教学、ドイツ近・現代思想史の第一人者）は、同年輩のなかで私がもっとも尊敬している学者である。敬虔なクリスチャンで、その書かれるキリスト教関係やドイツ現代思想史の本をいつもいただき、刺激を受けている。

『二〇世紀という時代』「NHK青山文化センター」

ところで、私は、『戦後日本政治史』と『戦後世界政治史』を書いたのち、日本と世界の両方をふくめた二〇世紀の歴史と思想を書いてみたいと思い、『二〇世紀という時代』という著作を二〇〇〇年（平成一二）一一月に出版したが、その経緯についてはすでに述べた。

出版から間もない、二〇〇一年（平成一三）に入ってからすぐのことだったと思うが、NHK青山文化センター所長の中村清次さんから一本の電話が入った。『二〇世紀という時代』を読んで、ひじょうに面白かったので、四月から文化センターでなにか話をして欲しいという有難いお話であった。手はじめに、戦後世界の問題点について五、六本の放送用録音をとったり（録音をとってくださった武田さんのお嬢さんが、立教大学の栗原さんのゼミ生で、その後、シェフィールドのフック君の助手をつとめ、いまではシェフィールド大学の専任講師をしておられるのも奇遇であった。人間、どこでなにがあるかわからないので、身を慎まなければならないな、と感じた）、ＪＡＬの日曜講座で現代史関係の話をしたりした。

こうしたウォーミング・アップをしているうちに、二〇〇二年（平成一四）六月から八月にかけて、ＮＨＫラジオ第二の夜九時半からの「カルチャー・アワー」の「東西傑物伝」という講座で一三回、話をすることがきまった。

内容は「おまかせする」ということであったので、聴衆が聞いても面白くかつ「有益」と思うようなテーマはなんだろうかと考えた末に、今回は、勝海舟から丸山眞男までの、近代日本の政治的リーダーや政治・社会思想家一三人をとりあげて、日本におけるリベラリズムやデモクラシーをめぐる、かれらの思想と行動を通観してみることにし、『二〇世紀日本を創った思想家たち』（本書は、のちに二〇〇三年八月に『第三の開国は可能か』というタイトルでＮＨＫライブラリーとして出版された）というタイトルの『テキスト』作りに突進した。

『日本リベラリズムの系譜』

ところで、私は、日本の近代思想にかんしては、明治維新から敗戦までの、日本の代表的思想家——福沢、田口、陸、如是閑——を取りあげて論じてきた。そして、ここまでくるについては、一九六六年（昭和四一）に加藤弘之をとりあげてから約三〇数年以上の長い長い年月がかかっている。

こうした経過のなかで、二〇〇〇年（平成一二）に、朝日新聞社から『日本リベラリズムの系譜——諭吉・如是閑・丸山眞男』を出版（『朝日選書』）（このときには編集部の大内要三さんにお世話になった）したときには、ウィングをさらに広げて、新たに丸山眞男さんをとりあげることにし、ここで私は、ようやく近代日本政治思想史上の「三傑」（福沢・長谷川・丸山）の思想的継承関係、思想的相関関係を明らかにするうえで一歩踏みだすことになった。

これまで、丸山さんについての研究書は「汗牛充棟」ただならぬものがあり、私ごときが参入する余地はまったくないと思ってきた。しかし、丸山さんが、福沢諭吉と長谷川如是閑を、近代日本の思想家としてもっとも高く評価されているとすれば、福沢と如是閑についてはこれまでいささか研究をすすめてきていた身としては、どうしても、この三人の思想的継承関係を検討し、私の近代日本政治思想史研究を完成させてみたい、と思わないではなかった。ところで、私の丸山研究には、決定的な欠陥があり、それが私の丸山研究を躊躇させた。それは、丸山さんの最初の研究——徳川政治思想史の研究——とか「古層」の問題などについては、私の能力では、とうてい論評不可能だと考えていたからである。

となると、私の丸山研究は、一つは、明治以降の丸山の日本近代思想の研究にかんすることに、若干のコメントを加えること、もう一つは、敗戦直後の日本民主化の時期から安保闘争（一九六〇〔昭和三五〕）に至るまでの約一五年間とそれに続く一九六九年（昭和四四）に世界的な学生運動の日本版として起こった「大学闘争」の時期までの約一〇年間を合わせた約二五年間——この時期は、戦後日本における民主主義への転換（民主改革）をめぐるもっともダイナミックな抗争期で、丸山の思想が知識人・学生のあいだで、きわめて大きな影響力を与えた時期である。そして丸山のように、生前四半世紀間にわたり、ジャーナリズムの世界や学界においてその影響力を持続し、現在においてもなお影響を与え続けている思想家は、まれなる存在であろう——の丸山の思想家としての発言・論文・著作などが検討の対象になろう。

結論的にいうと、この時期の丸山の思想的立場は、戦前の如是閑を正当に受け継いだリベラル・デモクラシーとソーシャル・デモクラシーをミックスしたもので、それによって、日本および国際社会にかんする政治・社会の批判を試みたものであったといえよう。そして、この西欧型リベラル・デモクラシー（自由民主主義）とソーシャル・デモクラシー（社会民主主義）を接合した思想内容は、西欧研究がきわめて立ち遅れていた日本人にとってはもっとも理解しにくい思想であった。

もし、戦後の日本人が、英仏や北欧、ベネルクス諸国におけるように、社会民主主義とは、自由民主主義の発展の延長線上にある思想として捉えることができていたら、戦後日本政治においても、こんにちのヨーロッパ諸国にみられるような保守党・保守主義に対抗する進歩・社会民主主義勢力を形成できたであろうが、それが欠如したところに「社会党の凋落」という事態——その凋落は、選挙制度=小選挙区制のせいだけではなく、まさしく日本人の思想の問題であった——を招き、政治家はおろか日本人全体のあいだにおける原理的哲学思想の欠如という政治思想の迷走状態を生みだしたのである。

丸山思想の形成

では、丸山が、世界的普遍主義を日本の思想に接合しえたのはなぜか。それはまず第一に丸山が、旧制高校・大学時代に、大正デモクラシー期のオピニオン・リーダーで、父幹治の親友でもあった長谷川如是閑から「国家主義」・「ファシズム」対「リベラル・デモクラシー」・「ソーシャル・デモクラシー」の対抗をめぐる二〇世紀世界前半の政治・社会思想を如是閑の著書や論説を通じて学んだことにある。

次いで、丸山は、大学卒業後の助手・助教授時代には、明治維新変革の思想的前提として、フランツ・ボルケナウの名著『封建的世界像から市民的世界像へ』〔水田洋編訳、みすず書房、一九五九年（昭和三四）、私も「ホッブズ」の項を担当〕の手法を取り入れた「近世儒教の発展における徂徠学の特質並びにその国家との関連」〔『国家学会雑誌』一九四〇年（昭和一五）二月〕、「近世日本思想史における『自立』と作為――制度観の対立としての」〔『国家学会雑誌』、一九四一年（昭和一六）七月～九月、一二月、四二年（昭和一七）八月〕を書いて、スコラ学にも似た難解な〔岡義武先生が、日本政治思想史研究に取り組むことになった丸山助手を激励したことば〕儒教を基盤とする徳川支配思想の特質およびその形成と崩壊過程を徹底的に解明する努力を傾けた。

こうして、明治維新以前の日本の封建思想の分析をしたのち、戦時中の困難な時期に、日本最初の自由な知識人福沢諭吉の研究にとりかかり、「福沢諭吉の儒教批判」〔一九四二年（昭和一七）四月〕、「福沢に於ける秩序と人間」〔一九四三年（昭和一八）一一月〕という「福沢論文」――この二つの論文は、それぞれ、戦後の四七年（昭和二二）三月に「福沢に於ける『実学』の転回――福沢諭吉の哲学研究序説」、同年九月に「福沢諭吉の哲学――とくにその時事批判との関連」というタイトルで発表された――は、敗戦直後の日本民主化のための思想モデルとして、一躍、世の注目を浴びることになるが、これは、のちの話である。また丸山は、戦争末期の四四年（昭和一九）七月の応召出発当日に、「国民主義理論の形成（のちに「国民主義の『前期的』形成」）を新宿駅まで見送りにきた同僚の辻清明（東京大学名誉教授、故人）助手に手渡している。先行きはどうなるか、まったくわからない不安と恐怖の時代に、丸山さんはどういう思いで、「最後の原稿」を駅頭で渡されたのであろうか。私自身は、その頃、陸軍経理学校と海軍機関学校からの第一次合格電報がくるのを、いまかいまかとやきもきして待ち望んでいたのである。もっとも、私のほうは、「民主主義」という「禁断の木の実」については、まったく無知であったので、なんの不安も恐怖もなく、ただ「尽忠報国」の気概で天命を待っていただけであった。

丸山は、一九三四年（昭和九）から四四年（昭和一九）までのわずか九年間の助手・助教授の時代に、日本については、徳川封建思想から明治維新期、明治二〇年代までの明治思想を、如是閑にいえば「敵の目をあざむく」手法で「学問的表衣」をまといながら、儒教思想の形成・角逐《かくちく》のなかに、徳川封建制崩壊の過程と原因を分析し、福沢の儒教批判や陸の国民主義的ナショナリズムをとりあげて、当局の眼をすり抜けながら、実は、西欧デモクラシーの思想への接近——そのことは、日本の封建的な絶対主義的思想の批判を内包していたのだが——を試みていたのである。丸山が如是閑の著書、論文に導かれて、旧制高校・大学時代に、近代市民革命期から二〇世紀にいたるまでの西欧政治思想を取得したことはすでに述べたが、またかれは助手時代には、当時の英米仏などの最新の著作をよんで『国家学会雑誌』に紹介・書評する作業を通じて、二〇世紀前半の思想潮流を熱烈学習していたのである。こうして、丸山は、戦前日本にはきわめて稀な、西欧と日本の両方を分析・理解できる天下無双の宮本武蔵流の「二刀流」の訓練を積んでいたのである。

「**超国家主義の論理と心理**」

さて、敗戦後九ヵ月ほど経った、いまだに日本国中が政治的・経済的・社会的・思想的混乱期にあったときに、丸山眞男の「超国家主義の論理と心理」なる論文が、雑誌『世界』に発表され、一躍、丸山は、日本ジャーナリズム界のトップ・スターの座にかけのぼることになる。

飯塚浩二（東京大学名誉教授）は、丸山論文を超国家主義・軍国主義・ファシズムにかんする日本最高の分析として絶賛している。丸山が、このような戦後日本言論界上における不朽の論文を書きえたのは、丸山の抜群の資質・能力はもとよりのこと、一つは、若い頃からの学問的かつジャーナリスティックな、現状不満にたいする鋭い問題意識、一つは、そうした問題を解決するための問題考究の原理的組み立て方、さらには東西両思想の比較思想史的手法を習得していたことなど、にもとづくものといえよう。そして、このような原理的で、トータルかつダイナミックな分析方法は、当時人文・社会科学系の研究者は、だれ一人として取得していなかったから、「超国家主義の論理と心理」は、「戦後民主主義は虚妄であった」として起こった「大学闘争」までの約四半世紀間、戦後民主主義の聖典として、日本の知識人のあいだを駆けめぐったのである。

そして、リベラル・デモクラシーとソーシャル・デモクラシーの双方に視線をおいた体系的思想のゆえに、丸山の政治思想は、如是閑の政治思想とともに、日本の政治思想の本流として永遠に語り継がれる民主主義思想の原型である、といってよいであろう。日本は、如是閑と丸山の二人によって、はじめて、世界の大思想家と比肩できる思想家をもつことができたのである（ちなみに二〇〇〇年（平成一二）に、二〇世紀を代表する「世界のジャーナリスト一〇〇人」のひとりとして、日本からは如是閑が選ばれている）。

さて、『日本リベラリズムの系譜』は、福沢・如是閑・丸山という近代日本における三大思想家をはじめてわかりやすく結びつけたものとして、多くの方々からお褒めの言葉をいただいた（二〇〇四（平成一六）三月一三日、土曜日『ｂｅ』に論説委員、佐柄木俊郎氏が、「長谷川如是閑――断而不行（断じて行わず）という論説のなかで、如是閑論の手がかりとなる本として、『日本リベラリズムの系譜』を紹介している」。

「カルチュアー・アワー」「東西傑物伝」の放送

ところで、『二〇世紀という時代』を契機に、私は、NHK青山文化センターにおける「カルチュアー・アワー」の一セクションとしての「東西傑物伝」というシリーズものに二回、登場することになった。NHKラジオ第二放送のこのシリーズは、全国の年配者のうち一五〇万人くらいが聞いておられる、ということなので、これまで約五〇年間勉強してきたもののなかから、一つは、「二〇世紀日本を創った思想家たち――勝海舟から丸山眞男まで」(二〇〇二年(平成一四)六月〜九月)、もう一つは、「ヨーロッパ・知の巨人たち――アリストテレスからEU(ヨーロッパ連合)の思想まで」(二〇〇四年(平成一六)四月〜六月)をとりあげた。その趣旨は、日本と西欧における民主主義思想と民主政治の成立・変容・発展を展望しようというものであった。

前者については、これまで、私にとってはほとんど未知の、明治維新の立役者、勝海舟と坂本竜馬、明治政府の政治的リーダー、大久保利通、伊藤博文、大隈重信、板垣退助、大正デモクラシー期の吉野作造、戦後日本政治の設計者吉田茂を新しく取りあげて、近代日本政治の全活劇を描いてみようと試みたものであった。そして、これらの革命家や政治家、思想家に、おなじみの福沢、田口、陸、如是閑、丸山を入れて、年代順に並べてつないでいくと、近代日本の政治や思想があざやかに浮かびあがってくるように思われた。この出来栄えが、いかなるものであるかは、まったく自信がなかったが、日本政治史の大家升味さんからは、大久保、伊藤、大隈、板垣などの政治家を入れたのは一つのアイデアで面白い、また日本近代史の第一人者松尾尊兊さんからは、吉野作造については、わりに好意的な評価をいただいたが、お二人とも「おせじ半分」としても嬉しかった。吉田茂が面白かったという評もあった。それはともかく、自分自身にとっては、かねがね、近代日本の全体像を捉えてみたいと思っていただけに勝から吉田・丸山までの思想と行動をつなげることはたいへんな収穫で、そのための作業自体も楽しかった。

さて、この「テキスト」を作るさいに痛感したことは、近代日本思想史の蓄積が、きわめて貧困である、ということ、そのため、各時代の思想が順次受け継がれて発展させられた、という実体が、とくに戦前日本についてはつかみにくかったこと、その結果、戦前には、民主主義思想が、国家主義・軍国主義・ファシズムにたいする有効な抵抗勢力となりえなかった、ということであった。

現代日本の「政治の貧困」、「政治腐敗」を克服するためには、日本人および日本の「政治の世界」をみる眼としての「政治哲学」がわれわれ日本人に決定的に欠如していることを自覚することである。そして、このことを自覚するためには、過去すなわちせめて戦前の日本の政治や政治思想の再検討からはじめなければなるまい。歴史から学ばない民族や国民に発展の可能性はないのである。そして、先進国のうちで、日本人ほどに、「歴史と思想」に無知な、また「歴史と思想」を尊重しない国民はないことに、深刻な危惧を抱かざるをえないし、このことは、トータルにかつグローバルな研究に挑戦しない「日本の学界」の責任ではないか、と思う。

さて、後者の『ヨーロッパ・知の巨人たち――アリストテレスからEUの思想まで』については、かつて一九九〇年（平成二）に書いた『国家と個人――市民革命から現代まで』（岩波書店）でとりあげた思想家たちを中心に、新たにホッブズ以前の思想家としては、ギリシアのアリストテレス、ローマのキケロ、ルネサンス期のマキァヴェリ、宗教改革時代は、ルター、カルヴァン（そこにアウグスティヌスとトマス・アクィナスを加えた)、それに国際法の父グロチウスを取りあげ、近代思想家としては、マルクス、ラスキ、最後に、現代のEU(ヨーロッパ連合)の思想を加えた。

一橋大学図書館と岩波文庫

さて、以上の思想家については、個別研究は書いたことはないが、西欧政治思想の「専門家」の端くれとしては、さまざまな各思想家の著書・論文、それについての参考文献は読んではいた。しかし、これらの思想家を一度に取りあげて、西欧政治思想の通史を書くとなれば、ことがらは、しかく簡単なことではなかった。とくに、一気に対象を広げるとなると、若い頃に直接研究対象ではなかった分野の本については、買い求めていないものが多いし、また日本の出版界は底が浅く、すぐに、絶版・品切れとなっているので、はなはだ困ることになる。

こうしたときに、とくに威力を発揮するのは、大学図書館や国会図書館である。私のように、年をとってから、次々に対象領域を広げていくと、先ほど述べたような不都合(自分で図書を買いおきしておくことを忘れる)が生じる。その点、私が務めていた一橋大学は、定年教授にたいするアフター・ケアがとくに丁寧で、それは、図書館業務についても当てはまる。しかも、一橋大学図書館は、人文・社会科学にかんする蔵書も、日本一といわれるほどに充実し、図書館の事務職の方々の対応も実に素晴らしく(本間紀美子さん、江良邦子さん、松尾恵子さん、および学部事務室の尾沢玲子さんには、とくにお世話になった)、どれほど助かったことか。一橋大学図書館にないときには、国会図書館が最後の頼りとなるが、ここでは教育大時代の教え子である大瀧則忠さん(元副館長)に過去何十年とお世話になった。

また、もう一つ、ギリシア・ローマの古典・古代や中世の著作については、各思想家の『全集』や「岩波文庫」の翻訳本がたいへんに役立った。とくに、今回の作業において、難解なギリシア語、ラテン語を翻訳された先学たちの業績もすばらしいが、それらをわれわれに身近なものとして提供してくれている「岩波文庫」の「学問力」にいまさらながら驚嘆した。もし、これらの翻訳がなければ、われわれの西欧思想研究は、一歩も先へ進まなかったであろう。もっとも、「岩波文庫」でも、古典ものは、品切れが多く、また、図書館にもないときがある。そうしたときには、文庫編集部にお願いしてお借りした。編集部の山腰和子さん、小口未散《みちる》さんにお礼を申しあげる次第である。ともかく、この「カルチャー・アワー」の二冊の作成過程は楽しかった。このおかげで、「喜寿」を迎えるに当たって、ようやくおそまきながら「学問の楽しさ」がわかるようになったような気がする。

以上が、二〇〇五年段階までの、大学卒業以来、約五〇年余にわたる私の研究遍歴の概略である。では、あと残された時間はどうするか。これは、あと五年あるか、十年あるかは予測できないから、いくつかの順序をつけておく必要がある。

私は、この『思想学事始め』のなかで、そもそも、私が、学問を研究する職業を選んだのは、敗戦によって、はじめて人間としての再生を求めはじめたときに、どうしたら「世界の歴史」と「個人の歴史」とをかかわらせた、ただしい社会認識が可能となるか、その方法と理論をみつけたいと願って、哲学探究の道へと進んだことを述べた。

こうして、私は、まず、ホッブズ、シュミット研究を通じて、近代から現代にいたるヨーロッパの歴史と思想の大要を知ることができた。同時に、私は、日本人として、如是閑、卯吉、羯南、諭吉の研究を通じて、近代日本の思想や国家像について学び、それにより西洋と日本の比較考察の方法を知りえた。

そして、二〇年ほどまえからは、西欧と日本の現代社会や現代史の歴史を研究し、東西冷戦対決の成立と展開と崩壊のプロセスとそれをめぐる理論的諸問題についての研究書を発表した。

そこで、これまでの私の著書を読めば、近・現代の思想の全体像と世界や日本の相関関係がわかるはずである。にもかかわらず、私がし残している仕事が一つある。それは、二一世紀の新しい国際平和秩序にかんする思想と制度とはなにかを、明らかにする作業である。

私は、この点については、いまから約二〇年ほどまえの一九八〇年代頃から考えはじめていたが、それは、これからの時代は、「東西冷戦対決の時代」から「東西の競争的共存」の時代へと変化するであろうと予測して、とすればこれからは、「福祉国家」をめぐる問題が、世界的な中心課題になると思っていた。

私が、八〇年代初頭から九〇年代の終りにかけての約二〇年間、カナダに四回、ヨーロッパに一二、三回出かけたのは、各国における福祉の状況を調査するためであった。当時は、日本では福祉は「ブルジョア思想」であるとして批判されていたから、福祉国家の研究は、いちじるしく立ち遅れていた。福祉国家研究が本格化するのは、おそらく一九八九年末の「冷戦終結宣言」(父ブッシュとゴルバチョフ)以降ではなかったか、と思われる。こうしたなかで、私は、現代史理解のうえで福祉国家の研究が必須であると考え、二つの共同研究をした。

一つは、まず手始めに、福祉の新政治経済学として有名であった、クリストファー・ピアスンの著書(一九九一年刊)を、『曲がり角にきた福祉国家』というタイトルで出版した(田中浩・神谷直樹訳編、未來社、一九九六年)。協力者は、私の一橋大学時代の院生たちである。柴田寿子、小沢亘、大坪稚子(現代世界研究所主席研究員)、神谷直樹(国際福祉大学助教授)、竹村知子(現代世界研究所所員)、広瀬真理子(東海大学教授)、岡本和彦(東京成徳大学助教授)、太田育子、高佐智美(独協大学助教授)、堀江孝司(名古屋市立大学助教授)、延末謙一(元アジア経済研究所員、高知大学医学部)、鈴木弘貴(十文字大学助教授)、松尾秀哉(一橋大学、東京大学大学院博士課程)などである。そして、この本は、現在では、福祉国家研究者たちにとっての一つの聖典となっている。

さて、もう一つは、私の第二の定年(七〇歳、大東文化大学)の仕事としてだした『現代世界と福祉国家——国際比較研究——』(御茶の水書房、一九九七年)、九七〇ページ、執筆協力者五七名による大著である。目次だけ書いておくと、総説、福祉国家形成の思想——近代初期から第二次世界大戦まで——、福祉国家形成の思想——第二次世界大戦後、福祉国家と国際機構、福祉国家の国際比較 1ヨーロッパ(イギリス、フランス、ドイツ、スウェーデン、フィンランド、ノルウェー、デンマーク、オランダ、ベルギー、スイス、スペイン、ポルトガル、イタリア、オーストリア、ギリシア、アイルランド) 2北米・中南米(アメリカ、カナダ、メキシコ、コスタリカ、キューバ、ブラジル、アルゼンチン、コロンビア、ペルー、チリ、ウルグァイ) 3東欧・ロシア(ロシア、ルーマニア、ポーランド、チェコおよびスロヴァキア、ユーゴスラヴィア、ハンガリー) 4アフリカ・中近東(エジプト、南アフリカ共和国、タンザニア、ケニア、イスラム、湾岸諸国、トルコ、シリア、イラン、イラク) 5アジア(中国、香港、インド、シンガポール、バングラディッシュ、ベトナム、タイ、マレーシア、フィリピン、インドネシア) 6オセアニア(オーストラリア、ニュージーランド) 7日本(戦前、戦後)、あとがき、となっている。

おそらく、このように、世界全体を網羅した八〇カ国にわたる福祉国家研究は世界にも類をみないであろう。本書を企画するうえで、一番困ったのは、日本において、各国の福祉国家の専門研究者がほとんどいなかったことである。デンマークの岡本裕三さん（神戸市立看護大学教授）、オランダの広瀬真理子さん、香港の下平好博さん（明星大学教授）、オーストラリア・ニュージーランドの神谷直樹君のような人以外は、すべて各国の政治・社会・経済・思想の専門家であった。そこで、皆さんに、新しく研究領域を広げていただくという無理なお願いをして書いていただいた。大変な冒険であったが出来栄えは、ほぼ所期の目標を達成しえたと思っている。このプロジェクトについては、アジア経済研究所の延末君（当時）には開発途上国、中近東、中南米などの研究者、外務省の大場圭介さん（前クロアチア大使、故人）、津島冠治さん（ルーマニア大使）には現地の外交官の方々を紹介していただいた。とくに、現在テレビ、新聞、雑誌などで、活躍しておられるイスラム担当の小杉泰さん（京都大学東南アジア研究所教授）やイラク担当の酒井啓子さん（東京外国語大学教授）にお願いに上がったことなどを懐かしく思いだす。

それはともかく、福祉国家の研究をしていくなかで、気づいたことは、ヨーロッパにおいては、社会民主主義政党が健在であること、また、この福祉国家への道は、単独ではなく、EUのような社会的国家連帯のもとで、はじめて可能でありうるのではないか、ということであった。

そこで、現在、私は、「ヨーロッパ」、「社会民主主義」、「福祉国家」、「EU」という四つの「キー概念」を組み合わせて、二一世紀の「国際平和秩序」を保証する「政治・社会共同体」の構築について研究してみたいと思う。そのため、ここ数年間R・クーペルス、J・カンデル編『ヨーロッパ・社会民主主義・福祉国家・EUの時代』の翻訳を進めている（田中浩・柴田寿子訳編、未來社、二〇〇七年刊行予定）。そして、このような「政治共同体」が、アジア地域、北米地域、中・南米地域、中近東・アフリカ地域に形成され、各共同体がゆるやかに結合されれば、戦争のない「平和な地球」が実現するかも知れない、と思っている。

そして、この構想が形をとって示されれば、私の「思想学」は半ば達成されたといえるであろう。

おわりに

以上、私は、三、四歳の頃から八〇歳に至るまでの「心の旅路」について話してきた。

それにしても、「自伝風」の学問形成史であれ、これを発表することは、きわめて、気恥ずかしいことである。かなり、自分につごうのよいことを書いているようにも思えるし、「手の内」を全部さらけだして、どうにでもしてください、というようなものであるから、私にはもはや守るべきなにものもないように思える。しかし、私は、いやしくも研究者たるものは、自分の研究への取組み方や問題意識については、発表すべきではないか、と思っている。私は、これまで出版した著書の「あとがき」にはたいてい、以上のようなことを簡単ながらつけてきた。あるとき「先生は、よく自分の手の内をおみせになりますね」と若い研究者にいわれたが、私は、学問を修得したときには、それに至るプロセスまでを全部公開し、だれでもが学習可能なようにして学問的果実を共有すべきではないかと思っている。

ホッブズは、『リヴァイアサン』の第三部「キリスト教のコモン‐ウェルスについて」第三十二章「キリスト教の政治学の諸原理について」の冒頭部分で、「この世にはいまだキリスト（救い主）が再現していない」から、それまで神は、人間が安全に生きることができるように「自然法」を与えた。そして、この自然法は、私の『リヴァイアサン』のなかで存分に説明しているから、私の本を読み、一刻も早く内乱（革命）を収束せよ、と『リヴァイアサン』の最後尾「総括と結論」において力強く結んでいる。ここまではいえないとしても、私もまた、まだ真の世界平和が到来しないときには、まずは、近代以降の民主主義・自由主義・平和主義を守るための闘争史や思想史を勉強し、そこから未来へ向けての思想や理論を構築する努力をすべきだ、と主張したい。「思想と歴史」を知らない者に未来を語る資格はないのである。

＊

さて、私がここまで五〇年以上にわたる長い長い研究生活を続けてこれたのは、本書のなかでも述べたように、実に多くの方々のおかげによるものである。

まず研究面での恩師・先輩・同僚・後輩の皆さん、出版社・新聞社・放送局の編集者の皆さん、それに大学関係者以外の数多くの友人たち、これらの方々から、いかに多くの学問的刺激を与えられたことか。そして、このような多くの方々とのお付合いができたことはなんと幸運であったことか。振り返ってみてつくづくそう思うし、改めて感謝の意を表する次第である。次に私がこれまで務めてきた各大学の卒業生・学部ゼミ生・大学院生の諸君。かれら、かの女らとは、一年か二年ごとのＯＢ会を通じての交友が続き、この交友こそ私の学問的エネルギーの原動力であることを告白し、御礼を申しあげる。そして最後に「超ワガママ」な私を自由に放任して支えてくれた家族――亡父母・妻・子供たち――にも礼をいいたい。

二〇〇六年八月一六日

田中　浩

人名索引

か行

さ　行

た　行

な　行

は　行

ま　行

や行

ら行・わ行

〔著者略歴〕

田中浩（たなか・ひろし）

一九二六年生まれ。東京文理科大学哲学科卒業。政治学専攻、法学博士。一橋大学名誉教授。東京教育大学・静岡大学・一橋大学・大東文化大学教授、立命館大学客員教授を経て、現在聖学院大学大学院客員教授。著書に、『ホッブズ研究序説』（御茶の水書房）、『長谷川如是閑研究序説』（未來社）、『国家と個人』『近代日本と自由主義』（岩波書店）、『近代政治思想史』『戦後日本政治史』『戦後世界政治史』（講談社学術文庫）、『日本リベラリズムの系譜』（朝日新聞社）、『20世紀という時代』『東西傑物伝　ヨーロッパ　知の巨人たち』（NHK出版）。訳書に、ホッブズ「リヴァイアサン」（共訳、『世界の大思想　ホッブズ』所収、河出書房新社）、ハリントン「オシアナ」（共訳、『世界大思想全集　ホッブズ・ロック・ハリントン』所収、河出書房新社）、ミル「代議制統治論」（共訳、『世界の大思想　ミル』所収、河出書房新社）、ウィリアムズ『帝国主義と知識人』、ホッブズ『哲学者と法学徒との対話』（共訳、岩波書店）、ヒルトン、フェイガン『イギリス農民戦争』、シュミット『政治的なものの概念』『政治神学』『大統領の独裁』『合法性と正当性』『独裁』、ミルトン『教会統治の理由』『離婚の自由について』『離婚の教理と規律』、ピアソン『曲がり角にきた福祉国家』、ワトキンス『ホッブズ』、タック『トマス・ホッブズ』（共訳、未来社）など多数。

思想学事始め
——戦後社会科学形成史への一断面

発行——二〇〇六年一〇月一〇日　初版第一刷発行

定価——(本体三五〇〇円+税)

著　者——田中　浩
発行者——西谷能英
発行所——株式会社　未來社
〒112-0002　東京都文京区小石川三—七—二
振替　〇〇一七〇—三—八七三八五
電話・代表　(03) 3814-5521
http://www.miraisha.co.jp
info@miraisha.co.jp

印　刷——精興社
製　本——榎本製本

ISBN 4-624-30104-8　C0031

（消費税別）

田中浩著
長谷川如是閑研究序説
〔「社会派ジャーナリスト」の誕生〕明治・大正・昭和の三代にわたり代表的知識人・ジャーナリストとして活躍した反骨の思想家の膨大な仕事を整理・分析した恰好の如是閑入門書。二八〇〇円

田中浩著
カール・シュミット
〔魔性の政治学〕ナチのイデオローグでもあった危機の法学思想家シュミットの主要著作を分析しつつ、その思想の射程と問題点を鋭く批判的に論究した、シュミット政治学解体の書。二八〇〇円

シュミット著／田中浩・原田武雄訳
政治的なものの概念
「政治の本質は友と敵の区別にある」とするシュミットの原理的思考の到達点「友・敵理論」は政治理論であるとともに戦争論でもある。現代思想の原点ともいうべき必読の基本文献。一三〇〇円

シュミット著／田中浩・原田武雄訳
政治神学
「主権者とは例外状況にかんして決定をくだす者をいう」とする、国家と法と主権の問題を原理的に把握する思考を展開した主著。レヴィットによる決定的なシュミット批判も併録。一八〇〇円

シュミット著／田中浩・原田武雄訳
合法性と正当性
〔付＝中性化と非政治化の時代〕ヒトラー登場の露払いとしての思想的役割をはたした有名論文。ワイマール民主制への強引な批判は公法学者シュミットの面目躍如たるものがある。一六〇〇円

シュミット著／田中浩・原田武雄訳
独裁
〔近代主権論の起源からプロレタリア階級闘争まで〕ローマ共和国からロシア革命に至るまでの歴史から独裁概念を厳密に規定する、ナチズム政権登場を準備した究極の独裁論。二八〇〇円

ワトキンス著／田中浩・高野清弘訳
〔新装版〕ホッブズ
〔その思想体系〕ホッブズ政治理論に哲学的観念がいかに深く関わっているかという観点から、ポパー流の分析哲学の手法を用いて、その政治思想の構成を解明する野心的ホッブズ論。三八〇〇円